KB210932

개혁주의 신학에 근거한

요한계시록 해설

개혁주의 신학에 근거한 요한계시록 해설

지은이 **임진남**

펴낸날 **초판 1쇄 2018년 3월 20일**

펴낸이 **신덕예**

디자인 **이하양**

교정교열 **허우주**

편 집 **권혜영**

유 통 **기독교출판유통**

펴낸곳 **우리시대**

Facebook/woorigeneration

경기 고양시 덕양구 마상로 102번길 53 #401

woorigeneration@gmail.com

ISBN 979-11-85972-16-9

가격 20,000원

개혁주의 신학에 근거한

요한계시록 해설

임진남 지음

우리시대

차 례

추천의 글1

계시록 연속 설교로 믿음을 격려함

한국교회가 요한계시록 강해 설교에 집중했던 시기는 일제 식민지 지배 아래서 고난 받을 때와 광복 후 가난하여 어려움을 당할 때였다. 이때 계시록 강해 설교의 중심점은 주님이 재림하셔서 천년 왕국을 세우시면 우리 그리스도인들은 이방 불신자들을 지배하고 가난을 벗어나서 넘치는 풍요 속에서 오래 살며 온갖 행복을 누리는 것이었다. 이런 설교로써 교회는 고난받는 백성을 위로하고 격려하였다. 지금은 어렵게 살더라도 주님이 재림하시면 천년 왕국이 세워지므로 가난과 압제를 벗어나서 오래 살며 이방인들을 지배하게 된다는 것이 계시록 강해 설교의 주제였다.

경제가 발전해서 생활이 나아지기 시작한 1975년부터는 한국교회에서 계시록 강해 설교가 그쳤다. 세대주의적인 지복의 때를 기다리고 고대하던 시대가 지나간 것이다. 현생에서 열심히 일해도 먹고 살 수 있게 되었기 때문이다. 그래서 가까운 장래에 이루어질 것으로 믿었던 천년 왕국도 바라지 않게 되었다. 그간 교회가 축복 설교를 많이 해서 지금 잘 살게 된다는 비결을 알았기 때문일 수도 있다. 아직도 축복 설교는 많이 진행되지만 한국교회의 주된 설교 트렌드는 아니게 되었다.

그런데 현금 한국교회의 트렌드와는 무관하게 온전히 주 예수를 믿고 구원의 기쁨을 누리고 살도록 강조하는 설교가 시도되었다. 이것이 임진남 목사께서 계시록 연속 설교로 목표한 점이다. 1세기 그리스도인들은 유대인들과 로마 정부의 박해와 핍박에도 불구하고 주 예수를 믿는 믿음에 굳게 부착하였다. 저자는 계시록의 첫 독자들이 지녔던 믿음의 자세를 장별로 자상하게 제시하고 있다. 그들은 유대인들의 조롱과 박해가 심했고 로마 정부의 박해가 극심해도 구원은 오직 주 예수를 믿는 믿음으로만 오므로 믿음에 굳게 부착하였다. 임 목사는 현대의 성도들이 이 믿음을 본받아 현대의 신학적 혼란과 어지러움 속에서도 주 예수를 믿는 믿음에 굳게 서기를 강조하고 있다. 목사 본연의 사명을 잘 수행하고 있다.

이 계시록 연속 설교는 계시가 1세기 그리스도인들에게 주어졌다는 점을 강조한다. 고난받는 그리스도인들이 알아들을 수 있도록 계시가 주어졌으므로 당대에 일어난 사건들을 말하는 것으로 설교자는 제시한다. 그래서 바벨론이 심판받아 멸망한 것을 배도한 예루살렘의 멸망에 적용하고 있다. 이것은 전통적인 교회의 이해와 다른 점이다. 이렇게 1세기 상황에 계시록 전체를 대입하므로 계시록 마지막까지 주의 육체적 재림은 이루어지지 않은 것으로 제시되어 있다.

그러나 우리 설교자, 임진남 목사의 메시지의 중심점은 분명하고 확실하다. 곧 우리가 구원 얻는 길은 오직 주 예수 그리스도와 그의 피 흘리심으로 우리를 죄와 죽음에서 구원함을 믿는 믿음뿐이라고 강조하는 점이다. 신약 전체에 다른 구원 얻는 길은 없기 때문이다.

이 유일한 구원 진리를 굳게 붙잡고 영원한 구원에 도달하도록 격려하고 권면하며 위로하는 설교가 이 계시록 강해 설교이다. 이 설교는 1세기 그리스도인들이 핍박과 조롱과 모욕을 받으면서도 믿음을 굳게 지키고 순교까지 각오한 것을 본받아 우리도 오직 주 예수를 믿는 믿음을 굳게 지킬 것을 강조하고 있다.

근본 메시지 외에 이 연속 설교는 다른 설교와 다른 점을 갖는다. 설교자가 본문을 주해하고 설교할 때 자기의 주해와 제시가 정당하고 바른 것임을 밝히기 위해 확실한 근거들을 인용하는 점이다. 교부들과 유대 역사가 요세푸스의 역사적 기록을 적절히 잘 활용하였고 또 구약 성경 중 해당 본문과 상관이 있는 성경을 인용하여 자기의 해석을 증명하였다. 이렇게 하여 설교자가 자기 임의로 계시록 본문을 해석하지 않는다는 것을 명시한다. 자기의 해석이 다 역사적 성경적 근거가 확실하다고 밝히는 점이다. 이렇게 하여 자기 해석에 정당성과 무게를 더하고 있다.

또 이 계시록 연속 설교와 같이 붙어있는 주석이 다른 주석들과 다른 점은 예루살렘을 바벨론으로 비정한 것이다. 통상 교회는 바벨론을 로마와 일치시켰다. 그러나 로마와 일치시킬 때 문제는 로마의 멸망이 계시록이 말한 것처럼 즉각 이루어지지 않았다는 점이다. 그래서 바벨론과 로마의 일치는 난점을 안게 되었다.

이런 점을 유의해서 설교자는 바벨론을 예루살렘과 일치시키고 그 정당성을 제시하고 해설하였다. 예루살렘을 바벨론과 일치시킬 때 난점은 세상 권력자들과 상인들을 조종한 점을 쉽게 납득하도록 해설하기 어려운 점이다. 그래도 상당히 설득력을 갖고 해석하고 주해하여 그 정당성을 상당한 정도로 확립시켰다.

계시록 연속 설교는 한결같은 메시지를 전달한다. 구원은 오직 주 예수 그리스도와 그의 구원사역을 믿는 것뿐이라고 하는 점이다.

이 믿음의 도를 모든 설교자들이 강조해야 하고 열심히 가르쳐야 할 것이다. 이 면에서 계시록 연속 설교의 강조점을 배워야 할 것이다. 성경 어느 본문을 택하더라도 동일한 메시지를 전해야 할 것이다. 설교의 핵심을 익히기 위해서 계시록 연속 설교를 읽는 것이 꼭 필요하다.

서철원 교수(전 총신대학교 신학대학원 조직신학 교수)

추천의 글2

요한계시록을 체계적으로 강해해 보지 않은 사람으로서 요한계시록 강해서를 추천한다는 것이 참 망설여졌습니다. 그래도 저자의 간곡한 부탁에 노작을 조심스럽게 읽어갔습니다. 내가 생각하는 강해설교의 진면목은 아니었지만 임진남 목사의 진솔어린 강론이 읽는 자로 하여금 어렵다는 선입관으로 가득한 독자들의 심성을 파고들게 하는 메시지 전달이 참으로 좋았습니다. 저자가 어떻게 목양하고 있는지를 알게 하고 복음의 핵심을 부여잡게 하는 설득력이 다가옴을 지울 수 없습니다.

저자가 스스로 밝힌 대로 저자는 신학자가 아닙니다. 그렇다고 로이드 존스 목사나 아더 핑크와 같은 강해설교가는 아니지만 성경 전체의 맥락 속에서 요한계시록이 가지는 중요한 메시지가 무엇인지를 드러내는 일을 훌륭하게 해냈다고 믿습니다. 주님의 진리의 말씀을 강론해야 할 책임이 있는 교회의 일꾼으로서 지력과 영력을 총동원하여 준비하고, 허다한 사람들이 혼탁한 세상에서 하나님의 말씀을 혼잡하게 만들고 있는 것과 달리 순전하게 하나님께로부터 받은 것 같이 하나님 앞에서와 그리스도 안에서 진리를 진리로 담대하게 전하고 있음을 읽는 동안 느꼈습니다(고후 2:17).

요한계시록은 분명 쉽게 다룰 수 있는 책은 아닙니다. 해석의 차이들이 많기 때문입니다. 그러나 저자는 다양한 해석들을 스스로 분석하고 정리하여 성도들이 꼭 믿어야 할 진리를 설득력 있게 전파하고 있음으로 계시록을 학자들의 전유물이 아닌 성도들이 사랑하고 귀히 여겨야 할 진리로 받도록 도와주고 있습니다. 요한계시록이 쓰인 시기 문제나, 한국교회에 수많은 이단들을 불러일으켰고 이단으로 빠지게 한 논쟁적인 주제들인 천년 왕국에 대한 이해나 666에 대한 해석 그리고 14만 4천명에 대한 저자의 분명한 설파는 성경을 성경으로 해석하고 확증하는 개혁파 성경해석의 논리를 충분히 따라가고 있습니다.

물론 그의 해석이 다 100% 옳다고 주장하는 것은 아닙니다. 독자들이 가진 신학적 입장에서 다르게 볼 수 있는 여지들은 있습니다. 그러나 구약의 계시를 통해서 신약의 계시를 이해하고자 하는 저자의 노력은 충분히 공감을 얻는 것들입니다. 반대로 구약에 대한 이해 역시 보다 더 광의적으로 밝혀지게 된 신약의 계시로 말미암아 희미하던 것들이 또렷하게 드러나는 것도 사실입니다. 거짓의 아비인 사탄이 요한계시록을 통해서 주님의 신실한 성도들을 어떻게 유혹하고 유린해 왔는지 저자의 강론을 통해서 분명히 깨닫고 진리 안에 굳게 서는 신앙인이 되도록 크게 도움을 주고 있습니다. 그런 의미에서 적극 이 책을 추천합니다.

참 성도는 그리스도 예수 안에서 경건하게 사는 자들입니다. 그들에게는 언제나 핍박이 동반됩니다. 초대교회 성도들이 어떻게 그 모든 환난을 극복하고 천상에서 어린 양이신 그리스도와 함께 영광스러운 자리에 있게 되었는지를 설명하면서 현 시대에 사는 고난받는 그리스도인들에게 일곱 별을 쥐고 계신 이의 보호하심과 인도하심을 신뢰하도록 큰 도움을 주는 좋은 책입니다. 특별히 개혁주의 신학적 관점에서 요한계시록에 대한 올바른 이해를 가지도록 돕는 귀한 책을 저술해 주신 저자 임진남 목사에게 깊이 감사를 드리며 독자 여러분들에게 적극 추천합니다. 하나님께만 영광을!

서창원 목사(한국개혁주의 설교연구원장, 총신대 신학대학원 교수)

추천의 글3

성도들에게 가장 큰 위로는 계시록 설교이다.

개혁주의 진영 안에서 누군가 요한계시록을 강해하고 설교한다고 하면 거의 농담조로 '칼빈도 못한 계시록을?' 하고 함께 웃어주는 일이 다반사다. 이 말은 계시록이 그만큼 모든 연구자들에게 난해한 상대임을 나타내는 것임과 동시에 그런 난코스를 향한 도전에 대한 동정심과 함께 작은 격려의 마음이 어우러진 것이라 하겠다.

실상 지금까지 목회자들이 설교하기를 가장 망설이는 책을 꼽으라면 단연 요한계시록일 것일 것이다. 반면에 직통계시파(?)들이나 혹은 신비한 체험주의를 밑바닥에 깔고 나름대로의 알레고리컬한 해석을 즐겨하는 사람들에게 계시록은 너무 흔하고 천박한 물건이 되어 많은 대중들을 홀리는 도구로 전락하기도 한다. 그만큼 자유분방하게 해석할 수 있는 난제들과 여러 상징들, 그리고 묵시문학적 요소들이 산재해 있어 진짜 해석가들뿐만 아니라 어설픈 자들의 전용물이 된 것은 계시록의 운명이라고 할까?

그럼에도 설교자들은 계시록을 설교해야 한다. 왜냐하면 계시록의 진정한 내용과 그 의미에 대한 참 지식은 성도들에게 궁극적인 주님 왕국의 승리와 구원의 성취에 대한 확신을 심어 주기 때문이다. 이 확신이야말로 모든 역경을 견디게 하는 힘이다. 이 확신이야말로 종말에 대한 자원하는 소망을 품게 한다.

이 점에 있어서 우선 임진남 목사는 매우 강한 확신을 듣는 청중들에게 심어 준다. 그는 단호할 때엔 매우 단호하다. 잘못된 계시록 해석에 대해 질타한다. 아무런 관찰이나 탐색 없이 무조건 따라하는 습관적인 설교 행위에 대해 강한 거부감을 나타낸다. 예를 들어, 요한계시록의 저작 시기에 대해 주후

66-70년 경(네로 황제 전후)이 아니라 무조건 주후 90년 이후(도미티아누스 황제 때)로 주장하는 대세에 대해 분명히 잘못이라고 지적한다.

다음으로 임진남 목사는 설교자들의 기초적 자질에 대해서도 논한다. 특히 언어 지식은 성경 해석에 있어서 필수 요소임을 부인하지 못한다. 그러나 아쉽게도 한국교회의 많은 설교자들은 성경 원어에 대한 기초 지식이 현저히 결여되어 있다. 이 점에 있어서 임진남 목사는 나름대로 원어 연구에 충실했다.

무엇보다 임진남 목사는 개혁신학의 범주 안에서 자신의 연구와 역할을 잘 감당하고 있다. 많은 선진들의 학문 앞에 겸손히 행하고 선배들의 조언에 귀를 기울였다. 간혹 자칭 개혁파(?)들에게서 보이는 독불장군 같은 무모함과 경솔함이 없다. 그는 지방에서 진득하니 눌러 앉아 오늘도 신학의 등불 아래에서 주님의 음성을 경청하는 진실된 목회자이다. 진심으로 참된 설교집의 탄생을 축하한다.

최더함 목사(Th.D. 역사신학. 개혁신학포럼 책임전문위원)

추천의 글4

2017년 12월에 세계 정치사적으로 매우 위험한 일이 벌어졌습니다. 그것은 미국 트럼프 대통령이 이스라엘의 수도를 예루살렘으로 확정시킨 사건입니다. 우리나라를 포함해 UN에 속한 많은 국가들이 이 정책을 반대하며 세계 정세는 심각한 혼돈에 빠졌습니다. 예루살렘은 유대교, 이슬람, 기독교 등이 서로 종교적 성지로 바라보는 곳이기 때문에 종교적 분쟁이 가장 심각한 장소입니다. 그래서 어떤 이들은 트럼프가 지옥의 문을 열었다고까지 걱정스러워 했습니다. 하지만 이 정치적 사건 때문에 교회는 더 심각한 위기에 처하게 되었습니다. 왜냐하면 이와 비슷한 일이 중세 시대에도 있었기 때문입니다. 로마 가톨릭은 예루살렘을 미래에 다가올 천국의 장소이자 성지로 확정하여 이슬람과의 십자군 전쟁에서 300년 동안 성도들의 피와 재정을 희생시켰습니다. 이런 잘못된 어리석음은 요한계시록과 관련된 성경의 종말론을 지나치게 문자적으로 제한하여 요한계시록 21장의 '새 예루살렘'을 영토적이고 국가적인 중동의 예루살렘에 적용했기 때문입니다.

오늘날도 한국교회는 세대주의의 극단적인 종말론 때문에 중동의 '예루살렘'을 미래의 천국으로 해석하여 국가적인 이스라엘을 회복하는 것을 기독교인의 최종 목적으로 오해하고 있습니다. 벌써부터 '시오니즘(Zionism)', '백 투 예루살렘(Back to Jerusalem)' 운동 등이 일어나고 있으며, 한국교회도 이 운동에 참여해야 한다고 목소리를 높이고 있습니다. 이런 운동들은 중세 시대의 십자군 전쟁처럼 이스라엘의 예루살렘 회복 운동이나 정치적 국가 회복 운동에 기독교인들의 많은 재정과 헌신의 초점을 맞추고 있습니다. 오늘날 교회는 국가들의 일반 정치 운동에 또다시 희생될 수 있는 위기에 처해 있는 것입니다. 이런 정치사적인 혼란과 세대주의적 종말론의 곡해로 인한 교회의 위기 가운데 임진남 목사님을 통해서 성경적인 바른 종말관과 천국관을 배울 수 있는 요한계시록 설교집이 한국교회에 소개되어 진심으로 축하하고 감사를 드립니다. 임진남 목사님께서는 지난 2015-2016년 동안 새관점학파의 공로적인 칭의론을 비판하는 데 앞장서서 한국교회에 귀한 깨우침을 주시기도 했습니다. 한국교회를 살리는 이런 귀한 일에 임 목사님과 제가 함께한 연합 학회 활동을 통해서 서로에게 큰 위로와 힘을 얻기도 했습니다.

이번에 소개되는 이 요한계시록 설교집도 작금의 혼동과 혼란 속에 빠져 있는 한국교회를 바르게 세우고 돕는 귀한 열매가 되기를 기도합니다. 이 책은 성도들이 요한계시록을 편안하게 접할 수 있도록 강해해 주셨습니다. 또한 장로교 입장에서 계시록을 잘 해석해 주셨습니다. 장로교는 구약은 신약과 연결해서 해석하고, 신약은 구약에 기초해서 통일성 있게 해석하는 '성경 그 자체로의 해석원리'를 가지고 있습니다. 임목사님은 요한계시록을 주관적으로 해석하지 않고 B. B. 워필드가 제시한 대로 구약의 예언에 기초해서 연결해 해석해 주셨습니다. 이 책은 세대주의에 대한 정확한 비판도 잘 설명해 주셨습니다. 극단적인 문자주의에 치우는 세대주의 종말론이 요한계시록을 어떻게 변질시켰는지를 지적하였고, 그와 같은 해석이 한국에 피해를 끼친 내용도 생동감 있게 잘 비판해 주셨습니다. 또한 요한계시록의 천년 왕국에 대한 해석도 장로교회의 주류적 해석인 '무천년적 입장'에 기초해서 풍성하게 설명해 주었습니다. 마지막으로 요한계시록에서 만나는 예수 그리스도의 복음과 은혜를 집중적으로 다루어 주셔서 계시록이 보다 더 실천적으로 성도들에게 와 닿을 수 있도록 했습니다. 여러 가지로 본 책은 한국교회와 성도들에게 큰 위로와 힘이 될 수 있기에 적극 추천합니다.

신원균 교수(대신총회신학연구원 조직신학 책임교수)

저자 서문

성경이 하나님의 말씀이라는 것은 명약관화합니다. 모든 성경의 말씀이 진리라면 요한계시록에 대한 해석도 분명 성경의 특성 가운데 명확함과 통일성이 반드시 있어야 할 것입니다. 요한계시록에 대한 다양한 해석으로 인해 진리가 훼손당하고, 성도들이 이단들의 공격을 받고 있습니다. 사도들과 속사도, 그리고 교회 교부들로 이어지는 성경의 교의는 오직 하나님의 아들을 통한 구속 역사를 뒷받침하는 것입니다. 구약성경이 오실 그리스도를 예표하였고, 사복음서가 육신으로 오신 하나님의 아들의 사역을 증거하였으며, 사도행전과 요한계시록은 천상에서 통치하시는 예수 그리스도의 사역을 증거하고 있습니다.

예수님께서 요한에게 "속히 이루어질 일들"에 대한 계시를 주셨을 때 그 예언은 먼 미래의 말씀이 아니었습니다. 그것은 주 예수 그리스도를 믿는 믿음 때문에 고난과 죽임을 당하는 당시 그리스도인들을 위한 위로의 복음이었고, 다가오는 모든 세대에 예수 그리스도를 자신들의 구주로 믿고 고난 가운데서도 믿음으로 이길 것을 요구하시는 주님의 명령이었습니다. 이제는 더 이상 예수 그리스도를 예표하는 지상의 물건들은 필요 없는 것이 되었습니다. 오직 하나님의 아들을 믿는 믿음만이 하나님께서 원하시는 신앙이라는 것을 확정하시기 위해 지상의 예루살렘과 혈통적 이스라엘은 더 이상 필요하지 않습니다. 결국 요한계시록은 '누가 참된 하나님의 백성인가'를 말씀하여 주시기 위해 유대교와 예루살렘을 심판하시는 하나님의 복음입니다.

부족한 연구를 통해 성도들에게 계시록의 말씀을 전하였습니다. 함께 연구하고 공부하는 한국개혁신학연구원 회원들께서 요한계시록 설교를 책으로 내면 한국교회에 많은 도움이 될 것이라고 격려해 주었습니다. 예본교회 성도들에게 설교한 이 계시록의 말씀이 바른 해석으로서 문제가 없는지 한국교회의 위대한 신학자들께 자문을 구하고 추천서를 부탁하였을 때 교수님들께서 기꺼이 추천을 해 주셨습니다. 가장 먼저 서철원 교수님께서 책 전체를 꼼꼼히 살펴 부족한 부분을 지적해 주셨고, 한국개혁주의 설교연구원 대표이신 서창원 교수님께서도 목회 사역에 바쁘신 가운데 추천서를 보내주셨습니다. 개혁신학 포럼을 섬기고 계신 최더함 교수님께서도 부족한 연구에 칭찬을 해 주셨습니다. 또한 김세윤 교수의 반기독교적인 유보적 칭의론에 대하여 함께 연구하여 한국교회를 바르게 이끄신 신원균 교수님께서 이 책에 대하여 적극 추천을 해주셨습니다. 필자가 요한계시록을 부분적 과거주의(무천년 사상) 관점에서 해석할 수 있도록 도움을 주신 많은 분들에게 감사를 드립니다. 특히 예본교회 장병삼 장로님과 성도들이 아니었으면 이러한 연구를 하지 못했을 것입니다. 설교를 듣고 나면 계시록의 말씀이 예수 그리스도에 대한 믿음을 견고케 하라는 진리의 말씀이었다는 것을 깨달았다고 부족한 목사에게 계속 용기를 주신 분들이 바로 예본교회 성도들이었습니다. 한국교회는 더 이상 문자적으로 알레고리칼하게 설교하는 것을 이제 멈추어야 할 것입니다. 하나님의 말씀은 언제나 아주 분명하고 명확하게 자신의 백성들에게 말씀하신다는 것을 알고, 개혁주의 신앙의 사상처럼 자신의 성경해석이 왜곡되고 잘못된 것을 깨달았다면 다시 성경으로 돌아가야 합니다. 부디 이 책이 혼잡하게 된 요한계시록 해석에 도움이 되길 바랍니다.

개혁주의 신학에 근거한

요한계시록 해설

들어가는 말 1

성경의 가르침은 모든 면에 있어서 완전하고 충분하며 부족함이 없다. 그렇기 때문에 성경은 한결같이 진리의 말씀으로만 가득하다. 따라서 모든 성경이 성령의 감동으로 기록되었다는 것은 모든 성경의 가르침이 동일하다는 의미다. 하지만 사람들이 성경의 말씀을 가지고 서로 아주 다르게 가르친다면 그것은 성경의 잘못이 아니라 가르치는 자들의 무지에 그 책임을 돌려야 한다.

성경 66권 가운데 가장 혼란스럽고 다양하게 해석되는 말씀은 단연 요한계시록이다. 분명 하나님은 모든 성경이 성도를 온전하게 할 수 있도록 만드셨다. 그러나 요한계시록은 읽는 자나 듣는 자 모두를 온전하게 하는 것이 아니라 서로 논쟁하게 하고 분쟁을 일으키게 한다. 또한 많은 이단들이 사용하는 말씀이 바로 요한계시록이다. 그렇다면 왜 이러한 문제들이 발생하는가? 필자는 그 이유를 가장 먼저 말씀을 해석하는 교사들이 글을 제대로 읽지 못하기 때문이라고 판단한다. 글을 읽지 못하는 사람이 누가 있는가? 글을 읽지 못하는데 어떻게 신학을 하고 정규 대학을 나올 수가 있는가? 필자의 말은 단순히 글을 읽지 못한다는 의미가 아니라 자신이 읽은 본문의 말씀에 대하여 바른 이해와 문맥적 해석을 하지 않고 단지 사람의 감정이나 몇 개의 단어에 대한 깨달음을 가지고 강단에서 설교를 하는 행위의 잘못을 지적하는 것이다.

사실 이러한 현상은 요한계시록에만 해당하는 것이 아니다. 오늘날 많은 설교자들이 모든 성경을 오용하고 잘못 이해하고 있는 현상이다. 교부 아타나시우스의 말처럼 요한계시록은 쉬운 성경의 말씀이다. 왜냐하면 요한계시록에서 사용되는 비유와 상징들은 이미 하나님께서 구약 이스라엘 백성들에게 자신의 선지자들을 통해 계시하셨던 용어들이기 때문이다. 그러므로 요한계시록을 읽고 해석하기 위해서는 모든 구약의 말씀을 바르게 해석하면 된다. 여기에서 우리는 성경의 통일성을 알 수 있다. 성경을 읽고 해석하는 사람들이 하는 가장 큰 실수는 성경의 말씀을 전체적으로 이해하지 못하고 단 한 구절, 또는 자신들이 읽다가 마음에 드는 성경구절을 하나님이 주시는 말씀이라고 착각하는 것이다.

　성경을 이런 식으로 읽고 적용하면 결국 성경은 인간을 위한 말씀으로 전락하게 된다. 존 맥아더는 하나님께서 성경을 성령으로 기록하게 하신 것은 가장 먼저 하나님 자신을 위한 일이라고 말했다. 이 말은 참으로 맞는 말이다. 성경은 하나님의 계시의 책이다. 그러므로 성경을 읽는 자들은 가장 먼저 하나님을 만난다. 하나님이 어떤 분이신지, 인간은 누구인지, 죄와 죽음, 그리고 구원이 어떻게 이루어지는지에 대한 아주 자세한 내용이 성경에 기록되어 있다. 만약 성경을 읽는 자들이 인간의 육체적인 복을 위해 읽고 그것만을 찾는다면 그것은 하나님의 말씀을 읽는 것이 아니다. 성경을 이용하여 인간의 육체적 욕구를 만족시키려고 하는 행위일 뿐이다. 아무리 성경을 수백 번 읽어도 하나님께서 베푸시는 은혜를 받지 못한다. 인간 자신의 감정에 감동하는 정서뿐이다. 그것은 은혜가 아니다. 은혜는 하나님께서 인간에게 베푸시는 값없는 행위이다. 이 은혜의 모든 내용이 성경에 기록되어 있다. 그러므로 성경을 읽는 자는 가장 먼저 성경에 대한 바른 이해를 가지고 읽어야 한다. 이것은 성경을 무조건 읽는다고 해서 되는 일이 아니다. 하나님께서 목사와 교사를 교회의 직분 가운데 두신 이유가 바로 여기에 있다. 목사와 교사는 성경에 대한 지식을 아주 정확하게 배워서 알아야 한다. 개혁교회에서는 성경 지식을 위해 학생들에게 언어 훈련을 엄격하게 시켰다. 기초라고 할 수 있는 히브리어와 헬라어 그리고 라틴어를 어렸을 때부터 교육시켰다. 하지만 한국 사회는 이러한 언어 교육을 하지 않는다. 단지 실용적인 학문만을 우선시한다. 그러므로 어떤 학교에서도 고전과 언어를 가르치는 커리큘럼이 없다.

바로 이러한 교육적 한계 때문에 한국교회 대부분의 목사들이 일반 대학을 나오고 신학교를 가지만 결국 언어에 기본적인 지식이 없으므로 성경을 읽고 해석하는 일에 많은 어려움을 겪는 것이다. 그나마 현대사회가 발전함에 따라 비록 언어에 대한 상당한 지식이 없다고 해도 많은 소프트웨어의 도움을 받을 수 있다는 것이 목사들에게 상당한 위로가 된다. 그러나 성경 해석에 도움을 받을 수 있는 환경에도 불구하고 여전히 이것을 사용하지 않고, 연구하지도 않고 자신들의 생각으로만 성경을 읽고 전하는 자들이 있다. 여기에서 왜곡된 신앙이 계속 전해지는 것이다. 그래서 쉬운 말로 하자면 많은 사람들이 글을 제대로 읽지 못한다고 하는 것이다. 글자는 읽을 수 있으나 그 내용이 무엇인지 전혀 모르는 자들이 목사가 되어 강단에서 설교를 하는 것이다. 이렇게 말하면 아주 화를 내는 분들이 있을 것이다. 책도 제대로 못 읽는 자들이 목사가 된다는 것이 말이 되느냐고 화를 낼 수 있다. 그러나 현실이다. 성경을 읽어도 그 내용이 무엇을 말씀하시는지 제대로 전달하지 못한다면 책을 읽어도 못 읽은 것과 같다.

단지 요한계시록에만 해당하는 말이 아니다. 모든 성경을 통해 하나님께서 통일성을 가지고 자신을 계시하신다. 성경은 우리에게 어떤 특정 구절 하나를 통해 말씀하시지 않는다. 성경은 모든 말씀을 통해, 성경 전체를 통해 하나님 백성들에게 말씀하신다. 그러므로 성경을 읽는 자들은 모든 성경을 바르게 이해하고 배워야 한다. 성도들에게 이러한 바른 신앙을 세워주기 위해 목사는 계속 연구하고 책을 읽어야 한다. 어떤 무지하고 어리석은 사람은 칼빈이 요한계시록을 주석하지 않은 이유가 너무 어려웠기 때문이라고 말한다. 하지만 칼빈은 그런 말을 한 적이 없다. 그는 건강이 너무 나빠서 더 이상 책을 쓰지 못했을 뿐이다. 요한계시록이 어렵다고 하는 목사가 있다면 그 사람은 분명 성경을 모르는 사람이다. 왜냐하면 구약성경 말씀에서 이미 요한계시록을 해석할 수 있는 모든 용어들을 다 주셨기 때문이다. 그러므로 요한계시록은 옛 언약 백성인 유대인들을 심판하시고 예수 그리스도를 믿는 새 언약 백성 된 하나님의 자녀들에게 위로와 구원의 기쁨을 풍성히 주시는 복음이다. 1세기, 예수 그리스도를 믿는 그 믿음 때문에 고난당하는 성도들에게 누가 참된 하나님의 백성인가? 를 묻는 그 물음에 답하고 있는 책이 바로 요한계시록의 말씀이다. 더 이상 유대인들은 하나님의 백성이 아니고 오직 하나님의 아들의 피를 믿는 자들만이 참된 이스라엘이며 하나님의 백성들이다. 이것을 위해 지상에 있었던 그리스도의 모형들은 더 이상 필요 없는 것으로 하나님께서 다 사라지게 하셨다. 그 일이 바로 A.D. 70년에 일어났던 이스라엘과 예루살렘을 심판하시는 역사적 사건이다. 이 심판이 고난당하는 그리스도인들에게는 복음이다. 요한계시록은 이 복음의 말씀으로 가득 차 있다.

필자가 요한계시록을 교회에서 강해하면서 가장 노력한 것이 바로 쉬운 성경 말씀이기 때문에 성도들이 쉽게 이해하고 배울 수 있도록 계시록에 사용된 상징들을 찾은 것이다. 누구든지 이 책을 읽는 사람이라면 요한계시록이 정말 쉬운 하나님의 말씀이라고 느낄 것이다. 부디 이 책이 한국교회와 모든 성도들에게 읽히기를 바란다. 더 이상 요한계시록의 말씀을 거짓으로 가르치는 이단들이 나타나지 않기를 또한 바란다. 뿐만 아니라 이미 이단에 빠진 자들이 이 책을 읽고 예수 그리스도께로 돌아오길 바란다.

들어가는 말 2

　오늘날 대부분의 목사들과 성도들이 요한계시록을 바르게 이해하지 못하는 이유 가운데 가장 큰 문제는 바로 요한계시록의 기록 시기에 대한 바른 이해가 없기 때문이다. 요한계시록의 기록 시기가 왜 중요한지에 대하여 사람들은 그렇게 관심을 갖지 않는다. 하지만 요한계시록을 바르게, 그리고 쉽게 이해하기 위해서는 기록 연대를 바로 아는 것이 가장 중요하다. 오늘날 현대신학은 요한계시록의 기록 시점을 A.D. 90년 이후로 보고 있다. 그러나 대부분의 교부들과 개혁교회의 전통적 신학은 요한계시록이 A.D. 70년 이전에 기록된 것으로 가르친다. 그 이유는 바로 요한계시록의 내용이 옛 이스라엘과 예루살렘 성의 심판과 멸망을 다루기 때문이다. 만약 현대신학에서 가르치는 대로 요한계시록의 기록 시점을 A.D. 90년 이후로 본다면 요한계시록은 결국 옛 이스라엘과 예루살렘의 심판이 될 수 없다. 때문에 요한계시록은 대부분이 상징적인 단어들로 증거되므로 시대마다 해석하는 사람들에 의해 아주 다양하게 해석되는 것이다. 분명 하나님의 말씀은 자신의 계시를 아주 선명하게 드러내신다. 모든 성경이 통일성 있는 그 말씀은 해석자의 의해, 또는 말씀을 전하는 설교자에 의해 변개되거나 다양하게 해석되는 것을 인정하지 않는다.

　사실 요한계시록은 1세기 당시 성도들이 이 편지를 받은 그 시점에서부터 1,900년대에 이르기까지는 사도 요한이 예루살렘 성이 심판을 받아 로마군에 의해 파괴되고 불에 타버리기 전에 기록한 것으로 믿고 있었고, 교회가 그렇게 가르쳤다. 하지만 불과 100여 년 전부터 요한계시록이 예루살렘 성의 멸망 이후에 기록된 것으로 현대 신학자들이 가르치므로 요한계시록을 더 혼란스럽게 만들어 버렸다. 현대신학에서 요한계시록을 A.D. 90년 이후로 보는 이유는 사도 요한의 제자인 폴리캅으로부터 배운 교부 이레나이우스가 요한계시록 기록 시기를 A.D. 90년으로 주장한다는 학설 때문이다. 하지만 우리가 분명하게 알아야 하는 것은 이레나이우스도 여러 가지 신학적 문제가 있었다는 사실이다. 이레나이우스는 예수님의 지상 생애 동안의 나이를 70 이후까지라고 말했다. 왜냐하면 예수님께서 제2 아담이시므로 아담이 노년까지 살았던 것처럼 예수님도 노년까지 사셨다고 그렇게 주장한 것이다. 또한 이레나이우스가 예언의 말씀이 기록된 것이 90년 이후라고 했지만 예언의 말씀이 정확히 요한계시록인지도 확실하지 않다. 이렇게 한 교부의 주장을 마치 사실처럼 받아들인다면 오히려 성경을 왜곡하는 현상이 나타나게 마련이다. 우리가 존 칼빈을 위대한 믿음의 선진으로 알고 배운다. 그는 교부들의 신학을 자신의 책을 통해 언급하지만 무조건 교부들이 다 맞다고 하지 않는다. 때론 자신이 가장 많이 언급하는 어거스틴조차도 성경해석에 오류가 있음을 지적한다. 어거스틴뿐만 아니라 다른 위대한 교부들도 성경에서 벗어나면 잘못되었다는 것을 언급한다. 필자가 요한계시록을 강해하며 자주 언급하는 아타나시우스도 (어떤 학자는 아타나시우스를 가장 위대한 신학자, 교부로 본다) 예수님의 재림 시기를 6,000년으로 계산한다. 그 이유는 하나님의 6일 창조를 통해 하루를 천 년으로 보고 6일 창조 이후 안식하심으로 여겨 예수님께서 6,000년 이후 재림하신다고 본 것이다. 우리가 잘 알고 있는 초대교회 변증

가인 유스티누스는 지상에서 천 년 동안 예수님의 왕국이 이루어질 것을 인정한 사람이다. 이뿐만 아니다. 많은 교부들이 각자 나름대로 교회와 성도들을 위해 위대한 복음 증거를 하였으나 간혹 자신만의 독특한 신학을 보여주고 있다. 하지만 그것들을 전부 다 성경과 사도들의 가르침으로 여겨서는 안 된다. 이것을 칼빈이 바로 이해하고 있었고, 결국 로마 교회에 대항하여 싸워 이길 수 있었던 기반이 된 것이다. 초대교회와 많은 교부들(클레멘스, 파피아스 등등)이 요한계시록 기록 시기를 예루살렘 멸망 이전으로 보고 있는데 한 명의 교부가 기록 시점에 대해 달리 말했다고 해서 그것을 맹목적으로 받아들인다면 결국 하나님의 말씀인 진리가 가려지는 것밖에 되지 않는다.

[특강] 천년기 사상은 어디에서 왔는가?

지상의 예루살렘에서 그리스도가 천 년 동안 왕으로 통치한다는 것은 성경적 가르침이 아니다. 요한계시록 20장에 "천 년"이라는 단어가 나온다. 이 단어 때문에 '천년 왕국'이라는 말이 만들어 졌다. 그런데 이 천년 사상을 처음으로 가르친 자들이 바로 유대인들이었다. 유대 묵시문학에서 그 시작이 된 것이다. 우리가 알고 있는 제2바룩서와 제4에스라서에서 유대인들이 지상에서 만국을 통치한다는 사상이 나오고 있다. 하지만 기독교에서는 천년 사상에 대한 가르침이 처음부터 없었다. 하지만 초대교회가 처음으로 천년 사상을 받아들였는데 2세기 변증가 유스티누스에 의해서였다. 여기에 이레나이우스가 천년 사상을 개진함으로 기독교회가 마치 천년 사상이 바른 성경적 가르침인 것으로 알게 되었다. 하지만 교부 오리게네스가 천년 사상에 대한 교회의 가르침이 성경적이지 않다고 반박하고, 381년 공교회가 이런 천년 사상을 가르치는 것을 정죄하기에 이르게 된 것이다. 또한 위대한 교부 아우구스티누스가 교회에서 천년 사상을 완전히 버리게 하였다. 아우구스티누스는 천년 왕국을 가르치는 자들을 이단으로 정죄해야 한다고 했다. 바른 교회는 천 년 동안 그리스도의 통치가 지상에서 있을 것이라는 가르침을 받아들이면 안 된다고 하였다. 그러한 천년 왕국에 대한 주장은 일부 소수 이단적 분파들에 의해 가르쳐졌는데 이것을 교회의 공적 신경을 통해 거부하였던 것이다.

한때 재세례파에 의해 이 천년 왕국이 가르쳐졌지만 그렇게 보편적인 성경해석으로 받아들여지지 않았다. 종교개혁 시대에 와서는 재침례파에서 잠시 언급되었다가 사라졌지만 이러한 천년 사상을 완전히 버리지 않은 것으로 보인다. 루터파는 1530년 아우크스부르크 신앙고백서에서 '천년 왕국은 유대인들의 꿈이다'라고 언급함으로 천년 사상이 잘못된 가르침이라는 것을 확인하였다. 하지만 19세기 중엽 영국에서 다비의 세대주의적인 성경해석을 통해 문자적인 천년 왕국이 있다는 것이 강하게 주장되면서 미국의 복음주의 교회들이 이것을 받아들였고, 결국 한국에 들어온 선교사들에 의해 이 천년 왕국이 마치 성경의 가르침인 것처럼 확정되게 된 것이다. 결국 유대 묵시문학이 기독교의 출발이라고 주장하는 어리석은 사람들의 가르침으로 인해 천년 사상이 기독교회 안에 뿌리를 내리고 만 것이다. 그러나 요한계시록 20장을 간단하게 살펴보면 "천 년"이라는 의미가 무엇을 말해 주는지 알 수 있다.

우선 세대주의 성경해석 때문에 많은 사람들이 마지막 종말론 사상에 혼돈을 갖는다. 대표적으로 주장되는 천년 왕국 이론은 전천년설과 후천년설이다. 그리고 천년 왕국과 상관없는 무천년설이 신학계를 주도하고 있다. 전천년주의자들은 그리스도께서 천년왕국 전에 재림하셔서 성도들을 부활시키고 예루살렘에서 모든 나라를 정치적으로 통치하시는 왕으로 계실 것을 말한다. 이 때 모든 성도들도 주님과 함께 왕 노릇 한다고 가르친다. 후천년주의자들은 그리스도께서 초림과 재림 사이에 천년 왕국으로 주님께서 성도들과 함께 지금 왕으로 통치하는 것을 말한다. 무천년설은 주님의 초림과 재림 사이에 주님께서 도둑같이 갑자기 재림하여 모든 것을 심판하시고 새 창조의 역사를 이루신다는 것을 주장한다. 어떻게 보면 후천년설과 무천년설은 비슷하게 보인다. 하지만 성도들이 예수님의 재림에 대하여 가장 많이 가지고 있는 사상은 바로 예수님께서 천년 왕국 전에 재림하셔서 왕으로 통치한다는 사상이다. 이 전천년설을 대부분의 목회자들이 신학교에서 배워 가르치고 있다. 그러나 이러한 천년 왕국에 대한 해석은 결국 세대주의 성경해석에 영향을 받은 것이 분명하다. 그러므로 아무리 많은 사람들이 배웠다고 해서 그것이 바른 성경 해석이 아님을 알아야 한다.

　세대주의 신학에서 강조하는 것은 다름 아닌 예루살렘 회복에 있다. 지상에 있는 이스라엘 민족이 여전히 대망하고 있는 동물의 피의 제사가 예루살렘에서 이루어지게 하기 위해 그들은 그리스도를 기대하며 통곡의 벽에서 기도를 하는 중이다. 하지만 하나님께서는 이미 A.D. 70년에 로마 장군 티투스에 의해 예루살렘을 파괴시키고 모든 제사장들을 다 죽이셨다는 역사적 사건을 잊어서는 안 된다. 하나님께서 예루살렘을 파괴시키고 레위족속을 멸절시킨 것은 더 이상 지상에서 드려지는 어떠한 피의 제사도 용납하지 않기 위함이었다. 그것은 오직 하나님의 아들의 피를 통해서만 믿음으로 구원을 이루시기 위한 하나님의 구속경륜의 완성을 의미한다. 예루살렘이 파괴되어 거의 2천년 동안 이스라엘은 역사가 없는 민족이 되었다. 세상에서 나라 없는 민족으로 떠돌다가 1946년에 영국과 미국의 도움을 받아 지금의 팔레스타인 지역에서 이스라엘 나라를 이루게 된 것이다. 여기에서 어느 정도 지적인 생각을 갖는 사람이라면 2,000년 동안 이스라엘 민족이 육체적 아브라함의 혈통을 보존할 수 있는지 의문을 가져야 한다. 왜냐하면 2,000년 동안 한 민족이 나라가 없이 이방

세계에서 떠돌아 살면서 그들의 피가 섞이지 않을 수가 없기 때문이다. 그러므로 개혁주의 신학에서는 오늘날 이스라엘 민족이라고 하는 사람들의 98% 이상이 육체적으로 아브라함의 혈통이 아닌 이방의 피가 섞인 이스라엘 백성이라고 간주한다. 이러한 하나님의 구원역사를 보면서 타락한 인간들은 계속 예수 그리스도의 피로 구원받는 것을 원치 않고 다시 율법주의로 돌아가는 길을 찾고 있는 것이다. 여기에 세대주의 종말론이 한몫을 하고 있다. 이러한 것을 깨닫는다면 우리는 "천 년"이라는 계시록의 말씀을 단지 문자적으로 이해해서는 안 된다.

"1,000"이라는 숫자는 문자적으로 천 년을 의미하는 것이 아니라 상징적인 의미이다. 그것은 아주 많은 시간을 의미한다. 예수님께서 지상에 오신 지가 2,000년이 넘었다. 그럼에도 불구하고 아직 세상의 종말은 오지 않고 있다. 당장 내일이라도 오실 수 있지만 주님께서 더 많은 시간이 흐른 뒤에 오실 수도 있다. 그러므로 "천 년"에 대한 의미를 인간의 수의 개념에 대비시켜서는 안 된다. "천 년"이라는 단어는 문맥상 부활과 연관되어 있다는 것을 쉽게 알 수 있다. 첫째 부활과 두 번째 부활에 대해 말씀하는데 "천 년" 안에 아주 많은 사람들이 예수 그리스도를 믿고 거듭나는 중생과 영원한 생명을 누리는 영화를 의미하는 것이다. 사도 요한은 계시록 19장에서 이미 예수 그리스도가 "만왕의 왕, 만주의 주"라는 이름을 가지시고 복음으로 세상을 통치하신다는 것을 말해 주고 있다. 따라서 예수 그리스도는 천년 동안 왕국을 통치하는 것이 아니라 모든 세대와 시간 속에서 만왕의 왕으로 우주 만물을 통치하시는 분이시다. 그러므로 그리스도가 재림하여 지상에서 예루살렘을 통해 세상을 통치한다는 가르침은 성경적 가르침이 아니다.

요한계시록을 어떻게 설교하고 들을 것인가?

[계 1:1-7]

사도행전을 통해 우리는 예수 그리스도께서 천상에서 자신의 구원 사역을 성령으로 말미암아 계속하셨다는 것을 알았습니다. 사복음서가 지상에서의 예수님의 사역이라면 사도행전은 한마디로 천상에 계신 예수 그리스도의 복음 증거의 행적이라는 것을 알았습니다. 오늘부터 우리는 성경에서 가장 난해하다고 여기는 요한계시록을 통해 복음의 말씀을 들으려고 합니다. 그런데 어려운 문제가 몇 가지가 있습니다. 그것은 제가 여러분들에게 계시록을 어떻게 해석해야 하는지에 대한 문제였습니다. 사실 설교를 듣는 여러분들에게는 그렇게 중요한 것은 아닐 것입니다. 계시록이 언제 기록되었는지 관심을 가지는 성도는 거의 없습니다. 그러나 저에게는, 그리고 계시록을 예수 그리스도께서 자신의 교회와 성도들에게 주시는 말씀으로 믿는 사람들에게는 계시록의 기록 시점이 아주 중요합니다.

사실 이 설교를 준비하면서 가장 큰 유익을 받고 있는 사람은 목사 자신입니다. 왜냐하면 그전에는 계시록에 관한 연구를 하지 않고 다만 책들만 모으고 있었기 때문입니다. 계시록 설교를 준비하면서 언제 이 계시록이 기록되었는지가 중요한 이유를 알게 되었습니다. 바로 예루살렘 성전과 유대교의 멸망이 연결되고 있기 때문입니다. 사도 요한이 예수님으로부터 받은 계시의 핵심은 바로 혈통적 이스라엘의 완전 멸망입니다(A.D. 70-73년). 그런데 주후 90년 이후로 기록 연대를 주장하게 되면 이미 예루살렘이 멸망하고 요한이 계시록을 기록한 것이 되기 때문에 요한계시록은 유대교와 예루살렘 성전의 멸망과 상관없는 말씀이 됩니다. 저는 개인적으로 한국교회에 이렇게 요한계시록에 대한 아주 다양한 해석과 이단들이 발생한 이유가 바로 여기에서부터 기인한다고 보고 있습니다.

설교를 준비하면서 알게 된 것이 있는데 그것은 대부분의 현대 신학자들과 목사들은 사도 요한이 이 계시록을 기록한 시점을 주후 90년이라고 보고 있다는 것입니다. 그러나 우리는 너무나 쉽게 그 전의 교회의 가르침과 전통을 버리고 말았습니다. 1,900년 동안 이 계시록이 주후 66-70년 이전에 기록되었다는 것을 대부분의 교부들이 믿었고, 그렇게 가르쳤습니다. 물론 어떤 교부들은 각자 자신들의 주장을 펼쳤지만 대부분의 교부들(아타나시우스, 파피아스, 테르툴리아누스, 클레멘스 등)이 요한 사도가 유대인들에 의해 죽임을 당했으며, 요한이 밧모섬에 유배된 것은 베드로와 바울이 순교당한 시점과 같다고 합니다. 그리고 네로가 죽은 이후에 사도 요한이 밧모섬을 떠났다고 말하고 있습니다. 많은 역사 자료들이 사도 요한이 네로가 죽은 다음에 밧모섬에서 떠났다는 것을 보여주고 있습니다. 우리는 바른 사실을 알기보다는 너무나 쉽게 왜곡된 지식을 사실로 알고 있습니다. 이러한 이유는 바로 성경을 바르게 해석하고 가르치는 교회의 사역을 훼방하는 사탄의 일이라고 여겨집니다.

분명한 것은 지난 1,900년 동안 네로 박해 때에 이 계시록이 기록되었다고 하는 주장이 절대 다수였다고 하는 것입니다. 이 때 천상에 계신 예수님께서 자신의 종 요한에게 속히 이루어질 심판에 대하여 알려 주신 것입니다. 요한이 이 계시를 받고 얼마 안 되어 예루살렘의 멸망이 일어났고 로마의 심판도 일어날 것을 보여준 것입니다. 그리고 또 한 가지 중요한 문제는 천년왕국에 대한 해석입니다. 이 부분은 나중에 본문에서 나올 때 여러분들에게 알려 드리겠습니다.

먼저 요한계시록이 하나님의 말씀이라고 우리는 확실하게 믿고 있습니다. 그러나 역사 가운데 이 계시록의 말씀을 하나님의 말씀으로 믿지 않는 일들이 자주 일어났습니다. 그럼에도 불구하고 계시록은 하나님의 말씀인 성경으로 보존되어 왔습니다. 본문 1장 1절에서 보듯이 이 계시록은 예수님께서 자신의 종 사도 요한에게 직접 하신 말씀입니다. 그리고 예수님은 "반드시 속히 될 일"을 사도 요한에게 계시하여 주신 것입니다.

우리는 여기에서 성경에는 나오지 않지만 이 당시 교회의 박해가 얼마나 심했는지에 대하여 한 번 살펴 볼 필요가 있습니다. 당연히 네로 황제의 박해라고 하는 해석의 전제를 가지고 말씀드립니다. 네로는 과대망상에 빠져 자신이 신이라고 로마 시민들과 식민지 백성들에게 선포했습니다. 태양의 광선이 자신으로부터 나오는 것을 보여주기 위해 동상을 만들고, 급기야는 황금 집을 만들고 그 현관에 자신의 동상을 세웠습니다. 자신을 신으로 칭송하기 위해 많은 노래들을 만들고 자신을 마치 아폴로 신과 같은 존재라고 말하였습니다. 이러한 네로의 광적인 행동 때문에 많은 종교인들이 고난을 당하였지만 그 중에서도 가장 큰 박해를 받은 사람들이 바로 그리스도인들이었습니다. 우리가 잘 알고 있듯이 로마 시내에 큰 불이 나서 로마가 거의 전소되었는데 이 불을 지른 사람은 다름 아닌 네로 자신이었지만 그 책임을 그리스도인들에게 돌렸고, 시민들은 그리스도인들에게 분노와 저주를 퍼붓게 되었습니다. 그리고 네로가 그리스도인들을 잡아 죽이는 것에 정당성을 부여하였습니다. 그리스도인들은 비윤리적이며 도덕적이지 않다는 거짓을 퍼뜨려 성도들을 죽이는 것을 당연시하였습니다. 수많은 성도들이 사자의 밥이 되고 불에 태워 죽임을 당하였으며, 그들이 믿는 주님처럼 십자가에 매달아 죽였습니다. 어떻게 보면 이러한 상황 속에서 예수님은 자신의 종에게 진정한 태양이며 의의 태양이신 예수님께서 오른손에 일곱 별을 쥐고 계신다는 것을 보여주셨으며, 요한이 본 새 예루살렘 성에는 태양이 필요 없다고 하신 것입니다. 네로가 건축한 황금 집도 이 땅에서 다 불타고 사라질 것이며 황금으로 묘사된 새 예루살렘 성만이 진정한 황금 집이라는 것을 보여주고 있는 것입니다.

그런데 이렇게 로마 제국으로부터 고난당하는 성도들과 교회에 진정한 위로가 되는 것은 로마 제국을 심판하시는 예수 그리스도의 모습일 것이라고 우리는 기대할 수 있습니다. 그러나 오히려 계시록은 로마 제국보다는 유대교의 멸망을 우리들에게 보여주고 있습니다. 그 이유는 바로 유대인들이 로마 식민치하에서 기독교를 핍박하는 아주 중요한 세력으로 등장하고 있기 때문입니다. 우리가 사도행전을 통해서 보았듯이 유대인들은 할 수만 있으면 계속 그리스도인들을 잡아 죽이는 일을 하였습니다. 그리고 로마의 힘을 통해 그리스도인들을 다 죽이려고 하는 일을 계속 벌였던 것입니다. 다시 말해 유대인들은 예수 그리스도를 십자가에서 죽인 다음에도 예수님을 죽이는 일을 (그리스도인들을 죽임으로써) 계속하고 있었습니다. 그러니 예수님께서 제자들에게 말씀하신 심판의 말씀 그대로 유대인들을 심판하시기 위해 예언의 말씀을 요한에게 하신 것입니다. 그러므로 이 계시록에서 "속히 일어날 일"에 대한 말씀이 바로 이스라엘의 멸망과 연관된 것입니다. 속히 일어날 일에 대한 말씀이기 때문에 아주 먼 미래에 일어날 일이 아닌 것입니다.

우리가 쉽게 알 수 있는 것은 아직 예수님은 재림하시지 않았다는 것입니다. 우리가 알고, 믿고 있듯이 예수님께서 재림하셨다면 우리는 여기에 없을 것입니다. 지금 예수님께서 자신의 종 요한에게 구름 타고 오신다는 말씀을 해 주셨는데 이러한 것은 예수님께서 이미 제자들에게 두 번이나 말씀하셨던 내용이었습니다. 예수님께서 구름을 타시고 심판하러 오신다고 하신 말씀은 다름 아닌 유대인들을 심판하러 오신다고 하신 것입니다. 예수님께서 오실 때 예수님을 찌른 자들, 즉 예수님을 죽인 유대인들이 다 볼 것이고 그들이 애통할 것이며 이방 나라들도 두려움에 떨 것입니다. 왜냐하면 유대인들이 거의 다 죽임을 당하고 이스라엘 민족이 멸족을 당하는 일이 벌어졌기 때문입니다. 그렇기 때문에 예수님께서 구름을 타고 오시는 것을 찌른 자들이 본다는 것은 예수님의 재림을 의미하지 않고 예수님께서 유대인들을 심판하러 오신다는 의미입니다. 예수님을 죽인 자들이 아직 살아 있기 때문에 그들의 눈으로 예수님을 본다고 하는 말씀입니다. 그렇기 때문에 요한계시록은 속히 될 예수님의 심판의 말씀입니다. 그렇게 악랄하게 로마의 정권에 아부하면서 그리스도인들을 다 죽여 없애려고 하는 유대인들이 곧 있으면 심판을 당할 것이라고 하는 이 말씀이 성도들이 읽고 들어야 하는 복음의 말씀이었습니다. 곧 있으면 예수님께서 다시 오셔서 자신들을 구원하여 주신다는 이 말씀이야말로 고난당하는 성도들에게 가장 큰 위로의 복음이 아니고 무엇이겠습니까?

2절에 보면, 요한은 예수님으로부터 받은 "하나님의 말씀과 예수 그리스도의 증거 곧 자기가 본 것을 다 증거"하였다고 합니다. 이것은 요한이 우리가 가지고 있는 이 계시록의 말씀을 책으로 다 기록했다는 말입니다. 책으로 기록된 이 말씀을 읽는 자와 듣는 자가 복이 있다고 하는 것은 단순하게 우리가 성경을 읽고 들으면 복을 받는다는 말이 아닙니다. 이 말씀은 예수를 믿는 믿음 때문에 죽임을 당하는 성도들에게 예수님께서 반드시 심판의 주로 오신다는 것을 믿어야 한다고 요구하는 것입니다. 조금 있으면, 성도들을 죽이려고 하는 자들이 반드시 먼저 심판을 당한다는 것을 믿는 것입니다. 그 일이 언제 일어났습니까? 유대인들이 죽임을 당하고 그들의 성전이 파괴되고 어린 자녀들까지 다 죽고 멸망당하는 일이 실제로 일어났습니다. 주후 70년에 유대인들이 죽고 그들의 성전이 다 파괴되는 일이 일어났습니다. 4년 동안 로마와 이스라엘이 전쟁을 하면서 결국 예루살렘에 있었던 사람들이 거의 다 죽었고 창녀처럼 이방 지역으로 흩어지게 되었습니다. 유대교에서 드려지는 피의 제사가 사라지게 되었습니다. 로마 군인들이 제사장 무리들을 모조리 다 죽여, 유대인이 죄를 사함받는 은혜도 사라지게 되었습니다. 우리는 역사의 현장을 한 번 볼 필요가 있습니다. 예수님께서 사도 요한에게 유대인들의 심판을 예언하셨습니다. 그런데 그 일이 어떻게 시작되었는지 보면 참으로 우습다는 것을 알게 됩니다.

예수님은 지상에 계실 때 예루살렘이 멸망당할 것이라고 여러 번 말씀하셨습니다. "예루살렘아 예루살렘아 선지자들을 죽이고 네게 파송된 자들을 돌로 치는 자여 암탉이 그 새끼를 날개 아래에 모음 같이 내가 네 자녀를 모으려 한 일이 몇 번이냐 그러나 너희가 원하지 아니하였도다. 보라 너희 집이 황폐하여 버려진 바 되리라.(마 23, 눅 13)"

마태복음 24장에 보면, 예루살렘 성전의 완전한 파괴에 대한 말씀을 들은 제자들이 예수님께 조용히 나아와 이렇게 물었습니다. "우리에게 이르소서. 어느 때에 이런 일이 있겠사오며 또 주의 임하심과 세상 끝에는 무슨 징조가 있사오리까?" 그 때 예수님은 "난리와 난리 소문을 [들을 것이며] ... 민족이 민족을, 나라가 나라를 대적하여 일어나겠고 ... 이 모든 것이 재난의 시작이니라.(6-8)"라고 하셨습니다. 이 '재난의 시작'은 바로 주후 66년에 시작된 로마 제국에 대한 유대인의 항쟁을 가리키는 것입니다. 이 항쟁이 어떻게 일어났는지를 보면 이렇습니다. 유대 총독 플로루스라고 하는 사람이 있는데 이 사람은 악명이 높은 사람이었습니다. 그 전에도 많은 유대 총독들이 있었지만 한 번도 하지 않았던 악행을 그가 저질렀습니다. 플로루스는 유대인들의 성전에 들어가 성전 금고에서 금 17달란트를 꺼내 갔습니다. 이에 분노한 유대인들이 총독에게 강력하게 항의를 하고 자신들의 신앙을 짓밟았다고 집단으로 항거하자 플로루스는 예루살렘 사람들을 십자가에 달아 죽이고 로마 군인들에게 예루살렘을 마음대로 약탈하고 보복하라는 명령을 내렸습니다. 그러자 성전 수비대의 대장을 맡고 있었던 유대인 엘르아살이 로마 황제를 위해 매일 드리던 제사를 중지하게 하고 유대인들로 하여금 로마에 저항하게 하여 로마 군인들의 요새였던 안토니우스 요새를 습격하여 모든 로마 병사들을 죽였고, 시리아 총독 케스티우스 갈루스와 싸워 이기게 되었습니다. 이 사건으로 말미암아 유대인들이 용기를 얻어 마침내 이스라엘 전역에서 로마와 항전하는 일이 일어나게 됩니다. 이 일을 알게 된 로마의 네로 황제는 베스파시아누스 장군을 이스라엘에 급파하게 되었고, 베스파시아누스는 갈릴리 지역부터 서서히 폭동을 진압하기 시작했습니다.

이것이 재난의 시작이었습니다. 예수님은 선지자 다니엘이 말한 바 멸망의 가증한 것이 거룩한 곳에 서는 그 때에 "큰 환난"이 있을 것이라고 하셨습니다. "창세로부터 (그 때의 시점에서) 지금까지" "없었고 후에도 없을" 그야말로 대환난이 일어날 것을 말씀하셨습니다. "그 때"는 네로 황제가 죽고 베스파시아누스가 황제가 되고, 그의 아들 티투스가 예루살렘을 포위 공격하기 시작하여 멸망시킨 70년 4월-8월까지의 기간을 말합니다. 그 때 로마 군대는 예루살렘 도성에 물밀듯이 쳐들어가 닥치는 대로 잔인하게 사람들을 학살하였고, 예루살렘 성전까지 불태워버렸습니다. 예루살렘 성전에 붙어 있던 금들이 녹아서 돌 틈에 들어가자 군인들이 그 돌들을 들어 금을 가져갔고, 예수님의 말씀처럼 돌 위에 돌 하나도 남지 않고 다 무너지게 된 것입니다. 그 당시 티투스와 항쟁하다가 죽은 유대인들이 이백 십만 명이었다고 합니다. 또 유대인들은 예루살렘이 무너지는 것을 보고 로마인에게 죽기보다 스스로 자살하였습니다. 티투스는 예루살렘에서 살아남은 남자 중 17세 이상은 모두 잡아다가 이집트로 보내 중노동을 시키고, 17세 이하는 노예로 팔았는데 어린아이들이 9만에 이르렀습니다. 유대인들은 더 이상 예루살렘에서 살 수 없게 되었습니다. 극심한 가난이 찾아오자 먹을 것이 없는 유대인들이 결국 자기의 자식을 잡아먹는 최악의 상황이 일어나게 되었는데 이것을 본 티투스가 "하나님! 이 일은 내가 저지른 일이 아닙니다."라고 말했다고 유대 역사학자 요세푸스가 언급하고 있습니다. 이제 이스라엘 백성들은 여호와 하나님을 섬기는 대신 로마 황제를 주로 섬기게 되었고, 제사장도 사라졌으며, 성전도 불타 없어졌고, 도움을 주는 자도, 나라도 사라지게 된 것입니다. 자신들만 구원받은 성민이라고 믿어 이방 사람들을 비난하고 개로 여겼던 이 유대인들이 결국 세상 곳곳으로 쫓겨나고 개로 여겼던 이방인들의 도움을 받아 생계를 이어가게 되었습니다. 이것이 바로 예수님이 구름을 타고 오신 사건이며, 언약을 배반한 자기 백성 이스라엘을 최후 심판하신 일이었습니다.

이스라엘은 예수님께서 성육신하여 자기 백성들을 구원하시기 위해 오셨다는 그 말씀을 믿지 않았습니다. 구약의 선지자들이 계속 증거한 그리스도가 오셨음에도 불구하고 예수님을 믿지 않았습니다. 마지막 구약의 선지자 세례 요한이 외쳤던 "보라 세상 죄를 지고 가는 하나님의 어린 양"이라는 그 외침도 거부하고 로마 총독 빌라도의 손을 빌려 예수님을 십자가에 죽였습니다. 예수님을 십자가에 죽여 달라고 외치면서 그 피에 대한 책임은 자기와 자기의 후손들이 질 것이라고 큰 소리로 말하였습니다. 우리는 독일 나치에 의한 유대인 대학살을 이 말씀과 연관시킵니다. 그러나 속히 될 일은 바로 유대인들의 멸망이라는 것을 알아야 합니다. 이렇게 생각하는 것도 계시록의 기록 시점과 관련된 것입니다. 예수님을 죽인 죄는 단순히 한 사람을 죽인 것이 아닙니다. 유대인들은 하나님의 아들을 죽였습니다. 자기 백성을 구원하러 오신 하나님의 아들을 죽인 것입니다. 이 세상에 오신 구세주를 죽였습니다. 유대인들은 성경을 연구하고 묵상하면서 성경에서 구원을 얻는다고 믿었습니다. 그러나 구약성경이 말씀하였던 그리스도가 왔는데도 불구하고 그분을 죽인 것입니다.

구름을 타고 심판하러 오신다는 이 말씀은 묵시적 비유의 말씀입니다. 손오공처럼 구름을 타고 재림하시는 것이 아니라 구름 가운데 심판하시는 하나님의 언약을 말씀하신 것입니다. 이러한 표현은 구약성경에서 종종 볼 수 있습니다. 중요한 것은 지금 예수님께서 구름을 타고 재림하신다고 하는 것이 아니라(마지막 심판 때도 모든 민족과 족속들이 주님의 재림을 보고 두려워하고 떨 것입니다. 그리고 제자들이 승천하신 것을 본 그대로 다시 오실 것입니다.) 그리스도인들을 죽음의 현장에 내몰고 있는 유대인들에게 심판을 내리신다는 것입니다. 그 예언의 말씀을 요한에게 말씀하십니다. 그리고 그것은 정말로 속히 이루어졌다는 것을 우리가 믿는 것입니다.

사랑하는 성도 여러분!

우리는 요한계시록을 어떻게 읽고 들어야 하는지를 지금 역사를 통해 바르게 배우고 있습니다. 단순히 앞으로 일어날 일이 아니라 과거에 이미 일어난 일에 대한 바른 해석이 중요합니다. 그래야 복음을 어떻게 받아들이고 어떻게 복음으로 살 수 있는지를 알 수 있기 때문입니다.

이 예언의 말씀이 중요하기 때문에 사도 요한은 교회에서 이 말씀이 읽히게 하고 들려지게 하라고 하셨습니다. 그래서 읽어주는 자는 단수이고 듣는 자들은 복수입니다. 이 말씀을 교회에서 성도들 앞에서 낭독되게 하라고 하신 것입니다. 예배 시간에 이 말씀이 들려지게 했습니다. 당시 죽음 앞에 있던 성도들이 이 말씀을 들을 때 얼마나 큰 위로와 소망을 가졌겠습니까? 반드시 주님께서 자신들을 보호하여 주시고 악인들을 심판하신다고 하는 그 말씀대로 소망하면서 말입니다. 정말이지 예수를 믿으면 구원을 받을 것인지 의심이 들 정도로 모진 핍박과 죽음이 그들의 눈앞에서 일어났습니다. 로마의 정권에 아부하는 유대교는 어느 정도 자신들의 신앙을 보장받고 있었습니다. 그런데 유대인들은 계속 그리스도인들에게 예수를 부인하고 성전 제사를 통해 구원을 받으라고 합니다. 하나님이 정말로 살아 계신다면 마치 유대인들을 지켜주시는 것처럼, 예수님도 우리를 지켜주시는 분이 아닌가? 로마의 식민 치하에서 그렇게 믿고 있었습니다. 그러나 주 예수 그리스도께서 그 모든 유대인들의 제사와 성전과 그들의 신앙을 다 심판하시고 불살라 버리셨습니다. 이것은 결국 오직 하나님은 아들 예수 그리스도를 통해서만 구원하신다고 하는 것을 보여주신 것입니다. 주 예수를 믿는 믿음 때문에 죽임을 당하는 성도들의 신앙이 참된 것임을 보여주는 계시입니다. 결국 유대교는 성부 하나님께서 인정하시는 신앙이 아니었습니다. 사도들이 오직 예수, 오직 믿음, 오직 하나님의 은혜를 전하고 가르친 것이 진리였다는 것을 역사적으로 성도들의 두 눈으로 보고 믿게 하여 주신 것입니다. 이것이 바로 복음입니다.

오늘 우리는 이러한 역사의 심판을 통해 다시 한번 천상에 계신 예수님께서 우리들의 구주이심을 믿어야 합니다. 그러므로 이 요한계시록은 사도 요한이 주후 70년 이전에 예수님으로부터 직접 계시를 받아 기록한 심판의 말씀이며 성도들에게는 위로와 소망을 주는 복음입니다. 이 복음의 말씀을 통해 우리는 앞으로 주님께서 어떻게 자신의 교회를 사랑하시는지 알게 될 것입니다. 이 계시록을 통해 저와 여러분들의 신앙이 성장되기를 바랍니다. 아멘.

일곱 촛대와 일곱 별을 보여주신 이유
(계 1:8-20)

예수님께서 자신의 제자 요한에게 앞으로 일어날 "속히 될 일"들에 대하여 말씀하여 주시고 있다는 것을 우리는 들었습니다. 그 일은 바로 예수님께서 이스라엘을 심판하시고 유대교의 중심인 성전을 파괴시키며 더 이상 지상에서 동물의 제사가 드려지지 못하도록 하시기 위해 모든 제사장들을 다 죽이시고 혈통적인 12지파를 흩으시는 심판이라고 하는 것입니다. 이 말씀을 요한에게 하여 주시기 위해 예수님께서 직접 요한에게 나타나 보여 주시는 말씀이 오늘 본문의 말씀입니다.

먼저 하나님은 요한에게 하나님 자신이 어떤 분이신지 다시 한번 말씀하여 주십니다. 하나님은 스스로 존재하시는 분이십니다. 모세에게 나타나 보여 주실 때 모세가 '하나님, 당신은 누구십니까?' 여쭙자 대답하신 말씀처럼 ("나는 스스로 있는 자다") 알파와 오메가라는 하나님의 속성을 요한에게 말씀하십니다. 이스라엘 민족은 하나님이 어떤 분인지 알고 있습니다. 예수님은 단지 뛰어난 인간 선지자로 알았어도 하나님은 전능하신 분이라고 하는 것을 알고 있으며 이 진리에 대하여 모르는 사람은 없습니다. 하나님께서 요한에게 먼저 이 말씀을 하신 이유는 바로 17절에서 말씀하시는 예수님이 어떤 분이신지 연결시켜 주시기 위해 의도적으로 기록하게 하신 것입니다.

우리는 오늘 본문의 말씀에서 세 가지 중요한 진리를 발견할 수 있습니다. 먼저 예수님은 어떤 분인지, 그리고 왜 예수님은 일곱 촛대 사이에 계시는지, 마지막으로 일곱 별을 붙잡고 계시는 이유는 무엇인지 알 수 있습니다.

이 진리의 말씀을 이해하기 위해서 가장 먼저 인식하고 있어야 할 것은 바로 지난주에 말씀드린 고난당하는 믿음의 성도들입니다. 유대인들이 그리스도인들을 향해 가지고 있었던 적대적인 신앙과 로마 제국의 잔인한 박해가 계속 믿음의 성도들에게 가해지고 있었습니다. 이러한 상황에 처해 있는 그리스도인들에게 하나님은 자신의 아들을 통해 자기 백성들을 위로해 주시고 예수 그리스도를 믿는 믿음이 결코 잘못된 것이 아니며 그것만이 오직 구원에 이르는 길이라고 말씀하시는 것입니다.

하나님은 자신의 백성들에게 자신을 계시할 때 단지 몇 마디 말씀으로 말해 주고 떠나 계시는 분이 아닙니다. 이스라엘 백성들에게 하나님이 항상 함께하신다는 것을 지상에서 성막과 성전을 통해 보여 주셨습니다. 그런데 예수님을 믿는 그리스도인들에게는, 예수님은 하나님의 아들이시며 하나님이시라는 것을 믿는 그들에게는 아무것도 눈에 보이는 것이 없습니다. 고난당하는 성도들에게 보이는 것이라고는 핍박 가운데 죽어가는 사도들과 성도들밖에 없습니다. 그리스도인들이 가진 믿음의 소망이란 무엇입니까? 얼마나 고난과 핍박이 심했던지 많은 그리스도인들이 다시 유대교로 돌아가는 일들이 일어나고 있었습니다. (히브리서는 믿는 성도들에게 다시 유대교로 돌아가지 말라고 하는 내용입니다.) 그래도 하나님께서 자신의 아들을 통해 구원 경륜을 이루시기 위해 하신 그 일이 결코 헛된 것이 아니고 오직 그 일만이 구원을 이루시는 것임을 다시 한번 보여 주시기 위해 이스라엘을 심판하시고 유대교를 완전히 무너뜨리는 일을 하신 것입니다. 이 심판을 하시기 전에 하나님은 요한에게 성부 하나님과 아들이 어떤 관계에 있는지 다시 한번 확신시켜 주십니다. 이것을 위해 예수님께서 지금 요한에게 일곱 금 촛대 사이에 나타나 보여 주시는 것입니다.

성부 하나님께서 처음과 나중이신 것처럼 아들도 처음과 나중이라는 것을 우리는 알 수 있습니다. 9절에 하나님의 말씀, 즉 구약의 말씀과 예수를 증거하는 그 일로 요한이 먼저 밧모섬에 갇혀 있습니다. 하나님은 요한에게 복음의 확신을 먼저 보여 주십니다. 요한이 증거한 복음이 결코 거짓이 아니라는 확신을 알파와 오메가라는 그 말씀으로 믿게 하여 주신 것입니다. 이 말씀은 요한뿐만 아니라 요한이 기록한 이 계시록을 읽고 있는 믿음의 성도들에게도 동일한 신앙의 확신을 주는 것입니다. 자신이 그렇게 고난과 순교의 제물이 되는 상황에서도 잘못된 신앙의 길로 가지 않았다고 하는 구원의 확신 말입니다.

고난당하는 성도들에게 예수 그리스도는 누구입니까? 그분은 바로 구약 이스라엘 백성들에게 나타나신 하나님과 동일한 본질을 가지신 분이라는 것입니다. 예수 그리스도가 하나님의 아들이시며 하나님이시라는 진리를 듣고 있습니다. 이것이야말로 가장 확실한 위로가 아닐 수가 없습니다. 유대교의 하나님이 유대교를 지켜 주시는 것이 아니라 예수 그리스도를 믿는 성도들의 하나님이 유대교를 심판하시고 자신들을 구원하여 주신다는 것을 요한에게 보여 주시면서 말씀하시는 것입니다. 이것을 위해 그 다음에 주님께서 요한에게 말씀하여 주신 것입니다.

요한은 성령의 감동을 받아 나팔 소리 같은 큰 음성을 들었습니다. 소아시아 지역에 있는 일곱 교회에 지금 네가 듣고 보는 것을 기록하여 보내라고 하십니다. 주님께서 당시 일곱 교회에 이 계시록을 보내시는 것은 지상의 모든 자신의 교회를 의미합니다. 이 계시록의 말씀은 오늘날까지 모든 교회에 적용되는 것입니다. 그러나 역사적으로 볼 때 당시 요한이 보낸 이 계시록을 받아 읽고 있는 성도들에게는 이 말씀이 아주 놀라운 복음이며 예수님께서 여전히 자신들의 눈에 보이시는 분임을 믿어 의심치 않게 된 것입니다.

요한이 예수님을 본 그 모습을 우리가 그림으로 그린다면 마치 괴물과 같은 모습입니다. 그래서 어떤 사람은 13절-16절까지 요한이 본 예수님의 모습을 그림으로 그렸습니다. 그런데 그 모습은 정말 괴이한 모습이었습니다. 하지만 요한이 보고 있는 예수님의 모습은 문자적인 외모가 아닙니다. 예수님은 요한에게 자신이 어떤 분인지를 분명하게 알 수 있도록 보여 주셨습니다. 그것은 다름 아닌 바로 대제사장의 모습입니다. 구약 시대에 대제사장은 하나님의 성전에서 화려하고 아름다운 옷을 입고 관을 쓰고 끌리는 에봇을 입고 사역을 하였습니다. 이스라엘 백성들의 죄를 속죄하는 사역에 수종 드는 일꾼이었습니다. 예수님께서 지금 요한에게 마치 그와 같은 모습을 보여 주시는 것입니다. 우리는 아주 큰 그림을 보고 있습니다. 저는 단어 하나하나에 의미를 부여하기보다 왜 예수님께서 자신이 아버지와 같은 속성을 가진 하나님이라는 것을 말씀하시는지, 그리고 지금 왜 요한에게 일곱 촛대 가운데 즉 일곱 교회 사이에서 대제사장의 모습으로 나타나 보여 주시는지에 대하여 말씀을 드리고 있습니다. 이것이 더 중요한 의미를 가진다고 할 수 있습니다.

　고난당하는 그리스도인들에게는, 눈에 보이는 사역을 하는 유대교의 대제사장이 없습니다. 지상에 계셨던 예수님은 하늘로 승천하여 없고 땅에는 단지 사도들만 있습니다. 그런데 그 사도들도 하나하나 죽어가고 없어지고 있습니다. 아무리 사도들이 예수님께서 천상에서 자기 백성들을 위해 중보하여 준다고 말해도 그렇게 큰 위로와 믿음과 확신이 생기지 않습니다. 그래서 눈에 보이는 대제사장이 있는 유대교로 돌아가야 한다는 유혹이 일어나지 않겠습니까? 예수님은 자신의 자녀들이 얼마나 연약한지 잘 알고 계십니다. 우리는 정말 연약한 존재들입니다. 우리의 신앙이 주님의 말씀으로만 지켜진다고 하면 얼마나 위대한 성도가 되겠습니까? 그러나 저 자신도 때로는 낙심할 때가 많이 있습니다. 이런 자기 자녀들을 위해 보여주신 것이 바로 세례와 성찬입니다. 그런데 우리는 과연 이것으로 만족하고 있는지 모르겠습니다. 지금 사도 요한이 밧모섬에 갇혀 있는 당시의 상황은 아주 힘든 입니다. 주님께서 친히 자신의 피로 세우신 교회들이 든든하게 서 가는 것이 아니라 계속되는 유대교의 핍박과 로마 제국의 탄압 속에서 그들이 가진 믿음이 흔들리는 상황에 처하게 된 것입니다. 2장과 3장에 나오는 일곱 교회의 상황을 보면 그것을 알 수 있습니다. 이런 자신의 교회들을 위해 주님은 천상에서 자신의 교회들을 위해 대제사장으로서 쉬지 않고 계속 일하시고 있다는 것을 보여주신 것입니다. 구약 시대 성전에서 대제사장들이 이스라엘 백성들의 죄를 위해 헌신하였지만 그들의 사역은 불완전하여 계속 해년마다 반복되는 제사를 드려야 합니다. 그러나 그리스도인들이 믿고 있는 예수 그리스도는 단번에 자신의 피로 그 모든 구약의 제사들을 다 완성시켰습니다. 이제는 더 이상 지상에는 대제사장이 필요 없습니다. 그런데 유대교는 아직도 피의 제사를 드려야 한다고 가르치고 있습니다. 하지만 사도들이 전한 복음은 예수의 피로 그 모든 피의 제사가 다 완성된 것입니다. 그러니 예수의 피를 믿는 것이면 됩니다. 더 이상 지상의 대제사장은 필요가 없습니다. 예수님께서 승천하셔서 지금도 대제사장으로 성전에서 일하시는 것을 보여줍니다. 그 성전이 바로 지상에 있는 일곱 교회들입니다. 7은 상징적인 숫자입니다. '완전' 또는 '모든'을 상징합니다. 그러니 지상에 있는 모든 교회들이 성전입니다. 예수님은 지상의 모든 교회들을 위해 지금도 대제사장으로 계속 일하고 계십니다. 더 이상 지상에는 대제사장이 필요 없습니다. 그런데 유대교는 아직도 눈에 보이는 대제사장이 있습니다. 그들은 계속 그림자만 붙잡고 있는 것입니다. 쓸모없는 껍데기만 가지고 마치 그것이 실체인 양 동물의 피를 가지고 속죄 사역을 하는 것입니다. 유대교는 하나님의 아들의 피를 욕되게 하는 것입니다. 그들이 하는 일이란 계속 하나님의 아들을 부인하는 것일 뿐입니다. 심판을 당해야 하는 이유가 바로 여기에 있습니다. 하나님께서 자신의 아들의 피를 통해 이루시고 모든 이방 민족에게까지 복음을 통해 자신의 자녀들을 구원하시기 위해 이루신 속죄 사역을 유대인들은 거부하고 있는 것입니다. 하나님께서 유대교를 당연히 심판하셔야 하는 이유가 여기에 있습니다.

사도 요한이 보고 있는 예수님의 모습을 그림으로 그린다면 마치 괴물처럼 그려진다고 말씀드렸습니다. 그러나 그 모습은 바로 영광스러운 모습입니다. 구약의 대제사장은 보석과 화려한 옷으로 치장하여 영광스럽게 보이지만 그러나 예수님은 하나님 자체에서 나타나시는 영광의 찬란한 빛이십니다. 그러니 요한이 본 예수님의 영광을 인간의 모습으로 다시 그려낼 수 없는 것입니다. 이 영광의 광채는 하나님의 광채와 동일한 것입니다. 다니엘은 이미 그 영광의 모습을 보았습니다. 다니엘은 왕좌에 앉아 계신, 옛적부터 항상 계신 이를 보았는데, 그분의 옷이 눈과 같이 희고, 그 머리털이 양의 털과 같고, 그 보좌는 불꽃과 같다고 말하고 있습니다. 요한이 보고 있는 예수님의 모습은 바로 부활하시고 승천하신 하나님의 영광이었습니다. 요한복음 1장 14절에서 말씀하시는 것과 같이 아버지의 독생자의 영광인 것입니다. 이 사실이 고난당하는 성도들에게는 엄청난 위로와 기쁨이 아닐 수가 없습니다. 이제 더 이상 예루살렘 성전에는 하나님의 영광이 없습니다. 오직 자신의 피로 사신 교회에만 하나님의 영광, 즉 임재가 있는 것입니다. 그래서 오늘날 우리가 모인 이 교회 안에 하나님의 영광인 그리스도의 임재가 있는 것입니다. 이러한 사실은 바로 교회를 통해 예배를 받으시고, 교회를 통해 영광을 받으신다는 중요한 진리가 세워진 것입니다. 인간의 눈에 보이는 건물이 교회가 아니라 성도 개개인이 모여 그리스도의 몸을 이룬 것이 교회라는 것을 다시 한번 확인해 드립니다. 이렇게 그리스도인들이 가진 하나님의 임재에 대한 신지식은 유대인들에게는 그야말로 아주 저주스러운 것이었습니다. 그들이 그리스도인들을 미워하고 살인하고 멸족시켜야 하는 이단으로 삼은 이유가 더 이상 눈에 보이는 건물이 하나님의 성전이 아니라고 그리스도인들이 믿었고 성전에 임하시는 하나님의 영광을 부인하였기 때문입니다.

이제 우리는 왜 예수님께서 대제사장의 모습으로 요한과 당신의 교회들에게 말씀하시는지 충분히 알게 되었습니다. 다음으로 예수님은 왜 일곱 별을 붙잡고 계십니까? 이 이유도 다름 아닌 고난당하는 자신의 백성들과 교회들을 위해서입니다. 일곱 별은 그 교회의 사자라고 주님께서 말씀하여 주고 계십니다. 다시 말해 교회를 다스리는 주의 종입니다. 여기에서 다스린다고 하는 것은 섬기는 것을 말합니다. 무엇으로 섬깁니까? 바로 주님의 말씀입니다. 즉 복음을 전하고 가르치는 것입니다. 그들이 바로 교회의 감독이었습니다. 아직까지는 오늘날처럼 목사들이 신학을 배워 교회를 섬기는 것이 아니지만 감독들, 즉 사도들이나 사도들이 세운 감독들이 교회를 다스리고 섬긴 것입니다. 왜 이것이 고난당하는 성도들을 위로하는 말씀으로 주신 것입니까? 바로 복음과 연관되기 때문입니다. 유대교는 아직도 모세의 율법을 가지고 가르칩니다. 모든 이스라엘 백성들에게는 하나님의 말씀이라고 여기는 율법이 가르쳐지고 있었습니다. 그런데 고난당하는 성도와 교회에서 가르쳐지는 것은 단지 교회의 사자인 감독들이 가르치는 복음밖에 없습니다. 이 복음이 바로 진리이며 전부라는 것을 보여주는 것입니다. 그 교회의 사자들을 자신의 오른손으로 붙잡고 있으니 아무리 고난당하는 성도들이라고 해도 그 사자들로부터 배우고 전해 받은 복음이야말로 구원을 주며 영생을 주는 말씀이라는 것을 믿게 하시는 것입니다. 이것이 바로 위로와 기쁨이며 혹시 의심을 갖는 성도들에게 비록 고난과 핍박 가운데 있는 상황일지라도 한번 가르침을 받고 배운 믿음의 도에서 떠나지 말 것을 요한에게 직접 보여 주신 계시의 말씀인 것입니다.

그러니 각 성도들의 예수에 대한 신앙은 전적으로 그 감독들의 설교와 가르침에 근거하고 있었습니다. 그렇다면 이제 문제는 그 감독들의 설교와 가르침은 과연 신뢰할 만한 것이며 그들이 전한 복음은 믿을 만한 것인가 하는 것입니다. 성도들은 지금 그 복음 때문에 환난을 당하고, 생명의 위협을 받고 있습니다. 정말로 그 복음은 생명을 포기해도 좋을 만큼 신빙성이 있는 것입니까? 바로 이런 질문 속에서 주님은 일곱 교회에게 당신의 오른손에 일곱 별이 들려 있는 환상을 보여 주신 것입니다. 이것은 성도들이 믿고 있는 하나님의 말씀과 예수의 증거가 신적 권위를 가지고 있다는 것을 분명하게 보여 주는 것입니다.

이 당시 유대교는 분명 그리스도인들에게 이렇게 비난하면서 예수 믿는 신앙을 버리고 유대교로 돌아오라고 회유했을 것입니다. '유대교는 정통이다. 우리는 성전도 있고, 대제사장도 있다. 모세가 준 율법도 있다. 그리고 로마로부터 신앙을 인정받아 자유롭게 종교생활도 할 수 있다. 뿐만 아니라 직업도 가질 수 있으며 형제자매 친척들하고도 원수로 지내지 않는다.' 그리스도인들에게 '너희들이 가진 신앙의 근본이 무엇이며 그 신앙은 참된 것이냐?'라고 말하면서 성도들을 대적했을 것입니다. 그렇다면 정말이지 당시 그리스도인들이 가진 신앙의 근거가 무엇입니까? 그리스도인들은 무엇을 가지고 자신들이 가진 신앙이 진리라고 믿은 것입니까? 이러한 상황 속에서 예수님은 요한에게 예수님 자신이 직접 교회의 사자들을 붙잡고 있다는 것을 보여 주신 것입니다. 사도들과 감독들이 전해 준 그 복음이 바로 신적인 권위를 가진 하나님의 말씀이라고 하시는 것입니다. 이들로부터 들은 복음은 진리이며 생명이라는 것입니다. 그러니, 분명한 진리 위에 너희들이 서 있기 때문에 흔들리지 말라고 하시는 것입니다.

우리는 여기에서 아주 중요한 메시지를 듣게 됩니다. 오늘날도 이렇게 주님께서 자신의 교회의 사자들을 붙잡고 계시다는 것을 믿는 자들이라면 그들이 무엇을 전해야 하는지를 알 수 있습니다. 감독들이 오직 예수 그리스도만이 하나님의 아들이며 구속자이며 율법을 완성하신 분이라고 하는 것을 전했듯이 지금도 교회의 목사들이 해야 하는 일은 다름 아닌 감독들이 했던 복음 사역뿐입니다. 주님은 자신의 교회를 선지자와 사도들의 터 위에 세우십니다. 이것이 교회입니다. 오늘날 목사들은 어느 터 위에 주님의 교회를 세우고 무엇을 가지고 있습니까? 목사는 오직 사도들의 가르침만 전해야 합니다. 주님은 자신의 계시를 사도들에게만 주셨습니다. 사도들이 받은 계시를 감독들이 받고 주님의 교회를 세워 섬겼듯이 오늘날 목사들도 그렇게 해야 합니다. 목사가 전하는 설교가 신적인 권위가 있다고 하는 의미는 바로 사도들이 전해준 주님의 말씀만 전하고 가르칠 때 있는 것입니다. 그러므로 목사가 강단에서 설교한다고 해서 그 설교가 모두 하나님의 말씀이 된다고 믿어서는 안 됩니다. 오직 하나님의 말씀과 예수 그리스도의 복음만이어야 합니다.

사랑하는 성도 여러분!

오늘 우리가 읽은 말씀에서 예수님께서 자신의 제자 요한에게 자신이 하나님 아버지처럼 처음과 나중이라고 말씀하시고 자신의 교회를 위해 유대교의 제사장의 영광과 비교할 수 없는 하나님의 영광의 본체를 가지신 대제사장으로 나타나 보여 주시며, 오른손에 교회의 사자들을 붙잡고 그들이 전한 복음이 하나님의 신적 권위의 말씀이며, 모세의 율법보다 더 위대하고 뛰어난 진리의 말씀이라고 하시는 것을 보여 주시고 있습니다. 고난당하는 성도들이 이 예수님의 계시를 직접 듣는다면 얼마나 큰 용기와 담대함이 생기겠습니까? 이것을 위해 지금 예수님께서 요한에게 자신을 계시하여 주신 것입니다. 오늘 우리는 유대교로부터 핍박을 받지 않습니다. 그러나 세상은 여전히 그리스도인들을 대적하며 예수님만으로 만족하지 못하게 합니다. 사탄은 지혜로워서 현대 그리스도인들을 주님의 교회와 신앙으로부터 멀어지게 합니다. 오늘 이 계시의 말씀이 복잡하고 혼란스럽고 진리를 혼탁하게 만든 이 세대 속에서 오직 예수 그리스도만이 유일한 구원의 길이라는 것을 우리들에게 전해 주고 있다는 것을 믿고 어떤 환경에서도 흔들리지 않는 신앙으로 서 가는 저와 여러분들이 되기를 바랍니다. 아멘.

누구에게 편지하라고 하시는가?

[계 2:1-7]

요한계시록을 설교하기 위해 연구하면서 계속 깨닫게 되는 것이 있습니다. 그것은 바로 요한계시록이 쉬운 성경이라는 사실입니다. 벤자민 워필드는 요한계시록은 쉬운 말씀이라고 하였는데, 그 이유는 계시록에 사용된 모든 상징들이 아주 자연스러운 것들이고 또 구약의 시인들과 선지자들 및 예수님과 사도들이 사용한 비유의 말씀에 그 뿌리를 두고 있기 때문이라고 하였습니다. 그래서 성경을 바르게 알고 있는 사람이라면 누구나 이 계시록을 통해 많은 유익을 얻을 수 있고 절대로 실망하지 않는다고 말하고 있습니다. 그런데 오늘날 교회에서 요한계시록을 가르치는 사람들이 오히려 계시록을 어렵게 만들어 버렸습니다. 성도들이 계시록을 읽으면서 깨닫지 못하는 것은 바로 가르치는 사람들이 게을러 말씀을 혼잡하게 만들었기 때문입니다.

우리는 지난주에 주님께서 대제사장의 모습으로 자신의 교회들 가운데 계속 일하고 계시다는 것을 말씀을 통해 들었습니다. 그렇다면 주님은 그 누구보다 자신의 몸 된 교회를 아주 잘 알고 계십니다. 그리고 그 교회를 위해 사역자들을 세워 복음의 진리가 계속 성도들의 입술과 삶에서 고백되게 하고 계십니다. 이제 주님은 자신이 일하시는 교회와 오른손으로 붙잡고 있는 교회의 사자들에게 직접 말씀하여 주십니다. 여기에 나오는 일곱 교회는 오늘날 모든 지상의 교회들을 다 포함하고 있습니다. 비록 이 교회들이 지금에 와서는 다 사라지고 없는 교회들이지만 일곱 교회에 직접 말씀하시는 예수님의 칭찬과 경고의 메시지는 여전히 살아있는 하나님의 말씀이라고 하는 사실입니다. 저는 개인적으로 오늘 현대 교회들이 바른 교회로, 주님께서 원하시는 교회로 세워지기 위해서는 다른 신앙적 방법을 찾기보다는 지금 계시록을 통해서 말씀하시는 주님의 음성을 듣고 돌이키면 된다고 믿습니다. 병든 인간들에게 가장 위대한 치료책은 바로 하나님의 말씀에 순종하는 것이 아니고 무엇이겠습니까? 예수님께서 병든 자들에게 무엇을 원하느냐고 물으셨을 때 그들은 한결같이 자신들의 병을 치료받기를 원했습니다. 이렇듯 오늘날 교회들이 바르게 세워지기 위해서는 다른 것이 없습니다. 일곱 교회에 말씀하시는 주님의 말씀에 순종하면 되는 것입니다. 그렇기 때문에 우리 교회도 병들어 있는 것이 있으면 일곱 교회를 통해 말씀해 주시는 것을 잘 듣고 순종하면 될 것입니다.

이제 일곱 교회 가운데 에베소 교회에 주님은 말씀하십니다. 그런데 먼저 우리가 말씀을 자세하게 보면 가장 중요한 사실 하나를 발견합니다. 그것은 다름 아닌 교회의 사자에게 편지하라는 것입니다. 예수님은 요한에게 일곱 교회의 모든 사자들에게 편지하라고 명령하십니다. 이 말씀은 교회를 이끄는 지도자에게 말하라는 것입니다. 여기에 가장 중요한 복음의 메시지가 들어 있습니다. 지금 예수님은 요한에게 자신의 오른손으로 일곱 별을 붙잡고 있다는 것을 보여주셨습니다. 왜 오른손으로 그들을 붙잡고 있는 것을 보여주셨습니까? 고통과 배신 그리고 속임과 불법으로 수많은 그리스도인들이 유대인들로부터 죽임을 당하고 있는 상황에서 과연 자신들이 믿고 있는 그리스도 예수가 진정한 구원의 주님인지를 의심까지 하고 있는데 예수님은 성도들이 모인 교회에서 복음을 전하는 사자들이 구약의 참 선지자들처럼 참된 종들이라는 것을 보여 주시면서 그들로부터 전해들은 복음과 가르침은 거짓이 없는 신적 권위를 가진 진리라고 하는 것을 확증하신 것입니다. 그렇기 때문에 교회가 진리 위에 서 있다고 할 때 그것은 바로 복음을 전하고 가르치는 교회의 사자들에 의해 좌우된다고 하는 사실입니다. 그래서 예수님은 지금 요한에게 각 교회의 사자들에게 편지하라고 하신 것입니다. 예수님은 성도들에게 편지한 것이 아닙니다. 교회를 섬기는 사자들에게 편지를 하신 것입니다. 이 말씀이 얼마나 엄한 하나님의 말씀인지를 알아야 합니다. 이것은 참으로 두렵고 떨리는 음성입니다. 오늘날 교회를 섬기는 사역자들이 이 계시록을 읽으면서 자신에게 적용시키면서 주님의 교회를 섬겨야 한다고 생각합니까? 오늘날 교회의 목사와 장로들이 이 말씀을 듣고 자신들이 어떻게 교회를 섬겨야 할 것인가를 고민하고 그것 때문에 주님께 기도할 수 있겠습니까?

지난주에 어떤 분(다른 교회를 섬기는 교인)이 저에게 이런 질문을 했습니다. "목사님, 참 교회가 되기 위해서는 말씀과 성례가 나타나야 한다고 했는데 그렇다면 말씀이 무엇입니까?" 이 질문에 저는 그분에게 "말씀이 성경을 의미할 수 있지만 그렇게 된다면 성경을 가진 교회가 참 교회라고 할 수 있는데 이단들도 성경을 가지고 있습니다. 여기에서 말씀이란 성경에 기록된 말씀을 바르게 해석하고 선포하는 합당한 복음 설교를 의미하는 것입니다"라고 말해 주었습니다. 그러면 그 일을 누가 합니까? 2,000년 전에는 사도들이나 교부들이 했지만 지금은 목사들이 합니다. 이렇게 말씀을 바르게 가르치는 것이 교회가 서고 무너지는 기준이 되는 것입니다. 그렇기 때문에 지금 예수님은 요한에게 교회의 사자들에게 편지하라고 하신 것입니다. 그들이 먼저 주님의 음성을 듣고 바르게 교회를 섬겨야 한다는 사실입니다. 말씀을 가르치고 양들을 치는 일을 위임받았다면 심판도 먼저 받는 것입니다. 그 모든 책임이 바로 목사들에게 있습니다. 특별히 1세기 유대교와 로마의 압제 하에 신앙의 위험에 직면해 있었던 성도들은 그렇게 자신들의 신앙을 계속 성실하게 유지하지 못했습니다. 물론 순교의 제물이 된 위대한 성도들도 있었지만 많은 성도들이 믿음에서 떠나는 배교의 모습으로 죄를 짓고 말았습니다. 이러한 일이 조선에 있었던 교회들 안에서도 나타나지 않았습니까? 지도자들의 타락으로 일반 성도들이 신사참배가 죄인지도 모르고 그렇게 따라 일본 천황을 신으로 섬겼던 적이 있었습니다. 이렇듯 지금 소아시아에 있는 일곱 교회들은 그야말로 신앙의 도전을 받고 시련을 겪고 있었던 역사적인 교회들이었습니다.

예수님께서 자신의 교회의 사자들에게 편지하라고 하신 것은 교회들을 교정하고 지상의 교회에서 이제는 천상의 교회를 받기 위한 올바른 신앙을 가지게 하기 위함을 그 목적으로 삼고 있는 것입니다. 우리는 보통 이러한 사실을 쉽게 잊어버립니다. 왜 예수님께서 자신의 제자들과 백성들에게 복음을 전하시고 교회를 이루시게 하시는지를, 그저 이 땅에만 한정시키려고 하고 있습니다. 그러나 그렇지 않습니다. 복음을 통해 항상 땅의 것을 찾지 말고 위의 것을 찾으라고 하는 것입니다. 지상에서의 삶이 전부가 아니기 때문입니다. 잠깐 있을 나그네와 같은 시간을 우리가 사는 것은 영원한 생명으로 하나님의 나라 백성으로 살아가게 하시는 훈련과 같은 것입니다. 비록 지상에서 불완전하고 늘 죄 가운데 살지만 자신의 죄를 고백하고 사는 그 신앙 때문에 죄가 우리를 다스리지 못하는 천상에서 영원한 삶을 살게 하시며 하나님의 통치를 사모하게 하시는 것입니다. 오늘날 현대 교회에서 추구하는 신앙을 보면 천상적인 삶을 사모하는 것이 없습니다. 그들에게 있어 최고의 목적은 지상에서의 행복입니다. 이렇게 말하면 아니라고 하겠지만 오늘날 현대 교회의 가르침은 그야말로 세속적인 것밖에 없습니다.

우리가 왜 교정되면서 살아가야 합니까? 예수님은 자신의 교회를 왜 바르게 교정하시려고 하는 것입니까? 그것은 다름 아닌 영원한 천국에서 우리가 살아가야 하기 때문입니다. 계시록이 쓰여진 목적 가운데 하나는 분명히 없어질 구약의 모든 신앙의 체계로 돌아가지 말라고 하는 것입니다. 이것을 우리가 믿는다면 역시 이 세상은 곧 심판을 받을 것입니다. 그때까지 우리가 살든지, 아니면 죽든지, 아무래도 우리가 먼저 세상에서 죽을 것입니다. 그러나 우리가 죽는다고 하는 것은 이 세상의 시스템과 이별하는 것입니다. 위대한 교부 아타나시우스는 이렇게 말하였습니다. "우리의 눈앞에 보이는 저 예루살렘이 더 이상 우리들에게 필요한 것인가?" 이제는 예수 그리스도께서 오셨기 때문에 예루살렘이 필요 없다는 것입니다. 이 땅에 세워진 것은 더 이상 필요 없는 것들입니다. 오직 예수 그리스도 한 분이면 충분합니다. 이제 주님께서 계신 곳을 바라보면서 우리들도 그곳에 가기를 원해야 합니다. 하지만 우리는 주님을 만나기 전까지 이 땅 위에서 신앙생활을 해야 합니다.

이제부터 일곱 교회의 사자에게 말씀하시는 주님의 음성을 들으면서 우리가 어떻게 이 땅에서 새 이스라엘 백성으로 살아야 하는지를 배울 수 있습니다.

에베소 교회는 우리가 알고 있듯이 사도 바울이 에베소에서 복음을 전하면서 세운 교회입니다. 역사적으로 볼 때 에베소 교회는 위대한 믿음의 조상들이 섬겼던 교회입니다. 특히 바울의 영적인 아들 디모데가 목회를 했던 곳입니다. 디모데가 유대인들에 의해 순교를 당하고 그 다음에 누가 에베소 교회의 사자로 있었는지는 잘 모르겠지만 주님께서 에베소 교회에 말씀하시는 것을 보면 아주 잘 가르치고 성실하게 믿음 안에서 성도들이 거짓 교사들을 물리친 것을 알 수 있습니다. 에베소 교회를 칭찬하시는 것은 그들이 한마디로 말해 복음의 진리를 바르게 배워서 거짓 교사들, 거짓 사도들을 분별하고 복음의 순수성을 잘 지켰다고 하는 것입니다. 이 당시에는 복음을 전하는 나그네들이 많았습니다. 순례하면서 교회들을 방문하여 성도들에게 복음을 전하는 자들이 있었습니다. 이들은 각 지역에 흩어져 있는 교회를 주님의 이름으로 방문합니다. 그러면 그 교회 장로들은 그들을 영접하고 그들에게 공적인 예배 시간에 설교할 기회를 줍니다. 그런데 이들 가운데 다른 복음을 전하는 자들이 있었던 것입니다. 이렇게 다른 복음을 전하게 되면 성도들이 미혹될 것이기 때문에 주님께서 붙잡고 계신 교회의 사자들이 이들을 먼저 시험하고 이들에게 공적 설교를 하게 하였습니다. 주님은 에베소 교회의 사자가 이런 일을 참으로 잘했다고 칭찬하여 주신 것입니다.

에베소 교회의 사자는 바울의 가르침에 아주 주의하면서 교회를 섬겼던 것입니다. 사도행전 20장을 보면 바울이 마지막 전도여행을 마치고 예루살렘으로 가는 길에 밀레도라는 곳에서 에베소 교회의 장로들을 불러서 이렇게 권면하였습니다. "여러분은 자기를 위하여 또는 온 양떼를 위하여 삼가라 성령이 그들 가운데 여러분을 감독자로 삼고 하나님이 자기 피로 사신 교회를 보살피게 하셨느니라. 내가 떠난 후에 사나운 이리가 여러분들에게 들어와서 그 양 떼를 아끼지 아니하며 또한 여러분 중에서도 제자들을 끌어 자기를 따르게 하려고 어그러진 말을 하는 사람들이 일어날 줄을 내가 아노라 그러므로 여러분이 일깨어 내가 삼 년이나 밤낮 쉬지 않고 눈물로 각 사람을 훈계하던 것을 기억하라(행 20:28-31)". 바울은 자신이 떠난 후에 에베소 교회가 복음의 진리 문제 때문에 어려움을 겪게 될 것이라고 예고하였습니다. 왜냐하면 한편으로는 교회 밖으로부터 사나운 이리가 교회 안에 들어올 것이며, 다른 한편으로는 교회 안에서 니골라 당 같은 자들이 일어날 것이기 때문입니다. 바울이 언급한 사나운 이리는 "어그러진 말"을 하는 사람들을 가리킵니다. 다시 말해서, 예수 그리스도의 복음의 교리를 왜곡되게 전하는 자들, 참된 사도들이 전한 복음과는 다른 것을 전하는 자들, 곧 거짓 사도들, 거짓 선지자들, 거짓 복음 전도자들을 말합니다. 이들이 복음을 어그러지게 전하는 목적은 성도들을 미혹하여 자신들을 따르도록 하기 위해서입니다. 사도 바울은 이런 흉악한 이리가 반드시 일어날 것을 경고했던 것입니다. 그런데 에베소 교회의 사자들이 사도의 권면에 순종하여 교회를 잘 세웠습니다. 사도 바울이 에베소 교회를 떠나고 40년이 지난 후에도 교회는 잘 순종하였습니다. 그래서 110년경에 순교한 교부 이그나티우스가 에베소 교회에 보낸 편지에 이런 내용이 기록되어 있는 것을 볼 수 있습니다.

"에베소 교회 여러분! 당신들은 모두는 진리를 따라 살고 있습니다. 어떤 거짓 이단도 여러분 가운데 자리를 잡지 못합니다. 여러분은 어떤 사람이 진리 안에서 예수 그리스도에 관한 것 외에 다른 것을 말한다면, 그 어떤 사람의 말도 듣지 않습니다. 나는 어떤 사람들이 여러분에게 악한 교리를 가지고 나아갔지만 여러분은 그들로 하여금 여러분 가운데 그 거짓 교리의 씨앗을 뿌리는 것을 허락하지 않았다는 것을 들었습니다. 왜냐하면 여러분은 그들에 의해 뿌려진 씨를 받지 않기 위하여 귀를 틀어막았기 때문입니다... 여러분은 머리에서 발끝까지 예수 그리스도의 계명으로 치장하고 있습니다." 참으로 복음이 순수하게 지켜지고 교회에서 복음이 증거되는 것은 아주 중요한 일입니다. 이 일보다 더 위대한 일은 없을 것입니다. 지금 에베소 교회가 주님의 복음을 아주 잘 파수하고 성도들을 위해 열심히 수고한 것을 주님께서 칭찬하여 주시고 있습니다. 그러나 에베소 교회가 책망을 받고 있습니다. 그것은 다름 아닌 처음 사랑을 버렸다고 하는 것입니다. 전에 기록된 성경에서는 첫 사랑을 버렸다고 하는 것을 말하고 있습니다. 그렇다면 에베소 교회가 버린 처음 사랑이란 무엇을 의미하는 것입니까? 에베소 교회는 주님의 가르침에 아주 잘 순종하였고, 주님의 복음을 사랑하고 그것을 잘 지켰습니다. 그렇다면 에베소 교회가 버린 처음 사랑이란 주님을 사랑하지 않은 것이 아닙니다. 이웃을 사랑하는 것을 버린 것입니다. 형제에 대한 사랑을 버렸다는 것입니다.

복음을 파수하고 진리를 세우는 것 때문에 형제의 부족함에 대하여 쉽게 판단하고 형제 사랑을 등한시한 것입니다. 교회 안에 가난한 자들과 소외당하는 자들이 있었을 것입니다. 처음에는 형제를 사랑하고 연약하고 가난한 자들을 잘 돌보아주었을 것입니다. 이웃을 사랑하는 그 모습이 아름답게 나타났던 것입니다. 그래서 처음 사랑을 회복하라고 하는 말씀이 주어진 것입니다. 그런데 진리를 지킨다고 하는 것 때문에 가난한 형제들을 돌보는 일을 제대로 하지 않았다고 할 수 있습니다. 왜 에베소 교회가 이렇게 주님으로부터 책망을 듣는 것입니까? 그것은 다름 아닌 진리를 지킨다고 하는 명분 때문에 형제를 돌보는 일을 등한시하였기 때문입니다. 오늘날 이런 모습들이 교회 안에서 종종 나타나는 것을 볼 수 있습니다. 예수님께서 바리새인들과 종교지도자들을 향해 저주하신 것 가운데 하나가 그들은 자신들이 참된 진리를 가지고 있다는 것을 강조하였지만 그러나 같은 이스라엘 백성들인데도 가난한 자들과 세리와 창기들을 정죄하고 그들을 저주하였던 것입니다. 바리새인들과 종교지도자들이 자신들이 가진 율법을 바르게 배워서 알았다면 이스라엘 안에 먹을 것이 없어 굶주리는 과부와 고아들이 있으면 안 되었기 때문입니다. 이처럼 주님은 새로운 영적 이스라엘 백성들로 모인 자신의 몸 된 교회가 진리를 파수한다는 명분 때문에 가난한 형제들을 돌보지 않는다면 그것은 마치 죽은 종교와 같다고 말씀하시는 것입니다. 처음 사랑을 버렸다고 할 때, "버렸다(아피에미)"는 말에는 마땅히 해야 할 의무를 게을리하고, 무시하고 간과해 버렸다는 뜻도 있습니다.

교회가 마땅히 해야 할 의무를 하지 않은 것 가운데 하나가 바로 가난한 이웃들을 돌보지 않은 것입니다. 초대교회 교부들은 교회의 재산을 가지고 가난한 자들을 위해 사용하는 것을 의무로 규정하였습니다. 특히 교부들은 자신의 생명을 주신 주님께서 교회에 은과 금을 두시는 것을 원하지 않으신다고 그렇게 가르쳤습니다. 하지만 교회에 은과 금이 많아지면서 교회는 결국 타락하고 진리마저도 변질되었다는 것을 우리는 역사를 통해 알 수 있습니다. 복음의 진리는 하나님께서 가장 귀하게 여기시는 것 가운데 하나입니다. 그러나 이 복음의 진리가 변질되고 타락하는 경우가 바로 교회에 금과 은이 많아지는 때입니다. 복음을 위해 자신의 젊음을 한 평생 바치겠다고 하는 사람들이 돈 때문에 타락하는 것을 자주 보게 됩니다. 돈이 많으면 교회가 가난한 이웃을 위해 많은 사랑을 베푼다고 우리는 생각할 수 있으나 전혀 그렇지 않습니다. 오히려 자신들의 주머니를 채우기 위해 진리를 왜곡하고 복음마저 등한시하는 일이 일어나게 됩니다. 지금 주님께서 처음 사랑을 회복하라고 하는 것은 에베소 교회가 복음의 진리를 파수하는 그 일에 있어 변질되지 않게 하시려고 잃어버렸던 형제 사랑을 회복하라고 하는 것입니다. 교회에서 가르치는 복음은 이것 아니면 저것이 아닙니다. 이것과 저것, 둘 다를 가져야 합니다. 어느 것 하나 소홀히 할 수 없습니다. 우리는 이 말씀을 통해 우리가 복음의 진리를 배우고 지켜 나간다고 해서 형제를 사랑하고 이웃을 돌보는 것을 잘 할 수 있다고 생각해서는 안 됩니다. 형제를 사랑하고 이웃을 사랑하는 것은 우리가 주님을 믿으면서 시작되는 일입니다. 내가 주님을 믿고, 주님을 사랑한다고 하면 이웃에 대한 우리의 의무도 함께 시작된다고 하는 것을 기억해야 합니다.

마지막으로 형제를 사랑하는 것에 대해 우리는 주님의 가르침을 통해 한 가지를 더 배우게 됩니다. 그것은 악을 미워하는 것입니다. 니골라 당의 행위를 미워하는 것을 주님도 같이 미워한다고 하시고 있습니다. 니골라 당은 아주 비도덕적이며 비윤리적인 삶을 사는 사람들인데 이들이 교회 안에서 잘못된 신앙을 가지고 자신들의 육체의 쾌락을 위해 당을 지어서 행동한 것을 말하고 있습니다. 주님께서는 에베소 교회가 니골라 당을 미워한 것은 잘한 일이라고 말씀하여 주시고 있습니다. 형제를 사랑한다는 것은 무작정 사랑하는 것이 아님니다. 그들의 불법을 미워하고 죄악을 저지르는 자들의 행위를 미워하는 것이 진정 형제를 사랑하는 것이라는 사실도 우리는 같이 배워야 합니다. 형제 사랑하는 것이라 하여 불법도 용인하여 줄 수는 없습니다. 이렇게 주님께서는 자신의 교회가 바른 진리를 사수하고 형제를 사랑하는 참된 신앙을 가질 것을 말씀하십니다. 에베소 교회만이 아니라 일곱 교회, 즉 지상의 모든 교회들이 이렇게 세워져야 한다는 것을 말씀하여 주시는 것입니다.

사랑하는 성도 여러분!

우리는 진리를 사랑하고 진리 안에서 살아야 합니다. 그러나 형제와 이웃을 사랑하고 그들을 돌보는 일이 진리 안에 거하는 삶이라는 것을 또한 깨달아야 합니다. 새 이스라엘 백성들에게 먼저 요구되는 것은 바로 하나님을 사랑하고 이웃을 사랑하는 것이었습니다. 하나님께서 자신의 백성들에게 요구하시는 말씀은 항상 동일하다는 것을 우리는 믿어야 합니다. 주님을 믿고 주님을 따르는 자들에게 하나님의 낙원에 있는 생명나무의 열매를 주어 먹게 하여 주신다고 합니다. 낙원에 있는 생명나무는 예수 그리스도이십니다. 그리고 그 생명나무의 과실은 예수 그리스도께서 자신의 자녀들에게 주시는 모든 은혜들입니다. 그 은혜는 죄 용서와 영생과 예수 그리스도 안에 있는 모든 은사들입니다. 이것은 영원한 천국에서 우리가 누리는 것들이지만 이 땅에서 새 이스라엘 백성들, 즉 믿음으로 이기는 하나님의 백성들에게 현재에 주어지는 선물입니다. 우리가 주님께 순종하고, 악한 자들을 이기고, 거짓 교사들을 분별하고, 형제를 사랑하고 참과 거짓을 혼합하는 니골라 당과 싸워 이길 때, 우리는 그리스도 안에서 회복된 낙원에 참여하는 것이며, 거기 있는 생명나무 곧 그리스도의 모든

축복과 구원의 은덕에 참여하는 것입니다. 이 축복 가운데 살아가는
저와 여러분들이 되기를 바랍니다. 아멘.

네가 죽도록 충성하라

[계 2:8-11]

오늘 말씀의 제목이기도 한 이 말씀은 많은 교회들이 성도들에게 충성을 요구하는 말씀으로 사용합니다. 특별히 새로운 한 해를 맞이하거나 아니면 교회의 중요한 직분이나 직책을 맡을 때 사용되는 말씀입니다. 그러나 정말 이 말씀이 어떤 새로운 직분을 맡은 자들에게 또는 새로운 해를 맞이하는 시점에서 죽도록 충성하면 생명의 면류관을 주신다고 하시는 말씀인지, 그 의미를 제대로 알 수 있는 기회가 우리에게 주어졌습니다.

성도들이 열심히 교회를 섬기고 주님을 사랑하는 것을 원하지 않는 목사는 없습니다. 충성하고 헌신하여 하나님으로부터 축복을 받는다면 그것은 성도 자신에게 기쁨일 뿐만 아니라 목사에게도 기쁨입니다. 그러나 강단에서 성도들에게 충성과 헌신을 요구하기 위해서 위의 본문 말씀을 사용한다면 그것은 합당하지가 않습니다. 왜냐하면 "네가 죽도록 충성하라 그리하면 내가 생명의 면류관을 네게 주리라"고 하시는 말씀은 교회에서 교사의 직분, 찬양대, 그리고 다른 부서의 직분들을 임명하면서 죽도록 충성하라고 주신 말씀이 아니기 때문입니다. 그리스도인들은 항상 기록된 성경의 말씀 안에서 살아야 합니다. 그리고 말씀을 가르치는 목사는 사도들처럼 기록된 성경 말씀을 바르게 해석하고 가르쳐야 합니다. 우리가 성경을 눈에 보이는 대로만 읽는다면 여전히 어린아이 수준에 머물고 맙니다. 지금 주님은 고난과 핍박과 죽음 앞에 놓여 있는 자신의 양들을 위해 말씀하시는 것입니다. "네가 죽도록 충성하라" 하신 말씀은 서머나 교회에 있는 성도들에게 지금 네가 맡은 직분에 충성하라고 하시는 말씀이 아니라 신앙에 대한 충성을 요구하시는 것입니다. 직분에 충성을 다하는 것은 신앙에 충성을 다하는 것과는 다릅니다. 물론 때로는 신앙 때문에 주어진 직분에 충성을 다할 수도 있습니다. 그러나 직분에 충성을 다한다고 해서 신앙을 바르게 가진다는 보장은 없습니다. 믿음이 없는 자들에게 직분을 사사로이 맡기지 말라고 한 바울의 가르침은 신앙과 직분이 다르다는 것을 말해주는 것입니다.

예수 그리스도께서 이 땅에 오신 이후 주님을 따르는 모든 무리들이 고난과 환난을 받으면서 급기야는 자신들의 생명과 가족들의 죽음을 눈앞에서 지켜볼 수밖에 없는 상황 속에 살아가게 되었습니다. 사도 요한이 계시록을 쓸 당시 예수를 주로, 그리고 그리스도로 고백하는 사람들이 당하는 환난이란 바로 순교였습니다. 이 신앙을 고백하고 예수 그리스도를 믿는 믿음을 지키는 대가가 바로 순교였습니다. 어쩌면 예수를 믿는 것 때문에 순교를 당하는 그 순간 앞에서 다른 길-믿음을 버리고 유대교로 돌아가는 것-을 생각하는 것이 그렇게 잘못된 것이라고 말할 수 없을 것입니다. 그러나 믿음의 사람들에게는 오직 한 길만이 요구됩니다. 그것은 바로 오직 주 예수 그리스도만이 나의 주 하나님이라는 신앙입니다.

오늘 주님께서는 서머나 교회가 가난하다고 말씀하시고 있습니다. 서머나 교회가 가난하다고 하시는 말씀은 그들이 게을러서가 아닙니다. 이들은 정말로 먹을 것이 없는 가난한 궁핍에 처해졌습니다. 왜냐하면 유대인들이 그리스도인들을 핍박하고 그들이 먹고 살 수 있는 길도 막았기 때문입니다. 당시에 수많은 논쟁거리들이 있었습니다. 그중에 하나는 예수 그리스도께서 오신 이후부터 구약에서 언급된 유대인들, 즉 진정한 유대인들이 누구인가 하는 것입니다. 그리스도인들은 자신들이 하나님께서 준비해 놓으신 구약의 유대인들이라고 하는 것을 믿었습니다. 그러나 육체를 자랑하는 유대인들은 그렇지 않았습니다. 육체의 할례를 가진 자들만이 유대인들이었습니다. 유대인의 정체성에 대한 논쟁은 죽음마저 불사하게 만들었습니다. 손으로 할례를 받은 유대인들은 로마 정부에게 아첨하며 그들로부터 받는 유익을 다 누렸습니다. 마음껏 신앙생활 할 수 있도록 로마 정부로부터 몇 가지 조건들을 받아들였습니다. 먼저 서머나의 위치와 지역적 상황을 아는 것이 도움이 될 것입니다.

서머나는 항구 도시로 지금도 이즈밀이라는 이름으로 존재하는 도시입니다. 이 서머나 도시가 로마 황제로부터 상당한 관심을 받고 있었는데 그 이유는 서머나가 아시아에서 가장 으뜸 되게 로마 황제를 섬기는 도시가 되었기 때문입니다. 그래서 아시아에서 첫째가는 도시라는 뜻의 "프로테이 아시아스"라는 명예를 얻었습니다. 뿐만 아니라 로마 황제를 섬기는 신전을 관리하는 '신전 관리자'라는 칭호도 받았습니다. 그러니 황제에 대한 숭배가 가장 극심한 곳이 바로 서머나였습니다. 서머나에게 주어진 명칭이 바로 아시아의 왕관이라고 하는 의미를 가졌습니다. 다시 말해 황제의 왕관을 뜻하는 도시입니다. 이와 반대로 서머나는 유대인들이 그리스도인들을 가장 심하게 박해했던 곳입니다. 요한의 제자 폴리갑이 순교한 곳이 바로 서머나였습니다. 이렇게 황제를 숭배하는 도시가 번성하지 않을 리가 없습니다. 서머나는 아주 번성한 도시가 되었고 많은 사람들이 물질의 풍요를 누리며 살았습니다. 그런데 그리스도인들은 환난을 당하면서 궁핍하였습니다. 성도들이 이렇게 환난을 당하고 먹을 것이 없는 가난한 자들이 된 것은 바로 신앙 때문이었습니다. 성도들이 자신이 가진 신앙을 버리고 유대교로 아니면 황제 숭배의 길로 가면 가난은 사라지고 환난은 그쳤을 것입니다. 그러나 이들은 신앙 때문에 환난과 가난을 기꺼이 선택했습니다. 이것을 보신 주님께서 이들이 육체적으로 가난하지만 실로 부요한 자라고 하신 것입니다. 사도 바울이 말한 것처럼 "가난한 자 같으나 많은 사람을 부요하게 하고 아무것도 없는 자 같으나 모든 것을 가진 자(고후 6:10)"였습니다. 주님께서 이렇게 말씀하신 것은 바로 고난 속에서도 주 예수 그리스도만을 믿는 믿음을 가졌기 때문입니다. 예수 그리스도 안에 있는 자들만이 알 수 있는 이 능력을 어떻게 불신자들과 유대인들이 알겠습니까?

우리에게 믿음이 없다면 우리들도 이 말씀을 온전하게 깨닫지 못할 것입니다. 우리도 때론 삶 때문에 힘들고 지칠 때가 한두 번이 아닙니다. 우리가 왜 이렇게 살아야 하는지? 하지만 분명히 우리는 모든 것을 소유한 자들입니다. 그 어떤 세상의 부자보다 더 부요한 사람들입니다. 세상의 부요는 잠깐 소유할 뿐이지만 우리가 소유한 부요는 영원한 것입니다. 이것을 바꾸는 자가 있다면 정말로 어리석은 자일 것입니다. 그래서 서머나 교회의 성도들은 자신의 생명을 빼앗겨도, 자식들이 눈앞에서 죽어가는 것을 보면서도 이 부요를 바꾸지 않았던 것입니다. 주님께서 이렇게 자신을 따르고 믿음을 지키는 자들에게 진정한 유대인이 누구인지 말씀하여 주십니다. 다름 아닌 서머나 성도들이 바로 구약에서 말씀하는 아브라함의 자손들이라고 하시는 것입니다.

9절의 "자칭 유대인이라 하는 자들의 비방도 알거니와 실상은 유대인이 아니요 사탄의 회당이라". 이 말씀이 바로 육체를 자랑하는 유대인들의 모습이었습니다. 이들은 자신들의 입으로 '아브라함이 우리의 조상이다. 우리는 모세의 율법을 가지고 있다.'며 계속해서 그들은 구약의 모든 것들을 가지고 있다고 자랑하였습니다. 육체의 할례도 자랑했습니다. 그러나 주님께서는 '이들은 스스로 유대인이라고 말한다. 하지만 이들은 유대인들이 아니다. 이들은 사탄을 위해 모임을 갖는 자들'이라고 저주하시는 것입니다. 예수님께서 이들을 이렇게 저주하신 데는 고난당하는 그리스도인들을 위로하려는 이유도 있지만 실제로 유대인들이 자신들의 회당에서 어떤 짓을 했는지를 보면 그 뜻을 알 수 있습니다. 유대인들은 로마 정부로부터 많은 혜택을 받고 살았습니다. 자신들의 신앙을 보전받기 위해 로마가 제시한 제안을 모두 받아들였는데 그 가운데 하나가 바로 회당에 로마 황제의 신상을 세우고 머리를 숙이는 것이었습니다. 유대인들은 핍박을 모면하기 위해 자신들의 신앙을 타협했습니다. 그들은 심지어 로마 황제에게 제사를 드리라는 명령도 하였습니다. 그래서 폴리갑의 순교라는 문서에는 이런 기록이 있습니다. '여러분이 하는 것이라고는 고작 단에 향 하나 피우면 된다. 그리고는 떠나면 그만이다' 하고 유대인들이 가르쳤습니다. 서머나에 사는 유대인들은 이것을 전혀 문제 삼지 않았습니다. 마치 우리 믿음의 조상 주기철 목사님을 회유했던 일본 순사가 주 목사님을 차 안에 태워가면서 저기 보이는 신사에 머리를 잠깐 숙이고 지나가라고 한 회유와 같은 것이었습니다. 머리 한 번 숙이는 것인데 무엇이 문제가 될 수 있겠습니까?

하지만 유대인들은 로마의 황제와 이스라엘의 하나님을 하나로 만들었습니다. 유대인들은 로마의 황제를 신으로 믿었기 때문에 자신들의 생명과 부를 유지하게 되었던 것입니다.

이러한 상황 속에서 유일하게 오직 하나님만을 믿는 무리들이 존재하고 있었습니다. 그들이 바로 서머나 교인들이었습니다. 예수님은 이런 자들에게 이스라엘의 하나님이 누구인지 다시 한번 말씀하여 주시고 계신 것입니다. "처음이요 나중이라"는 이 말씀은 바로 구약의 하나님을 계시하는 말씀과 동일한 말씀이었습니다. 이사야 44:6에 사용되고 있는 말씀입니다. "이스라엘의 왕인 여호와 이스라엘의 구원자인 만군의 여호와가 이같이 말하노라 나는 처음이요 마지막이라 나 외에 다른 신이 없느니라" 이사야는 여호와 하나님은 "처음이요 마지막이신 분"이라고 이스라엘 백성들에게 알리고 있습니다. 이렇게 사용되었던 하나님에 대한 호칭을 예수님께서 자신에게 직접 사용하고 계신 것입니다. 이것은 예수님이 누구인지를 알려주는 계시의 말씀이지만 그것은 먼저 고난당하는 서머나 교회 성도들에게 너희들이 바로 진정한 이스라엘 백성들이고 참 유대인들이라는 것을 확신시켜 주시는 말씀인 것입니다.

로마의 황제를 위해 분향단에 향 하나만 꽂으면 모든 삶을 보장받는 유대교와는 다르게 오직 예수 그리스도만이 자신들의 하나님이요 구원의 주님이라는 것을 믿고 황제 숭배를 거부한 그리스도인들에게 주어진 것은 고난과 궁핍이었습니다. 만약 교회가 유대인들처럼 그렇게 향 하나만 꽂고 서로 연합했다면 환난과 궁핍을 피했을 것입니다. 아니 목숨도 유지하고 자녀들의 삶도 보장을 받았을 것입니다. 그러나 신앙 때문에 그들은 그 모든 육체의 안전을 거부하고 오직 주 예수 그리스도 한 분만을 섬겼던 것입니다. 지금 예수님은 서머나 교회를 향해 바로 진정한 유대인들, 아브라함의 후손들이 누구인지를 말씀하여 주십니다. 구약의 여호와 하나님을 믿고 진실로 예수 그리스도를 따르는 그들이 참된 유대인들이라고 하는 것입니다. 정통 유대인들이라고 하면 구약의 하나님을 믿고 오직 한 분 하나님만을 섬겼을 것입니다. 그러나 그들은 가짜 유대인들이었습니다. 그러니 모세의 율법도 가지고 있었지만 다른 신을 같이 섬긴 것입니다. 진정 올바른 유대인들이라면 예수 그리스도를 믿었을 것입니다. 그들이 그리스도를 믿지 않고 있기 때문에 모세를 믿는다는 말은 거짓말인 것입니다. 사도 바울은 진정한 유대인들, 할례자들이 누구인지 가르쳐줍니다. "무릇 표면적 유대인이 유대인이 아니요 표면적 육신의 할례가 할례가 아니니라 오직 이면적 유대인이 유대인이며 할례는 마음에 할지니 영에 있고 율법 조문에 있지 아니한 것이라. 그 칭찬이 사람에게서가 아니요 다만 하나님에게서니라(롬 2:28-29)."

그렇다면 누가 참된 유대인입니까? 성경의 말씀 가르침 그대로 하면 인종과 민족과 지역을 뛰어넘어 이제는 예수 그리스도를 믿고 그분의 의로 옷 입는 자들이 바로 아브라함의 후손들이요 언약의 백성들이 된 것입니다. 그러나 유대인이라고 하면서 배교한 이들은 사탄의 자식들이었습니다. 참소하는 사탄의 자식들이 거룩한 진리의 자녀들을 참소하고 심지어 옥에 집어넣어 고난을 받게 하는 자들이 된 것입니다. 서머나 교인들 가운데 일부는 유대인들의 참소로 인해 옥에 갇히는 고난을 받게 되었습니다. 그러나 그 고난이 그렇게 길지 않다고 주님은 말씀하여 주십니다. 환난은 심각하였지만 그렇게 길지 않을 것입니다. 주님은 고난이 10일 동안 된다고 하시는 말씀으로 환난이 짧다고 하여 주십니다. 구약의 다니엘과 그 친구들도 십 일 동안 시험을 받았습니다. 그러나 그 시험을 이기고 놀라운 축복을 받았습니다. 마찬가지로 서머나 교회에 가해지는 유대인들의 박해는 짧을 것입니다. 그러나 교회는 엄청난 은혜와 축복 가운데 거할 것입니다. 환난의 10일은 영원한 승리의 날로 바뀔 것입니다. 또한 환난은 생명의 면류관으로 바뀔 것입니다. 이런 상황에 처한 서머나 교회에 지금 예수님께서 "죽도록 충성하라"고 하신 것입니다. 그렇다면 이 말씀이 이제 어떤 의미를 담아 하신 말씀인지 우리는 아주 분명하게 깨닫고 순종할 수가 있습니다.

이 말씀대로 주님께서 환난을 당하는 자신의 백성들에게 요구하시는 것이 바로 죽도록 충성하라고 하시는 것입니다. 여기에서 충성이라는 단어는 믿음과 연관되어 사용되고 있습니다. 믿음에 대한 충성입니다. 주 예수 그리스도를 자신의 구주로 믿는 그 믿음 말입니다. '마귀가 앞으로 너희 가운데 몇 사람을 옥에 던져 시험을 받게 하리니 너희가 십 일 동안 환난을 받을 것'이라는 말씀과 연관되어 있다는 것을 안다면 지금 예수님은 자기 백성들이 핍박과 순교의 상황에 직면할 것이기 때문에 믿음을 가지고 끝까지 충성하라고 하신 것입니다. 다시 말해서 오늘 이 말씀은 성도가 가진 직분에 죽도록 충성하라고 하는 것이 아니라 순교를 당하더라도 주 예수 그리스도를 믿는 믿음을, 신앙을 죽기까지 지키라고 하시는 말씀입니다. 그러므로 이 말씀은 모든 그리스도인들에게 해당하는 말씀입니다. 그리고 소아시아 일곱 교회의 모든 교회 성도들에게 동일하게 주신 말씀입니다. 모든 교회의 성도들이 참 유대인이며 아브라함의 후손들이고 영원한 하나님 나라의 백성들로 모든 축복을 누릴 것이라는 이 진리를 전하여 주시는 것입니다.

사랑하는 성도 여러분!

우리는 서머나 교회의 성도들에게 친히 말씀하시는 주님의 음성을 듣고 있습니다. 이 음성은 1세기 서머나 교회 성도들에게만 하시는 말씀이 아니라 오늘 이 시대에도 동일하게 말씀하시는 주 예수 그리스도의 음성입니다.

성도가 예수를 자신의 구주로 믿기 시작하면 이 믿음을 가지고 죽음의 자리에 이르기까지 신앙을 지켜야 합니다. 교회 안에서 주어지는 직분은 상황에 따라 달라질 수 있습니다. 임명받은 직분을 일 년, 아니면 한 달도 못 감당할 수도 있습니다. 그렇다고 해서 신앙이 없는 사람이 아닙니다. 하지만 주 예수 그리스도를 믿는 신앙은 일평생 끝까지 지키며 살아야 합니다. 바로 죽기까지 충성해야 하는 것입니다. 그래서 주님은 "내가 생명의 관을 네게 주리라"고 말씀하여 주셨습니다. 믿음은 곧 영생입니다. 예수를 자신의 구주로 믿는 자들에게 영생을 선물로 주십니다. 환난과 핍박 가운데서 끝까지 신앙을 지키기에 충성하는 자들에게 주님은 영원한 생명을 주신다고 다시 한번 말씀하여 주시고 있습니다. 마지막 구절에서 "이기는 자는 둘째 사망의 해를 받지 아니하리라"고 약속하여 주시고 있습니다. 여기에 기록된 둘째 사망이란 바로 하나님의 마지막 심판을 의미합니다. 우리는 주님의 부활 이후에 생명을 부여받고 살고 있습니다. 뿐만 아니라 주님께서 약속하신 은혜들을 소유하면서 살고 있습니다. 하지만 모든 인간은 죽음 이후 하나님의 심판대 앞에서 심판을 받을 것입니다. 그런데 예수를 믿지 아니하는 자들은 영원한 사망의 심판을 받습니다. 하지만 끝까지 신앙과 믿음을 지킨 자들에게는 영원한 사망의 심판이 임하지 않습니다. 예수님께서 믿음을 버리지 않고 죽도록 충성한 자들에게 둘째 사망의 해를 받지 않을 것이라고 하시는 이 말씀은 역으로 영원한 생명을 주신다는 위로와 격려의 말씀인 것입니다. 우리에게 선물로 주신 믿음은 영원한 생명을 의미합니다. 이것을 주시기 위해 지금 주님께서 순교의 상황에 직면하더라도 자신을 믿는 믿음을 끝까지 버리지 말고 지킬 것을 강력하게 말씀하고 계십니다.

이제 이 말씀은 이 세상 가운데서 고난과 핍박과 환난 앞에서 살아가는 모든 주의 백성들에게 용기와 위로와 담대함을 주시는 말씀이라는 사실을 깨닫고 그 무엇과도 바꿀 수 없는 것이 바로 주 예수 그리스도를 믿는 믿음이라는 이 진리를 기쁨으로 간직하고 살아가는 성도들이 되기를 바랍니다. 아멘.

세상과 혼합하지 말라
[계 2:12-17]

우리가 성경의 말씀을 들을 때 성경에 나오는 지명들을 쉽게 이해하면 얼마나 좋겠습니까? 만약 우리나라 지명이 기록되었다면 우리가 더 쉽게 이해할 수 있을 것입니다. 그런데 버가모가 어디에 있는지도 잘 모르는 우리들이 이 지역을 이해한다는 것은 그렇게 쉬운 일이 아닙니다.

주님은 요한에게 아시아에 있는 버가모 교회의 사자에게 또한 편지하라고 하십니다. 버가모는 주님의 말씀처럼 사탄의 권좌가 있는 도시였습니다. 주님께서 이렇게 말씀하시는 이유는 버가모가 제우스 신을 섬기는 아주 특별한 곳이며, 또한 황제를 신으로 섬기는 곳이기 때문이라고 할 수 있습니다. 그리고 아픈 사람들을 치료해 주는 아스클레피오스라는 뱀 형상의 신을 섬기는 곳이 바로 버가모였습니다. 그러나 주님께서 버가모를 사탄의 권좌가 있는 곳이라고 말씀하실 때에는 사탄이 버가모를 아시아에서 가장 크게 주님의 교회를 핍박하고 대적하는 중심적인 일을 하는 지역으로 삼고 있다는 것을 말씀하시는 것입니다. 물론 지금 계시록에 기록되어 있는 모든 교회들을 향해 사탄은 계속 대적하며 특히 유대인들과 로마 정부를 통해 주님의 몸 된 교회를 짓밟고 무너뜨리려고 하고 있습니다. 그 어떤 지역도 사탄의 활동이 왕성하지 않은 곳이 없습니다. 그러나 버가모는 특별히 사탄의 권좌가 있는 곳이라 하니 얼마나 핍박과 환난이 극심했을지 우리가 상상하기 어려울 것입니다. 그런데 이러한 곳에 주님께서 자신의 교회를 세우셨고, 그곳에 하나님의 백성들을 부르셨습니다. 하지만 그리스도인들은 자신들이 가진 신앙 때문에 하루하루 살아가는 그 삶이 그렇게 쉽지만은 않았습니다.

오늘날도 여전히 주 예수를 믿는 신앙 때문에 목숨을 빼앗기는 사람들이 상당히 많다는 것을 우리는 알고 있습니다. 하지만 세상과 하나가 되어 살아가는 교회와 사람들은 우리 형제들이 신앙 때문에 죽어가는 일을 남의 이야기처럼 여기고 있습니다. 과연 오늘날 현대 교회가 핍박과 환난에 처해 있는 형제들에게 얼마나 많은 관심을 가지고 있을까요? 우리는 신앙의 자유가 보장되어 있는 나라에 살고 있지만 예수를 자신들의 구주로 믿는 것을 자유롭게 보장해주는 나라는 여전히 그렇게 많지 않다는 것을 알아야 합니다. 오히려 유럽과 미국에서조차 예수 믿는 신앙을 공개적으로 나타내는 것을 금하고 있습니다. 어쨌든 우리는 자유롭게 신앙생활을 하면서 우리에게 필요한 것을 얻을 수 있다는 것에 감사해야 할 것입니다. 그러나 지금 버가모 교회가 처해 있는 상황은 그렇지 않습니다. 버가모가 사탄의 권좌라고 할 때는 그만큼 우상숭배자들에게는 부와 권력이 주어지지만 오직 예수 그리스도를 믿는 자들은 그들의 재산과 생명마저도 빼앗기는 일을 당하는 곳입니다.

황제를 숭배하는 사람들은 자신들끼리 노동조합을 만들어 필요하면 직업도 주고 서로 힘이 되어 주는 일을 하였다고 합니다. 그리고 병든 사람들이 병을 치료받기 위해 아스클레피오스 신을 찾아 숭배하면 제사장은 병을 치료하는 은밀한 이름이 있는 흰 돌을 주었다고 합니다. 제우스를 섬기는 자들은 그들이 원하는 방식으로 자신들의 제우스를 섬겼습니다. 그런데 이들은 서로 충돌하지 않았습니다. 디오니시우스 황제를 섬기는 자들은 제우스도 인정하였고, 자신들이 병이 들면 아스클레피오스를 찾아갔습니다. 이들은 서로 서로 인정해주면서 그렇게 지냈습니다. 자신들이 섬기는 신들 때문에 싸우지 않고 다투지 않았습니다. 종교다원주의는 최근에 나타난 현상이 아닙니다. 모든 종교에 구원이 있다는 주장은 이미 고대부터 가르쳐졌던 사상이었습니다. 만약 제우스를 섬기는 자들이 제우스만 유일한 신이라고 한다면 이들은 서로 다투었을 것입니다. 그러나 우상을 숭배하는 자들은 자신들이 섬기는 신들뿐만 아니라 다른 신들도 인정해 줍니다. 평화롭게 보이고 서로 사랑하는 것처럼 보입니다. 서로를 인정해주면 분쟁이 있을 수 없습니다. 이러한 곳에 주님은 자신의 교회를 세우셨습니다. 그리고 그 백성들에게 오직 우주 만물의 왕이시며 진정한 큐리오스는 로마의 황제가 아니라 오직 주 예수 그리스도이심을 고백하게 하셨습니다. 다른 신들은 거짓이고 오직 예수 그리스도만이 구원자이시며 세상을 통치하시는 만왕의 왕이신 것입니다. 우상숭배자들에게는 그리스도인들이 자신들의 신들을 무시하고 세상을 소동케 하는 집단으로밖에 보이지 않습니다. 그러니 그리스도인들을 죽이거나 박해하는 것은 당연한 것입니다. 오히려 그리스도인들 때문에 사회가 혼란스럽게 되었다고 여겨서 이들을 모조리 몰아내야 하는 것이었습니다. 이러한 상황 속에서 여전히 버가모 교회는 오직 주 예수 그리스도만을 참된 하나님으로 믿고 있습니다. 예수님은 핍박과 환난 가운데 있는 교회가 자신의 이름을 위해 끝까지 신실한 것을 칭찬하셨습니다.

지난주에 은퇴하신 목사님 한 분과 전화 통화를 하였습니다. 그런데 그분께서 목회를 할 때 자신이 개혁신학을 말하면 주변의 목사들이 자기를 혼란을 일으키는 사람이라고 조롱하는 말을 들었다고 저한테 말해 주셨습니다. 그래서 제가 그 목사님께 "사도 바울이 주 예수의 복음을 전하자 유대인들이 천하를 소동케 하는 자라고 비난하였습니다. 그러니 목사님께서 혼란을 일으키는 사람이라는 말을 들은 것은 오히려 상급입니다."라고 말했습니다. 사실 우리는 무엇이 진리이고 무엇이 거짓인지 분별하려고 하지 않습니다. 아니 분별하는 것을 싫어합니다. 그러니 강단에서 복음을 듣는 것을 좋아 하지 않습니다. 자신들이 듣고 있는 것이 복음이 아니라고 하면 아주 불쾌하게 여깁니다. 왜냐하면 지금까지 그렇게 믿고 알고 있었던 것이 틀렸다고 하면 자존심이 상하기 때문입니다. 그러나 우리의 신앙은 죽고 사는 문제입니다. 잘못된 것을 믿고 있다면 과감하게 돌이켜야 합니다. 그렇지 않고서는 우리가 주님을 바르게 예배할 수 없습니다. 지금 온 세상을 소동케 하는 집단이 일어났다고 여겨서 그리스도인들을 모조리 죽여도 된다는 소문이 퍼졌습니다. 그래서 버가모 교회의 안디바가 순교를 당했습니다. 안디바가 누구인지 그가 교회에서 어떤 위치에 있었는지는 알려진 바가 없습니다. 그러나 그의 이름 안디바는 원어로 '안티파스'인데 '안티'는 우리가 알고 있는 그 뜻대로 대항, 또는 대적한다는 말이고, '파스'는 '모든'이라는 말입니다. 즉 안디바는 모든 거짓에 대항하는 사람이라는 이름을 가졌습니다. 안디바가 오직 주 예수만 구원의 주님이라고 주장하고 사탄의 모든 우상 숭배에 대적한 것입니다. 어느 정도 적당히 부인하거나 좀 서로 약간 인정해 주면 아무런 문제도 없었을 것인데 안디바는 모든 우상을 거짓이라고 말했고 결국 그는 순교를 당하고 말았습니다. 예수님께서 지금 버가모 교회에게 말씀하시는 것을 자세하게 보면 주님께서 안디바를 어떻게 여기시는지 알 수 있습니다. "내 충성된 증인 안디바"라는 말은 나의 충성된 나의 증인 안디바라고 하는 말입니다. 즉 예수님은 자신의 이름을 위해 안디바가 싸우다가 죽었다고 하시는 것입니다. 성도는 예수님의 이름을 위해 살아야 합니다. 우리의 삶은 거룩한 전쟁입니다. 우리가 오직 예수의 이름을 위해 산다면 우리는 세상으로부터 미움을 받을 것입니다. 그러나 우리 주님은 자신의 이름을 위해서 사는 자들을 기억하시고 그들의 이름을 돌 위에 기록하여 주실 것이 분명합니다. 전해 내려오는 이야기에 의하면 안디바는 놋으로 만든 아주 큰 주전자 안에서 뜨거운 물에 끓여 죽임을 당했다고 합니다. 이렇게 죽임을 당할 때도 안디바가 주님을 믿는 믿음을 버리지 않았습니다. 버가모는 참으로 예수님의 이름을 사랑하고 그렇게 신실한 주의 자녀들이 모인 곳이었습니다.

하지만 버가모 교회가 주님으로부터 책망을 받습니다. 그 이유는 바로 혼합주의 때문이었습니다. 안디바의 순교를 통해 우리가 배울 수 있는 것은 주님께서 자신의 자녀들이 세상과 구별된 존재라고 말씀하신 것입니다. 안디바가 다른 신들을 인정했다면, 즉 그가 병을 치료해 주는 신이 있다는 것을, 그리고 먹고사는 노동의 문제를 해결해 주는 신이 있다는 것을 인정했다면 그는 죽임을 당하지 않았을 것입니다. 우리도 여기에서 우리 신앙을 분명하게 해야 할 것입니다. 그것은 바로 우리의 생명을 주관하시는 분이 하나님 한 분이라고 하는 사실입니다. 물론 우리는 아플 때 약을 먹습니다. 의사의 도움도 받습니다. 그리고 먹고 살기 위해 직장도 가져야 합니다. 그러나 그것들이 우리의 신이 아닙니다. 그것이 없어도 우리는 하나님의 도우심으로 살아갈 수 있습니다. 이것을 믿어야 합니다. 그런데 오늘날 세상 사람들은 의술이 신은 아니라고 해도 그것이 없으면 살 수 없다고 믿습니다. 그리고 직장이 없으면 죽는 다고 합니다. 이러한 믿음은 하나님이 없어도 살 수 있다고 하는 불신입니다. 만약 우리도 이렇게 세상으로부터 주어지는 것 없이는 살 수 없다고 한다면 하나님을 믿는 자들이라고 할 수 없습니다. 예수님께서 자신의 충성된 증인 안디바를 먼저 말씀하신 것은 참된 신앙과 세상은 하나가 될 수 없다는 것입니다. 그런데 주님께서 책망하시는 것은 교회 성도들 가운데 신앙과 세상을 하나가 되게 하는 사람들이 있다는 것입니다.

본문 말씀에서 교회 성도들 가운데 어떤 자들이 세상과 하나가 되었는지 알 수 있습니다. 예수님은 발람의 교훈을 따르는 자들이 교회 안에 있다는 것을 말씀하십니다. 아무래도 그리스도인들이 세상으로부터 핍박과 환난을 받는 것 때문에 이들이 이렇게 발람의 교훈을 따르게 되었다고 할 수 있습니다. 우리가 알고 있는 발람의 교훈이 무엇입니까? 예전에 제가 발람의 이야기가 나오는 민수기 말씀을 전해 드린 적이 있습니다. 그것을 잘 생각하면 발람의 교훈이 무엇인지 알 수 있습니다. 간단하게 다시 한번 말씀을 드리면, 이스라엘 백성들이 가나안 땅을 향해 갈 때 모압 왕 발락이 이스라엘 백성들이 자신들의 땅을 지나가면서 자신의 나라를 무너뜨릴 것이라고 여겼습니다. 그래서 모압 왕 발락은 이스라엘과 싸우기로 하였습니다. 그런데 이스라엘 백성들이 섬기는 신이 있다는 것을 알게 되었고 그 신이 놀라운 일들을 해 주었다는 이야기도 들었습니다. 그래서 뛰어난 신을 섬기는 자를 찾아 저주를 하면 이스라엘 백성들을 다 멸할 수 있다고 여긴 것입니다. 발락이 찾은 사람이 바로 발람 선지자였습니다. 그러나 하나님께서 발람 선지자에게 이스라엘 백성들을 향해 저주하지 말라고 경고하셨고 발람은 오히려 이스라엘 백성들을 향해 축복을 하였습니다. 하지만 발람은 돈을 사랑했기 때문에 발락이 제안한 돈이 탐이 나서 한 가지 묘책을 내어 발락에게 전해 주었습니다. 그것이 바로 혼합주의였습니다. 이스라엘 남자들에게 우상의 제물을 먹게 하고 미디안 여인들과 음행하게 만든 것이었습니다. 이러한 사상이 바로 버가모 교회 안에 들어온 것입니다. 세상과 구별되어야 할 주님의 교회가 오히려 세상과 하나가 되어 버린 것입니다.

이들이 이렇게 된 것은 안디바의 순교를 보았고, 세상과 하나가 되지 않으면 자신들의 생명이 위협을 당한다고 느꼈기 때문입니다. 만약 안디바처럼 그렇게 예수님의 이름을 위해 충성되게 믿음을 지킨다면 더 이상 살 소망이 없다고 판단한 것입니다. 그러니 우상의 제물을 먹고 우상을 섬기는 자들과 음행도 한 것입니다. 이런 자들이 교회 안에 있었습니다. 그리고 니골라 당의 교훈도 따랐습니다. 니골라 당의 행위는 서머나 교회에서도 나타났지만 서머나 교회는 이들을 미워했습니다. 그러나 버가모 교회는 이들의 행위를 인정하였습니다. 이들의 행위는 하나님의 율법을 무시한 것입니다. 구원을 받은 자들에게는 더 이상 율법을 지킬 의무가 없다는 가르침이 바로 니골라 당의 교훈이었습니다. 니골라 당의 교훈을 따라야지 발람의 교훈도 따를 수 있기 때문입니다. 하지만 구원받은 성도는 하나님의 율법을 오히려 더 사랑합니다. 주님께서 이루신 그 율법을 사랑하여 주님의 법을 이루게 됩니다. 한 번 구원받은 자들에게 율법이 더 이상 필요 없다고 가르치는 자들이 있다면 이들은 분명 거짓 복음에 빠져 있는 사람들입니다. 이런 사람들이 여전히 오늘날도 우리 주변에 있습니다. 버가모 교회는 이런 자들을 책망하지 않았던 것입니다. 그래서 예수님께서 버가모 교회의 사자에게 편지를 써서 회개하라고 하신 것입니다. 16절 말씀에 회개하지 않으면 주님께서 자신의 말씀으로 심판하신다고 하십니다. 안디바는 거짓 신들을 인정하지 않았습니다. 그러나 발람의 교훈을 따르는 자들은 제우스, 그리고 디오니시우스 황제, 또한 아스클레피오스 신을 인정하였습니다. 이런 자들이 교회 안에 있다는 것을 알면서도 그들을 책망하지 않았던 것입니다. 이 책임이 바로 교회의 사자에게 있는 것입니다. 이들이 바른 신앙으로 회개하지 않으면 주님께서 자신의 말씀으로 그들을 심판하실 것입니다. 실제로 발람이 어떻게 죽었습니까? 그는 칼에 죽임을 당했습니다. 교회 안에서 세상과 하나되는 그 어떤 사상도 용인할 수 없습니다. 죽은 물고기는 흐르는 물에 계속 떠내려갑니다. 그러나 살아 있는 물고기는 흐르는 물줄기를 거슬러 올라갑니다. 만약 교회에서 진리가 사라졌다면 교회는 그저 세상과 하나가 되어 흘러갈 것입니다. 무엇이 진리이고 무엇이 불법인지도 모르고 그저 교회 안에 있다는 것으로 거짓 위로와 구원의 확신을 가지고 결국 심판을 당할 것입니다. 발람의 교훈을 따르는 자들도 분명 교회 안에서 자신들이 주 예수 그리스도를 믿는 자들이라고 그렇게 주장했을 것이 분명합니다. 그러나 이들은 세상에서 다른 신들을 인정하면서 하나님과 다른 신들을 같게 만들어 버렸습니다. 먹는 문제 때문에, 병을 치료하는 문제 때문에 다른 신들을 인정하는 행위를 주님께서 심판하실 것입니다.

그러나 주님께서 이들이 회개하고 돌이킨다면 이들에게 세 가지를 약속하여 주신다고 말씀하십니다. 그것은 이미 안디바가 받은 약속들이었습니다. 비록 살아 있을 때는 자신들의 눈으로 그것을 확신하지 못하였지만 이미 믿음의 사람들이 받은 것들이 바로 감추어졌던 만나를 먹을 것이며, 비밀한 흰 돌에 기록된 것으로 거짓 치료를 받는 것이 아닌 진정 온전한 치료를 받는 약속의 흰 돌을 받을 뿐 아니라 돌 위에 새 이름을 기록한 것을 받을 것이라고 약속하여 주고 계십니다.

만나는 하늘의 양식입니다. 이스라엘 백성들이 광야 생활 동안 하나님께서 그들을 먹이신 양식입니다. 예수님께서 친히 자신을 믿는 자들이 먹을 양식을 말씀하셨습니다. 바로 예수님 자신이 생명의 떡이라고 말씀하시면서 누구든지 예수를 믿는 자는 배고프지 않을 것이라고 하셨던 것입니다. 황제 숭배를 하면 육신의 떡은 먹을 수 있을 것이나 영적인 배고픔에서는 헤어나올 수 없습니다. 그러니 예수님께서 영원한 배부름을 얻으려면 오직 주 예수 자신을 믿는 믿음을 가져야 한다고 말씀하신 것입니다. 또한 예수님께서는 육신의 치료뿐만 아니라 영적인 죽음에서도 치유하시는 분임을 믿으라고 하시는 것입니다. 주님은 그 어떤 세상의 공격과 사탄의 핍박 속에서도 자신의 백성들을 끝까지 지켜 보호하여 주실 것입니다. 그리고 새 이름을 주실 것입니다. 새 이름이란 비밀스러운 것이 아닙니다. 그것은 오직 자신의 자녀들에게만 주시는 독립적인 새로운 정체성을 의미합니다. 세상 그 어떤 사람들도 갖지 못하는, 오직 주 예수 그리스도만을 믿는 자들에게만 주시는 성도(그리스도인)라는 이 정체성을 주시는 것입니다.

사랑하는 성도 여러분!
오늘 버가모 교회에는 주 예수를 믿는 신실한 증인 안디바가 있습니다. 그러나 안디바와 다른 신앙을 가진, 혼합주의 신관을 따르는 자들도 있었습니다. 예수님은 이 둘 가운데 안디바를 자신의 백성으로 인정하여 주십니다. 주님께서 원하시는 신앙은 아무리 핍박과 환난이 닥쳐온다고 할지라도 안디바처럼 주님의 이름을 위해 죽음도 두려워하지 않는 신앙입니다. 우리는 주님께 그 어떤 핑계도 댈 수 없습니다. '주님 제가 미련해서, 너무나 심한 핍박이 임해서, 주님 우리 자식들 때문에, 주님 우리를 인도하는 지도자들이 잘못 가르쳐서 우리가 주님을 바르게 믿지 못하고 따르지 못했습니다.' 이런 변명과 핑계는 아무런 소용이 없습니다. 우리 주 예수 그리스도께서는 오로지 믿음으로 이기는 자들에게만 자신의 약속을 베풀어 주십니다. 비록 우리가 죄 가운데 빠졌다고 할지라도 주님은 회개하고 돌아오라고 하십니다. 지금 주님께서 심판하시기 위해 위협하시는 것이 아닙니다. 주님께서 위협하시는 것은 회개하여 복을 누리라고 하시는 축복의 말씀입니다.

오늘 우리는 이 주일에 하나님께서 무엇을 우리에게 원하시는지 분명하게 들었습니다. 그것은 다름 아닌 교회와 세상, 우리 자신과 세상을 하나되게 하지 말라고 하시는 것입니다. 오직 주 예수 그리스도만 우리의 양식이요 우리의 치료자이며 우리의 전부라는 이 신앙을 끝까지 가지고 승리하는 자들로 서야 할 것입니다. 아멘.

바알에게 무릎 꿇지 않는 남은 자들

[계 2:18-29]

최근에 어떤 기독교 언론에서 일본의 역사 속에서 신앙을 지키는 일로 수많은 사람들이 죽임을 당하자 예수 자신께서 그들에게 나타나 예수의 이름을 배반하고 생명을 지키라고 배도의 길을 가는 것을 허락했다고 하는 기사를 보았습니다. 핍박과 환난 속에서 신앙을 부인하여 자신들의 생명을 지키고 다시 예수 믿는 신앙을 가진 자들의 실화를 바탕으로 한 영화라고 합니다. 아직 영화를 보지 못해 전체적인 내용은 모르겠지만 그 영화 광고처럼 주님께서 배도하라고 하시는 것이 사실이라면 오늘 우리는 요한계시록에 나와 있는 이 모든 교회들과 성도들이 참으로 어리석고 미련한 사람들이라고 말해야 할 것입니다. 뿐만 아니라 예수님께서 각 교회에 계시하시는 말씀은 너무나 폭력적이고 사랑이 없는 분으로 보일 것입니다. 2,000년 기독교 역사 가운데 신앙 때문에 핍박과 환란을 당하는 자들에게 주 예수께서 배도의 신앙을 취하고 생명을 지키라고 하신 적이 없습니다. 더구나 성경에서 우리 주님께서는 생명을 빼앗긴다고 해도 주님 당신을 믿는 믿음을 부인하지 말라고 명령하시는 것을 볼 수 있습니다.

성도들에게 전해지는 말 가운데 이런 말이 있습니다. 처녀의 신앙은 시집을 가면 알 수 있고, 총각의 신앙은 군대를 가면 알 수 있다는 말을 들어본 적이 있을 것입니다. 우리 교회 장로님도 군대에서 예배를 드리는 것 때문에 선임병들에게 엄청나게 많이 맞았다고 하는 말을 들었습니다. 우리 믿음의 조상들을 보시기 바랍니다. 그들이 살았던 당시 시대 속에서 주 예수 그리스도를 믿는 믿음 때문에 세상과 타협하지 않고 바보들처럼 그렇게 당하면서 살았던 선조들이 얼마나 많이 있었습니까? 그들이 정말 세상에서 말하는 그런 바보 같은 사람들이 아니라는 것을 우리는 너무나 잘 알고 있습니다. 오히려 위선자들은 신앙을 가진 것처럼 보이게 노력하면서 뒤에서는 세상의 모든 것을 다 맛보고 누리려고 하고 있습니다.

오늘 우리는 본문의 말씀에서 이러한 사람들을 볼 수 있습니다. 먼저 주님께서는 자신을 각 교회에 계시할 때 그 지역에 맞게 자신을 나타내 보이십니다. 에베소 교회에는 오른손에 있는 "일곱 별을 붙잡고 일곱 금 촛대 사이를 거니시는 이", 서머나 교회에는 "처음이요 마지막이요 죽었다가 살아나신 이", 버가모 교회에는 "좌우에 날선 검을 가지신 이", 그리고 오늘 두아디라 교회에는 "하나님의 아들"이 말씀하신다고 강조하시는 것을 볼 수 있습니다. 이러한 예수님의 모습이 그 지역의 어떤 독특한 상황과 관련이 있기 때문에 예수님께서 자신을 그렇게 계시하시고 있는 것입니다. 지금 두아디라 지역에 있는 믿음의 성도들은 세상 신들이 섬김을 받고 있는 그런 상황 속에서 어느 한쪽을 선택해야만 했습니다. 하나님의 아들이라고 가르친 로마의 황제를, 아니면 제우스의 아들인 아폴로나 그들이 상업을 통해 부를 축적할 수 있도록 만들어 준 제우스의 또 다른 아들 트림노스라는 신들의 아들을 섬길 것인지 선택해야만 했습니다. 그러나 믿음의 성도들에게는 오직 주 예수 그리스도만이 하나님의 아들입니다. 그들은 자신의 입술과 삶에서 주 예수 그리스도만 하나님의 아들이라고 계속 주장합니다. 이러한 그들의 신앙 고백은 처음과 나중까지 변하지 않습니다. 그런데 두아디라 교회 안에 이러한 참된 신앙고백을 부인하게 하는 자들이 등장한 것입니다. 그들이 바로 이세벨과 그의 자식들이었습니다.

이세벨은 예수님이 탄생하시기 900년 전의 북이스라엘 아합 왕의 아내입니다. 그때 이세벨은 이스라엘 백성들로 하여금 영적으로 간음하게 하고 하나님만이 참된 신이 아니라 바알과 아세라도 많은 신들 가운데 위대한 신들이라고 그렇게 믿게 한 장본인이었습니다. 이세벨 때문에 구약 이스라엘 온 땅에 거짓 선지자들과 교사들이 왕성하게 일어나게 되었고, 백성들은 하나님도 믿으면서 우상을 섬기는 그런 배도의 길을 가는 백성들이 되고 만 것입니다. 지금 예수님께서 두아디라 교회에 이세벨이라는 자칭 여자 선지자가 등장했다는 것을 말씀하여 주고 계십니다. 구약 시대 이세벨과 지금 두아디라 교회 안에 자칭 선지자라고 하는 이 여자 이세벨은 같은 사상을 가진 이단입니다.

예수님께서 두아디라 교회 안에 일어난 이단 사상에 대하여 그것이 바로 아합 왕 때 이세벨이 가르쳤던 악한 사상이라고 말씀하시는 것입니다. 그래서 이세벨이라고 한 것입니다. 이 거짓 선지자가 교회 안에서 성도들에게 하나님은 오직 한 분이라고 하는 것을 가르쳤습니다. 그는 하나님에 대한 경외함을 말했습니다. 하나님을 섬겨야 한다고 했지만, 그러나 이세벨이 한 것처럼 다른 신들도 동일하다고 동시에 말한 것입니다. 다른 신들을 섬기는 것도 바로 하나님을 섬기는 것과 같다고 한 것입니다. 그래서 우상에게 드려진 제물을 다같이 나눠 먹어도 된다고 가르쳤습니다. 일제 강점기 때 조선의 성도들이 자신들이 섬기는 예수를 부인한 것이 아닙니다. 일제는 그리스도인들에게 너희들이 섬기는 예수는 인정한다고 했습니다. 그런데 일본의 황제도 신이라는 것을 믿으라고 한 것입니다. 이러한 가르침이 바로 이세벨의 가르침이었습니다. 그런데 두아디라 교회는 이러한 가르침을 용납한 것입니다. 특히 지도자들이 이세벨의 가르침을 받아들였습니다. 그래서 그들은 우상을 숭배할 뿐만 아니라 음행도 하였습니다.

사도 요한이 이 계시록을 기록할 당시 세상의 문화는 이방 신을 섬기면서 두 가지 의식들을 치렀는데 먼저 우상에게 제사를 드린 음식을 먹는 것과 방탕하게 성관계를 갖는 것이었습니다. 취하도록 먹고 마시고 그 후에 광란의 성적 관계를 벌였습니다. 특히 이러한 모습은 노동조합을 만들어 신을 섬기는 자들에게는 반드시 행해졌던 의식들이었습니다. 우리가 지난번 말씀을 통해서 알 수 있듯이 노동조합에 가입해야 자신들의 직장을 얻고 또한 가족을 부양할 수 있는 위치를 갖게 되는 것입니다. 그러나 두아디라 성도들은 자신들의 삶에 어려움이 생겨도 주님을 믿는 믿음을 신실하게 지켰습니다. 하지만 모든 그리스도인들이 다 그런 것이 아니었습니다. 신앙과 삶 가운데 고민하던 자들에게 이 문제가 해결된 것입니다. 바로 거짓 선지자 이세벨의 가르침을 따르면 아무런 문제가 되지 않았던 것입니다. 두아디라 교회는 사랑과 믿음과 섬김과 인내가 있었습니다. 두아디라 성도들은 시간이 가면 갈수록 서로를 더 위해주고 사랑해주었습니다. 그런데 이들은 하나님의 말씀에 대한 바른 지식이 없는 그저 인간적인 관계만을 중요하게 여긴 것입니다. 에베소 교회가 하나님에 대한 사랑,

즉 진리에 대하여 뜨거웠던 것에 반하여 두아디라 교회는 오히려 하나님의 진리에 대한 사랑은 없었던 것입니다. 하나님에 대한 지식이 없는 신앙은 하나님을 우상으로 만듭니다. 그러나 사랑이 없는 신앙은 자신을 교만하게 만든다는 것을 주의해야 할 것입니다.

이러한 두아디라 교회 안에 일어난 거짓 선지자 이세벨의 가르침에 순응하는 자들은 지금도 계속 일어나고 있다는 것을 알아야 합니다. 오늘 우리 주변을 보시기 바랍니다. 많은 교회 지도자들이 얼마나 세상과 손을 잡고 야합하고 있습니까? 자신들의 신앙이 정당하다고 주장하기 위해 거짓으로 하나님의 말씀을 왜곡하지 않습니까? 저는 이번 대통령 탄핵과 관련하여 탄핵을 인용하는 재판관들의 주문과 내용을 들으면서 아주 중요한 것을 다시 한번 깨달았습니다. 여러분들도 그 시간에 헌법재판관들의 판결을 다 지켜보았을 것입니다. 사람들은 보수냐 진보냐 서로 나뉘어 다투지만 대통령의 탄핵이 인용된 결정적인 내용이 바로 헌법을 수호하려고 하는 의지가 전혀 없다는 것입니다. 그래서 자신에게 주어진 권력을 불법으로 남용하고 불의하게 사용했다는 것입니다. 이 판결 내용을 보면서 저는 목사로서 가져야 할 자세가 무엇인지 다시 되돌아 봤습니다. 그것은 다름 아닌 하나님께서 주신 이 성경 말씀의 진리를 수호하고 가르치는 것입니다. 이것을 위해 주님께서 목사를 세우셨고, 부르신 것입니다. 목사가 하나님의 말씀인 성경에 대하여 바르게 알지 못하고 가르치지 못하면 결국 복음의 진리를 수호하지 못하는 것이며, 교회를 무너뜨리는 어리석은 자가 되는 것입니다. 두아디라 교회 안에 있는 교사들도 자신들이 무엇을 위해 존재하는지 모르고 있습니다. 그러니 이세벨의 가르침을 좋게 여기고 받아들인 것입니다. 우리 믿음의 조상들이 하나님을 예배하는 일에 목숨을 걸고 자신들의 생업을 박탈당하는 것을 알면서도 기꺼이 신앙의 길을 선택하였는데 이제는 예배 드리고 하나님을 섬기는 그 일을 아주 사소한 것으로 만드는 자들이 오늘날 교회 안에서 문제가 되지 않는 것처럼 일어나고 있습니다. 우리는 우리가 드리는 이 예배에 아주 중요한 가치를 부여해야 합니다. 이 예배 때문에 자신들의 생명을 빼앗긴 자들이 있다는 것을 알아야 합니다. 우리는 우리 자신과 그리고 우리 주변 사람들 모두에게 하나님을 온전하게 섬기는 것이 중요한 일이라고 말해 주어야 할 것입니다.

이제 주님께서는 이세벨과 그를 따르는 자녀들, 즉 거짓 교사들에게 분명하게 경고하고 계십니다. 회개하지 아니하면 반드시 주님께서 심판하신다고 경고하십니다. 주님께서는 이 거짓 선지자에게 회개하지 않으면 침상에 던진다고 하십니다. 침상에 던진다는 말은 질병으로 침상에 눕게 하겠다는 의미입니다. 음행하러 침상에 가는 자는 반드시 병으로 죽을 것입니다. 이것이 주님께서 말씀하시는 경고입니다. 하나님 이외에 다른 신을 섬기는 음행은 영원한 죽음에 임할 것입니다. 인간 세상 안에서 자신의 아내를 버리고 음행하는 자들이 병으로 죽음을 당하는 일들이 많았습니다. 그런데 오직 영원한 자신의 신랑을 버리고 다른 남자를 쫓는 여인은 당연히 버림을 받을 것입니다. 이러한 일이 세상 가운데서 일어난 것이 아닙니다. 지금 교회 안에서 일어난 것입니다. 하나님 외에 다른 신을 섬기고 같이 음행하는 것이 죄가 되지 않는다고 한 것입니다. 그것도 먹고 마시는 것 때문에 말입니다.

주님께서는 두아디라 교회 안에서 이세벨을 따르는 자들이 누구인지 알고 계셨습니다. 그러나 또한 주님은 이세벨을 따르지 않고 계속 주님만을 따르는 자들도 알고 계셨습니다.

24절을 보면 주님께서 이세벨의 교훈을 받지 않고 사탄의 깊은 것을 알지 못하는 자들이 누구인지 아신 것입니다. 사탄의 깊은 것이란 바로 이세벨이 가장 중요하게 가르친 사상으로 볼 수 있습니다. 그것은 바로 완전한 부패와 타락의 범주를 말하는 것입니다. 우상숭배를 비롯하여, 술 취함, 방탕, 호색, 남색, 탐색, 간음과 같은 온갖 더러운 것을 탐하는 것이 바로 사탄의 깊은 것입니다. 하지만 두아디라 교회 성도들 가운데 이 사탄의 깊은 것을 알지 못한 자들이 있었습니다. 다시 말해 이세벨의 가르침에 따르지 않은 자들입니다. 이 말은 그들이 이세벨의 가르침을 전혀 들어 본 적이 없다는 것이 아니라 이세벨이 가르치는 죄악을 따르지 않았다는 것을 의미합니다. 다시 말해 그들은 우상숭배나 음란한 행위에 실제로 참여하지 않았습니다. 우상숭배는 하나님을 배반하는 것이라고 믿은 것입니다.

오늘날 현대 교회 안에도 이런 사탄의 깊은 것에 열망을 가지고 알기를 바라는 자들이 많이 있다는 것을 말씀을 통해 적용할 수 있습니다. 세상은 당연히 사탄의 깊은 것을 알기 위해 더 노력합니다. 그것은 당연합니다. 그래서 과거에는 자연적으로 생명이 발생하여 진화하였다고 했는데 이제는 우리의 생명을 외계인들이 주었다는 학설을 만들어 내고 있습니다. 그런데 교회가 사탄의 깊은 것에 열망을 가지고 하나님을 섬긴다면 그것은 교회가 아니라 사탄을 위한 모임에 지나지 않는 것입니다. 새로운 것, 쉽게 부흥하는 것, 사람들의 감정을 끌어당기는 것, 육체의 감각에 자극을 주는 것 들에 사람들은 반응하게 되어 있습니다. 이것을 이용하는 사악한 이세벨들이 교회 안에 아주 많이 있다는 것을 우리는 명심해야 합니다. 2,000년 기독교 역사 가운데 음란한 이세벨들은 계속 교회 안에서 일어났습니다. 하나님의 교회는 복음의 진리 위에 세워집니다. 이 복음의 진리가 바로 오직 성경이, 말씀 선포에서만 가능한 것입니다. 그런데 '하나님의 영광을 위해'라고 외치면서 하나님의 음성인 이 말씀을 듣지 않는 것이 얼마나 왜곡된 것입니까? 하나님의 영광에 이르기 위해 노력한다고 하면서 하나님을 배반하는 이 음란한 신앙을 우리가 용납해서는 안 될 것입니다.

하지만 주님께서는 이렇게 이세벨의 가르침에 반하여 신실하게 주님의 말씀에 순종하는 자들이 누구인지 아시고 계셨습니다. 참된 신앙으로 어려운 현실을 이기고 순종하는 자들에게 주님께서 말씀하십니다. 그 말씀이 바로 "다른 짐으로 너희에게 지울 것은 없노라 다만 너희에게 있는 것을 내가 올 때까지 굳게 잡으라"는 것입니다. 주님께서는 바르게 신앙생활 하는 자들에게 새로운 어떤 짐을 부과하지 않으십니다. 예루살렘 교회가 이방인 교회에게 새로운 짐을 부과하지 않고 다만 우상의 제물과 피와 목매어 죽은 것과 음행을 멀리하면 잘 될 것이라고 한 것처럼 주님께서는 두아디라 교회 성도들에게 이세벨의 가르침을 따르지 말고 예루살렘 교회가 바르게 가르쳐 준 신앙의 도리를 잘 지키고 끝까지 지키면 그것이 바로 참된 신앙이라고 말씀해 주신 것입니다. 이것을 보면 우리의 신앙은 새로운 것이 아닙니다. 우리 조상들에게 이미 말씀하신 주님의 말씀에 순종하면 그것이 바로 올바른 신앙 안에서 우리가 승리할 수 있는 길인 것입니다. 진리는 과거에 이미 하나님의 말씀 안에 다 기록되어 있습니다. 새로운 진리가 만들어지고 발견되는 것이 아닙니다. 이미 있던 이 진리 안에 거하면 그것이 바른 신앙이고 참된 믿음인 것입니다. 그런데 사람들은 계속 새로운 길을 찾습니다. 그 이유는 자신들의 탐욕을 위해서입니다. 종교개혁자들이, 그리고 청교도들이 왜 성경으로 돌아가야 한다고 했습니까? 성경만이 바로 진리이기 때문입니다. 그래서 우리는 믿음의 조상들이 기록한 연구물들을 읽고 묵상합니다. 왜냐하면 그들이 성경을 읽고 묵상하여 드러낸 진리가 아주 탁월하기 때문입니다.

마지막으로 주님께서 믿음으로 이기는 자들에게 축복을 하여 주십니다. 교회는 언제나 안과 밖에서 고난을 당합니다. 교회 안에는 거짓 교사들이 일어나고 세상은 환난과 고난을 줍니다. 어쩌면 교회는 참된 신앙을 가진 자들보다는 거짓된 신앙을 가진 자들에게 더 많은 영향을 받을 것입니다. 그러나 주님은 언제나 자신의 자녀들에게만 관심을 가지고 계십니다. "이기는 자와 끝까지 내 일을 지키는 그에게 만국을 다스리는 권세를 주리니". 이 말씀은 세상 만국을 다스리시는 주님의 통치, 성부께서 성자에게 세상을 통치하시는 권세를 주셨다는 것을 보여준 것입니다. 그런데 성자가 받은 이 만국 통치의 권세를 이기는 자들에게 허락하신 것입니다. 지금 현실적으로 두아디라 교회와 성도들은 세상의 황제에게 통치를 받고 있습니다. 로마 황제가 자신들을 통치하고 있습니다. 그러나 하나님의 나라는 세상과 다릅니다. 오직 믿음의 백성들에게만 하나님께서 능력과 권세를 주십니다. 정말이지 세상 만국을 다스리는 권세를 주십니다. 예수 그리스도와 함께 세상을 다스리는 그 권세를 주실 것입니다. 현재뿐만 아니라 미래에 임하는 하나님의 나라에서 왕적 통치를 행사할 것입니다. 왕적 통치를 행사할 때 철장으로 왕적 권세를 행사할 것입니다.

강력한 쇠막대기로 질그릇들을 다 부서뜨릴 것입니다.

예수님께서 아버지로부터 받은 그 권세를 자기 백성들에게 주신다고 약속하십니다. 세상으로부터 고난과 핍박만 받고 있는 자들에게 철장 권세를 주고 심판하는 권세를 주신다고 약속하고 계십니다. 세상의 권세는 아무것도 아닙니다. 잠깐 있다가 사라지는 것들입니다. 얼마 전까지 최고의 자리에 앉아 있었지만 오늘은 아무것도 아닌 일반 사람이 되는 것이 세상 권세입니다. 그러나 하나님께서 아들에게 주신 권세, 그리고 아들이 자신의 백성들에게 주시는 권세는 만국을 영원토록 다스리는 왕적 권세입니다. 뿐만 아니라 믿음으로 이기는 자들에게 "새벽 별"을 주신다고 약속하시고 있습니다. 광명한 새벽별은 다윗의 뿌리요 자손이신 예수님 자신입니다. 교회가 세상과 맞서 믿음으로 이기면 이길수록 새벽 별이신 예수 그리스도는 더욱 찬란하게 빛날 것입니다.

사랑하는 성도 여러분!
우리는 두아디라 교회의 문제를 들었습니다. 그들이 당한 문제는 정말이지 먹고사는 문제였습니다. 이것을 해결하기 위해 거짓 선지자 이세벨의 가르침을 따르는 자들도 있었습니다. 그러나 그 속에서도 이세벨의 가르침을 따르지 않았던 성도들이 있었습니다. 구약 시대 이세벨이 가져온 바알과 아세라에게 무릎을 꿇지 않았던 하나님의 거룩한 백성들이 7,000명이나 남아 있었던 것처럼 두아디라 교회에도 여전히 거룩한 주의 백성들이 남아 있었습니다. 그렇다면 오늘날도 주님께서는 이 시대 속에 자신의 백성들을 분명 남겨 두셨습니다. 이세벨의 가르침을 따르지 않고 오직 믿음의 조상들이 가르친 그 옛 길, 진리의 길에 서 있는 자들이 남아 있다는 것을 우리는 믿어야 할 것입니다. 그리고 그 진리의 길에 저와 여러분들이 함께 걸어가는 자들이 되기를 서로 격려하고 이끌어 주기를 바랍니다. 세상은 오직 주 예수를 믿는 자들을 조롱합니다. 그러나 우리가 담대하면 할수록 그 조롱은 부러움으로 바뀔 것입니다. 우리가 가지고 있는 이 진리를 담대하게 말하고 진리 안에서 살아가는 자들이 되기를 바랍니다. 아멘.

살아 역사하는 믿음으로 온전하게 서라

[계 3:1-6]

오늘 우리는 사데 교회의 사자에게 말씀하시는 주님의 음성을 듣습니다. 함께 읽은 본문의 말씀에서 저와 여러분에게 느껴지는 것이 동일할 것입니다. 지금 사데 교회의 어떤 잘못된 신앙 때문에 예수님께서 책망과 심판을 하신다는 것을 알 수 있습니다. 그런데 왜 사데 교회가 이런 책망과 심판 앞에 있는지 우리는 자세하게 알 수 없습니다. 다만 사데 교회가 잘못된 신앙 가운데 있다는 것은 그들이 자신들의 "옷"을 더럽혔다는 데서 어느 정도 찾을 수가 있습니다. 그리고 그들의 행위 가운데 온전한 것이 없다고 하시는 주님의 말씀에서 그들의 신앙이 행위와 다르게 나타난다고 하는 것을 알 수 있습니다. 이두 가지 주님의 말씀을 통해 우리는 사데 교회가 왜 책망 가운데 있는지 좀 더 자세하게 연구하고 살펴보아야 할 것입니다.

언제나 주님께서는 그 지역과 교회가 어떤 관계에 있는지를 말씀하여 주십니다. 뿐만 아니라 주님은 교회의 사자에게, 즉 오늘날로 말하면 목사와 장로에게 말씀하고 계십니다. 교회는 그 지역과 상당한 연관이 있습니다. 모든 지상의 교회들이 다 세상의 지역 속에서 세워지고 성장하기 때문입니다. 서울 강남에 있는 교회들은 더 많이 그리고 빠르게 세상의 유행에 영향을 받습니다. 그러나 시골에 있는 그리고 섬이나 오지에 있는 교회들은 세상의 영향을 더디게 받습니다. 이러한 배경을 우리가 알 필요가 있습니다. 그래서 사데라는 지역을 살펴보아야 합니다. 사데는 소아시아 지역에서 가장 부유한 곳이었습니다. 이 지역이 얼마나 부유했냐면 강 속에 있는 모래에서 사금이 많이 나와서 금화를 만들어 통용하고 금으로 살았던 곳이었습니다. 그러므로 사데는 돈의 지역입니다. 상업도 엄청나게 발달하였고 모든 교통의 요지였습니다. 두아디라, 서머나, 에베소, 빌라델비아, 브루기아로 가려면 이곳을 통해서 가야만 했던 아주 중요한 교통의 중심지였습니다. 그러니 다양한 풍습과 유행들이 쉽게 일어나고 많은 사람들에게 영향을 주는 곳이었습니다.

사데 교회를 향해 말씀하시는 주님의 말씀을 보면 이 교회는 다른 교회들과는 다른 교회였다는 것을 알 수 있습니다. 지금까지 우리가 보았던 교회들은 대개 외부의 환난과 핍박, 그리고 내부에서 일어나는 거짓 교사들과 이단 사상들과의 싸움에 처한 교회들이었고, 그 상황 속에서 믿음의 사람들은 끝까지 자신들의 믿음을 지켰습니다. 그런데 사데 교회는 그런 일들과는 전혀 무관한 가운데 있었던 것입니다. 사데 지역이 부유한 곳이기 때문에 교회도 부유했습니다. 제 동기들이 예전에 서울 강남에서 가장 큰 교회의 부목사들로 있었던 때 그들이 성도들로부터 받은 책값이나 선물을 자랑하는 것을 들어보면 우리가 상상하는 그 이상의 물질을 받았습니다. 그만큼 돈이 많으면 교회도 돈이 많아지게 됩니다. 그렇기 때문에 사데 교회는 아마도 돈으로 모든 것을 다 해결하려고 한 것이 분명합니다. 왜냐하면 지금 예수님께서 자신을 계시하실 때 하나님의 일곱 영과 일곱 별을 가지신 분이라고 말씀하시기 때문입니다. 다시 말해 성령으로 역사하시는 분이 주 예수 그리스도라는 것입니다. 교회는 성령으로 충만해야 합니다. 그리고 성령 안에서 교제합니다. 그런데 사데 교회는 돈으로 모든 것을 다 해결하려고 한 것입니다. 사데 교회가 살았다 하는 이름은 가졌으나 죽은 자라는 책망을 받은 것은 사데 교회가 성령으로 충만하고 성령으로 교제하지 않고 있다고 말씀하신 것입니다. 교회가 성령으로 충만하다는 것은 어떤 의미입니까? 이 부분에서 우리는 성도가 혼자 성령충만할 수 있는지 신학적인 배움을 가져야 할 필요가 있습니다. 성경의 말씀을 보면 "성령 충만하라" 하는 말씀이 있습니다. 보통 우리는 "성령 충만하라" 하신 그 말씀 때문에 마치 예수 그리스도께서 성령으로 늘 충만하신 것처럼 우리도 성령 충만할 수 있다고 믿습니다. 하지만 이 말씀은 그렇지 않습니다. 오직 성령으로 충만하신 분은 유일하게 주 예수 그리스도입니다. 주님만이 성령으로 충만하신 분입니다. 그런데 우리들에게 성령 충만하라고 하신 것은 성도가 혼자 충만할 수 없다는 것을 전제로 하신 말씀입니다. 하나님은 성도 각 사람에게 은혜의 분량을 따라서 성령의 은혜를 주십니다. 우리는 형제로서 교제를 갖습니다. 다시 말해, 교회를 이루고 그 이룬 교회 안에서 서로 교제합니다. 그것은 아무도 스스로 혼자 성령 충만하거나 스스로 만족하지 못하게 하시기 위함입니다. 그 이유는 성도는 서로를 필요로 하고, 서로 나누고, 협력하게 하는 존재로 세우셨기 때문입니다. 그러므로 우리에게 성령 충만하라고 하시는 이유는 성도지체 간에 협력하라는 것을 말씀하신 것입니다. 성도는 혼자서 성령 충만할 수 없습니다. 우리는 늘 실패합니다. 그러나 우리 주님은 실패하는 자신의 자녀들에게 성령을 또한 한없이 부어 주십니다. 성령을 부어 주셔서 자신의 몸 된 교회를 우리로 하여금 섬기게 하십니다. 성령을 부어 주신다는 말은 성령을 보내 주셔서 성령께서 성도 안에서 늘 역사하게 하신다는 의미입니다.

우리는 여기서 교회의 교사들, 즉 목사들만 성령 충만한 사람들이라고 단정지어서는 안 됩니다. 지금 예수님은 자신의 교회의 사자에게 먼저 말씀하시고 있습니다. 먼저 교회의 사자인 네가 계시의 말씀을 읽고 깨달아 교회를 섬겨야 한다고 명령하고 있습니다. 왜냐하면 교회의 사자들도 매일 매일 죄 때문에 실패하기 때문입니다. 그래서 주님께서는 장로와 집사로 하여금 같이 교회를 이끌고 섬기게 하신 것입니다. 또한 결코 교회 내에서 기도를 많이 하는 사람이 성령 충만한 사람이라고 믿어서는 안 됩니다. 기도를 많이 하는 것이 중요한 것이 아니라 바르게 기도하는 것이 중요합니다. 기도를 많이 하는 사람들의 특징은 자국어로 기도하지 않습니다. 이상한 방언으로 기도하는 것이 대부분이고 방언도 각 나라 언어가 아니라 몇 개의 구음으로 이루어진 말을 계속 반복해서 하는 것입니다. 이런 사람을 성령 충만하다고 여겨서는 안 됩니다. 우리 주변에서 이렇게 기도하는 사람들이 기도원에서 기도하고 나와서 어떤 모습으로 살아가는지를 보면 알 수 있습니다. 여전히, 아니 더 교만하고 은밀한 죄를 많이 짓습니다. 또한 성경을 많이 읽는 다고 자랑하는 사람들도 마찬가지입니다. 성경을 많이 읽어서 성령이 충만하여지지 않습니다. 많이 읽는 양이 중요한 것이 아니라 바르게 읽고 깨닫는 것이 중요합니다. 이처럼 우리 주변에서는 신앙의 어떤 모양을 많이 하는 것으로 성령 충만의 표준을 세웁니다. 그러나 성경은 성령 충만이 이런 것으로 나타나지 않음을 가르쳐 줍니다. 그리고 성도 혼자서는 성령 충만할 수 없다는 것을 분명히 깨달아야 합니다. 성령 충만은 교회를 이루는 성도들이 서로 부족한 것을 인식하고 타인에게 주신 성령의 은사를 함께 사용할 때 이루어집니다.

성부께서는 자신의 아들 예수 그리스도에게 이 성령으로 충만하게 하셨습니다. 그래서 그리스도 안에는 성령이 충만하게 늘 거하십니다. 그러므로 성도는 성자 예수 그리스도께 성령 충만을 구해야 합니다. 성령 충만을 구할 때 그리스도는 성도 개인을 위해 그것을 주시지 않습니다. 자신의 몸인 교회를 위해 주십니다. 만약 성도가 성령 충만을 구한 것이 교회를 위한 것이 아니라 자신 개인을 위한 것이라면 그것은 성령 충만이 아닙니다. 구약의 선지자들과 마지막 선지자였던 세례 요한과 신약의 사도들이 성령 충만한 모습으로 사역을 하였습니다. 그들의 사역을 보면 우리는 왜 성령께서 그들에게 충만히 거하셨는지 알 수 있습니다. 오직 이스라엘 백성들, 즉 영적 이스라엘 백성들을 구원하시기 위해 성령으로 충만하게 하셨던 것입니다. 다시 말해 구원받을 하나님의 백성들이 이룰 교회를 위해 성령 충만을 주신 것입니다. 그렇기 때문에 성령의 은사는 교회와 연관되어 주십니다. 또한 복음이 이방에 증거되게 하시기 위해 더더욱 주십니다. 이것이 정통 기독교의 성령 충만에 대한 신앙입니다.

하지만 오늘날 성령 충만을 구하는 집회를 보면 성경에서 말씀하시는 성령 충만을 구하는 것이 아닙니다. 성령 충만하여 가정의 문제, 사업의 문제, 자녀의 문제를 해결하고 병을 고침받는 것만 가득합니다. 우리가 성경에서 성령 충만으로 사도들에게 역사하신 주님의 사역을 보면 이런 것들과는 전혀 다르다는 것을 알 수 있습니다. 성령을 통해 예수 그리스도께서 천상에서 여전히 동일하게 복음 사역을 하고 계십니다. 이 사역을 이루시기 위해 예수님께서 제자들에게 성령 충만케 하셨던 것입니다. 그러므로 주 예수 그리스도의 복음과 상관없는 성령 충만이란 있을 수 없습니다. 왜 우리는 성령 충만을 구하고 은사를 사모하는 것입니까? 많은 목사들이 성도들에게 성령 충만과 성령의 은사를 사모하고 구하라고 하지만 그 목적에 대해서는 바르게 가르치지 않았습니다. 그러니 한국교회 안에 성령 충만과 은사에 대한 왜곡된 신앙이 나타나고 급기야는 자신만이 최고의 신앙인이라고 교만하게 된 것입니다. 살았다는 이름은 가지고 있으나 실은 죽은 것입니다. 불법이 무엇입니까? 세상의 법을 어기는 것도 불법이고, 하나님의 계명을 어기면 그것도 불법입니다. 하지만 하나님께서 내신 신앙의 방도를 따르지 않고 자신들만의 생각으로 만들어 놓은 신앙의 길로 가는 것도 불법입니다. 예수님께서 마태복음 7장 22-23절에 말씀하셨습니다. "그 날에 많은 사람이 나더러 이르되 주여 주여 우리가 주의 이름으로 선지자 노릇 하며 주의 이름으로 귀신을 쫓아내며 주의 이름으로 많은 권능을 행하지 아니하였나이까 하리니 그 때에 내가 그들에게 밝히 말하되 내가 너희를 도무지 알지 못하니 불법을 행하는 자들아 내게서 떠나가라 하리라." 예수님께서 이렇게 주님의 이름으로 선지자 노릇 하는 자들에게 하신 저주의 말씀이 바로 사데 교회에 해당하는 것입니다. 사데 교회는 자신들이 예수님의 이름으로 모이고 예배하고 서로 교제한다고 믿었습니다. 그런데 주님께서 보시기에 그들은 죽은 자로 살고 있었던 것입니다. 신앙의 알맹이는 없고 껍데기만 가지고 죽은 자들로 교회를 이루고 있었던 것입니다. 이처럼 사데 교회는 성령으로 충만한 교회를 이루지 못한 것입니다. 성도들이 주님의 말씀으로 가르침을 받아 자신들의 삶 속에서 온전함을 이루어야 했는데 그들은 세상의 가치관을 가지고 모든 것을 판단하고 행동한 것입니다. 겉으로는 열심을 가지고 행동하였지만 그들의 행위는 주님과 상관없는 행위였습니다. 주님께서 사데 교회를 향해 "죽었다"라고 말씀하실 때는 그들이 죄와 관련되었다는 의미입니다. 여기서 죽었다는 것은 영적으로 죽었다는 말인데 하나님과 원수 된 인간이 죽었다고 하는 말씀과 연관된 것입니다. 다시 말해 우리가 예수 그리스도로 인해 살았다는 것은 예수님께서 이루신 구속 사역을 믿고 옛 사람의 성품을 버리고 새 사람으로 사는 것을 뜻합니다. 그러나 죽었다는 것은 예수 그리스도를 믿어도 옛 사람으로 계속 살고 있다는 것입니다. 그러니 살아 있는 주님의 이름을 가지고는 있으나 옛 사람으로 계속 있기 때문에 진정 거듭나지 않은 것입니다. 이러한 성도들이 지금 우리가 사는 이 시대 속에도 여전히 있습니다. 교회를 다니지만 예수를 믿지 않는 자들이 있습니다. 설교를 듣지만 그 말씀이 하나님의 말씀이라고 믿지 않습니다. 기도는 좋은 것이라고 하면서 기도하지 않는 자들이 많습니다. 세례를 받았지만 하나님이 존재하는 것을 믿지 못하겠다고 하는 사람들이 여전히 주변에 있다는 것은 너무나 안타까운 일이 아닐 수가 없습니다. 교회 등록해서 몇 년 동안 다니면 세례를 줍니다. 계속 다니고 있으니 세례 받을 자격이 있다는 것입니다. 교회 회원은 늘어나지만 그들을 하나님의 백성으로 온전하게 세우지 못하고 있는 것이 현실입니다.

저는 개인적으로 한국교회가 하나님에 대한 신앙을 가장 우선순위로 둔다고 하면서 단지 특별 은혜만 강조한다고 느끼고 있습니다. 이것이 잘못이라고 하는 것이 아닙니다. 그러나 특별 은혜를 받은 성도들이 어떻게 살아가야 하는지에 대해 일반 은혜를 중요하게 가르치지 않았습니다. 우리가 주 예수 그리스도를 믿고 구원받는 이 특별한 은혜를 받았다면 하나님께서 펼쳐놓으신 일반 은혜를 사랑하고 감사해야 할 의무가 있는데 이것을 중요하게 가르치고 받아들이지 않은 것입니다. 세상의 법, 권세의 순종, 이웃 간의 사랑 등 이러한 것에 성령께서 일하신다는 것을 제대로 배우지 못한 것입니다. 그러니 세상의 법은 지키지 않아도 된다는 어리석은 신앙이 자리잡은 것입니다. 모든 세상의 문화가 다 좋은 것은 아닙니다. 그러나 세상 문화 가운데 성령께서 역사하셔서 모든 인간이 누리게 만든 문화들이 있습니다. 그런데 세상 문화는 사탄의 문화이고 기독교 문화만 좋은 것이라는 이원론적인 사고를 가진다면 세상은 악하고 교회만 선하다는 왜곡된 신앙이 자리잡게 되는 것입니다. 하지만 이와 반대로 무분별하게 세상의 문화를 쉽게 받아들이는 교회 또한 잘못된 신앙을 만들어 낸다는 것을 알아야 합니다.

지금 사데 교회가 당면한 문제는 바로 세상의 문화를 거침없이 받아들인 것입니다. 당시 세상의 문화란 우상숭배와 연관이 아주 깊습니다. 사데 지역 또한 우상의 문화들이 상당히 퍼진 곳입니다. 교회가 이러한 세상과 구별되지 않게 행동하자 환난과 핍박을 당하지 않습니다. "옷을 더럽히지 아니한 자 몇 명이 있다"는 말씀은 사데 교회 안에 여전히 세상과 하나되지 않은 믿음의 자녀들이 있다는 말씀입니다. "옷"이라는 말씀은 성도의 행실을 의미합니다. 이 사람들은 세상의 가치관에 물들지 않고, 세상의 문화에 물들지 않은 자들입니다. 사데가 돈의 도시였기 때문에 물질적으로 풍요했습니다. 모든 것을 다 돈으로 해결할 수 있습니다. 여기에 교회도 돈이면 다 된다고 여기는 그런 가치관에 물들어 있었던 것입니다. 그러나 그리스도인들은 예수 그리스도로 옷을 입은 존재들입니다. 예수께서 지상에 계셨을 때 어떤 삶을 사셨습니까? 예수님은 오직 아버지의 뜻에 순종하셨습니다. 성도가 예수 그리스도를 믿으면 그 때부터는 자신의 뜻대로 살지 않습니다. 하나님의 뜻에 순종하며 살려고 노력합니다. 예수 믿는 믿음이 그 사람을 변화시키기 때문입니다. 우리 개혁신앙 가운데 전해지는 말 가운데 믿음으로 의롭게 된 자는 반드시 거룩한 삶을 살게 된다는 말이 있습니다. 그렇습니다. 오직 예수 그리스도를 믿음으로 믿는 자는 성화를 이룹니다. 사데 교회 안에 옷을 더럽힌 자들이 대부분이라는 것을 우리는 4절 말씀을 통해 충분히 유추할 수 있습니다. 많은 사람들이 옷을 더럽혔기 때문에 소수의 사람들만 믿음을 지켰다고 하시는 것입니다. 소수의 성도들은 자신들을 세상의 가치관과 세상의 유희 속에서 믿음을 끝까지 지켰습니다. 이렇게 믿음을 지킨 자들에게 주님은 축복의 말씀을 약속하여 주십니다.

축복의 말씀을 보면, 첫 번째는 주님과 함께 흰 옷을 입고 다니는 복이 주어집니다. 주님께서 입으신 옷은 영광의 광채로 빛나는 옷입니다. 믿음을 가지고 끝까지 이기는 자는 주님께서 입으시는 그 옷을 마지막에 입을 것입니다. 예수님께서 승리의 흰 세마포 옷을 성도에게 입혀 주실 것입니다. 이들이 이렇게 영광스러운 옷을 입을 수 있는 것은 그들은 하나님께서 보시기에 합당한 자들이기 때문입니다. 무엇이 하나님으로부터 합당한 자들로 인정받게 한 것입니까? 바로 예수 그리스도를 믿은 그 믿음을 가지고 세상을 이기고 있기 때문입니다. 두 번째로 예수님께서 그들의 이름을 생명책에서 결코 지우지 아니하시고 그 이름을 하나님 앞과 그의 천사들 앞에서 시인하여 주시는 복을 받습니다. 그런데 이 부분에서 많은 신학적인 주장들이 난무하게 되었습니다. 그 이름을 생명책에서 결코 지우지 아니하신다는 부분에서 그 이름이 생명책에서 지워질 수도 있다는 추론이 나오기 때문입니다. 생명책에 이름이 기록되었다가 지워질 수도 있다는 것입니다. 그래서 신앙생활 하다가 잘못하면 그 이름이 생명책에서 지워질 수 있다는 주장을 하게 되었습니다. 그러나 지금 주님께서 하시는 말씀은 예수 믿고 나중에 타락하여 구원에서 떨어질 수 있다는 말씀이 아닙니다. 그렇다고 해서 이 말씀이 예수만 믿으면 무엇을 하든지 간에 심판을 받지 않는다는 말도 아닙니다. 주님께서 지금 하시는 말씀은 곡언법으로 강하게 부정하시는 말씀입니다. 생명책에 기록된 이름이 결코 지워지지 않는다고 하시는 것입니다. 즉 믿음을 가지고 이기는 자는 반드시 영원한 생명을 가질 것이라고 말씀하시는 것입니다. 그러나 믿음을 버리고 신앙을 왜곡하며 세상과 하나가 되는 자들은 참된 믿음이 아니기 때문에 그들의 이름은 처음부터 생명책에 기록되어 있지 않은 것입니다. 인간의 행위로 생명책에 이름이 기록되었다가 지워지는 것으로 이해해서는 안 됩니다. 처음부터 믿음으로 사는 자들은 반드시 그들의 이름이 지워지지 않는다고 하시는, 언약의 축복을 약속하시는 말씀입니다.

사랑하는 성도 여러분!
우리는 사람들의 신앙의 모습을 보고 그들이 믿음으로 사는지를 판단합니다. 그러나 주님께서는 그들이 어떤 의도로 하나님을 믿는지 알고 계십니다. 오직 믿음으로 참되게 주님을 섬기고 따르는 자들은 세상과 하나가 되지 않습니다. 세상의 가치관을 따르지 않습니다. 아무리 물질적으로 풍요로운 삶을 살아도 오직 주님의 뜻에 순종합니다. 이것이 바른 신앙입니다. 지금 사데 교회가 실상은 죽었다고 책망을 듣는 것은 그들에게 살아 있는 믿음이 없기 때문입니다. 믿음은 살아 역사 합니다. 그러나 위선자들이나 교만한 자들이 가진 믿음이란 주님의 말씀과 상관없는 믿음입니다. 오늘 우리는 주님께서 자신의 자녀들에게 요구하시는 신앙이 무엇인지 분명하게 듣고 있습니다. 그것은 세상과 하나가 되지 말라고 하시는 것입니다. 뿐만 아니라 믿음을 가진 자들에게 참된 믿음을 소유하고 있다면 거룩한 행실로 살아야 한다고 요구하신 것입니다. 이러한 주님의 뜻에 순종하는 저와 여러분들이 되기를 바랍니다. 아멘.

복음의 문을 닫을 자가 없다

[계 3:7-13]

오늘 우리는 소아시아에 있는 교회들 가운데 여섯 번째 빌라델비아 교회의 사자에게 말씀하시는 주님의 음성을 듣고 있습니다. 먼저 빌라델비아라는 이 도시의 이름은 '형제를 사랑하는'이라는 뜻입니다. 과거 에스더의 남편인 바사의 아하수에로 왕이 유럽으로 원정을 가는 길에 유럽에서 쉰 곳이 바로 이곳이었다고 합니다. 그리고 예수님 탄생 이전 140년 아탈루스 왕이 이곳에 도시를 세웠는데 그는 형제를 무척이나 사랑하는 인물이었습니다. 그래서 별명을 필라델포스, 필은 '사랑', 아델포스는 '형제'로 '형제 사랑'이라는 빌라델비아라고 하게 되었다고 합니다. 그런데 이 빌라델비아 지역에 주님의 몸 된 교회가 세워졌습니다. 이곳에서도 역시 유대인들의 박해가 여전히 있었습니다. 하지만 주님께서는 자신을 다윗의 열쇠를 가지신 분으로 계시하여 주고 계십니다. 왜 예수님께서 자신이 다윗의 열쇠를 가지고 문을 열고 닫는 분이라고 말씀하신 것일까요?

우리가 빌라델비아 교회에 대하여 이해하기 위해서는 먼저 예수님께서 지금 어떤 분으로 자신을 계시하고 있는지 알아야 합니다. 예수님께서 다윗의 열쇠를 가지신 분이라고 말씀하신 것은 구약성경에 나타나는 하나의 사건과 연관이 있습니다. 그것은 이사야 22장 15-25절에 나타나는 이야기입니다. 이사야 22장 말씀에 보면 셉나라는 인물이 등장합니다. 그런데 이 셉나는 관리입니다. 하지만 부패한 관리입니다. 이 사람은 부정부패를 일삼고 그 지위를 통해 많은 돈을 축재한 사람입니다. 부정 축재한 그 돈을 가지고 아주 고급스러운 무덤을 만들었습니다. 셉나는 자신이 장차 죽으면 매장될 무덤을 미리 준비하였는데, 아주 높고 튼튼한 반석에 자신의 무덤을 마련하면서 국가의 돈을 훔친 것입니다. 오늘날로 말하면 높은 고위 관직에 있는 공무원이 국가의 돈을 횡령하여 자신의 집과 후에 자신이 죽을 때 사용될 무덤을 위해 많은 돈을 도둑질한 것입니다. 이에 하나님은 이사야 선지자를 통해 셉나를 죽일 것이라고 말씀하십니다. 그리고 셉나 대신 힐기야의 아들 엘리아김을 셉나의 자리에 앉힐 것이라고 말씀하시는 것입니다. 이 때 하나님께서 이런 말을 하십니다. "내가 또 다윗의 집의 열쇠를 그의 어깨에 두리니 그가 열면 닫을 자가 없겠고, 닫으면 열 자가 없으리라(22절)".

구약 성경 이사야의 본문에서 하나님께서 엘리아김에게 주신다는 "다윗 집의 열쇠"는 다름 아닌 이전에 셉나가 맡았던 국고의 열쇠를 가리키는 것입니다. 국고의 열쇠를 맡고 있었던 셉나는 오직 자신만이 그 문을 열고 닫으면서 마음대로 사용했는데 이제 그 국고의 문을 열고 닫는 열세를 즉 권세를 엘리아김에게 맡긴다고 하시는 것입니다. 이제는 오직 엘리아김만 국고의 문을 열고 닫을 수가 있습니다. 마치 요즘 우리 시대에 보는 최순실이라고 하는 비선 실세에게 대통령이 모든 권한을 주고 그녀가 마음대로 부정하고 불의한 일을 하는 것과 같은 모습이라고 할 수 있습니다.

하나님께서 셉나 대신에 엘리아김을 부르셔서 모든 권세를 맡기셨다는 것은 결국 엘리아김을 하나님께서 이스라엘 나라를 다스리는 그리스도의 모형으로 보여준 것입니다. 여기에서 우리는 하나님께서 이사야 선지자를 통해 말씀하시는 아주 중요한 진리를 발견합니다. 불의한 셉나는 아브라함과 이삭과 야곱을 통해 전해 내려온 하나님을 바르게 섬기고 의지했던 이스라엘 백성들의 신앙이 아닌, 중간에 불의하게 변질된 유대교를 상징하는 것입니다. 그동안 하나님께서는 자신의 백성들이 불의한 유대교의 신앙 아래에서 환난과 고난을 당한 것을 알고 계셨습니다. 그러나 이제 그 불의한 유대교는 하나님의 아들 예수 그리스도를 통해서 그 자리에서 쫓겨날 것입니다. 이사야 선지자가 말해주는 셉나 이야기가 바로 이것을 의미하는 것입니다.

그러므로 주님께서 빌라델비아 교회의 사자에게 자신이 다윗의 집 열쇠를 가지고 있다고 말씀하신 것은 엘리아김이 국고의 열쇠를 가지고 자신만이 그 문을 닫고 열 수 있는 권세를 가진 것처럼 예수님께서 이제 모든 권세를 가진 것이라고 말씀하여 주시는 것입니다. 다시 말해 예수님께서 왕적 권세의 열쇠, 통치의 권세를 가지고 계신다는 것입니다.

그동안 유대교는 예루살렘의 성전을 지키면서 자신들이 만들어 놓은 규정을 가지고 성전에 들어갈 수 있는 사람을 한정시켰습니다. 거기에 이방인들은 단지 이방인의 뜰이라고 하는 곳에만 들어갈 수 있었습니다. 유대인 여자들도 성전의 중심에는 들어가지 못합니다. 죄를 지어도, 불의해도 상관이 없습니다. 신분적으로만 인정이 되면 유대 성전에 들어갈 수 있습니다. 유대인들이 모이는 회당은 어떻습니까? 예수를 믿는 사람이라고 하면 하나님을 배교한 이단으로 여겨 아예 회당에 들어오지 못하게 하고 들어온 사람은 쫓아내고 말았습니다. 그런데 이제 예수님께서 다윗의 열쇠를 가지고 계십니다. 예수님만이 문을 지키시는 자이십니다. 예수님은 예루살렘 성전과 회당 문 앞에 있는 사람들에게 오히려 너희들이 배교자라고 하시면서 그들을 쫓아내실 것입니다. 하나님의 언약을 배반한 사람들이 누구입니까? 바로 유대인들이었습니다. 유대인은 가짜 청지기였습니다. 그들은 하나님의 교회를 잘 지키는 청지기라고 스스로 여겼습니다. 그러나 참된 청지기의 주인이신 예수님께서 그들을 다 쫓아내시는 것입니다. 성경말씀에는 많은 청지기 비유가 나옵니다. 하나님의 집을 지키는 올바르고 정직하며 성실한 청지기의 모습을 하나님은 원하십니다. 그런데 유대인들은 자신들의 주머니만 챙깁니다. 마치 셉나처럼 말입니다. 하지만 하나님은 불의한 청지기가 누구인지 아십니다. 그리고 그를 내쫓으십니다. 그리고 신실하고 충성스러운 자신의 청지기를 세우십니다. 엘리아김을 세워 이스라엘을 다스리십니다. 이제는 하나님의 영원한 아들이신 예수 그리스도께서 이스라엘을 다스리시며 모든 나라를 통치하십니다. 그런데 육적인 이스라엘이 아니라 영적인 이스라엘 백성들을 다스리십니다. 주 예수 그리스도를 믿는 사람들을 새로운 이스라엘 백성으로 삼으셔서 그들로 하여금 영적 이스라엘 나라를 이루게 하시는 것입니다.

예수님께서 다윗의 열쇠를 가지셨기 때문에 그동안 쫓겨난 참된 사람들을 다시 불러들일 수가 있게 되었습니다. 지금 예수님께서 이 부분을 강조하기 위해 이 말씀을 하신 것입니다. 예수를 믿는 자들은 유대인들로부터 핍박을 받고 쫓겨난 자들이 되었습니다. 그런데 예수님께서 쫓겨난 자들을 아셨습니다. 그들이 무엇 때문에 쫓겨났는지 안 것입니다. 빌라델비아 교회의 성도들은 예수를 믿는 믿음을 가지고 신앙을 지켰습니다. 예수님께서 그들의 행위를 아신 것입니다.

예루살렘 성전과 회당의 문 앞에서는 열쇠를 가진 자들에 의해 쫓겨났지만, 그러나 주님께서 자신이 열쇠를 가지고 계시고, "볼지어다 내가 네 앞에 열린 문을 두었으되 능히 닫을 사람이 없으리라 내가 네 행위를 아노니 네가 작은 능력을 가지고서도 내 말을 지키며 내 이름을 배반하지 아니하였도다". 이렇게 자신의 백성들을 향해 친히 칭찬과 위로의 말씀을 하여 주십니다. 그렇다면 여기에서 "열린 문"이 무엇을 의미하는지 우리는 알아야 합니다. "열린 문"이라는 이 말씀을 알기 위해서는 반대로 닫혀 있는 문에 대해 알 필요가 있습니다.

예수님께서는 성경 여러 군데에서 문에 대한 말씀을 하셨습니다. 먼저 마태복음 23:13에서 "화 있을진저 외식하는 서기관들과 바리새인들이여 너희는 천국 문을 사람들 앞에서 닫고 너희도 들어가지 않고 들어가려고 하는 자도 들어가지 못하게 하는도다" 하시는 말씀에서 문을 닫았다는 것은 바리새인들과 서기관들이 닫은 천국 문입니다. 누가복음 13:25에서도 문을 닫았다는 말씀을 하십니다. 그런데 이렇게 바리새인들과 서기관들 그리고 유대의 장로들이 닫은 천국 문을 여는 분이 있습니다. 그분이 바로 예수님입니다. 사도행전 14:27에서는 이방인들에게 믿음의 문을 여셨다고 합니다. 고린도전서 16:9에는 "광대하고 유효한 문이 열렸으니"라는 말씀이 나옵니다. 고린도후서 2:12에는 "주 안에서 문이 내게 열렸으되" 하고 말씀합니다. 요한계시록 4:1입니다. "이 일 후에 내가 보니 하늘에 열린 문이 있는데"... 이런 말씀들을 보면 열린 문의 공통점은 바로 복음으로 문이 열렸다는 것입니다. 그것이 천국의 문입니다. 복음으로 이방인들에게까지 천국의 문이 열린 것입니다. 유대인들이 그렇게 닫으려고 했던 문이 주 예수 그리스도를 믿는 믿음의 복음으로 열린 것입니다. 그러므로 예수님께서 열어 놓으셨기 때문에 이 열린 문을 닫을 자가 없는 것입니다. 한 번 열어 놓으신 문으로 주 예수 그리스도를 통해 누구든지 들어가는 것입니다.

만약 어떤 사람이 이 문을 열어놓았다면 사탄이 닫고자 한다면 능히 닫을 수 있을 것입니다. 아니면 더 뛰어난 사람이 나타나서 더 좋은 문이 있다고 할 것입니다. 그러나 예수님께서 열어놓으셨기 때문에 사탄은 닫을 수가 없게 되었습니다. 하나님의 아들의 피로 천국의 문을 여신 것입니다. 빌라델비아 교회는 "작은 능력"을 가진 교회였습니다. 에베소, 서머나, 사데 교회들과 같이 어떤 특별하고 뛰어난 능력이 있었던 것이 아닙니다. 단지 그들이 가진 능력이란 주 예수 그리스도의 이름을 믿고 그 이름을 배반하지 않은 것입니다. 이것을 주님께서 칭찬하시고 위대한 신앙이라고 말씀하시는 것입니다.

우리가 주님께서 열어 놓으신 이 천국의 문으로 들어가는 데는 많은 능력이 필요 없습니다. 능력이 부족해도 예수님의 이름을 믿고 그분의 이름을 배반하지 아니하면 누구든지 이 문으로 들어갈 수 있습니다. 우리가 세상 사람들이 가진 다른 명성이나 물질이 없다고 해도, 그리고 배움이 부족해도 상관이 없습니다. 끝까지 주 예수 그리스도의 이름을 믿고 그분께서 우리들을 위해 무엇을 하셨는지 그것을 귀하게 여기고 붙잡고 있으면 됩니다. 만약 오늘날 어떤 교회에서 바른 신앙을 위해 목사와 대립이 될 때 교회를 떠나는 것으로 제명당하고 출교를 당해도 주님이 열어놓으신 이 천국 문으로 들어가는 데는 전혀 지장이 없습니다. 오히려 거짓 가르침과 자신의 탐욕을 위해 목회를 하는 자들이 바리새인들과 서기관들처럼 하나님께서 열어 놓으신 천국의 문을 닫고 있는 것입니다. 그러므로 오늘날 교회가 치리를 한다고 할 때는 바른 신앙과 교리 위에서 해야 합니다. 그저 감정적이고 정치적으로 성도들을 내모는 것은 어리석고 오히려 심판만 자초하는 결과를 낳게 되는 것입니다. 주님께서 교회에 목사와 교사를 두신 이유는 그들이 바른 신앙을 가지고 불신앙적으로 사는 자들을 치리하라고 하신 것인데 역으로 자신들의 목회를 위해 하나님의 말씀에 불순종하는 자들을 징계하지 않고 앞장세우는 일을 한다면 얼마 가지 않아 하나님의 심판이 일어날 것이 분명합니다.

하나님께서는 지상에 있는 교회에 '매고 푸는 권세'를 주셨습니다. 이것은 다른 말로 권징을 의미합니다. 하지만 이 권징이 때론 사람들의 탐욕과 정욕을 위해 사용되는 일이 종종 있습니다. 정당하게 시행되는 권징은 이 땅에서 교회가 매면 하늘에서도 매게 됩니다. 예를 들어 교회 안에 어떤 사람이 주 예수 그리스도를 부인하고 주님의 말씀에 순종하지 않고 산다면 교회가 그 사람을 출교시킵니다. 그러면 하늘에서도 그 사람을 받아들이지 않는다는 것입니다. 하지만 이렇게 정당한 권징이 아닌 사사롭고 정치적이며 목사 개인의 탐심을 위해 행하는 권징은 아무리 땅에서 맨다고 할지라도 하늘에서는 매어지는 것이 아니라는 것입니다.

지금 빌라델비아 교회 성도들이 땅에서 유대교로부터 출교를 당했습니다. 그러나 출교를 당하고 이단으로 정죄를 받아도 유대교는 사탄의 회였기 때문에 아무런 의미가 없다고 주님께서 말씀하여 주시는 것입니다. 성도들은 하나님 나라에서 쫓겨난 것이 아니었습니다. 처음부터 그들은 예수 그리스도의 피로 구원받은 거룩한 언약의 백성들이었습니다. 우리들도 마찬가지입니다.

우리는 예수님께서 마태복음 10:32-33을 통해 말씀하신 것을 기억할 것입니다. "누구든지 사람 앞에서 나를 시인하면 나도 하늘에 계신 내 아버지 앞에서 그를 시인할 것이요 누구든지 사람 앞에서 나를 부인하면 나도 하늘에 계신 내 아버지 앞에서 그를 부인하리라". 이 말씀처럼 빌라델비아 교회 성도들이 주님을 시인하고 고백하고 있습니다. 이것이 그들에게 상급이고 축복이었습니다.

예수님께서 유대교를 어떻게 평가하고 있는지 다시 한번 우리는 분명하게 알아야 합니다. 그들은 바로 사탄의 회였습니다. 사탄의 모임이라는 것입니다. 지금 저 이스라엘에 있는 유대 종교는 사탄의 종교입니다. 여기에 다른 설명이나 변명이 있을 수 없습니다. 사람들은 종종 유대교를 긍정적으로 보고 있습니다. 하지만 우리는 예수님께서 유대교를 사탄의 회라고 하시기 때문에 다른 어떤 논의를 할 필요가 없습니다. 유대교가 지금도 하는 일이 무엇입니까? 성부 하나님께서 자신의 아들을 통해 이룬 구속의 길을 가로막고 부인하며 오히려 기독교를 핍박하고 성도들을 죽이기까지 하고 있습니다. 그런데 우리가 유대교에 대하여 어떤 기대를 하고 우리와 연결 고리가 있는 것으로 여기면 안 됩니다. 물론 주님은 유대인입니다. 하지만 유대교와 유대인은 다른 의미입니다. 유대교는 마귀의 자식이라고 주님께서 친히 말씀하셨습니다. 예수님께서 이렇게 사탄의 회로 전락한 유대교를 그냥 두시지 않겠다고 하신 말씀이 바로 마태복음 24장의 예언의 말씀입니다. 그리고 계시록 1장을 통해 그들을 심판하시고 자신의 백성들을 보호하시고 보전하시기 위해 속히 오시겠다고 하신 것입니다. 그러므로 다시 한번 우리는 유대교의 중심인 예루살렘 성전이 주후 70년에 완전히 심판당하고 멸망당한 그 사실에 주목해야 합니다. 이제 더 이상 유대교는 우리와 상관이 없을뿐더러 하나님과도 상관없는 단체입니다.

   사랑하는 성도 여러분!
   우리 주 예수 그리스도께서는 자신의 백성들을 지키시고 보호하여 주십니다. 자신의 피로 그들을 구원하셨기 때문입니다. 이제는 유대교가 거짓이라고 말씀하신 것을 증명하시기 위해 유대교 안에서 그리스도인들을 핍박하였던 자들 가운데 몇이 주 예수 그리스도를 믿고 돌아올 것을 말씀하십니다. 핍박자들이 빌라델비아 성도들 앞에서 무릎을 꿇고 절하게 될 것입니다. 일부 유대인들이 구원의 문으로 들어올 것입니다. 이제는 유대인들이 이방인들이 되는 처지에 놓였습니다. 그러나 이방인들은 오히려 하나님께서 택한 영적 이스라엘 백성들로 우뚝 설 것입니다. 누가 아브라함의 자손들입니까? 빌라델비아 성도들과, 이제는 저와 여러분들이 아브라함의 진정한 후손들입니다. 예수님께서는 이러한 빌라델비아 성도들에게 축복을 하여 주십니다. 큰 환난의 때에 그들에게 임하는 시험을 면하게 해 준다고 하십니다. 여기에 면하게 하신다는 것은 시험을 받지 않게 해주신다는 것이 아니라 시험이 온다고 해도 지켜 보호해주신다는 말씀입니다. 실제로 유대교가 로마 정부로부터 심판을 당할 때 예수님께서는 빌라델비아 교회를 보호하고 지켜 주셨습니다.
   이러한 주님의 보살핌은 오늘날 자신의 교회와 성도들에게도 동일하게 임하여 주십니다. 저와 여러분들이 우리 주 예수 그리스도의 이름을 사랑하고 그분의 뜻에 항상 순종하기를 힘쓴다면 우리의 삶 속에 고난과 어려움이 온다고 해도, 사탄의 시험이 온다고 해도 우리를 지켜 보호하시는 분께서 우리를 사랑하는 형제로 여겨 주시기 때문에 늘 우리 편에 계십니다. 시편 기자의 노래를 통해 우리는 다시 한번 위로를 받습니다. "여호와께서 너를 실족하지 아니하게 하시며 너를 지키시는 이가 졸지 아니하시리로다 이스라엘을 지키시는 이는 졸지도 아니하고 주무시지도 아니하시리로다 여호와는 너를 지키시는 이시라 여호와께서 네 오른쪽에서 네 그늘이 되시나니 낮의 해가 너를 상하게 하지 아니하며 밤의 달도 너를 해치지 아니하리로다 여호와께서 너를 지켜 모든 환난을 면하게 하시며 또 네 영혼을 지키시리로다 여호와께서 너의 출입을 지금부터 영원까지 지키시리로다 (시 121:3-8)". 아멘.

교회와 세상의 주인이 누구인지 고백하라

[계 3:14-22]

이제 우리는 소아시아 일곱 교회에 말씀하시는 예수님께서 마지막으로 라오디게아 교회를 향해 말씀하시고 있음을 볼 수 있습니다. 사실 라오디게아 교회는 바울을 돕던 브리스가가 세운 교회입니다. 골로새 옆에 라오디게아가 있습니다. 라오디게아는 아주 부유한 지역입니다. 그런데 이러한 부유한 지역에 세워진 교회가 교회의 머리 되시는 주 예수 그리스도의 주인 됨을 잊어 버렸습니다. 우리 예수님께서는 그동안 자신의 교회들을 향해 책망하실 때 아주 작더라도 칭찬받을 수 있는 것이 있다면 그 칭찬을 아끼지 아니하셨습니다. 서머나, 빌라델비아 교회는 칭찬을 받았고, 사데 교회는 비록 책망을 받았지만 아주 적은 무리들이 믿음을 끝까지 지키고 있었다는 것을 칭찬해 주셨습니다. 그런데 라오디게아 교회에게는 그 어떤 칭찬도 없습니다. 왜 라오디게아 교회만 이토록 다른 교회들과 같은 아주 작은 칭찬도 받지 못하고 있는 것입니까?

먼저 예수님께서는 자신을 "아멘이시요 충성되고 참된 증인이시요 하나님의 창조의 근본이신"이라고 교회의 사자에게 말씀하여 주고 계십니다. 역시나 주님은 자신의 모습을 통해 라오디게아 교회가 "아멘"으로부터 시작되는 신앙이 무엇인지 바르게 알지 못하고 있다는 것을 말씀하시는 것입니다. 여기에서 우리는 "아멘"에 대한 바른 신앙이 무엇인지 알아야 합니다. 오늘날 대부분의 교회와 사람들은 그저 "아멘"이라고 외칩니다. 그 이유는 "아멘"이라고 크게 소리지르는 자가 믿음이 있는 것으로 여기기 때문입니다. 뿐만 아니라 "아멘" 소리가 나는 교회는 살아 있는 교회로 보입니다. 강단에서 목사가 설교를 할 때 어떤 성도가 "아멘" 하고 반응을 하면 설교를 하는 목사는 자신이 지금 설교를 잘하고 있다고 생각합니다. 과연 "아멘"이란 무슨 의미입니까? 성경에서 "아멘"이라는 말은 그렇게 된다는 뜻입니다. 그러면 무엇이 그렇게 된다고 하는 것입니까? 그것은 바로 하나님의 언약의 약속에 축복과 저주가 임한다는 것을 "아멘"하는 것입니다. 그러므로 "아멘"은 강력하고 매우 힘이 있는 것입니다. 하나님의 말씀대로 그렇게 된다고 믿는 것입니다. 구약 이스라엘 백성들에게 모세가 장로들을 모아놓고 요단강을 건너가거든 그리심산에서 축복을 에발 산에서 저주를 선언하고 그때마다 백성들에게 "아멘"을 외치도록 하였습니다(신 27장). 언약적 축복과 저주가 함께 "아멘" 하는 자들에게 인쳐진 것입니다. 오늘날 교회는 언제 "아멘"을 합니까?

성도들이 자신들에게 하나님의 축복이 선언될 때마다 "아멘" 하는 것을 볼 수 있습니다. 자기들의 입맛에 좋은 말을 들을 때만 "아멘"합니다. 그렇다면 오늘날 현대 교회가 "아멘" 하는 것은 성경적인 "아멘"이 아닙니다. 왜냐하면 거기에는 저주가 빠져 있기 때문입니다. 하나님은 이스라엘 백성들에게 우상숭배나 이웃을 사랑하지 아니하면 저주가 임한다고 할 때 "아멘" 하라고 하셨습니다. 결국 "아멘"의 결과는 축복 아니면 저주입니다. 중간은 없습니다. 축복 아니면 저주입니다. 지금 예수님께서 라오디게아 교회에 이렇게 자신을 "아멘" 되시는 분으로 먼저 말씀하신 것은 라오디게아 교회가 중간지대에 있으면 안 된다는 것을 가장 강력하게 말씀하시는 것입니다. 이것으로부터 예수님은 라오디게아 교회를 향해 뜨겁든지, 차든지 하라고 하시는 것입니다. 우리 주님은 이미 "아멘"으로 아버지의 뜻을 이루신 분이십니다. 그렇기 때문에 "아멘" 되시는 주님을 온전하게 믿으면 됩니다. 이것이 바른 신앙입니다. 성도들은 하나님의 축복과 저주에 "아멘" 하지만 결국 실패합니다. 그러나 "아멘" 되시고 충성되신 주 예수 그리스도를 믿으면 그분이 이루신 "아멘"이 결국 성도들에게 전가되는 것입니다. 저는 이것도 주님의 것이 우리에게 전가되었다고 여겨도 무방하다고 말씀드리고 싶습니다. 이처럼 라오디게아 교회는 "아멘" 즉 하나님의 뜻은 그렇게 된다는 의미를 바르게 알지 못하고 있는 것입니다. 오늘날 교회들이 "아멘"을 모르고 있는 것처럼 말입니다. 그만큼 우리는 우리가 듣기를 좋아하는 말씀에만 귀를 세우고 있다고 할 수 있습니다. 우리가 하나님의 자녀들이라고 믿는다면, 우리가 하나님의 계명에 순종하지 않고 마음대로 살면 반드시 하나님께서 저주하시는 심판이 임할 것입니다. 이것은 구원의 문제가 아닙니다. 구원받은 자녀들에게 하나님의 징계가 임한다는 것입니다. 성도들이 신앙생활을 하면서 간과하는 것이 바로 이 부분입니다. 하나님은 사랑이라고 말합니다. 맞는 말씀입니다. 그래서 사람들은 복음을 전할 때 하나님께서 당신을 사랑하십니다, 그리고 당신은 사랑받기 위해 태어났다고 노래도 부르고 위로도 해 줍니다. 나쁜 것이 아닙니다. 그러나 복음의 본질은 그것이 아닙니다. 복음은 우리가 사랑받기 위해 태어났다고 말씀하시지 않습니다. 복음은 우리가 죄인이고 구원을 받아도 여전히 죄인이라고 말씀하십니다. 그렇기 때문에 하나님의 말씀에 순종하지 않으려고 하는 우리 본성을 인정하고 늘 우리가 죄를 사랑하는 인생인 것을 고백하면서 주 예수 그리스도의 십자가 아래로 달려 나가야 합니다. 그리스도의 사랑이 위대하기 때문에 우리가 하나님의 언약, 즉 계명에 순종해야 한다는 것을 늘 각성하고 살아야 합니다. 그렇지 않으면 하나님께서 자신의 자녀들을 징계하실 것이라는 말씀을 우리는 쉽게 잊어버리게 됩니다. 오늘날 한국교회가 이렇게 타락한 이유 가운데 하나가 바로 하나님의 언약적 심판에 아멘으로 화답하지 않았기 때문입니다. 그러나 하나님은 여전히 자신의 말씀에 신실하십니다. 그래서 라오디게아 교회에 회개하라고 하시고 그렇지 않으면 심판하신다고 하시는 것입니다.

이제 우리는 라오디게아 교회가 어떤 신앙의 모습으로 살아가고 있어서 주님의 이 무서운 심판의 말씀을 듣고 있는지 살펴보아야 합니다. 성경을 보면 자세히 말씀하시는 것을 찾기가 쉽지 않습니다. 그러나 주님께서 지금 라오디게아 교회를 향해 말씀하시는 것을 보면 그들이 분명 어떤 잘못된 신앙 가운데 있음을 알 수 있습니다. 예수님께서 라오디게아 교회를 향해 뜨겁지도, 차지도 않으므로 차든지 뜨겁든지 하라고 합니다. 주님은 오히려 미지근하여졌기 때문에 자신의 입에서 토하여 내시겠다고 하십니다. 우리는 지금 주님께서 하나의 비유를 가지고 라오디게아 교회를 설명하시는 것을 알 수 있습니다. 간혹 사람들은 이 말씀을 문자적으로만 읽어서 뜨거운 신앙은 좋은 것이고 차가운 신앙은 주님을 배반하는 것으로 말합니다. 그러나 주님께서 미지근한 것이 싫기 때문에 차가운 것, 즉 주님을 아예 배반하라고 하신다고 생각하면 그것은 성경을 바르게 알지 못하고 읽는 것이 됩니다. 지금 주님께서는 뜨겁든지, 차갑든지 하라고 하십니다. 주님께서는 뜨겁게 헌신하고 충성하든지 아니면 아예 나를 버리고 떠나든지 하라고 하시는 분이 아닙니다. 우리는 보통 이 말씀을 성도들의 신앙에 대한 헌신을 강조하기 위해 사용합니다. 그러나 본문의 말씀은 전혀 그것이 아닙니다. 지금 라오디게아 교회가 미지근해진 것이 문제입니다. 미지근한 것 때문에 책망을 받고 있습니다. 주님께서는 미지근한 것을 왜 이토록 싫어하시는 것입니까?

우리가 주님께서 미지근한 신앙을 가진 라오디게아 교회를 책망하는 이유를 알기 위해서는 주님께서 의도적으로 사용하시는 비유를 알아야 합니다. 라오디게아 교회는 아주 부유한 곳입니다. 뿐만 아니라 의학이 발달하였는데 특히 안과 질환을 잘 치료하는 의술이 발달하였습니다. 그리고 라오디게아는 지역적으로 골로새와 가까워서 그곳에서 아주 차가운 빙하수가 내려오고 있었습니다. 또한 옆에 있는 히에라폴리스는 석회수 온천이 유명하여 뜨거운 물이 내려오는 곳입니다. 차가운 물은 시원하고 생기를 주는 음료수로 사람들이 마시는 물로 사용되었습니다. 그리고 뜨거운 온천물은 사람들을 치료하는 좋은 목욕물로 사용되었습니다. 지금 예수님께서 차갑든지, 뜨겁든지 하라고 하시는 것은 둘 다 좋은 의미로 말씀하시는 것입니다. 그런데 이 차가운 물과 뜨거운 온천물이 라오디게아까지 흘러오면서 서로 만나 물이 미지근하여집니다. 그런데 미지근한 물로 그만인 것이 아니라 뜨거운 석회석 온천물이 미지근해지면서 역겨운 냄새를 내고 먹을 수 없는 그런 물이 된 것입니다. 아무 쓸모가 없는 물입니다. 미지근하여졌다고 말씀하시는 주님의 의도는 라오디게아 교회가 교회다운 모습이 없다 하시는 것입니다.

예수님께서 라오디게아 교회를 향해 미지근해졌다고 하시는 이 말씀이 무엇을 의미하는지 성경을 통해 말씀 드리겠습니다. 왜 예수님께서 미지근한 신앙을 이렇게 징계하시는지 아주 분명하게 성경에서 찾을 수가 있습니다. 먼저 우리가 다 같이 레위기 18:24-28의 말씀을 찾아 읽어 보겠습니다. "너희는 이 모든 일로 스스로 더럽히지 말라 내가 너희 앞에서 쫓아내는 족속들이 이 모든 일로 말미암아 더러워졌고 그 땅도 더러워졌으므로 내가 그 악으로 말미암아 벌하고 그 땅도 스스로 그 주민을 토하여 내느니라 그러므로 너희 곧 너희의 동족이나 혹은 너희 중에 거류하는 거류민이나 내 규례와 내 법도를 지키고 이런 가증한 일의 하나라도 행하지 말라 너희가 전에 있던 그 땅의 주민이 이 모든 가증한 일을 행하였고 그 땅도 더러워졌느니라 너희도 더럽히면 그 땅이 너희가 있기 전 주민을 토함 같이 너희를 토할까 하노라"

이 말씀에서 하나님은 이스라엘 백성에게 주신 약속의 땅이 그 이전에 있던 거민을 '토하여 내었다'는 것을 보여주십니다. 왜 그 땅이 가나안 족속을 토하여 내었습니까? 바로 그들의 가증한 일 때문입니다. 그 가증한 일이란 레위기 18:1-23에 기록된 각종 성적인 범죄 행위들입니다. 그 가증한 행위가 그 거민들을 더럽게 하였을 뿐만 아니라 그 땅도 더럽게 하였던 것입니다. 그래서 하나님은 그 땅의 거민을 토하여 내쳤던 것입니다. 지금 예수님께서 라오디게아 교회가 미지근하다고 말씀하시면서 교회가 가증한 일을 하고 있다는 것을 말씀하여 주시는 것입니다. 우리는 레위기의 본문을 통하여 "토하여 내치는 것"은 하나님의 심판으로 "가증한 일"과 관련되어 있다는 것을 알 수 있습니다. 그렇다면, 오늘 본문에서 예수님은 라오디게아 교회를 향하여 "내 입에서 너를 토하여 버리리라"고 하신 이유는 바로 라오디게아 교회의 가증한 일 때문이었습니다. 그것이 바로 그들의 심판의 동기가 된 것입니다.

　그러므로 미지근하다는 것은 뜨겁지 않은 헌신, 성경도 읽지 않고, 기도도 하지 않고, 복음 전도와 헌금에 헌신하지 않는 것을 말하는 것이 아니라 그들의 신앙과 행위가 무의미하다고 하는 것을 말씀하시는 것입니다. 다시 말해 쓸모없다고 하는 것입니다. 라오디게아 교회가 서로 모여 예배하고 신앙생활하고는 있지만 하나님께서 그들이 헛되게 신앙생활하고 있다고 말씀하시는 것입니다. 생기를 주고 생명을 주는 그런 물이 아니고, 또한 삶의 활기를 주고 사람들을 치료해 주는 그런 물도 아닌 아주 역겨운 냄새만 나는 그런 미지근한 신앙이라는 것입니다. 불법이 미지근한 것입니다. 오히려 그들의 신앙은 아무짝에도 쓸모없는 소금이었고, 자신과 교회를 더럽히는, 그래서 주님의 입에서 토하여 내칠 수밖에 없는 가증한 모습으로 교회를 이루고 있었던 것입니다.

　17절을 보면 라오디게아 교회는 "나는 부자라. 부요하여 부족한 것이 없다"고 말했습니다. 사실 교회와 성도가 부요한 것은 죄가 아닙니다. 오히려 하나님의 축복입니다. 그러나 하나님께서 주신 그 부를 자신들의 쾌락을 위해 사용하고 급기야는 자신들이 물질적으로 부족한 것이 없으니 영적으로도 부족하지 않다고 판단한 것입니다. 마치 바리새인들처럼 신앙생활을 잘하면 하나님께서 부를 주신다고 믿었고 자신들의 신앙이 좋은 신앙이라고 그렇게 믿은 것입니다. 그런데 주님께서 이런 어리석고 미련한 교회를 향해 말씀하시는 것을 보면 그들의 상태를 알 수 있습니다. "네 곤고한 것과 가련한 것과 가난한 것과 눈 먼 것과 벌거벗은 것을 알지 못하도다." 라오디게아 성도들이 물질적으로 부요한 상태이지만, 실상은 가난하고 비참하다고 주님은 말씀하십니다. 그들은 영적으로 가난하고 비참한 상태에 있었습니다. 그런데 이것을 보지 못하고 있었던 것입니다. 사람들은 자신들의 육적인 환경을 보고 영적인 상태를 확인하려고 합니다. 그런데 그것은 잘못된 판단입니다. 좀 더 삶이 좋아졌다고 해서 영적으로 좋아진 것이 아닙니다. 이런 식으로 생각하고 신앙의 잣대를 가져다 대면 모든 것이 다 잘되기만 하면 하나님의 복이라고 생각할 수 있습니다. 그러나 그렇지 않습니다. 불법을 해도 잘되고, 남에게 상해를 입혀도 잘되고, 도적질해도 잘되는 일도 있기 때문입니다. 정말로 잘되는 것이 무엇입니까? 물질적으로 복을 받은 것이 축복이라는 것을 바르게 알려면, 그 받은 축복이 영적으로 우리를 복되게 이끌고 있다면 그것이 바로 진정한 축복인 것입니다. 그런데 라오디게아 교회는 물질적으로 축복을 받았다고 여겼지만 그것이 자신들에게 아무런 영적인 도움을 주지 못하고 오히려 가증한 일을 하는 것에 사용된 것입니다.

그래서 주님께서는 그들에게 "불로 연단한 금을 사서 부요하게 하고 흰 옷을 사서 입어 벌거벗은 수치를 보이지 않게 하고 안약을 사서 눈에 발라 보게 하라"고 말씀하십니다. 라오디게아 교회를 회복하시기 위해 주님께서 이렇게 말씀하여 주신 것입니다. 그러면 지금 주님께서 말씀하시는 이것들이 무엇입니까? 불로 연단한 금이란 것은 그야말로 정금을 의미합니다. 신앙에 대한 참된 믿음과 순종이 함께 들어 있는 것입니다. 시간이 흐르면 흐를수록 신앙의 열매가 맺어지는 것입니다. 그리고 흰 옷은 성도의 거룩한 행위를 의미합니다. 또한 안약을 사서 바르는 것은 바르게 보고 판단하는 신앙을 말합니다. 한마디로 말해서 라오디게아 교회를 향해 주님은 지금 신앙의 열매와 거룩한 행위와 올바른 판단을 가지고 다시 교회를 이루고 세워야 한다고 하는 것을 말씀하신 것입니다. 그야말로 라오디게아 교회는 말이 교회지 바른 신앙을 찾는 아무런 것도 없습니다. 신앙 때문에 연단을 받는 것도 없었고, 거룩한 성도들의 삶이 무엇인지 전혀 찾아볼 수 없었습니다. 라오디게아 지역 사람들처럼 그렇게 음란과 쾌락에 물들어 사는 것을 전혀 부끄럽게 여기지 않았습니다. 그러니 무엇이 바른 신앙인지 판단할 수 있는 능력도 없었던 것입니다.

마치 현대 교회가 건물을 화려하게 지어 놓고 그 위에 십자가만 붙여 놓으면 교회라고 여기는 것처럼 그 속에 있는 사람들은 전혀 하나님의 백성으로 살아가지 않으면서도 하나님을 예배하고 모이는 것으로 스스로 자신들을 속이는 것과 같은 것입니다.

사랑하는 성도 여러분!
그런데 우리 주님은 이런 라오디게아 교회를 내치지 않으십니다. 마지막까지 그들에게 회개하고 돌아오라고 하십니다. 왜냐하면 그들을 사랑하시기 때문입니다. 꺼져가는 심지를 끄지 않고 상한 갈대를 꺾지 않는 분이 바로 우리 주님이십니다. 주님은 자신의 신부인 교회를 사랑하십니다. 그래서 회개하라고 하십니다. 사생아가 아닌 이상 하나님은 자신의 자녀들에게 징계를 하십니다. 징계가 없다면 자녀가 아닙니다. 그러므로 성도들은 하나님의 말씀으로 자신들을 채찍질해야 합니다. 열심을 내어 회개하라고 하십니다. 회개는 단순히 후회하고 각성하는 것이 아니라 돌이키는 적극적인 신앙인 것입니다. 그렇지 않으면 주님은 반드시 토하여 버리실 것입니다. 우리 주님은 늘 자신의 자녀들과 함께 먹고 마시기를 원하십니다. 그래서 자신의 몸과 피를 나눠 주셨습니다. 누구든지 주님을 먹고 마시면 그 사람은 다시 살아날 것입니다. 교회와 성도가 새로워질 수 있는 방편은 주님과 함께 먹고 마시는 것입니다. 이것은 바로 주님의 구원의 의미를 바르게 아는 것에서 시작됩니다. 교회가 무엇인지? 성도가 무엇인지? 누가 교회와 성도의 주인인지 알라고 하시는 것입니다. 그러므로 라오디게아 교회는 교회의 머리가 되시는 주님을 자신들의 주인으로 온전히 인정하고 주님의 통치에 순종해야 합니다. 그럴 때 하나님이 보좌에 함께 앉게 하여 주시는 영적인 구원의 복을 누리게 되는 것입니다. 축복의 약속을 보면서 라오디게아 교회가 얼마나 타락했는지 쉽게 알 수 있습니다. 구원의 신앙이 아닌 세상과 하나가 되어 있는 교회였음을 짐작할 수 있습니다. 그럼에도 불구하고 주님은 그 교회를 사랑하시고 회개하고 돌아오라고 하신 것입니다. 이것을 보면서 우리는 세상 가운데 있는 타락한 교회라고 해도 여전히 우리 주님께서 그 교회를 사랑하신다는 것을 알아야 합니다. 그렇기 때문에 우리는 그리스도의 몸 된 교회로 서로 연합되었다는 것을 알고 비판도 해야겠지만 계속 교회가 바르게 세워지기를 위해 기도해야 할 것입니다.

지금까지 우리는 예수님께서 소아시아 일곱 교회를 향해 말씀하시는 것을 들었습니다. 이 말씀들은 지금부터 계속 교회들에게 믿음으로 승리할 것을 요구하십니다. 계시록의 근본적인 명령이 바로 이기라고 하는 것입니다. 믿음을 가지고 승리하고 싸워 이기라고 하는 것입니다. 그러므로 계시록은 언제 하나님이 심판하실지 우리에게 두려움을 주는 것이 아니라 교회가 믿음으로 세상과 싸워 이기라는 격려와 위로와 승리와 평안을 주는 것입니다. 부디 계시록의 말씀을 통해 이런 올바른 종말론적인 신앙을 가지고 살아가는 저와 여러분들이 되길 바랍니다. 아멘.

땅과 하늘에서 예배를 받으시는 하나님

[계 4:1-11]

본문 말씀을 듣기 전에 다시 한번 말씀드리면, 우리는 예수님께서 자신의 종 요한을 부르셔서 이 계시록의 말씀을 기록하게 하셨고, 그리고 기록된 그 말씀을 먼저 소아시아에 있는 일곱 교회에 모두 전하여 읽게 하고 있다는 것을 이제 분명하게 알고 있습니다. 그러므로 이 계시록의 말씀은 1차적으로 먼 미래에 일어날 일이 아니고, 그리고 먼 미래에 사는 성도들을 위해 기록된 말씀이 아닙니다. 그렇다고 해서 계시록의 말씀이 우리와 상관이 없다고 여겨서는 안 됩니다. 로마서나 에베소서 그리고 다른 기타 성경들이 1세기 초대교회 성도들과 교회들을 위해 먼저 기록되었다고 해서 오늘 우리와 상관이 없는 것이 아닌 것처럼, 이 계시록 말씀은 여전히 과거나 지금 그리고 앞으로 다가올 미래에 사는 모든 성도들에게 하나님께서 동일하게 말씀하시며 자신의 백성들에게 바른 신앙의 요구를 항상 하고 계신 것입니다.

그러므로 요한계시록은 앞으로 예수님께서 재림하시는 것을 보여주시기 위해 기록된 말씀이 아닙니다. 그것은 그 당시 예수님께서 자신의 교회와 성도들을 보호하시고 지켜주시고 교회와 성도들을 핍박하는 세력들을 심판하시기 위해 오신(coming)다는 것을 보여준 것입니다. 예수님께서 종말에 재림하실 것입니다. 그러나 요한계시록은 주님의 재림을 보여주는 것이 아닙니다.

요한계시록의 초점은 한 마디로 말하면 그 당시 그리스도인들에게 예수 그리스도께서 지상에 계시지 않지만, 자신들의 눈에는 보이지 않지만 모든 나라와 세상의 주권자가 바로 주 예수 그리스도라는 것입니다. 그것을 보여주시기 위해 기록된 것입니다. 인류의 모든 세계사에서 그 중심은 바로 예수 그리스도이십니다. 아무것도 주님의 주권적 통치 아래에서 벗어나 스스로 일어나는 일이 없습니다. 계시록의 말씀을 바르게 읽는 사람들이라면 예수 그리스도께서 만물 가운데 영광을 받으시고, 원수들은 심판을 당한다는 것을 알게 됩니다. 사도 요한 당시 주의 백성들은 그 시대의 거짓 종교들과 국가주의에 순종하라고 요구를 받았습니다. 이러한 상황에서 주님은 자신의 백성들에게 믿음으로 이기라고 강하게 말씀하신 것입니다. 사실 주님의 이러한 요구는 오늘 이 시대를 살아가는 우리들에게도 동일하게 요구하시는 주님의 명령입니다. 우리도 매일 사탄의 위협과 유혹을 당하며 살아가고 있습니다. 뿐만 아니라 우리는 심지어 같은 믿음의 사람들로부터 거짓되고 비윤리적인 삶을 같이 살자고 유혹을 받습니다. 세상과 타협하면 쉽게 살 수 있다는 꾀임이 우리들 주변에 늘 있습니다. 우리는 예수 그리스도께 순종할 것인지, 아니면 사탄에게 순종할 것인지 늘 선택을 해야 합니다. 이 계시록이 비록 당대 1세기 그리스도인들을 위해 기록되었지만 오늘 우리들에게 말씀하시는 주님의 요구는 동일합니다. 성도는 예수 그리스도를 믿고 그 믿음으로 승리할 것을 명령 받았습니다. 교회와 성도는 연단을 통해 정금같이 그리스도의 신부로 나옵니다. 그러므로 신앙의 연단을 거부할 이유가 없습니다. 오히려 바른 믿음과 신앙으로 세상을 이기고, 세상 가운데 빛과 소금으로 살아야 합니다. 이 메시지가 계시록을 통해 우리들에게 요구하시는 주님의 음성입니다.

지금부터 본문을 통해 주님께서 말씀하시는 의도를 계속 배우고 들어야 할 것입니다.

사도 요한은 예수님께서 소아시아 일곱 교회의 사자들에게 편지하라고 하시는 말씀과 내용을 다 들었습니다. 그리고 나서 요한은 하늘에 열린 문을 보았고, 나팔소리 같은 음성을 들었습니다. 그 음성은 요한을 불러서 무엇인가 보여주고 있습니다. 2절부터 사도 요한이 성령의 감동으로 무엇인가 보고 있습니다. 드디어 상징과 비유의 말씀들이 계속 기록되고 있습니다. 아마도 당시 그리스도인들은 이 상징과 비유가 무엇을 의미하는지 충분히 그리고 쉽게 이해할 수 있었다고 봅니다. 그러나 2,000년이 지난, 그리고 문화적으로 다른 지금 여기의 우리들이 이 상징과 비유들의 말씀을 이해한다는 것은 쉬운 일이 아닙니다. 또한 구약의 말씀을 바르게 이해하지 못하면 이 상징과 비유들이 무엇을 말씀하려고 하는지 더더욱 알지 못할 것입니다. 이러한 결과로 계시록에 대한 여러 가지 해석들이 난무하게 되었습니다. 그중에 가장 피해를 많이 주는 성경해석이 바로 세대주의 해석입니다. 세대주의자들은 성경을 해석하는 데 있어서 단어 하나하나에 그 의미를 둡니다. 예를 들면 지금 1절에 요한에게 "올라오라"고 하는 이 단어는 들림을 받는 '휴거'를 의미하기 때문에 교회가 휴거되어 올라갔다는 것을 말하는 것이라고 가르쳤습니다. 그러나 성경을 전체적으로 읽는다면 "올라오라"고 하는 이 말은 교회가 휴거되는 것이 아니라 주님께서 요한에게 무엇인가 말씀하여 주시려고 요한을 부르시는 것입니다. 그러나 현대 교회는 잘못된 방식으로 오늘날까지 계시록을 해석하고 그렇게 가르치고 있습니다. 이러한 가르침으로 한국교회가 천국에 대한 소망을 성도들에게 어느 정도 심어주었는지는 모르겠지만 지상에서 교회와 성도의 삶과 책임에 대한 가르침은 너무나 소홀하였다는 것을 우리는 인정해야 합니다. 바른 성경해석만이 바른 신앙과 바른 믿음을 성도들에게 줄 수 있습니다.

사도 요한이 하늘에 열린 문을 통해 본 것을 먼저 기록하고 있는데 자세하게 보면 우리가 이미 구약에서 본 것과 아주 유사한 것을 찾을 수가 있습니다. 그것은 다름 아닌 모세가 세운 성막과 같은 패턴을 이룬 천상의 참된 성전입니다. 요한이 본 성전에서 가장 먼저 본 것은 보좌 가운데 앉아 계신 분입니다. 그분은 다름 아닌 하나님의 아들입니다. 누가 보좌에 앉아 계십니까? 우리의 신앙고백과 성경의 가르침대로, 하나님의 아들이신 예수 그리스도께서 하나님의 보좌 가운데 앉아 계십니다. 에스겔 선지자가 본 환상(겔 1:26-28)과 요한이 보고 있는 이 환상을 비교해보면 아주 비슷합니다. 하나님께서 모세를 부르셔서 세우라고 하신 성막의 모습처럼 그곳에서 시은좌와 상응하는 보좌, 일곱 촛대와 상응하는 일곱 등대, 스랍들과 상응하는 네 피조물, 놋바다와 상응하는 유리바다, 24제사장 반열과 상응하는 24장로들을 본 것입니다. 더욱이 보좌에 앉으신 이 주변에 보석들과 무지개가 둘러 있습니다. 이러한 광경은 구약에서 에덴동산에 있었던 보석들과 연관이 되고, 더 이상 하나님께서 물로 심판하지 않는다는 언약의 상징인 무지개까지 있다는 것은 지금 요한이 보고 있는 곳이 지상에 있었던 성전과 아주 유사한 형태라는 것입니다. 그러므로 요한이 보고 있는 것은 바로 천상에 있는 성전이었습니다. 지상의 성전과 유사하지만 그러나 완벽하고 아주 놀라운 성전인 것입니다. 그렇다면 주님은 왜 요한에게 천상에 있는 성전을 보여주시는 것입니까?

다름 아닌 지상에 있는 일곱 교회의 모든 성도들이 환난과 고난 가운데 있었기 때문입니다. 일곱 교회 안에 있었던 성도들에게 주어진 다양한 문제들이 무엇인지 우리는 말씀을 통해 들었습니다. 그 모든 문제들, 유대교와 로마 제국으로부터의 핍박, 교회 안에 침입한 거짓 선지자들의 유혹, 자신들만 거룩하다고 하는 교만, 형제를 사랑하지 않는 어리석음, 세상과 쉽게 하나가 되어 바른 신앙이 무엇인지도 분별 못하는 무지함, 그런 문제들이 단번에 해결되고 바른 신앙 가운데 교회가 교회답게, 그리고 성도가 성도답게 설 수 있도록 하시기 위해 주님은 요한을 통해 아주 강력한 은혜를 주고 계신 것입니다. 그것이 바로 천상에 있는 완전하고 영원하며 영광스러운 성전, 즉 교회를 보여주신 것입니다. 특히 믿음 때문에 환난과 핍박 가운데 있는 성도들에게 힘과 용기와 기쁨을 주시기 위해 주님은 천상의 교회를 보여 주시는 것입니다. 유대인들은 예루살렘 성전을 가지고 있었습니다. 성전 안에 있는 것들은 하나님께서 주신 것이기 때문에 거룩한 것들입니다. 그리고 하나님의 임재는 성전에 있고, 예루살렘에 있으며, 유대인들과 함께 하는 것처럼 보이고 있습니다. 그래서 유대인들은 그리스도인들을 이단으로 치부하였습니다. 그리스도인들을 회유할 때 예루살렘 성전이 있는 자신들에게로 오라고 하였습니다. 그러나 우리 주 예수 그리스도께서 계신 곳이 어디입니까? 예수님께서 자신이 어디에 있는지 보여준 이유가 바로 여기에 있습니다. 천상에 있는 성전에 계신 분이 우리 주님이십니다. 스데반이 증거한 것처럼 이제 하나님은 사람이 손으로 지은 건물에 계시지 않습니다. 이미 하나님은 구약 이전부터 온 우주 만물에 충만하신 분이십니다. 히브리서를 기록한 사도는 지상의 성전은 더 이상 필요 없다고 우리들에게 가르쳐 줍니다. 이제 구약의 모든 짐승의 제사는 하나님의 아들께서 흘리신 피로 말미암아 더 이상 필요 없게 되었습니다. 하나님의 아들의 피로 단번에 그 모든 제사를 다 이루었습니다.

요한을 통해 이 계시록을 읽고 있었던 당시 일곱 교회의 모든 성도들은 환희와 기쁨과 감사와 자신들이 믿고 있는 신앙이 위대하고 참된 진리라는 확신 가운데 설 수 있지 않았겠습니까? 그래서 수많은 그리스도인들이, 부모를 따라 어린 자녀와 아직 태어나지 못한 자녀들까지 자신들의 부모와 함께 십자가에 못 박히고, 창과 불에 죽는 것을 기꺼이 피하지 않고 순교하였던 것입니다. 만약 주님께서 우리가 개척하여 함께 예배드리는 이 공동체를 인정해 주신다면, 그래서 저와 여러분들 가운데 누구라도 천상에 계신 주님과 교회를 보았다면, 그리고 그것을 말해 준다면 얼마나 큰 용기가 생기겠습니까? 우리가 바르게 예배하고 하나님께서 택하신 백성들이라는 이 은혜가 우리에게 넘쳐 날 것입니다. 이것을 위해 가장 먼저 주님께서 요한에게 "올라오라"고 하시면서 천상의 성전을 보여주신 것입니다.

이제 우리는 요한이 본 천상의 교회의 모습과 그곳에서 어떤 일이 일어나고 있는지를 보아야 할 것입니다. 먼저 하나님의 보좌를 24 보좌가 둘러 있고, 24 장로들이 흰 옷을 입고 금관을 쓰고 있습니다.
24라는 숫자는 12의 배수입니다. 12는 잘 아시는 대로 하나님의 언약 백성들을 상징하는 숫자입니다. 이스라엘은 12지파로 구성된 언약 백성입니다. 야고보 사도는 예수 그리스도를 믿는 자들을 12지파로 불렀습니다. 새 언약 백성인 교회 역시 12지파로 불립니다. 왜냐하면 신약 교회는 새로운 영적 이스라엘이기 때문입니다. 계시록에서 새 예루살렘 성은 바로 교회를 상징하고 있습니다. 그래서 24

라는 숫자는 구약과 신약의 모든 하나님의 백성들을 의미합니다. 구원받은 하나님의 백성들입니다. 또 24 장로들은 "흰 옷을 입고", "금관"을 쓰고 있습니다. 흰 옷은 3장에서 말씀드린 것처럼, 정결함과 의로움을 말합니다. 그리고 "금관(스테파노스)"은 왕관을 의미합니다. 그러므로 24장로들이 머리에 왕관을 쓰고 흰 옷을 입고 보좌에 앉아 있다는 것은 예수 그리스도의 피로 정결하게 되어 하나님 앞에 의롭다 함을 얻은 자들이 하나님께 예배를 드리면서 동시에 하나님과 함께 천상에서 이 세상을 왕으로써 통치하는 것을 보여주고 있습니다.

요한은 네 생물을 봅니다. 네 생물은 하나님이 앉아 계신 보좌를 둘러 서 있습니다. 네 생물은 사자, 송아지, 사람, 독수리의 모양을 하고 있습니다. 그리고 각각 여섯 날개가 있고, 날개 안과 주위에 눈이 가득합니다. 날개뿐만 아니라 앞쪽과 뒤쪽에도 눈이 가득 차 있습니다. 우리가 생각하는 대로 그림으로 그리면 괴상한 물체가 될 것인데 이것은 다름 아닌 천사들입니다. 에스겔과 이사야서에서 나오는 그룹과 스랍을 합쳐놓은 것입니다. 그런데 우리가 천사가 '그래 이렇게 생겼구나'라고 하면 안 됩니다. 왜냐하면 요한이 보고 있는 것은 상징적인 것이기 때문입니다. 따라서 이 네 생물은 하나님이 부리시는 모든 사자들, 천사들입니다. 그리고 네 생물의 얼굴은 각각 하나님의 엄위로우심(사자)과 힘(송아지)과 지혜(사람), 고상함(독수리)을 상징하고, 수많은 눈들은 하나님이 이 땅과 창조물을 끊임없이 살피는 것을 의미하는 것으로 보시면 됩니다. 이 네 생물은 지상에서 가장 뛰어난 것들입니다. 하나님께서 천사들을 통해 일을 하십니다. 우리는 천사가 어느 정도로 있는지 모릅니다. 천군천사가 지금도 하나님의 일을 합니다. 구원받은 백성들을 섬기고, 하나님의 섭리를 수종합니다. 그리고 삼위일체 한 분 하나님을 찬양합니다. 이들이 하나님을 찬양하는 내용이 기록되어 있습니다.

먼저 이 네 생물은 밤 낮 쉬지 않고 "거룩하다, 거룩하다, 거룩하다 주 하나님 곧 전능하신 이여 전에도 계셨고 이제도 계시고 장차 오실 이시라"고 찬양합니다. 이것은 하나님의 영원하심에 대한 노래입니다.

이 천사들이 하나님을 찬양하는 것은 하나님의 속성이 그렇기 때문입니다. 하나님은 거룩하신 분이십니다. 유한이 무한을 이해할 수 없습니다. 하나님이 어떻게 존재하시고 어떻게 생겼는지 우리는 인간의 지식으로 알 수 없습니다. 만약 인간에게 자신이 만난 하나님을 이야기하라고 하면 마치 괴물처럼 그려낼 것입니다. 지금 사도 요한이 보고 있는 천사들마저도 괴물처럼 보이지 않습니까? 하지만 하나님은 참으로 거룩하신 분이십니다. 하나님은 우리가 볼 수 있는 분이 아닙니다. 다만 하나님의 아들을 통해 우리는 하나님을 봅니다. 요한이 보좌에 앉으신 하나님을 보고 있습니다. 그분은 바로 하나님의 아들이십니다. 만왕의 왕으로 모든 백성들이 자신들이 쓰고 있는 왕관을 벗어 놓고 그분 앞에 무릎을 꿇습니다. 마치 로마 황제 앞에서 피식민지 왕들이 자신들이 쓰고 있던 왕관을 벗어 놓는 것과 같은 모습을 일곱 교회 모든 성도들이 계시록을 통해 보고 있는 것입니다. 정말 하나님의 아들 예수 그리스도가 우주 만물의 왕이라는 것을 깨닫고 믿는 것입니다. 이것은 아주 의도적으로 주님께서 요한에게 보여 주신 것입니다. 누구든지 이 말씀을 읽는 자는 예수께서 온 우주 만물의 왕이시고 영원히 찬양 받으실 하나님이라는 것을 믿고 고백하게 만드는 것입니다. 만왕의 왕이신 주님은 단순히 왕으로만 그치는 분이 아닙니다. 그분은 창조주 하나님이십니다. 생명의 주인이십니다.

"우리 주 하나님이여 영광과 존귀와 권능을 받으시는 것이 합당하
오니 주께서 만물을 지으신지라. 만물이 주의 뜻대로 있었고 또 지으
심을 받았나이다".

사랑하는 성도 여러분!
주님께서는 요한에게 천상에서 자신의 교회를 보여주고 계십니
다. 그리고 그 천상 교회에서 어떻게 주님이 찬양과 영광을 받고 있
는지 아주 자세하게 말씀하여 주십니다. 그러므로 지상의 교회에 있
는 자신의 백성들이 믿음으로 이기고 끝까지 주 예수 그리스도를 믿
는 그 신앙으로 승리할 것을 요구하십니다. 주님은 그저 말로 우리
를 위로하시지 않습니다. 주님은 실제로 자신이 어떻게 예배를 받고
있는지 보여주십니다. 그러므로 지상에서 예배하는 자들은 삼위일
체 한 분 하나님께서 우리들의 예배를 받고 있다는 것을 믿음으로 믿
어야 합니다. 우리가 드리는 이 예배가 그래서 중요합니다. 사람들은
자신들이 고안해 낸 방법으로 하나님을 예배하려고 합니다. 그러나
하나님은 우리들에게 어떻게 예배해야 하는지를 가르쳐 주셨습니다.
하나님은 자신의 아들의 피를 믿고 그 이름으로 예배하는 자들을 찾
으시고 그들이 드리는 예배를 받으십니다. 우리가 지상에서 지금 예
배 드리는 이 순간에 천상에서도 하나님의 모든 피조물들이 삼위일
체 하나님을 예배하고 있습니다. 이것을 우리는 믿어야 합니다. 그러
므로 우리는 잠시 이 땅에서 예배하지만 영원히 예배하는 저 천상에
서 또한 우리가 예배해야 한다는 것을 믿어야 합니다(요한이 보고 있
는 시간에 지상 교회가 예배하고 있습니다). 그래서 믿음의 조상들은

항상 이 땅에서 예배할 때, 예배 시간에 자신들의 마음을 들어 천상에 계신 하나님의 아들을 바라보고 믿음으로 예배할 것을 가르쳤습니다. 지금 우리도 동일한 가르침으로 우리 마음의 눈을 들어 천상에 계신 하나님을 바라보고 예배해야 합니다. 이러한 예배로 하나님께 나가는 예배자들이 되기를 바랍니다. 아멘.

아버지와 아들에게 영광과 존귀를...

[계 5:1-14]

보통 사람들은 성경을 읽으면서 가지는 관심은 어떤 알 수 없는 것들에 대한 호기심입니다. 특히 계시록을 읽을 때면 이러한 호기심은 더더욱 크게 발동합니다. 지금 우리들은 두루마리에 기록된 내용보다는 이 두루마리를 열어 볼 수 있는 자가 누구냐는 것에 관심을 가져야 합니다. 계시록 5장은 이것을 위해 우리에게 기록된 것입니다. '누가 이 두루마리를 펴며 그 인을 떼기에 합당하냐' 하는 이 말씀이 중심이 되는 것입니다.

오늘 말씀은 4장과 계속해서 연결된 말씀입니다. 지금 사도 요한이 올라가서 보고 있는 곳이 하나님이 계신 천상입니다. 그곳에서 사도 요한은 수만의 천사와 24 장로들이 무엇을 하고 있는지 보고 있습니다. 그곳은 하나님의 보좌가 있는 하늘 성전입니다. 하늘 성전에 있는 24 장로들을 통해 하나님은 구약의 이스라엘 백성들만 구원하신 것이 아니라 신약 시대 예수 그리스도를 믿은 성도들도 구원하셨다는 것을 보여줍니다. 요한은 이것을 기록하면서 고난 받고 순교 직전에 놓여 있는 성도들에게 아주 큰 용기를 주고 구원의 기쁨이 무엇인지 말해주고 있습니다. 이제 요한은 자신이 보고 있는 것이 무엇인지 또 가르쳐 줍니다. 어린 양이신 예수 그리스도께서 누구이시며 어떤 일을 하시는지 말해 줍니다.

먼저 요한은 보좌에 앉으신 이의 오른손에 들린 두루마리를 보았는데 그 두루마리는 안과 밖으로 썼고 일곱 인으로 봉해졌습니다. 이것이 무엇을 의미하는지 중요하게 여기지 않는다면 아무런 의미가 없을 것입니다. 그러나 지금 요한이 보좌에 앉으신 분의 손에 두루마리가 들려져 있는 것을 보고 있는데 이것은 중요한 의미를 가집니다. 하나님께서 말씀으로 이스라엘 백성들에게 전하시는 말씀 한마디도 중요하다면 하나님의 오른손에 들린 이 두루마리는 더 중요한 의미를 가집니다. 오늘날 우리가 가지고 있는 책을 보면 양면으로 기록되어 있는데 과거에는 종이가 없고 양피지나 파피루스에 글을 써서 문서를 보존하였습니다. 이렇게 하다 보니 양면에 내용을 기록할 수 없습니다. 안쪽에만 내용을 기록합니다. 그런데 요한은 두루마리의 안팎에 글이 기록되어 있는 것을 보고 있습니다. 이 당시 그리스도인들이라고 하면 지금 요한이 보고 있는 것이 무엇인지 알 수 있습니다. 다름 아닌 십계명의 말씀이 기록된 돌판이라고 생각할 것입니다.

우리는 보통 십계명이 두 개의 돌판에 기록되었다고 생각합니다. 그러나 그렇지가 않습니다. 성경을 자세하게 보면 하나님께서 모세에게 십계명을 돌판에 기록하여 주실 때 돌판의 안팎에 계명을 다 기록하여 주셨고, 언약이기 때문에 당사자가 서로 같은 내용의 돌 판을 가져야 하므로 십계명의 돌 판을 두 개로 만들어 주셨던 것입니다. 출애굽기 32:15을 보면 "모세가 돌이켜 산에서 내려오는데 두 증거판이 그의 손에 있고 그 판의 양면 이쪽 저쪽에 글자가 있으니"라고 기록되어 있습니다. 그렇다고 해서 지금 요한이 십계명의 돌판을 보았다고 하는 것이 아닙니다. 두루마리 안팎에 기록된 책을 보았다고 하는 것은 돌판이 아니라 분명 둘둘 말리는 것에 양면으로 기록된 것을 보았다는 것인데 그 의미가 바로 십계명에 대한 묘사에 근거한다고 할 수 있습니다. 그렇다면 지금 요한이 보고 있는 두루마리, 그것도 일곱 인으로 봉해져 있는 이 두루마리는 다름 아닌 언약의 내용이 담겨 있는 문서입니다. 하나님께서 과거 이스라엘 백성들과 언약을 맺으실 때 이스라엘 백성들은 지상에서 오직 자신들만 하나님의 백성이라고 믿었습니다. 그러나 요한은 구약 이스라엘 백성들만 하늘 성전에 있는 것이 아니라 신약의 성도들도 함께 하늘 성전에 있는 것을 보았습니다. 만약 이 언약의 두루마리가 지상에 있는 예루살렘 성전에 있다면 여전히 하나님께서는 이스라엘 백성들만 선택하시고 그들의 하나님으로만 계실 것입니다. 그리스도인들은 하나님의 백성이 아닐 것입니다. 그러나 지금 요한은 예루살렘 성전 안에 있는 두루마리를 본 것이 아니라 하늘 성전에 있는 하나님의 보좌에서 이 언약의 두루마리를 보고 있습니다. 그렇기 때문에 이제 하나님께서는 지상에 있는 이스라엘 민족뿐만 아니라 모든 민족들과 언약을 맺었다고 하는 것을 가르쳐 줍니다. 그러면 이 언약이 누구 때문에 맺어진 것입니까? 당연히 어린 양이신 예수 그리스도의 피로 맺어졌습니다. 그러므로 누구든지 예수 그리스도를 믿는 자는 하나님과 언약 관계에 있는 것입니다. 이것이 바로 새 언약이며 우리가 새 언약 백성이 된 것입니다. 따라서 하나님은 자신의 백성들에게 무엇인가를 말씀하시려고 하십니다. 마치 구약 이스라엘 백성들과 언약을 맺을 때 하나라도 숨김없이 다 알리시고 그 언약에 순종한 것처럼 말입니다. 지금 하나님의 손에 들린 이 두루마리는 비밀이 아닙니다. 왜냐하면 안팎에 기록되어 있기 때문입니다. 비밀문서라고 하면 반드시 안쪽에만 기록되어 있고 누구도 볼 수 없도록 하기 위해 둘둘 말아 봉인하였을 것입니다. 우리가 지금 관심을 가져야 하는 것은 왜 하나님께서 이 두루마리를 요한에게 보여주시고 있는지? 그리고 일곱 인으로 봉인 된, 그 누구도 봉인 된 이 두루마리를 열어 볼 수 없는데 오직 어린 양 만이 이 두루마리를 열어 볼 수 있다고 하는 것입니다. 이것이 오늘 저와 여러분들이 관심을 가지고 들어야 할 복음입니다.

사람들은 성경의 말씀보다는 비밀스러운 책이나 말들에 더 관심을 가집니다. 사실 두루마리에 기록된 내용이 무엇인지? 이것이 비밀이라고 하면서 성도들을 미혹하게 하는 이단들이 주변에 있습니다. 그리고 계시록 10:2을 보면 "펴 놓은 작은 두루마리" 라는 것에 또한 관심을 가집니다. 마치 무엇인가 새로운 계시가 있는 것처럼 말입니다. 하지만 성경은 모든 것을 충족합니다. 그래서 하나님께서는 성경을 자신의 영으로 기록하게 하셨습니다. 새로운 계시가 없도록 하시기 위함입니다. 계시록을 바르게 읽고 해석하려고 한다면, 그리고 두루마리에 기록된 내용에 대하여 정말 알고 싶은 마음이 있는 사람이라면 구약 성경을 더 바르게 읽고 해석할 수 있으면 그 두루마리에 기록된 내용도 아주 쉽게 알게 될 것입니다. 알지 못하는 것을 억지로 풀이하지 말고 이미 기록된 성경을 바르게 배우면 알 수 있는 것입니다. 그렇다면 두루마리 안팎에 기록된 내용은 무엇인지 궁금할 것입니다. 구약 성경에서 안과 밖으로 쓰인 책들에 대한 말씀이 두 번 나옵니다. 위에서 말씀드린 것처럼 하나님께서 모세에게 주신 계명이 안과 밖으로 쓰여 있고 그 다음에는 선지자 에스겔에게 주어진 두루마리 책이 안팎으로 기록되어 있는 것을 볼 수 있습니다(겔 2:9-10). 계명은 이스라엘에게 주어진 언약이었습니다. 선지자들은 이 언약에 불순종한 이스라엘 백성들에게 하나님의 심판이 임한다는 것을 두루마리 책으로 기록하여 백성들에게 알렸습니다. 다시 말해 지금 사도 요한이 보고 있는 두루마리 책에 기록되어 있는 내용은 다름 아닌 옛 언약 백성들에게 심판을 내리시는 것입니다. 예수님께서 봉인된 책을 열어서 이스라엘을 향한 언약의 심판을 시작하신다는 것입니다. 예수님만이 이 책을 열기에 합당한 분이십니다. 요한은 이 책을 열 자가 없다는 것을 보고 크게 울었습니다. 구약에 그렇게 위대한 인물들조차도 이 책을 열어 보지 못한 것입니다. 누가 하나님의 오른손에 들려 있는 이 심판의 책을 열어 볼 수 있겠습니까? 이 책을 열어 볼 수 있는 자가 없다는 것은 하나님과 인간 사이에 그 누구도 중보자로 설 수 없다는 것을 의미합니다. 그래서 요한은 울었던 것입니다. 아담도 아브라함도 모세도 그리고 다윗조차도 중보자로 나서서 이 책을 열지 못합니다. 그렇다면 하나님의 진노는 어떻게 됩니까? 지금 지상에서 유대교와 로마정부로부터 핍박과 환난을 받고 있는 그리스도인들은 누구를 바라보고 의지해야 합니까? 누가 고난당하는 그리스도인들을 도와주는 것입니까? 지상에서 사도들은 사람들에게 예수 그리스도께서 반드시 심판의 주로 오실 뿐만 아니라 자신의 이름을 믿는 자녀들을 돌보아 주실 것이라고 증거하였습니다. 사도들은 하나님과 사람 사이에 중보자는 오직 예수 그리스도라는 것을 가르쳤습니다. 그런데 이 두루마리 책, 언약의 심판이 들어 있는 이 책을 열 자가 없다는 것을 보고 크게 울었습니다. 자신들이 그렇게 믿고 있었던 그 신앙이 무너지는 상황이 벌어졌다고 여긴 것입니다. 아무도 죄 용서와 죽음과 사망을 옮길 만한 사람이 없는 것입니다. 그런데 장로 중의 한 사람이 요한에게 울지 말라고 말해 줍니다. 유대 지파의 사자 다윗의 뿌리가 이겼기 때문에 울지 말라고 하고 있습니다. 지금 장로 중의 한 사람이 사도 요한에게 구약성경에서 기록된 내용을 가지고 사도 요한을 위로하여 주고 있습니다. 5절의 말씀은 창세기 49장에 기록된 내용입니다. 야곱이 자신의 아들들을 축복하는 과정에서 유다에게 축복을 하는데 유다의 후손에서 이스라엘의 왕이 오실 것을 예언한 것입니다. 바로 예수 그리스도께서 이기셨다는 것을 말해 줍니다. 이 말을 들은 사도 요한은 금방 쉽게 알아들었습니다. 그리스도인들은 누가 다윗의 뿌리인지 알고 있었습니다. 그분이 바로 주 예수 그리스도라는 것을 말입니다. 유대 지파의 사자로 오신 분은 예수님이셨습니다. 예수님은 다윗의 뿌리이십니다. 예수님은 혈통적으로 다윗의 후손이십니다. 그러나 예수님은 다윗보다 앞서서 계셨습니다. 우리는 역사를 시간적으로 해석합니다. 과거에 일어난 시간이 흘러 현재에 이르고 미래를 결정한다고 생각합니다. 그러나 성경의 역사는 그렇지 않습니다. 예수 그리스도를 통해 과거의 역사 가운데 일어났던 일들이 결정이 되는 것입니다. 하나님께서 자신의 아들을 통해 영광을 받으시기를 원하셨습니다. 그래서 이새와 다윗을 주셨고, 이들을 통해 자신의 아들 예수 그리스도를 이 땅 가운데 보내신 것입니다.

사도 요한은 장로가 한 이 말을 알아들었습니다. 요한은 이 두루마리의 인을 떼실 분이 누구인지 알았습니다. 오직 하나님의 아들이신 예수님만이 이 두루마리를 떼시기에 합당한 분이라는 것을 안 것입니다. 요한은 두루마리의 인을 떼실 분이 예수님이시므로 자신이 믿고 있었던 신앙과 지상의 교회들이 가진 신앙, 즉 주 예수 그리스도를 믿는 그 신앙이 참되고 위대한 은혜임을 확신하게 된 것입니다. 왜냐하면 지금 유대교는 계속 그리스도인들을 하나님의 언약을 배반한 이단들이라고 매도하여 로마 정부가 핍박과 환난을 가하게 하는 세력이었기 때문입니다. 유대교는 항상 그리스도인들에게 모세의 언약을 배반하고 목수의 아들 예수라는 사람을 우상으로 섬기고 있기 때문에 하나님의 심판을 받을 것이라고 외쳤습니다. 그런데 지금 하늘에서 어떤 일이 벌어지고 있는 것입니까? 요한은 천상에서 하나님의 언약을 배반하고 심판을 받을 자들이 누구로부터 그 심판을 받을 것인지 본 것입니다. 그것은 바로 옛 언약 백성들이었습니다. 하나님의 영원한 아들이신 예수 그리스도께서 심판을 하시기 위해 봉인된 두루마리 책을 떼시기에 합당한 분이라는 것을 본 것입니다. 유대인들이 그렇게 위대하게 여기고 있었던 모세나 다윗이 아니라 유대인들이 죽인 예수 그리스도께서 두루마리를 펴시고 그 인을 떼시며 심판의 주로 나타나실 것을 보았습니다.

요한은 예수 그리스도께서 여전히 어린 양의 모습으로 서 있는 것을 보았습니다. 보통 우리들은 어린 양이라고 하면 아무것도 하지 못하는 그런 존재로 여깁니다. 예수님께서 천상에서 여전히 어린 양으로 나타나는 것은 예수님의 인격과 신격에 관한 것이 아닙니다. 그것은 예수님께서 아버지께 순종하시는 사역에 관한 것입니다. 요한이 보고 있는 어린 양은 사람들 앞에서 십자가에 죽으신 예수님입니다. 지상에서 유대인들과 빌라도에 의해 죽은 예수님께서 온 세상을 다스리시는 분이라는 것을 보고 있습니다. 일곱 뿔과 일곱 눈, 그리고 하나님의 일곱 영이 온 땅에 가득합니다. 요한이 보고 있는 어린 양께서 두루마리를 취하십니다. 그런데 모든 천사들과 모든 구원받은 성도들이 어린 양이신 예수 그리스도 앞에 엎드려 거문고와 향이 가득한 금 대접을 가지고 새 노래를 부르고 있습니다. 이 어린 양이 무엇이길래 천상에서 모든 피조물들이 그 앞에 엎드려 노래를 부르는 것입니까?

모든 피조물들이 찬양을 드려야 할 분은 오직 하나님 한 분이십니다. 그런데 그들이 어린 양에게 경배하고 있습니다. 그리고 성도의 기도들이 담긴 금 대접을 가지고 엎드려 경배하고 있습니다. 이것은 삼위일체 하나님께서 동일하게 영광과 존귀와 경배를 받으신다고 하는 진리입니다. 아버지는 아들을 통해, 아들은 성령을 통해 영광을 받으십니다. 아버지와 아들과 성령께서는 그 영광과 권능과 능력이 동등하십니다. 성도는 자신의 기도들을 가지고 어린 양이신 그리스도께로 나가야 합니다. 성도의 기도들이라는 말에서 우리는 늘 기도해야 한다는 것을 배울 수 있습니다. 성도들의 기도가 아니라 성도의 기도들입니다. 성도는 하나님께 나가는 길을 압니다. 그것이 바로 기도입니다. 여전히 이 기도는 우리가 하나님 앞에 나가는 가장 훌륭한 길입니다. 주님께서 요한에게 새 노래와 기도가 담긴 금 대접을 보여준 것은 지상에 있는 성도들을 계속해서 위로해 주시기 위한 것입니다.

먼저 새 노래는 어떤 새로운 노래를 만들어 부르는 것이 아닙니다. 유대교는 자신들이 성전에서 부르는 노래가 있었습니다. 오직 유일신 하나님만을 위해 부릅니다. 그리스도인들이 예수 그리스도를 믿고 그분을 찬양하는 그 신앙을 경멸합니다. 왜냐하면 노래는 오직 하나님 한 분만을 위해 불러야 하기 때문입니다. 하지만 그리스도인들은 하나님 아버지께서 자신의 아들에게 영광을 주신 것을 알고 있었습니다. 아들에게 노래를 부르는 것은 죄가 아닙니다. 뿐만 아니라 유대교는 기도도 오직 여호와 하나님께만 드립니다. 십자가에서 죽은 저주 받은 인간에게 기도를 할 수 없을 뿐만 아니라 그 이름을 의지하고 기도하는 것은 기도가 아니라 우상에게 하는 것이라고 여깁니다. 유대교의 눈으로 볼 때 기독교는 우상 종교나 다름없는 것입니다. 그런데 지금 천상에서 어떤 일이 벌어지고 있는 것입니까?

그리스도인들이 행한 모든 신앙의 모습들이 참되다는 것을 본 것입니다. 뿐만 아니라 모든 천사들이 어린 양 앞에서 큰 음성으로 외치고 있습니다. "죽임을 당하신 어린 양은 능력과 부와 지혜와 힘과 존귀와 영광과 찬송을 받으시기에 합당하도다". 그리고 온 우주 만물에 있는 모든 피조물이 다 어린 양을 찬양하고 있습니다. 자세하게 보면 보좌에 앉으신 분과 어린 양에게 동등한 찬송과 존귀와 영광과 권능을 세세토록 돌린다고 노래하고 있습니다. 이것이 바로 새 노래입니다. 새 노래는 어린 양이신 예수 그리스도의 구속의 사역을 찬양하는 것입니다. 구원받은 성도들이 부르는 노래가 새 노래라는 것을 알 수 있습니다. 아버지와 아들과 성령이 받으시는 노래, 그 노래가 바로 새 노래입니다. 어린 양께서 일찍이 피를 흘려 죽으신 그 순종 때문에 그리스도인들은 새 노래로 삼위일체 한 분 하나님께 찬송과 영광과 존귀를 돌려 드리게 되었습니다. 그리고 새 노래는 구약 말씀에서 반드시 하나님께서 심판하실 때 그 앞에 불리는 전주곡이었습니다. 그러므로 새 노래를 아버지와 어린 양에게 부르고 있다는 것은 곧 심판이 임박했다는 징조입니다.

주님께서 요한에게 의도적으로 새 노래와 성도의 기도들이 담긴 금 대접을 보여주신 것은 이제 누구든지 하나님 앞에 나오는 자는 어린 양을 의지하고 어린 양이신 예수 그리스도를 통해서만 가능하다고 하신 것입니다.

이제는 지상에 있는 예루살렘 성전과 동물의 희생 제사를 통해 하나님께 나올 수 없고 일찍 죽임을 당하신 하나님의 어린 양이신 예수 그리스도를 통해서만 가능하다는 것을 보여주신 것입니다. 이제 얼마 안 있으면 오직 예수 그리스도 어린 양께서 흘리신 그 피의 제사만이 유일하다는 것을 입증하시기 위해 주님께서 예루살렘을 심판하실 것입니다. 이것이 계시록의 목적입니다. 주님께서 자신의 교회를 구원하시고 보호하시기 위해 세상의 역사를 주관하신다는 이 통치를 우리는 믿어야 합니다.

사랑하는 성도 여러분!

오늘 본문의 말씀에서 우리는 두루마리 책에 무엇이, 어떤 내용이 기록되었는지에 대한 관심을 갖기 이전에 이 책을 펴시고, 이 책에 기록된 모든 내용을 다 아시고 자신의 교회와 백성들을 끝까지 보호하시고 돌보시는 예수 그리스도께서 아버지와 함께 경배를 받고 계시다는 진리에 큰 관심을 가져야 합니다. 그러므로 누구든지 하나님의 아들 예수 그리스도를 믿는 것이 얼마나 위대한 신앙이고 진리인지를 알아야 합니다. 뿐만 아니라 두려워할 필요도 없습니다. 여전히 사탄은 하나님의 아들을 믿는 것은 우상숭배라고 말합니다. 하나님께는 아들이 필요 없다고 말합니다. 하나님은 전능하시기 때문에 오직 하나님 한 분만 영광을 받으신다고 합니다. 예수를 믿는 것은 심판을 받는 아주 어리석은 일이라고 비웃고 있습니다. 초대교회 당시 이것 때문에 교회에 들어왔던 사람들이 배도하고 주 예수 그리스도를 떠났던 사건들이 있었습니다. 그러나 주님은 사도 요한을 통해 천상에서 어떤 일이 벌어지고 있는지 아주 자세하게 보여준 것입니다. 하나님 나라의 통치의 주권이 십자가에서 죽으신 예수 그리스도께 있다는 것을 아주 자세하게 보여주고 있습니다. 고난과 환난 가운데 있는 성도들이 이것을 읽는다면 가장 큰 위로를 받을 것입니다. 하나님을 믿는 것은 오직 하나님의 아들을 통해서만 가능하고 그것이 유일한 길이라는 것을 우리는 믿어야 합니다. 우리의 신앙 가운데 예수 그리스도가 없다면 그것은 아무것도 아닌 거짓 신앙입니다. 이 당시 많은 그리스도인들이 순교의 현장에서 주 예수 그리스도를 향해 자신들의 마음과 입술로 노래를 불렀습니다. 주를 찬양하는 새 노래였습니다. 우리들도 하나님의 아들을 믿고 새 노래로 하나님께 찬송을 부를 수 있습니다. 저와 여러분들이 부르는 노래가 새 노래입니다. 하나님의 아들을 믿는 믿음과 노래를 부를 수 있도록 우리에게 은혜를 베푸신 하나님께 영광을 돌려야 할 것입니다. 아멘.

주님께서 심판을 통해 신실하심을 나타내신다.

[계 6:1-17]

　사도 요한은 두루마리 책을 열어 볼 자가 없다는 것을 보고 크게 슬퍼하며 울었습니다. 그런데 하나님의 어린 양이 그 책을 받으시고 열어 볼 수 있다는 것을 알았습니다. 그리고 모든 피조물들이 하나님 아버지께만 찬송과 영광과 존귀를 드리는 것이 아니라 하나님의 어린 양이신 예수 그리스도께 동일한 찬송과 영광과 존귀와 권능을 세세토록 돌리는 것을 보았습니다.

　이제 요한은 하나님 아버지로부터 받은 일곱 인으로 봉인된 두루마리 책의 봉인을 어린 양이 하나씩 떼는 것을 봅니다. 첫 번째 인부터 일곱 번째 인까지 떼는 것을 보는데 오늘 우리가 함께 읽은 말씀은 여섯 번째 인을 떼고 그 안에 담겨 있는 내용이 무엇인지 기록된 것을 본 것입니다. 지난번에도 말씀드렸지만 그리스도인들은 구약의 말씀에서 선지자들이 하나님의 심판의 말씀을 전할 때 사용한 상징들을 거의 다 이해하고 있었습니다. 그래서 지금 요한이 보고 있는 이 상징들은 결코 어려운 말들이 아니었습니다. 이미 스가랴 선지자를 통해 하나님께서 이스라엘 백성들이 자신의 말씀에 순종하지 않자 이스라엘 백성들을 심판하시는 것을 보여주시기 위해 네 마리 말을 탄 메시지를 보내신 적이 있었습니다. 또한 하박국 선지자에게도 동일하게 말들을 타고 이스라엘을 심판하신다는 메시지를 주셨습니다. 그러므로 말 탄 자들은 불순종하는 이스라엘을 심판하는 도구로 사용되었다는 것을 알 수 있습니다. 또한 오늘 본문의 말씀에서 나오는 전쟁과 기근과 온역과 지진들은 예수님께서 이스라엘이 심판을 당할 것이라고 하실 때 사용하신 말씀들과 같은 것입니다(마 24장). 그러므로 네 말들을 타고 나오는 자들에 대하여 우리는 그렇게 어렵게 여겨서는 안 됩니다. 이미 하나님께서 자신의 백성들에게, 구약 이스라엘 백성들에게 여러 번 사용하셨던 말씀들이었습니다. 비록 우리는 어렵게 느낄 수가 있지만 유대인들이나 그리스도인들에게는 이 상징들은 쉬운 언어였다는 것을 알아야 합니다.

먼저 간단하게 네 마리 말들이 무엇을 의미하는지 살펴보겠습니다. 어떤 설교자들은 너무 깊게 그리고 너무 상징적으로 이 말들과 말 탄 자들에 의미를 더하는 바람에 말씀을 왜곡하는데 그렇게 설교를 하면 듣는 성도들은 말씀 전체가 무엇을 전하려고 하는지를 잊어버리고 지루하게 여깁니다. 그래서 저는 여러분들에게 상징적인 것은 간단하게 전하려고 합니다.

요한이 본 흰 말을 탄 자가 활을 가졌고 면류관을 받고 나와서 이기고 또 이기려고 한다는 이 말씀은 시편 45편에 나오는 말씀과 유사합니다. 다름 아닌 예수 그리스도께서 말을 타시고 이기신 분이라고 노래하는 것입니다. 활은 심판을 의미합니다. 전쟁에 사용되는 무기입니다. 하나님께서 자신을 반역한 인간에게 더 이상 심판을 하시지 않는다는 언약을 말씀하신 적이 있습니다. 노아 시대에 무지개로 약속을 하셨습니다. 그런데 이제는 활을 가지고 자신의 언약을 배반한 사람들을 향해 활시위를 당기시는 것입니다. 활을 가지고 있다는 것은 전쟁을 하시겠다는 것입니다. 심판을 의미하는데 이미 면류관을 받고 나가서 이기고 또 이기려고 하신다고 하는 말씀에서 이미 예수 그리스도께서 모든 세상을 심판하시는 분으로 나타나시는 것을 알 수 있습니다. 그러나 지금 요한이 보고 있는 것은 옛 이스라엘 백성들을 향한 심판이 곧 임한다는 것입니다. 뿐만 아니라 이스라엘을 점령하고 있었던 로마 제국에 대한 심판도 함께 들어 있는 것입니다. 구약에서부터 말 탄 자는 항상 하나님께 불순종하는 민족들을 심판하는 힘을 가진 자를 상징하였습니다. 하나님께서는 자신의 언약을 배반하고 신령한 은혜를 맛보고도 하나님을 떠난 백성들을 향해 더 이상 자비를 베풀지 않습니다. 우리는 예수님께서 포도원지기 비유의 말씀을 하신 것을 기억합니다. 많은 선지자들, 즉 종들을 보냈지만 사람들은 선지자들을 죽였습니다. 그러자 하나님께서는 자신의 아들을 보냈습니다. 하지만 그 아들마저 죽이고 말았습니다. 하나님께서 자신의 아들을 죽인 자들을 더 이상 용서하시지 않는다고 하신 그 비유의 말씀이 바로 여기에 해당합니다. 예수님께서 옛 이스라엘 백성들을 심판하시러 말을 타고 오신다는 것을 우리는 분명하게 보고 있습니다.

두 번째 인을 떼시자 붉은 말을 탄 자가 오면서 "땅에서 화평을 제하여 버리며 서로 죽이게 하고 또 큰 칼을 받았다"고 합니다. 하나님께서는 사람들을 죽이도록 선동하시는 분이 아닙니다. 단지 화평을 제거하여 버립니다. 그랬더니 사람들이 서로 죽이고 죽는 일들이 일어납니다. 죄로 인해 패역한 인간들이 서로 죽이고 죽이지 않고, 전쟁을 하지 않는 이유가 어디에 있습니까? 사람들은 인간들이 선하다고 믿습니다. 그러나 인간은 뿌리부터 악합니다. 처음부터 살인자가 바로 인간들의 아비입니다. 지금 우리나라 실정을 한 번 보시기 바랍니다. 북한이 남한을 향해 핵 공격을 진행할 수 있는데 하지 않는 이유가 무엇입니까? 사람들은 미국이 우리나라를 지켜 준다고 합니다. 또한 우리나라의 자주 국방력이 어느 정도 있다고 믿습니다. 이러한 위기 상황 속에서 아직 전쟁이 일어나지 않고 있습니다. 북한이 미국의 힘 때문에 가만히 있는 것이 아닙니다. 근본적으로 전쟁이 일어나지 않는 것은 이 악한 인간들을 하나님께서 통제하시고 있기 때문입니다. 하나님께서 타락한 인간의 마음을 붙잡고 있기 때문에 피를 흘리는 싸움이 일어나지 않는 것입니다. 만약 하나님께서 그렇게 하지 않는다면, 화평을 제하여 버리신다면 인간은 당장이라도 서로 죽이고 죽이는 무서운 전쟁을 할 것입니다. 붉은 말을 탄 자가 나와서 인간들 사이에 있는 화평을 제하여 버리면 서로 죽이고 죽는 전쟁이 일어날 것입니다. 이 상징대로 로마가 이스라엘을 정복하면서 수백만의 사람들이 죽는 전쟁이 일어났습니다.

세 번째 인을 떼자 "검은 말" 탄 자가 손에 저울을 가지고 와서 "한 데나리온에 밀 한 되요 한 데나리온에 보리 석 되로다 또 감람유와 포도주는 해치지 말라"고 하고 있습니다. 저울은 에스겔서 4장에서 기근을 상징하는 의미로 사용된 단어입니다. 지금 계시록에서도 한 손에 저울을 가졌다는 것은 곧 기근이 일어난다는 심판을 상징하는 것입니다. 로마 제국이 예루살렘을 포위하자 사람들은 먹을 것이 없어 자신의 자녀들, 죽은 시체를 먹었다고 합니다. 먹을 것이 떨어지는 상황에서 밀의 가격이 이전보다 1,000배나 비싸졌습니다. 곧 있으면 이스라엘 전역에 기근이 일어날 것을 말씀하신 것입니다. 1세기에 그 일이 이스라엘에 일어났습니다. 이러한 심판의 상징적인 말씀은 요한 시대에만 일어나는 것이 아니라 오늘날에도 여전히 일어나는 하나님의 심판이라는 것을 우리는 믿어야 합니다. 하나님의 말씀은 과거에도 그리고 지금과 미래에도 언제나 동일하게 나타날 것이 분명합니다. 오늘날에도 기근으로 인해 하루에 수백 명의 사람들이 죽어 가고 있다는 것을 우리가 알고 있다면 기근으로 죽는 이 일은 그저 자연적인 현상이 아님을 알아야 합니다. 하지만 이러한 저주의 심판은 감람유와 포도주에는 영향이 없습니다. 검은 말을 탄 자가 그것에 손을 대는 것을 금하였기 때문입니다. 이것은 바로 주 예수 그리스도를 믿는 하나님의 새 언약 백성들에게 심판이 임하지 않는다는 상징적인 메시지입니다. 성경은 종종 의인들이 받을 복을 기름과 포도주라는 용어로 사용하였습니다. 그러므로 이 말씀은 하나님께서 자신의 아들을 믿는 의인들을 보호하여 주신다는 말씀입니다. 검은 말을 탄 자는 큰 칼로 옛 언약 백성들, 육적인 이스라엘 백성들을 다 죽일 것입니다.

이제 네 번째 인을 떼자 사망이라고 하는 이름을 가진 "청황색 말"을 탄 자가 나와서 땅의 사분의 일을 죽일 권세를 가지고 나왔습니다. 검과 흉년과 사망과 땅의 짐승으로 죽일 권세를 가지고 사람들을 죽일 것이라고 합니다. 이 말씀대로 예루살렘에서 백만이 넘는 이스라엘 백성들이 죽었고, 로마 군인들의 손에 이끌려 노예로 팔려 갔으며, 도망가다가 사나운 짐승들의 밥이 되었습니다. 지금 우리는 흰 말을 타고 오는 분으로부터 이스라엘 백성들에게 어떻게 계속 심판이 임하는지 보고 있습니다. 네 마리 말들이 상징하는 것은 유대인들이 곧 심판을 받을 것이라고 동일하게 말씀하시는 것입니다. 어떤 일이 따로 따로 일어나는 것이 아니라 동일한 하나의 사건, 즉 유대인들에 대한 심판을 예언하고 있는 것입니다.

우리는 성경의 말씀을 통해 대체로 용서에 대한 신앙적 이해를 가지고 있습니다. 예수님께서 우리에게 가르쳐 주신 주기도문에서도 서로 용서하여 주는 것을 가르치셨습니다. 하지만 하나님께서는 자신의 백성들이 흘린 피에 대한 복수를 반드시 하시는 분이라는 것을 오늘 우리는 말씀을 통해 보고 있습니다. 그것이 바로 9-11절에 나오는 말씀입니다.

다섯째 인을 떼는 것을 요한이 보았습니다. 다섯 번째 인을 떼고 그 내용을 보니 하나님은 자신의 백성들의 억울함을 반드시 풀어주시는 분이시라는 것이 들어 있습니다. 우리의 용서는 하나님의 복수를 전제로 하는 용서입니다. 이것을 바르게 알아야 합니다. 우리는 용서해야 합니다. 그러나 하나님은 복수하시고 심판하십니다. 우리에게 용서하라고 하시는 것은 하나님의 백성들은 더 이상 짐승이 아니기 때문입니다. 세상 사람들은 이에는 이, 눈에는 눈, 생명에는 생명으로 복수하는 것을 당연한 것으로 여깁니다. 그러나 하나님의 나라는 그와 같지 않습니다. 하나님 나라의 백성들은 그 모든 것을 하나님께 맡깁니다. 이것을 신원이라고 합니다. '갚아 주신다'는 것입니다. 우리는 형제들 사이에 억울한 일이 있어도 용서해야 합니다. 그러나 피해를 입힌 자는 반드시 그 보상을 해야 합니다. 말보다 더 싼 것은 이 세상에 없다는 속담도 있습니다. 사람들은 타인에 대하여 함부로 해를 입힙니다. 그러나 값싼 말로 미안하다고, 죄송하다고 말합니다. 하지만 그리스도인은 함부로 말하지 않습니다. 혹 자신 때문에 상대방이 손해를 입으면 갚아 주어야 합니다. 하나님께서 우리들에게 요구하시는 성도 간의 삶이란 바로 이런 것입니다. 그러나 하나님은 자신의 백성들이 불신자들에게 해를 당하는 것을 모른 체하지 않습니다. 비록 그 자리에서 생명도 빼앗기지만 그들이 흘린 그 피가 제단에 고여 있는 것을 보시고 반드시 갚아 주시는 분입니다. 수많은 그리스도인들이 예수를 자신의 구주, 하나님의 아들로 믿는 그 신앙고백 때문에 유대인들에게 잡혀 죽었습니다. 가족 간에 생이별을 하고 부모가 죽고, 자식이 죽는 것을 보고, 남편과 아내가 서로 죽는 것을 보고 애통하였습니다. 제단 아래에서 죽은 자들이 있다는 것은 예루살렘 성전에서 그 피를 흘리게 한 자들이 바로 제사장들이라는 암시입니다. 하나님께서 이들에 의해 죽은 자신의 백성들의 원수를 갚아 주실 것입니다. 그러나 아직은 아니고 조금 있다가 그 신원하시는 복수를 하여 주신다고 말씀하십니다. 아직 순교자들의 수가 차지 않았다는 것입니다. 우리는 여기에서 믿음의 백성들이 어떻게 하나님께 자신들의 억울함을 풀어야 하는지를 알 수 있습니다. 사람들은 누구나 저주하기를 싫어합니다. 그러나 성경에는 많은 저주들이 나옵니다. 바른 믿음과 신앙을 가진 자는 저주가 믿지 않는 자들의 것이라고 여기면 안 됩니다. 믿는 자들도 저주를 해야 합니다. 사도 바울도 복음을 대적한 알렉산더를 향해 저주하였습니다. 다른 복음을 전하는 자들은 저주를 받을 것이라고 하였습니다. 사실 하나님의 복음을 멸시하는 자들을 저주하는 것은 잘못된 것이 아닙니다. 우리는 종교개혁당시 많은 위대한 조상들이 거짓 교사들과 교황을 향해 저주를 퍼부었다는 것을 배워야 합니다. 그래서 칼빈의 목회 기도 가운데서도 악인들과 위선자들에게 하나님의 저주가 내려지기를 기도했다는 것을 찾을 수가 있습니다. 만약 오늘날 목사가 복음을 왜곡하고 거짓으로 산다면 그 사람은 당연히 저주를 받아야 할 것입니다. 저주가 내려지기를 기도하는 것은 잘못된 것이 아닙니다. 하지만 저주가 내려지기를 기도하기 전에 형제를 사랑하는 마음으로 진실로 권면이 앞

서야 할 것입니다. 우리는 저주하면 안 된다고 하는 잘못된 가르침에 빠져 있습니다. 저주하면 안 되는 것이 아니라 저주받을 짓을 하면 안 되는 것입니다. 어떤 의미에서 보면 세상과 타협하지 않는 성도는 세상을 향해 저주하고 하나님께 신원하여 주시기를 호소할 수밖에 없습니다. 우리가 교회의 진짜 찬송인 시편 찬송을 계속해서 부른다면 하나님의 저주가 임해야 한다는 노래도 부를 것입니다. 하지만 아직은 안타깝게도 우리는 시편 찬송을 계속 부르지 못하고 있습니다. 만약 우리가 악과 죄에 대항하여 우리의 입으로 저주를 한다면 우리는 좀 더 거룩한 신앙으로 설 것입니다. 왜냐하면 우리 자신의 입으로 그런 죄를 짓는 것을 저주한다면 내 자신은 그 죄를 짓지 않게 노력할 것이기 때문입니다. 그러므로 합당한 저주는 잘못된 것이 아님을 알 수 있습니다.

지금 그리스도인들은 예수를 믿는 신앙을 거부하지 않는 것 때문에 네로 황제 아래에서 유대인들에게 순교를 당하고 있습니다. 그래서 네로와 유대 종교지도자들이 하나님의 심판과 저주를 받아야 한다는 것은 마땅합니다. 그래서 성도들은 자신들의 피를 신원하여 주시기를 바라는 것입니다. 정말이지 이 간청은 바로 이루어졌습니다. 로마가 예루살렘 성을 포위하고 유대인들을 죽일 때 모든 제사장들을 다 죽였습니다. 네로도 죽었고, 모든 위선자들과 그리스도를 배척하는 유대인들은 다 죽임을 당하고 말았습니다.

계속해서 요한은 여섯 번째 인이 떼어질 때 어떤 일들이 일어나고 있는지 보고 있습니다. 그것은 창조 세계의 파괴입니다. 비록 이 파괴가 1세기 시대에 로마 제국과 주변의 모든 지역들에 대한 심판으로 나타나고 있지만 여전히 하나님의 심판은 어느 시대에나 적용되고 있다는 것을 잊으면 안 됩니다. 하나님께서 구약에서 하셨던 자신의 창조 역사의 모습을 가지고 이스라엘을 심판하신다는 말씀하고 있습니다. 천지와 해, 달, 별, 궁창, 땅, 사람, 창조 당시 사용하였던 용어들이 파괴되는 것으로 사용되고 있습니다. 큰 지진이 날 것이고, 태양이 검은 털로 짠 상복 같이 검어질 것이고, 달은 온통 피같이 될 것, 다시 말해 일식과 월식이 계속 된다고 하는 의미입니다. 또한 하늘의 별들이 무화과나무가 대풍에 흔들려 설익은 열매가 떨어지는 것같이 땅에 떨어진다고 합니다. 이것은 다름 아닌 이스라엘이 결국 사라진다는 것을 상징하는 심판의 말씀입니다. 또한 하늘은 두루마리가 말리는 것같이 떠나가고 각 산과 섬이 제 자리에서 옮겨진다는 말씀도 이스라엘과 이방의 나라들이 심판을 당한다는 것을 말씀하고 있습니다. 하늘이 말려진다고 하는 14절의 말씀은 핵전쟁으로 세상이 파괴된다는 말씀이 아닙니다. 하늘은 이스라엘을 상징하는 말로 이스라엘이 심판을 당한다는 메시지입니다.

지금 요한이 여섯 번째 인이 떼어지는 것을 보는 것은 결국 옛 피조물인 이스라엘이 심판을 받음으로 사라질 것이고 하나님의 나라인 영적 이스라엘인 교회가 새 창조의 모습으로 드러날 것이라고 선포하는 것입니다. 하나님의 심판이 이스라엘과 주변 이방 나라에 나타날 때 각 나라의 권세자들과 사람들은 굴과 바위 틈에 숨어서 하나님의 심판과 어린 양의 진노에서 벗어나기를 애원할 것입니다. 요한이 이것을 보고 있습니다. 역사적으로 이러한 심판이 어떻게 일어났는지 우리는 그 사실을 잘 알고 있습니다.

칼리굴라 황제와 클라우디우스 황제 때 엄청난 지진이 발생하였다는 것은 역사적으로 증명된 일입니다. 특히 클라우디우스 황제 때 로마 전역에 큰 지진들이 계속 일어났습니다. 그레데, 서머나, 밀레도, 키오스, 사모스 등지에서 큰 지진이 일어나 거의 모든 건물들이 다 파괴되었다고 역사가들은 진술하고 있습니다. 네로가 즉위하는 그 날에도 지진이 발생하였고 A.D. 60년에는 라오디게아와 히에라폴리스 그리고 골로새에서도 지진이 발생하여 도시가 거의 붕괴되었다고 기록되었습니다. 세네카는 이렇게 기록하였습니다. "아시아와 아가야 지방의 도시들은 어찌하여 그렇게 자주 단 한 번의 치명적인 충격으로 쓰러져 버리는지! 또 수리아 지방에서는 얼마나 많은 성들이 무너져 버렸는지! 그리고 마게도냐에서는 얼마나 많은 도시들이 무너져 내렸는가!" 우리가 잘 알고 있는 폼페이는 A.D. 63년에 지진으로 도시 전체가 다 사라지고 말았습니다. 유대 역사가 요세푸스는 그 시대에 유대 지방에도 상당히 큰 지진이 일어나 많은 사람들과 건물들이 다 죽고 폐허가 되었다고 기록하고 있습니다. 이러한 큰 지진이 일어날 때 하늘에서는 계속 번개가 치고 해와 달이 보이지 않게 되었다고 합니다. 사람들은 이러한 일들이 계속 일어나자 어떤 멸망과 심판이 사람들에게 임하고 있다고 여겼습니다. 이러한 심판이 일어날 때 그 어떤 권세자들과 장군들이 이것을 막을 수가 있겠습니까? 오히려 그들은 자신들에게 이러한 심판이 일어나지 않게 다만 하늘을 보고 애원하였던 것입니다. 왜 이런 일들이 역사적으로 일어났습니까? 그것은 다름 아닌 하나님의 아들을 죽인 것과 그 아들을 믿은 성도들을 죽인 죄악 때문이었습니다. 하나님은 자신의 백성들의 피를 그냥 두고 보시지 않습니다.

사랑하는 성도 여러분!

우리는 요한이 어린 양께서 두루마리의 인을 떼는 그 광경을 보고 있습니다. 여섯 번째 인까지 떼는 그 모습 속에서 하나님의 심판과 어린 양의 진노는 아주 정확하게 일어나고 있다는 것을 보았습니다. 이 말씀을 읽으면서 성도들이 느끼는 것은 다름 아닌 하나님의 언약은 불변하다는 확신입니다. 구약 이스라엘 백성들에게, 하나님께서 자신의 언약에 불순종한 사람들에게 심판을 베푸신다고 하는 그 신실하심이 지금도 여전히 나타나고 있다는 것을 깨닫게 된 것입니다. 누가 언약의 백성들입니까? 더 이상 유대인들이 언약의 백성이 아니라 예수 그리스도를 믿는 자신들이 하나님의 언약의 백성들이라는 것을 확신하게 되었습니다. 비록 환난과 핍박과 죽음 앞에 놓여 순교의 제물이 되어가고 있지만 결국 주 예수 그리스도를 믿는 자신들이 하나님의 영적 이스라엘 백성들이고 구원받은 자녀들이라는 것을 기쁨으로 확신하게 된 것입니다. 예수님의 약속은 지체 없이 이루어졌습니다. 오늘날에도 예수님은 지체하지 않으십니다. 하나님의 심판은 어떤 이의 말처럼 더딘 것이 아닙니다. 주님은 곧 오실 것이 분명합니다. 예수님께서 재림하시는 것만이 오시는 것이 아닙니다. 예수님의 말씀이 이 땅에 이루어지고 나타나는 것이 곧 예수님께서 오신 것이라고 하는 이 믿음을 가지고 우리는 살아가야 합니다. 예수님은 자신의 자녀들에게 언제나 오셔서 함께하고 계십니다. 이것을 믿고 담대하게 살아가는 저와 여러분들이 되길 바랍니다. 아멘.

하나님의 심판을 피할 자가 누구인가?

[계 7:1-17]

먼저 오늘 말씀은 지난주에 우리가 함께 읽은 계시록 6장 17절 "그들의 진노의 큰 날이 이르렀으니 누가 능히 서리요"라고 하신 말씀에 대한 응답이라고 할 수 있습니다. 그렇다면 하나님의 심판에서 피할 자들이 있다는 것입니다. 하나님의 심판에서 피할 자들에 대하여 말씀하신 것이 바로 우리가 읽은 계시록 7장입니다. 첫 번째로 하나님의 심판에서 피할 자들은 십사만 사천 명이고, 두 번째로 피할 자들은 바로 흰 옷을 입고 종려가지를 들고 나와 어린 양과 하나님을 찬양하는 자들입니다. 이들이 바로 하나님의 심판을 피할 자들이라고 말씀하십니다.

오늘 저는 여러분들에게 십사만 사천 명이 누구인지, 그리고 흰 옷을 입고 나오는 자들이 누구인지에 대하여 말씀을 드리고 그들과 오늘 우리들은 어떤 위치에 있는지에 대하여 말씀드리려고 합니다.

대부분의 성도들과 목사들은 계시록에 나오는 십사만 사천 명을 구원받을 모든 성도들의 숫자라고 배워 왔습니다. 그 이유 가운데 하나는 이단들, 특히 여호와의증인이라는 이단이 하나님으로부터 구원받는 사람은 십사만 사천 명이라고 가르치고 있기 때문일 것입니다. 지금도 여호와의증인 이단은 십사만 사천 명만 구원받는다고 그렇게 가르치고 있습니다. 하지만 자신이 그 십사만 사천 명 안에 들어 있는지 확신이 없습니다. 하나님을 믿어도 구원에 대한 확신이 없는 그런 신앙은 거짓이 분명합니다. 진리를 믿고, 따르면 그 진리 때문에 확신이 들어야 합니다. 그러나 대부분의 이단들과 거짓 종교는 구원에 대한 확신을 주지 못합니다.

저는 여러분들에게 우리가 지금까지 알고 있었던 것이 아닌, 십사만 사천 명이 과연 누구인지에 대한 바른 신앙적 이해가 중요하다고 말씀드리겠습니다. 왜냐하면 우리는 이단 때문에 십사만 사천 명은 모든 구원받은 사람들을 상징하는 숫자라는 것을 쉽게 믿고 있기 때문입니다. 과연 십사만 사천 명은 신구약 모든 시대 속에서 구원받은 하나님의 백성들의 숫자를 상징하는 것일까요? 물론 맞는 말씀입니다. 지금에 와서 보면 당연히 십사만 사천 명은 하나님께서 택하신 백성들입니다. 그러나 우리가 읽고 있는 계시록 7장에 나오는 십사만 사천은 전혀 그렇지 않습니다. 요한이 이 계시록을 쓸 때 7장에 나오는 십사만 사천 명은 2천년이 흐르는 동안 예수를 믿는 모든 성도들의 상징적인 숫자가 아닙니다. 그러면 왜 많은 교회와 성도들은 단 한 번도 자신들이 바르게 알고 있는지 고민하지 않습니까?

물론 교회의 목사가 그렇게 가르쳤기 때문입니다. 교사된 목사들은 아주 주의 깊게 하나님의 말씀인 성경을 자세하게 연구하고 살펴보아야 하는데 그렇게 하지 않았다는 것입니다. 그러니 다른 사람들이 그렇게 알고 말하고 있기 때문에 자신도 그렇게 말하는 것입니다. 지난주에도 말씀드렸지만 "하늘이 두루마리처럼 말리는 것"은 핵전쟁으로 세상이 끝나는 것이라고 일부 목사들이 그렇게 가르쳤습니다. 아주 전형적인 세대주의 해석입니다. 왜 이런 세대주의 성경해석이 지금도 판을 치고 있는 것입니까?

우리가 요한계시록이 요한 당시 그가 몇 천 년 후에 이루어질 하나님의 계시를 기록한 것이라고 믿고 있기 때문에 이러한 오류가 계속 나타나는 것입니다. 하지만 요한계시록은 사도 요한이 아주 많은 시간이 흐른 후에 하나님의 계시가 이루어질 것을 기록한 것이 아닙니다. 요한이 본 하나님의 심판은 곧, 아주 빨리 일어날 일들이었습니다. 지금 우리가 읽은 계시록 7장은 예수님께서 하나님 아버지로부터 일곱 개로 인봉된 두루마리를 취하시고 여섯 번째까지 인을 떼시고 난 이후 일곱 번째 인을 떼기 직전에 나오는 말씀의 내용입니다. 계시록 6장의 말씀은 하나님과 어린 양이신 그리스도께서 심판하신다고 하는 것을 계시해 주신 것입니다. 그 심판의 대상이 바로 유대교와 로마 제국입니다. 먼저 유대교 즉 옛 언약의 백성들이 하나님으로부터 심판을 받을 것입니다. 세상 모든 천지가 갈라지고 그리스도 예수를 죽인 유대인들은 멸망을 당할 것이라는 계시였습니다. 이것을 통해 하나님은 자신이 얼마나 신실한 분이신지 우리들에게 말씀하여 주셨습니다. 하지만 아무리 옛 언약의 백성들이라지만 그 속에서 예수 그리스도를 믿은 자들이 남아 있었습니다. 그들이 바로 유대인으로서 예수를 믿는 자들이었습니다. 마치 예수님의 제자들이 유대인들이었지만 예수를 믿고 따랐던 것처럼 말입니다. 우리가 사도행전을 통해 듣고 배운 말씀을 기억한다면 사도들이 가장 먼저 복음을 전한 자들이 바로 유대인들이었습니다. 유대인들 가운데 어떤 이들은 끝까지 예수의 이름으로 전하고 가르치는 것을 금지하는 사람들도 있었지만 제사장 무리들과 일부 유대인들은 주 예수를 자신들의 구주로, 그리스도로 믿었습니다. 사도 바울이 이방인들에게 복음을 전하는 도구였지만 그도 역시 할 수만 있으면 유대인들에게 먼저 복음을 전했습니다.

유대인들은 메시아가 와서 자신들을 구원하여 줄 것이라고 늘 믿고 있었습니다. 그들 중에 어떤 이들이 예수가 바로 메시아라고 하는 것을 믿었습니다. 사도들이 나타낸 표적들과 복음을 통해 유대인들이 하나님의 아들의 나라 백성들이 된 것입니다. 이것이 바로 이스라엘의 구원이며 남은 자들이 구원을 받는다는 말씀이었습니다. 스가랴 13:1을 보면 "그 날에 죄와 더러움을 씻는 샘이 다윗의 족속과 예루살렘 주민을 위하여 열리리라" 하고 말씀하시는데 여기 "샘"이라는 말은 히브리어로는 '마코르'입니다. 이 단어는 '물, 눈물, 혹은 피의 원천'을 의미합니다. 예수님께서 흘리신 피는 바로 죄를 씻음받은 원천입니다. 다윗의 집에 속한 많은 사람들이 깨끗하게 될 것이라는 예언입니다. 다시 말해 이스라엘 가운데 많은 사람들이 이 구원의 은혜를 누린다는 말씀입니다. 스가랴의 이 말씀은 미래의 사건이 아닙니다. 오히려 속히 이루어질 현실이었습니다. 이스라엘은 황소나 동물의 피로 깨끗함을 입지 못합니다. 제사장들이 드리는 피의 제사는 단번에 사람들의 죄를 깨끗하게 하지 못한다는 것을 유대인들도 알았습니다. 그러니 날마다 제물을 가지고 나왔던 것입니다. 하지만 하나님의 아들의 피로 이스라엘은 죄를 용서받고 깨끗함을 입을 수 있는 것입니다. 이 스가랴의 예언의 핵심은 이스라엘과 예루살렘을 위한 예언입니다. 구약의 선지자들과 예언자들은 메시아가 오실 때에 대하여 이야기한 것입니다.

이제 하나님의 심판은 유대인들과 이방인들 모두에게 임합니다.

각종 나무에 바람이 분다는 것은 비유의 말씀입니다. 각종 나무는 사람의 이미지이고, 바람은 심판을 의미합니다. 그런데 각종 나무에 바람이 불지 못하게 하라고 합니다. 왜냐하면 아직 하나님의 종들의 이마에 인치기까지 땅이나 바다나 나무들을 해하지 말라고 하시기 때문입니다. 하나님께서 자신의 종들을 구원하시기 위해 심판을 늦추신다는 것입니다. 요한이 구원받을 사람들의 숫자에 대하여 들어보니 그 수가 이스라엘 각 지파 가운데 12,000명씩 십사만 사천 명이었습니다. 하나님께서 이스라엘과 이방 나라를 심판하시려고 합니다. 그런데 아직 때가 아닙니다. 왜냐하면 이스라엘 자손들 가운데 예수를 믿어 구원받아야 할 사람들이 있기 때문입니다. 그 수가 십사만 사천 명이라고 합니다. 이것은 상징적인 것입니다. 실제로 십사만 사천 명만 이스라엘 가운데서 구원받는다는 것이 아니라 이스라엘 백성들 가운데 예수를 그리스도로 믿고 구원받아야 할 모든 사람들을 의미합니다. 구약의 모든 선지자들과 예수님과 사도들이 늘 말씀하셨던 대로 이스라엘 백성들 가운데 예수를 믿고 구원받을 남은 자들이 있다는 것입니다. 그 수가 십사만 사천 명입니다. 즉 하나님께서 심판하실 때 그 심판을 피할 이스라엘 백성들이 있습니다. 그들이 누구입니까? 바로 예수를 그리스도로 믿는 자들입니다. 정말 하나님께서 이스라엘을 멸망시킬 때 예수를 믿는 유대인들을 보호하셨습니다.

요한은 유대인들 가운데 예수를 믿는 하나님의 백성들이 많이 있다는 것을 알았습니다. 그리고 그들이 하나님의 심판을 받지 않을 것도 알았습니다. 당시 예수를 믿는 유대인들에게 이 계시의 말씀이 큰 위로와 복음이 된 것입니다. 예루살렘은 포위되고 불타고 그곳에 거하는 사람들은 죽임을 당할 것입니다. 하지만 하나님께서 자신의 아들을 믿는 사람들을 보호하시고 구원하여 주실 것입니다. 인침을 받은 십사만 사천 명의 남은 유대인들은 구원을 받고 참 이스라엘 백성들이 될 것입니다. 이 사람들이 바로 하나님의 심판으로부터 피할 자들이었습니다. 마르셀리우스 킥이라는 사람이 한 말입니다. "예루살렘이 포위되어 백만 명 이상의 사람들이 죽어갈 때 가장 현저한 일은 그리스도인들의 기적적인 도피다. 그렇게 많은 사람들이 죽어갈 때 그들 가운데 그리스도인은 한 사람도 없었다." 이 사람의 말처럼 예수님은 자신의 백성들을 보호하시고 그들의 머리털 하나도 상하지 않게 지켜주신다고 하신 그 말씀을 이루신 것입니다. 성도는 환난을 당합니다. 그러나 항상 승리합니다.

이제 요한은 두 번째로 하나님의 심판을 피할 자들을 보게 됩니다. 그들이 누구입니까? 그들은 바로 이방인들 가운데서 예수를 자신들의 구주로 믿는 자들입니다. 요한은 9절에서 이스라엘 백성들 가운데 남은 자들, 즉 예수를 그리스도로 믿는 자들의 구원을 보았습니다. "그리고 그 후에 각 나라와 족속과 백성과 방언에서 아무도 셀 수 없는 큰 무리가 나와 흰 옷을 입고 손에 종려 가지를 들고 보좌 앞과 어린 양 앞에 서서 큰 소리로 외쳐 이르되 구원하심이 보좌에 앉으신 우리 하나님과 어린 양에게 있도다" 하는 찬송과 경배를 드리는 것을 보았습니다. 지금 요한이 보고 있는 이들이 누구입니까? 그들은 바로 이방 가운데서 구원받은 자들입니다. 모든 나라 가운데 예수를 믿는 자들입니다. 구약의 이스라엘 백성들 가운데 예수를 믿는 자들만 구원받은 것이 아니라 이방 나라 가운데서도 구원을 받았습니다. 하나님의 크고 두려운 심판에서 벗어나는 자들은 결국 이스라엘 가운데서와 이방 가운데서 오직 주 예수를 하나님의 어린 양으로 믿는 자들입니다. 천사가 이들에게 인을 친 것입니다. 우리가 알고 있는 대로 인을 쳤다는 것은 성령으로 인쳤다는 것입니다.

고린도후서 1:21-22을 보면 하나님께서 성령으로 우리에게 인을 치시고 보증하셨다고 합니다. 그런데 성령으로 우리에게 인을 치실 때 우리의 구원을 위해 인치시지만, 하나님께서 악인들을 심판하실 때 자기 백성을 보호하시는 그 보호에 대한 보증으로 인을 치십니다. 하나님의 심판은 예루살렘만 멸망시키는 것이 아니었습니다. 바로 로마 제국과 그 주변의 모든 백성들에게도 심판이 내려졌습니다. 그럴 때도 하나님은 자신의 모든 백성들을 보호하시고 지켜 주십니다. 요한은 셀 수 없는 수많은 이방인들이 하나님의 백성 된 것을 보고 있습니다. 그 수가 너무 많아 능히 셀 수 없다고 합니다. 요한이 보고 있는 것은 예수님께서 이 땅에 오셔서 이방 지역에서 구원받은 성도들의 모습입니다. 그런데 지금은 2,000년이 지났습니다. 2,000년 동안 얼마나 많은 사람들이 지금 저 천상에서 하나님과 어린 양을 찬양하고 경배하겠습니까? 영적인 피조물인 천사들과 환난 가운데 믿음을 지키고 나온 사람들 즉 장로들이 보좌 앞에 엎드려 얼굴을 대고 찬송과 영광과 지혜와 감사와 존귀와 권능과 힘이 하나님께 세세토록 있을 것이라고 찬송하고 있습니다.

우리가 하나님 앞에 나갈 때 엎드려 기도하고 엎드려 그분의 존귀를 표하는 것은 우리 신앙에 좋은 도움이 됩니다. 왜냐하면 우리가 무릎을 꿇거나 엎드리는 것은 우리 자신이 보잘것없는 존재들이라는 것을 주님 앞에 시인하는 것이기 때문입니다. 그렇다고 해서 엎드리거나 무릎을 꿇지 않는 것이 교만한 것은 아닙니다. 단지 그러한 행동이 우리 자신을 겸손하게 만들기 때문에 할 수만 있으면 우리는 영적인 피조물들이 엎드리는 것처럼, 우리 자신도 엎드려 주님을 의지해야 할 것입니다. 로마 제국 당시 세네카는 이렇게 말했습니다. "세상의 구원자는 네로 황제이시다." 모든 로마 시민들이 네로를 그렇게 칭송하였습니다. 그러나 교회는 로마와 이스라엘 민족에 정면으로 반대하면서 오직 하나님과 그의 아들에게만 구원이 있다고 선포하였던 것입니다. 이 신앙의 고백은 지금 후손들에게도 아주 중요합니다. 믿음의 조상들이 이렇게 환난과 순교의 상황 속에서도 이 신앙고백을 가지고 살았던 것처럼 여전히 우리들도 우리의 구원은 오직 하나님과 어린 양이신 예수 그리스도께만 있다고 해야 합니다. 다른 신들과 다른 피조물들에게 구원이 있다고 하는 것은 하나님을 가장 모욕하는 행위입니다.

다른 종교에도 구원이 있다고 하는 자들에게는 반드시 저주가 내려질 것입니다. 하나님께서 과거 구약 시대에 갈렙과 여호수아에게 구원의 은혜를 베푸신 일이 있었습니다. 모세가 가나안 땅을 정탐하러 각 지파에서 한 사람씩 12사람을 가나안으로 보낸 적이 있습니다. 이 때 갈렙과 여호수아만 빼고 다른 정탐꾼들은 가나안 사람들이 거대하고 그 백성들은 강하기 때문에 우리는 그들을 이길 수가 없다고 했습니다. 자신들은 메뚜기같이 연약하다고 이스라엘 백성들 앞에서 보고하였습니다. 그때 하나님께서 갈렙과 여호수아를 빼고 그들을 심판하신 적이 있습니다. 이 사건은 우리가 갈렙과 여호수아처럼 긍정적인 신앙을 가져야 한다는 것이 아닙니다. 어려운 환경에서도 부정적인 말을 하지 말자는 그런 내용이 아닙니다. 하나님께서 불평하고 원망하는 이스라엘 백성들에게 심판을 내리신 것은 그들이 지금 누구를 믿고 있는지를 모르고 있기 때문입니다. 출애굽하는 이스라엘 백성들과 함께하시는 하나님을 인정하지 않았기 때문입니다. 그들은 하나님이라는 전능하신 분을 인정하지 않은 것입니다. 그들의 구원자가 바로 여호와 하나님이라는 그 신앙고백을 버린 것입니다. 오직 하나님만이 우리의 구원자이십니다. 다른 신들과 피조물은 구원자가 될 수 없습니다. 그런데 오늘날 다른 종교에도 구원이 있다고 하는 자들은 하나님과 어린 양 되신 예수 그리스도께만 구원이 있다는 것을 부인하는 자들입니다.

하지만 자신의 아들의 피로 그 옷을 씻어 희게 한 자들이 큰 환난 가운데서 셀 수 없이 나오고 있습니다. 하나님께서 아브라함에게 약속하신 말씀, 아브라함의 후손들이 바다의 모래와 하늘의 별들과 같이 셀 수 없이 번성하게 하신다는 그 말씀이 이루어지고 있는 것입니다. 큰 환난이란 다름 아닌 예수님께서 제자들에게 말씀하신 이스라엘이 멸망당하는 환난이었습니다. 이 큰 환난은 이전에도 없었고 이후로도 없을 환난이었습니다(환난의 독특성-옛 언약 백성들을 심판하심). 그러나 이 큰 환난을 이기고 나온 자들이 한둘이 아니라 그 수가 너무 많아 셀 수가 없습니다. 하나님 편에서는 당연히 자신의 모든 백성들을 다 아십니다. 아무리 많아도 그 수를 다 헤아릴 수 있습니다. 그러나 지금 요한은 자신이 그 수를 셀 수 없다고 합니다. 100년도 안 되는 시간 동안 예수를 믿은 성도들의 수도 셀 수 없다면 2,000년 동안 시간이 흘러오면서 주 예수를 자신의 구원자로 믿은 성도들의 수는 인간 편에서는 도저히 셀 수 없는 무리들입니다. 이 많은 하나님의 백성들이 하나님의 보좌 앞에서 영원히 하나님을 섬길 것입니다. 더 이상 주리거나 목마르지 않고 그 어떤 피조물의 방해를 받지 않고 영원한 생명수를 마시며 하나님과 그 어린 양께 찬송과 영광과 존귀와 능력을 세세토록 노래할 것입니다.

　사랑하는 성도 여러분,
　우리는 오늘 현대 교회가 잘못 알고 있는 말씀 가운데 십사만 사
천 명에 대해 문맥을 통해 바르게 이해했습니다. 하나님은 자신이 택
한 이스라엘 백성들을 버리지 않았습니다. 그들이 비록 죄악으로 인
해 심판을 받고 멸망을 받았지만 하나님은 그 속에서 자신의 아들을
믿는 거룩한 백성들을 남겨두셨고 단 한 명도 잃어버리지 않았습니
다. 비록 혈통적으로 유대인이지만 예수를 자신의 구주로 믿는 자들
을 구원하신 것입니다. 뿐만 아니라 이방인들 가운데서 셀 수 없는
수많은 사람들이 주 예수를 자신의 구주로 믿고 구원받은 자들이 천
상에서 하나님과 어린 양을 노래하고 있었습니다. 지상에서는 여전
히 혈통과 민족을 구분하고 자신들이 모이는 교회를 최고로 여기지
만 천상에서는 더 이상 민족과 혈통과 지역을 따지지 않습니다. 오직
하나님의 어린 양을 믿는 그 믿음을 가진 자들만이 하나의 교회를 이
루어 하나님과 어린 양 되시는 예수님을 경배하고 있다는 것을 볼 수
있습니다. 오늘 말씀에서 우리는 하나님의 크고 두려운 심판을 능히
피할 수 있는 자들이 있다는 것을 보았습니다. 누구든지 주 예수를 자
신의 구원자로 믿는 자들만이 하나님의 심판을 피하고 있습니다. 이
말씀을 통해 우리는 우리에게 임할 죽음과 심판이 일어나도 결코 두
려워할 이유가 없다는 것을 믿어야 합니다. 왜냐하면 하나님께서 지
금도 자신의 백성들을 구원하시고 지키시기 때문입니다. 저와 여러
분들의 입술과 마음에 주 예수 그리스도의 이름을 부르는 믿음이 충
만하기를 바랍니다. 아멘.

애굽이 되어 버린 이스라엘을 심판하심

[계 8:1-13]

우리는 지금 계속해서 하나님께서 사도 요한에게 보여주시는 예루살렘과 주변 나라들에 대한 심판의 말씀을 듣고 있습니다. 사람들은 성경의 말씀을 역사적인 위치에서 살펴보려고 하는 일을 잘 하지 않습니다. 왜냐하면 지금 당장 자신에게 위로와 은혜를 주는 것이 신앙이라고 여기기 때문입니다. 하지만 하나님의 위로와 은혜는 하나님께서 말씀하신 그 일이 어떻게 이루어졌는지를 바르게 배울 때 우리에게 베풀어지기 시작하는 것입니다. 우리는 교회를 이해할 때 역사적 개혁교회라는 말을 자주 사용합니다. 여기에서 역사적이라는 것은 다름 아닌 하나님께서 자신의 백성들을 통해 이루셨던, 그리고 하나님께서 세상 역사를 다스리시고 통치하시는 그 주권을 인정하는 신앙을 의미하는 것입니다. 사람들은 지난날 하나님께서 어떻게 자신의 백성들을 이끄시고 다스리셨는지를 잊어버립니다. 그러나 올바른 신앙을 가진 성도들은 과거에 하나님께서 행하셨던 그 일들을 기억합니다. 그래서 우리가 구약의 말씀을 살펴보면 하나님께서 이스라엘 백성들과 언약을 맺을 때마다 "기억하라", 하나님께서 행하신 놀라운 구원의 일들을 후손들에게 가르치라고 반복하여 명령하시는 것을 볼 수 있습니다. 이렇듯 역사적 교회, 또는 역사적 신앙이라는 것은 과거에 매여 살라는 것이 아니라 하나님께서 지난날 어떻게 자신의 백성들을 인도하셨는지 그것을 기억하고 오늘 우리가 살아가는 이 시대 속에서도 하나님은 동일하게 우리를 보호하시고 인도하신다는 것을 믿는 것입니다.

우리가 어렵게 여기는 요한계시록을 쉽게 이해하기 위해서는 주님께서 이미 예루살렘의 멸망을 예언하신 말씀에 주목해야 합니다. 누가복음 21:5 이하에서 말씀하시는 모든 내용이 바로 예루살렘의 멸망입니다. 20-21절을 보면 "너희가 예루살렘이 군대들에게 에워싸이는 것을 보거든 그 멸망이 가까운 줄을 알라 그때에 유대에 있는 자들은 산으로 도망갈 것이며 성내에 있는 자들은 나갈 것이며 촌에 있는 자들은 그리로 들어가지 말지어다". 또한 25절에는 "일월 성신에는 징조가 있겠고 땅에서는 민족들이 바다와 파도의 성난 소리로 인하여 혼란한 중에 곤고하리라... 하늘의 권능들이 흔들리겠음이라" 주님께서는 그 때에 인자가 구름을 타고 능력과 큰 영광으로 오는 것을 본다고 말씀하십니다. 여기에서 우리는 주님께서 구름을 타고 능력과 큰 영광으로 오는 것을 주님의 재림이라고 봅니다. 그러나 주님께서는 예루살렘과 주변 나라들을 심판하러 오실 때 자신이 친히 오신다는 것을 말씀하십니다. 마지막 심판의 날 주님께서 재림하실 때 주님께서는 반드시 구름을 타고 큰 능력과 영광으로 오실 것입니다. 그러나 주님은 언제나 자신의 백성들을 위해 직접 오셨다는 것을 우리는 말씀을 통해 볼 수 있습니다. 예수님께서 복음서에서 마지막 심판 때 일어날 일들을 말씀하신 내용들이 더 자세하게 기록된 것이 바로 계시록의 말씀이라는 것을 우리는 인정해야 합니다. 예수님께서 한 세대가 지나가기 전 심판이 임할 것이라고 하신(눅 21:32) 그 말씀이 바로 A.D. 70년에 이루어졌습니다.

오늘 우리가 읽었던 본문의 말씀도 예수님께서 예루살렘이 심판

받을 것이라고 하시는 내용입니다. 계속해서 예루살렘과 로마 제국에 대한 심판의 예언이 요한에게 주어지고 있다는 것을 말씀을 통해 알 수 있습니다. 당분간 우리는 조금 따분하게 여길 수도 있지만 하나님께서 요한에게 보여 주시는 환상과 계시의 내용이 바로 예루살렘 심판이라는 것을 믿어야 합니다. 주님께서 요한에게 두루마리 책에 인봉된 마지막 일곱 번째 인을 떼실 때 보여 주신 내용이 이것입니다.

이제 본문의 말씀을 중심으로 하나님께서 요한에게 무엇을 보여 주시는지 보겠습니다. 요한은 하나님 앞에 일곱 천사가 서서 일곱 나팔을 받은 것을 보았습니다. 그런데 일곱 천사가 아닌 다른 천사가 와서 (3-5절) 제단에서 어떤 일을 하고 있는 것을 보고 있습니다. 이 천사는 금향로를 가지고 제단에 서 있습니다. 향은 성도들의 기도입니다. 즉, 성도들이 하나님께 드린 기도를 가지고 서 있습니다. 그리고 향로를 가지고 제단의 불을 담아다가 땅에 쏟자 우레와 음성과 번개와 지진이 났습니다. 지금 일곱 천사가 나팔을 불기 직전 어떤 천사가 와서 땅에 불을 쏟고 있는 것입니다. 이 말씀을 이해하기 위해 우리는 구약에서 하나님께서 이스라엘 백성들에게 하신 일들을 잠시 살펴보아야 합니다. 구약 성막 안에 있는 번제단의 불은 하늘에서 내려온 불이었습니다. 뿐만 아니라 성전이 완성되었을 때도 번제단의 불은 하늘에서 내려왔습니다. 하나님으로부터 내려온 불은 제사장들에 의해 이곳저곳으로 옮겨져 거룩한 불을 붙이는 데 사용되었습니다. 그런데 우리는 하나님께서 모세에게 명령하신 말씀(신 13:16)을 기억할 필요가 있습니다. 그것은 만약 어떤 도시가 하나님의 말씀에 순종하지 않고 불순종하면 그 성읍과 그곳의 모든 물건들을 다 불살라 버리라는 명령입니다. 도시 전체를 불살라 버려 다시는 일어서지 못하게 하라는 명령입니다. 그런데 이 때, 도시를 불사를 때에 제단에서 나온 하나님의 불로 태워 버리라고 하신 것입니다. 그러므로 지금 어떤 천사가 제단의 불을 담아 땅에 쏟아 부은 것은 지상에 있는 예루살렘 성을 심판하신다는 것을 보여 주신 것입니다.

하나님께서는 자신의 백성들이 드리는 예배와 기도를 받으십니다. 기도를 받으실 때 불로 응답하셨습니다. 구약에서 이러한 모습이 자주 등장하는 것을 볼 수 있습니다. 엘리야가 기도할 때 불로 응답하셨고, 모세가 기도할 때 불로, 그리고 다윗이 기도할 때 불로 응답하셨습니다. 그리고 신약의 백성들이 기도할 때 응답하고 계십니다. 유대인들과 로마 제국의 압제와 폭력에 의해 순교를 당한 수많은 하나님의 자녀들이, 예수를 그리스도로 고백하고 따르면서 피를 흘리고 기도를 드렸습니다. 하나님께서 자신의 백성들이 드린 그 기도를 듣고 응답하신 것입니다. 그것이 바로 불을 땅에다 쏟고 계신 것입니다. 하나님의 말씀에 순종하지 않는 도성을 심판하기 위해 거룩한 불을 내리고 계십니다. 지상에 있는 예루살렘 성을 불태우기 위해 불을 내리십니다. 이것을 위해 일곱 천사들이 나팔을 불기 시작한 것입니다. 우리는 구약에서 나팔이 어떤 상황에서 불려지는지 알고 있습니다. 나팔은 언약궤를 옮길 때 불었습니다. 그리고 새로운 왕이 등장할 때 붑니다. 전쟁을 준비하기 위해 부르고, 절기를 알리기 위해 붑니다. 또한 임박한 하나님의 심판을 경고하거나 이스라엘 민족이 국가적으로 죄를 회개하고 돌이키는 것을 위해 불었습니다. 여기에서 일곱 천사가 나팔을 불기 시작하는 것은 바로 이스라엘 땅에 하나님의 심판이 임했다고 하는 것을 알리기 위해 부는 것입니다. 그것은 다름 아닌 하나님께로 돌아오라고 하는 것입니다. 이스라엘 백성들이, 유대인들이 하나님께로 돌아오는 길은 오직 하나님의 아들을 믿는 것입니다. 그런데 오히려 하나님의 아들인 예수를 죽였을 뿐만 아니라, 아들을 믿고 따르는 백성들에게 고통과 환난을 가하고 그리고 죽이기까지 하고 있었던 것입니다. 자신의 백성들을 죽이는 그런 민족은 더 이상 땅에 존재할 이유가 없는 것입니다. 모세에게 명령하셨던 그 말씀처럼 하나님의 말씀에 순종하지 않는 도성은 불로 심판하실 것입니다. 예루살렘 성은 이제 하나님의 불로 심판을 받아 멸망당합니다. 그것을 3-5절을 통해 계시하여 주십니다. 우리는 하나님께서 이스라엘을 심판하신다는 말씀을 아주 다양하게 듣습니다. 계시록의 목적 가운데 하나가 바로 이스라엘의 심판입니다. 과거 구약에서 이방 민족들과 이스라엘이 불순종하였을 때 하나님께서 심판하신 여러 가지 모습들이 지금 계시록에 전부 다 인용되고 있다는 것을 우리는 알아야 합니다.

7-13절의 내용이 전부 다 구약에서 이미 하나님께서 심판하실 때 사용한 상징들입니다. 우박과 불이 사용된 곳이 있었습니다. 우리가 잘 알고 있는 출애굽 사건입니다. 우박과 불이 내린 곳이 바로 애굽 땅이었습니다. 지금 하나님은 이스라엘이 애굽 땅이 되었다는 것을 보여주신 것입니다. 유대 땅은 더 이상 하나님이 선택한 땅이 아닙니다. 오히려 심판을 받는 땅이 되었습니다. 약속의 땅이 아니라 저주와 심판의 땅이 된 것입니다. 이제 예루살렘은 하나님의 임재가 없는 땅이 되었습니다. 영적으로 애굽이 된 것입니다. 이 사실을 잘 말씀하여 주는 곳이 계시록 11:8입니다. 다같이 보겠습니다.

"그들의 시체가 큰 성 길에 있으리니 그 성은 영적으로 하면 소돔이라고도 하고 애굽이라고도 하니 곧 그들의 주께서 십자가에 못 박히신 곳이라"

두 증인 가운데 한 분이신 예수님께서 십자가에 못 박혀 죽으신 곳이 바로 예루살렘입니다. 그런데 지금 말씀에서 예루살렘이 무엇이라고 불리고 있습니까? 바로 애굽입니다. 이것을 보여주시기 위해 우박과 불이 이스라엘에 내려질 것이라고 하신 것입니다. 거룩한 성 예루살렘이 이제는 이방의 애굽이 되어 버렸습니다. 우리는 이러한 역사적인 사실들을 찾아 볼 수 있습니다. 공산화가 되기 전 구소련의 모스크바가 제2의 예루살렘이라고 불렸습니다. 그런데 교회가 타락하자 그 도시는 파괴되고 말았습니다. 우리 민족도 이러한 일이 있었습니다. 평양은 동방의 예루살렘이라고 불렸는데 지금은 북한 정권을 위해 조성된 우상의 도시가 되고 말았습니다. 교회가 우상을 숭배하고 신앙을 배도하면서 일어난 심판들이 아니고 무엇이겠습니까?

하나님께서 애굽이 되어 버린 예루살렘을 우박과 불로 심판하실 것입니다. 그 때 땅의 1/3이 타고 수목의 1/3이 타고 각종 푸른 풀도 타 버릴 것입니다. 이 부분도 상징입니다. 각종 나무나 풀은 모두 사람들을 의미하고 있습니다. 사사기 9장에서 볼 수 있으며, 마가복음 8장에서도 볼 수 있습니다. 예수님께서 소경의 눈을 뜨게 하자 소경이 '사람들이 보이는데 마치 나무 같은 것들이 걷는 것을 본다'고 하는 그 말씀에서 우리는 성경의 말씀에서 상징적인 의미들이 사용되고 있다는 것을 배울 수 있습니다. 애굽처럼 되어 버린 예루살렘을 하나님께서 심판하실 때 수많은 유대인들이 죽임을 당하였습니다. 이것을 위해 첫 번째 나팔을 분 것입니다.

구약에서 하나님께서 애굽을 심판하실 때 이스라엘 백성들에게는 단 하나의 심판도 임하지 않았습니다. 하나님이 선택한 백성들에게는 그 어떤 심판도 임하지 않은 것입니다. 그러나 바로와 그의 백성들은 심판을 당하고 그들의 장자들은 모조리 죽었습니다. 이와 마찬가지로 하나님께서 애굽이 되어 버린 예루살렘을 심판하실 때 예수 그리스도의 보배로운 피를 믿는 자들에게 심판이 임하지 않았습니다. 오히려 그들의 생명을 지켜 주셨다는 것을 우리가 역사적으로 배운다면 우리의 피난처는 오직 주 예수 그리스도밖에 없음을 고백해야 합니다.

이제 두 번째 나팔이 불립니다. 두 번째 나팔을 불 때 "불붙는 큰 산과 같은 것이 바다에 던져지매 바다의 삼분의 일이 피가 될 것"입니다. 여기에서도 하나님은 예루살렘이 심판을 받는 것을 상징적으로 묘사하여 주십니다. 바다가 피가 되는 것은 출애굽 당시 애굽을 심판할 때 행하신 내용입니다. 그리고 큰 산은 이스라엘이 하나님의 거룩한 산, 주의 기업의 산이라고 하는 것을 통해 알 수 있습니다. 지금 요한이 보고 있는 큰 산은 바로 예루살렘입니다. 하나님을 배도하고 하나님의 아들을 죽인 유대인들과 그 종교입니다.

저는 오늘 여러분들에게 아주 중요한 예수님의 비유의 말씀을 바르게 전할 수 있게 된 것을 하나님께 감사드립니다. 그동안 한국교회는 예수님의 비유의 말씀들을 자의적으로 해석하고 적용하였습니다. 목사가 자신 마음대로 성경의 말씀을 사용한 것입니다. 그것은 죄악입니다.

마태복음 21장 18절 이하의 말씀을 보면 예수님께서 무화과나무를 저주하는 사건이 나옵니다. 시장하신 예수님께서 무화과나무의 열매를 먹으려고 했으나 열매가 없자 그 나무를 저주하신 것입니다. 그런데 21절에서 예수님은 무화과나무뿐만 아니라 "이 산더러 들려 바다에 던져지라 하여도 될 것이요 너희가 기도할 때 무엇이든지 믿고 구하는 것은 다 받으리라" 하고 말씀하셨습니다. 여기에서 우리는 예수님께 무엇을 말씀하시려고 이 비유를 사용하시는지 정확하게 알 수 있습니다. 다름 아닌 열매 없는 무화과나무는 유대종교를 말하는 것이고 "산"은 바로 이스라엘 민족을 말하는 것입니다. 마태복음 21 장에서 예수님은 자신의 제자들에게 유대종교의 심판과 이스라엘의 심판을 위해 기도하라고 하신 것입니다. 우리는 22절의 말씀 때문에 예수님께서 말씀하시려고 하는 진정한 의도를 왜곡하고 말았습니다. 단지 우리가 예수님을 믿고 무엇이든지 기도하면 그 모든 것을 다 들어주신다는 식으로 말씀과는 상관없는 신앙을 배운 것입니다. 그러나 오늘의 말씀은 예수님께서 반드시 이스라엘 민족을 심판하실 것이라는 예언의 말씀이었고 그것을 위해 예수를 믿는 자들이 기도해야 한다고 하신 것입니다. 정확하게 그 일이 이루어졌습니다. 유대인들의 핍박 하에 신약의 교회는 이스라엘의 심판을 위해 기도하였습니다. 자신들의 피를 신원하여 달라고 하나님께 청원한 것입니다. 이스라엘이라는 산이 바다에 던져지도록 기도한 것입니다. 여기에서 바다는 이방을 의미합니다. 하나님께서 로마라고 하는 바다를 사용하여 이스라엘을 던져 버리신 것입니다. 그래서 이스라엘은 파괴되었고 예루살렘은 불타버리고 말았던 것입니다. 유대 역사가 요세푸스의 증언을 보면 이스라엘 군인들이 로마와 전쟁하면서 수많은 병사들이 바다에 빠져 죽었다고 합니다.

환난과 핍박과 순교의 죽음 앞에서 믿음의 선조들은 예수님의 말씀대로 거짓 유대종교가 심판을 받게 해달라고 인내하면서 기도하였습니다. 자신이 믿고 따르는 주 예수 그리스도께서 하나님의 아들이라는 것이 진리임을 보여 달라고 기도한 것입니다. 즉 예루살렘이 불타고 멸망당하는 일을 통해 자신들이 믿고 있는 주 예수 그리스도의 신앙이 진리임을 다시 한번 확증하게 된 것입니다.

계속해서 하나님의 심판을 위해 나팔이 불려집니다. 세 번째 나팔이 불릴 때 큰 별이 강이나 여러 샘들에 떨어져 물이 쓰게 되었습니다. 그 별의 이름은 "쓴 쑥"입니다. 이 별 때문에 물의 1/3이 쓰게 되어 많은 사람들이 죽게 되었습니다. 하나님께서 자신의 말씀에 순종하지 않고 우상을 숭배하는 자들에게 "쑥"이라는 단어를 자주 사용하였습니다. 즉 이스라엘과 유대인들은 배교자라는 것을 말씀하려고 하신 것입니다. 유대인들은 그리스도인들을 향해 이단이라고, 배교자라고 하였습니다. 그러나 정작 하나님은 유대인들이 배교자라는 것을 "쑥"을 통해 보여주신 것입니다. 진리를 거짓인 쑥으로 바꾼 자들이 바로 유대인들이기에 그들이 심판을 당하여 죽을 것을 보여주고 있습니다. 이제 본문의 마지막인 네 번째 나팔이 불려지고 있습니다. 여기에서도 출애굽 당시 사용되었던 흑암이 나타나고 있습니다. 해와 달과 별들이 타격을 받아 1/3이 어두워졌습니다. 해와 달과 별들은 이사야 선지자를 통해 말씀하시는 것과 같이 민족들과 민족들의 지도자들을 상징합니다(사 13장). 실제로 로마 제국과 유대 땅에서 많은 지도자들이 암살을 당하고 죽임을 당하였다는 것을 알 수 있습니다. 이러한 심판이 반드시 일어날 것을 요한이 보고 있습니다. 그런데 아직 세 개의 나팔이 더 남아 있다는 것을 가르쳐 주기 위해 하늘에서 독수리가 큰 소리로 화, 화, 화가 있을 것이라고 소리를 지르는 것을 보고 있습니다. 독수리가 상징하는 두 개의 특징이 있습니다. 그것은 죽음을 상징하는 것입니다. 죽음의 시체가 있는 곳에 독수리가 있습니다. 독수리가 이제 땅에 거하는 자들에게 화가 있을 것이라고 말합니다. 그러나 반대로 땅에 있는 자들이 화를 받는다면 그것을 위해 기도하고 있었던 하나님의 백성들은 구원을 받을 것입니다.

사랑하는 성도 여러분!

우리는 하나님께서 이스라엘과 예루살렘 그리고 유대종교를 심판하신다는 말씀을 구약과 신약에서 아주 분명하게 말씀하고 계시다는 것을 들었습니다. 예수님께서 성육신하여 오셔서 거짓 유대인들에게 죽임을 당하셨지만 자신을 믿는 하나님의 백성들을 위해 이스라엘을 심판하실 것을 말씀하신 그 모든 것을 이루고 계시다는 것을 보여주고 있습니다. 예수님의 말씀은 단 하나도 땅에 떨어져 없어지지 않습니다. 예수님께서 오셔서 말씀하신 그 모든 것이 다 이루어질 것임을 자신의 제자인 요한에게 가르쳐 주신 것입니다. 결국 이스라엘은 A.D. 70년에 멸망당하고 예루살렘은 불타고 유대인들은 1/3이 죽었습니다. 우리는 이러한 역사를 보고 알고 있습니다. 그렇다면 우리의 신앙은 어떻게 서야 합니까?

지금도 하나님은 자신의 아들을 믿는 자들을 구원하십니다. 그리고 아들을 믿는 자들을 핍박하는 세력들을 계속 심판하십니다. 하나님께서 각 나라와 민족을 사랑하시는 것이 아니라 자신의 교회를 사랑하시고 그 백성들을 사랑하시는 것을 바르게 믿어야 할 것입니다. 이제 우리는 주님께서 세우신 거룩한 교회가 계속 복음에 합당한 모습으로 서 나가기를 위해 기도해야 합니다. 그리고 우리 자신이 오직 주 예수 그리스도를 믿는 믿음 위에서 걸어가야 한다는 것을 늘 고백하고 믿음으로 승리하는 자들이 되어야 할 것입니다. 아멘.

거룩한 곳이 가장 더러운 곳이 되어 심판을 받는다

[계 9:1-21]

사도 요한이 계시록의 말씀을 기록하면서 당시 고난당하는 성도들에게 이 예언의 말씀이 2,000년 후에 이루어지는 예언이라고 가르쳤다면 그 당시 교회와 성도들에게 무슨 유익이 있으며, 무슨 위로가 있겠습니까? 지금 당장 자신들이 주 예수 그리스도를 믿는 믿음 때문에 순교의 제물이 되고 있는데 하나님께서 2,000년 후에 이루어질 일에 대하여 말씀하셨다면 그것은 아무런 유익이 되지 못할 뿐 아니라 성도들에게는 상관없는 말씀이 되는 것입니다. 오늘날 세대주의 자들, 특히 미래주의 사상으로 성경을 해석하는 사람들 때문에 요한계시록이 너무나 난도질당했습니다. 위로와 소망을 주시고 예수 그리스도를 믿는 주의 백성들과 교회들을 향한 하나님의 사랑이 얼마나 위대하고 놀라운지를 다 무너뜨리고 말았습니다. 오늘날 대부분의 목사들이 이렇게 하나님의 말씀을 올바르게 해석하지 않고 그저 자신들의 목회 성공에 목적을 두고 성경의 말씀을 자의적으로 해석하고 그것을 하나님께서 말씀하시는 것처럼 성도들에게 가르치고 있습니다. 이러한 결과로 성도들은 하나님께서 이 시대 속에서 무엇을 원하시는지도 모르고 그저 교회당에 나오면 복을 받을 것이라는 거짓 복음에 매여 살아가고 있습니다. 귀가 있어도 하나님의 말씀을 바르게 해석하여 주지 않으면 도저히 들을 수가 없습니다. 한국교회 안에서 하나님의 말씀이 바르게 해석되고 선포되기를 바랍니다.

오늘 우리가 읽은 본문의 말씀은 지난번 하나님께서 영적으로 애굽이 되어 버린 이스라엘을 심판하시는 모습을 계속 말씀하여 주시는 내용입니다.

그런데 하나님께서 이스라엘과 유대교를 심판하실 때 악한 영들을 사용하신다는 것을 보게 됩니다. 하늘에서 별 하나가 떨어져 무저갱의 열쇠를 받습니다. 이 별이 누구이며 무엇인지는 아주 정확하게 알 수는 없습니다. 그러나 무저갱의 열쇠를 받았다는 것을 보면 하나님께서 사용하시는 도구임이 분명합니다. 무저갱이란 "바닥이 없는 깊은 구멍"입니다. 무저갱에 대하여 성경은 여러 곳에서 말씀하십니다. 특히 하나님께서 구약의 선지자들을 통해 나라들을 심판하실 때 무저갱을 통해 심판하시는 것을 볼 수 있습니다. 또한 무저갱은 용의 지역입니다. 사탄이 점령하고 있는 곳을 말하기도 합니다. 사실 사탄이 다스리는 특정한 구역은 없습니다. 모든 곳이 하나님의 영역입니다. 하나님께서 사탄을 도구로 삼으실 뿐입니다. 그러나 사탄이 강하게 역사하여 하나님을 믿지 못하게 하는 곳은 분명 있습니다. 지금 사도 요한은 이스라엘 땅에, 유대인들이 생각하기에 늘 거룩하고 구원이 있는 오직 그 땅, 이스라엘에 무저갱이 열린 것을 봅니다. 이것을 통해 쉽게 알 수 있는 것은 바로 하나님께서 이스라엘 땅을 심판하신다는 것입니다. 무저갱이 열렸으니 그 땅이 얼마나 음란하고 타락하며 하나님을 대적하는 곳이 되겠습니까? 무저갱이 열렸다는 것은 더 이상 이스라엘 땅이 거룩하지 않다는 것입니다. 혈통과 땅을 중요시하는 유대인들에게는 더 이상 구원이 없습니다.

오늘날 사람들은 이러한 어리석음에 여전히 빠져 있습니다. 특히 기독교가 여기에 집착하고 있는 것을 봅니다. 성지순례라는 것을 만들이 죽기 전에 꼭 한번 거기에 가야 한다고 여기는 이러한 사상은 이단 종교인 이슬람과 다를 바가 없습니다. 이슬람은 사우디에 있는 메카와 메디나 그리고 예루살렘을 3대 성지로 여깁니다. 지금도 유대인들은 예루살렘을 가장 거룩한 곳으로 여기고 있습니다. 하지만 하나님께서 무저갱을 여셨다는 것은 예루살렘이 더 이상 거룩한 곳이 아님을 보여주신 것입니다. 하나님의 말씀을 배반하고 하나님의 아들을 죽인 유대인들, 뿐만 아니라 하나님의 아들을 믿는 성도들을 계속 핍박하고 죽이는 일을 하는 그들은 이제 하나님으로부터 쫓겨나게 된 것입니다. 당시 예수를 믿는 그리스도인들은 유대인들에게 이단이라고 하는 멍에를 붙였습니다. 목수의 아들, 인간을 하나님으로 믿는 성도들을 개와 같이 여겼습니다. 이들이 예루살렘에서 발붙일 곳은 없습니다. 아무리 혈통적으로 유대인이지만 예수를 그리스도로 믿는 그 순간부터는 이방인과 같이 여겨져 성전에는 더 이상 들어올 수 없습니다. 성전은 하나님의 임재의 상징입니다. 그러나 오히려 하나님께서 유대인들이 거룩하게 여기는 자신들의 땅, 이스라엘과 예루살렘과 성전을 향해 무저갱을 열어놓으셨습니다. 이제는 더러운 귀신들이 들끓는 그런 곳이 되어 버린 것입니다.

하나님께서 무저갱의 심판을 보여주신 것은 핍박받는 하나님의 백성들에게 지상에 있는 성전은 더 이상 아무것도 아니라는 것을 보여주신 것입니다. 오직 하나님의 아들을 믿는 그 믿음만이 거룩한 것이고 전부라고 하시는 것입니다. 하나님의 아들이 있는 곳이 어디입니까? 이제 거룩한 성전은 어디에 있습니까? 땅 위에 더 이상 거룩한 곳이 없습니다. 하나님의 아들이신 예수님께서 하늘에 좌정해 계십니다. 하늘에 있는 교회 가운데 계십니다. 이제는 더 이상 땅 위에 거룩한 곳은 없습니다. 인간들이 아무리 의미를 부여한다고 해도 땅 위에 있는 곳에 거룩한 곳이란 있지 않습니다. 오직 하늘에 있는 교회만이 거룩한 곳입니다. 우리가 모이는 예배당을 성전이라고 부르면 안 되겠지만 그렇게 부르는 이유는 거룩한 하나님의 백성들이 모이는 곳이기 때문입니다. 눈에 보이는 어떠한 것도 거룩하지 않습니다. 건물이 성전이 될 수 없고, 예루살렘이 성지가 될 수 없습니다. 예루살렘은 이제 지옥이 되었습니다. 하지만 이스라엘 땅에 있는 모든 사람들이 다 고통을 받지는 않을 것입니다. 왜냐하면 하나님께서 황충, 즉 메뚜기를 이스라엘에 보내실 때 이마에 인 맞은 자들을 보호하여 주실 것이기 때문입니다.

메뚜기는 전갈의 권세를 가지고 이마에 인 맞지 않은 자들을 쏠 것입니다. 사실 유대인들은 자신들의 손목에, 그리고 이마나 옷깃에 하나님이 말씀을 표로 달고 다닙니다. 오늘날 이스라엘을 가면 유대인들은 하나님의 말씀이 기록된 작은 가죽 끈이 달린 옷을 입고 다닙니다. 그러나 정작 하나님의 인을 맞지 않은 자들이 바로 그들입니다. 예수 그리스도를 믿는 자녀들은 하나님의 인을 맞은 자들입니다. 그것을 어떻게 알 수 있습니까? 눈에 보이지 않습니다. 유대인들처럼 이마나 손목에 그리고 옷깃에 단, 하나님의 백성임을 상징하는 물건이 없습니다. 그러나 성령께서는 다 아십니다. 유월절 이스라엘 백성들이 어린 양의 피를 자신들의 문설주와 안팎에 발라서 죽음의 심판을 피한 것처럼 예수를 믿는 자들은 예수 그리스도의 피를 믿고 세례를 받고 주님의 살과 피를 먹고 마셨기 때문에 인간의 눈에 보이지는 않지만 심판의 천사가 인 맞은 것을 보고 알 수 있는 것입니다. 천사들은 성도들에게서 예수의 흔적을 봅니다. 그러므로 눈에 보이는 외적인 흔적이 없을지라도 그것은 중요한 것이 아닙니다. 하나님께서 이 시대를 심판하신다면 역시 동일하게 심판의 날에 아들을 믿는 자들은 여전히 보호를 받을 것입니다. 왜냐하면 그들에게 예수의 피, 예수의 흔적이 있기 때문입니다. 심판에서 우리를 보호하여 주시는, 우리가 하나님의 백성이라는 유일한 표는 오직 예수 그리스도의 피입니다. 예수의 피는 믿음으로 뿌림을 받습니다.

전갈의 권세를 가진 메뚜기가 무저갱에서 올라와 예수 그리스도를 믿는 자들에게는 해를 입히지 않고 오히려 유대인들을 쏠 것입니다. 메뚜기 재앙이 다섯 달 동안 계속되는데, 역사적으로도 4,000여 명의 일반 유대인들이 반역자로 몰려 죽임을 당한 일이 기록되었습니다. 유대 역사가 요세푸스에 의하면 사람들은 모든 이성을 상실하였고, 폭도가 되어 서로를 공격하였으며, 오히려 거짓 선지자들의 말을 믿고 그들을 추종하였으며, 올바로 판단하여 바른 길을 제시하는 사람은 없고, 살인과 자살, 아버지는 자신의 가족들을 죽이고 어머니는 자기 자식을 잡아먹었다고 기록하고 있습니다. 하나님을 믿고 섬겼던 거룩한 이스라엘이 이제는 더 이상 하나님을 섬기는 곳이 아닌 사탄과 지옥의 권세가 가득한 그런 배교자들의 땅이 되어 버린 것입니다. 계시록 18장 2절의 말씀처럼 이스라엘은 귀신의 처소와 각종 더러운 영이 모이는 곳과 각종 더럽고 가증한 새의 모이는 곳이 되어 버린 것입니다.

본문 7-8절의 말씀이 역사적인 일이었다는 것을 요세푸스의 글을 통해 알 수 있는데 유대인들은 로마 군인들보다 오히려 열심당원들을 더 두려워했다고 합니다. 왜냐하면 그들은 약탈과 살인 그리고 부녀자들을 겁탈하는 일을 아주 드러나게 했습니다. 열심당원들은 자신들의 옷 안에 칼을 숨기고 그것을 들키지 않기 위해 여장을 하고 아예 여자처럼 행세하고 다녔다고 합니다. 그렇게 여자처럼 하고 다니다가 갑자기 옷 안에서 칼을 빼내어 사람들을 죽였습니다. 결국 이들을 다스리는 왕은 하나님이 아니라 사탄이었습니다. 로마 제국이 유대인들과 예루살렘을 파멸시키기 전에 일차적으로 유대인들을 죽인 자들은 열심당원들이었습니다. 이들을 다스리는 존재가 바로 무저갱의 사자이며 그 이름은 히브리어로 아바돈, 헬라어로 아볼루온이라고 하는 파괴자였습니다. 요한은 귀신들의 왕을 아바돈이라고 불렀습니다. 구약에서 아바돈은 죽음의 장소인 "파괴의 장소"를 말합니다. 다섯 번째 천사가 화가 임할 것을 말했는데 이것이 바로 첫 번째로 임할 유대인들의 심판입니다. 그러나 아직 두 번째 화가 남았습니다. 13절 이후부터 두 번째 화가 임하는 것을 말씀하십니다. 이것을 위해 여섯 번째 천사가 나팔을 불기 시작합니다.

초기 신약의 교회 성도들은 자신들의 피를 신원하여 주시기를 위해 기도하였습니다. 예수를 믿는 그 믿음 때문에 자신들과 가족들이 죽으면서 흘렸던 그 피를 복수하여 주시기를 하나님께 기도 드렸습니다. 하나님 앞 금 제단 네 뿔은 기도를 상징하는 것입니다. 이것은 구약에서 성막을 살펴보면 쉽게 알 수 있습니다. 금 향단 네 뿔에서 모여지는 것은 성도들의 기도가 모이는 향단입니다. 이곳에서 드린 제사는 정결 제사입니다. 죄 때문에 어떤 장소가 더럽혀졌다면, 그때 죄가 땅을 더럽혔다면 그것은 하나님의 집을 더럽힌 것입니다. 그리스도를 거부한 이스라엘은 오염되고 더러워졌습니다. 하나님께서 무저갱을 열고 귀신들을 이 땅 가운데 보내신 것은 바로 이스라엘이 우상과 간음으로 더러워졌기 때문입니다. 사실 유대인들은 자신들이 하나님을 섬기는 열심을 가진 바른 백성들이라고 여겼습니다. 그러나 실상은 그렇지 않았습니다. 종교 지도자들은 자신들의 기득권을 누리기 위해 우상을 섬겼고 마치 그것이 하나님을 위한 바른 신앙의 길인 것처럼 가르쳤습니다. 우리 민족이 일제의 고통 속에 있을 때 교회 목사들이 예배당 안에 우상을 만들고 하나님께 예배하기 전에 먼저 그 우상 앞에 머리를 숙였던 것과 같이 한 것입니다. 이렇게 더러워진 이스라엘을 심판하시기 위해 하나님께서 이방의 군대들과 사탄을 이용하여 심판하시는 것입니다. 하나님께서 이용하시는 군대의 수가 이만 만입니다. 이것은 상징적인 수인데 무수히 많다는 것입니다. 하나님께서는 교회 안에만 계신 분이 아닙니다. 하나님은 온 우주 만물 가운데 충만하신 분이십니다. 이스라엘 백성들은 언제나 하나님이 자신들 민족만을 위해 계신 분이라고 여겼습니다. 그러나 스데반이 선포하는 것처럼 하나님은 우주 가운데, 다니엘이 고백하는 것처럼 하늘 가운데 계신 분이십니다. 하나님께서는 지상에 있는 이방 민족을 자신의 군대로 삼고 사용하십니다. 구약 시대부터 하나님은 자신의 백성들이 언약을 배반하였을 때 언제나 이방 민족을 심판의 도구로 삼으셨습니다. 케스티우스가 A.D. 66년에 유브라데 근처에서 군대를 모아 예루살렘을 공격한 역사가 있습니다. 케스티우스가 예루살렘을 거의 정복하였을 때 갑자기 로마에서 반란이 일어나 로마 군인들이 물러났습니다. 이 때 유대인들은 자신들이 끝까지 싸워서 이겨낸 것으로 착각하여 오히려 더 교만하여지고 말았습니다. 그러나 이것은 하나님께서 그들에게 회개의 기회를 주신 것입니다. 20절 말씀처럼 그 재앙에 죽임을 당하지 않고 남은 자들이 회개하지 않고 오히려 여러 귀신과 우상을 계속 섬겼습니다. 결국 완전히 하나님을 믿는 신앙을 버리고 배교한 것입니다.

　사람들은 자신들의 죄를 회개하고 돌이키는 것을 싫어합니다. 하나님께서 개인뿐만 아니라 민족 가운데 심판을 내리시는 것을 보고도 쉽게 깨닫지 못합니다. 특히 하나님께서 구약에서 그렇게 자신들의 조상들에게 말씀하신 그 말씀을 하찮게 여기고 우상을 하나님처럼 섬기고 있습니다. 이러한 이유는 바로 거짓 선지자들 때문입니다. 그들은 언제나 자신들의 입으로 하나님을 거짓되게 섬기게 만드는 일을 하였습니다. 온 이스라엘은 이런 거짓 선지자들 때문에 자신들이 정말로 하나님을 바르게 섬기고 있는지를 생각해 보지 않았던 것입니다. 오늘날도 마치 이와 같습니다. 성도들은 목사가 하는 말이면 무조건 아멘 해야 복을 받지 않습니까? 이러한 무지와 어리석음이 하나님을 배도하는 신앙을 만들었던 것입니다. 입이 있어도 말하지 못하고 눈이 있어도 보지 못하는 우상들에게 절을 하고 그것이 하나님을 섬기는 것이라고 믿은 것입니다. 이러한 일이 어떻게 하나님을 섬기는 이스라엘 백성들 가운데 일어날 수 있겠습니까? 하나님의 아들 예수 그리스도께서 오셔서 그 많은 표적과 기사를 통해 하나님을 섬기는 것이 어떤 것인지를 보여주었음에도 불구하고 그들은 우상을 섬기기 위해 하나님의 아들을 십자가에 죽였고, 예수를 믿는 성도들을 죽이기 시작한 것입니다. 사도 요한은 이스라엘의 죄악이 결국 우상숭배에 있다고 하는 것을 가르쳐주고 있습니다. 오늘날도 우상숭배가 바로 교회 안에서 이루어지고 있습니다.

　사랑하는 성도 여러분!
　우리는 이스라엘이 어떤 민족이고 그들이 누구인지 알고 있습니다. 그러나 그들은 하나님을 섬기는 대신 우상을 숭배하였고 그 결과 하나님의 아들을 죽였으며, 성도들을 살인하였고, 여전히 우상숭배를 위해 복술과 음행과 도둑질을 그치지 않고 자행하고 있다는 것을 알 수 있습니다. 이러한 우상숭배 신앙을 하나님께서 용서하지 않고 심판하시는 것입니다. 거룩한 곳이 가장 더러운 곳이 되었습니다. 오늘의 말씀은 충분히 현대 교회를 위해 경고의 말씀으로 주시는 것입니다. 가장 거룩한 교회가 가장 더러운 곳으로 변질되고 타락할 수 있습니다. 왜냐하면 하나님을 이용하여 종교 장사를 하면 그곳은 타락하고 음란한 곳이기 때문입니다. 하나님께서 시대마다 교회를 심판하셨습니다. 지금 우리가 알고 있는 유럽의 교회들이 왜 심판을 받았습니까? 그것은 바로 하나님을 바르게 섬기고 가르치지 않았기 때문입니다. 영적으로 음란하게 하나님의 말씀을 거짓되게 가르쳤습니다. 거짓 목사들이 가르친 하나님 없는 신학은 예수 그리스도가 하나님의 아들이 아니라고 가르쳤기 때문입니다. 구원은 오직 예수 그리스도를 통해서만 이루어집니다. 그러나 거짓 목사들은 성경의 말씀을 하나님의 말씀으로 인정하지 않았고 자신들이 배운 신학대로 교회를 이끌었습니다. 그 결과 교회는 심판을 받은 것입니다. 우리는 유럽의 교회가 왜 타락하고 심판을 받았는지 거울로 삼아야 합니다. 한국교회도 이러한 하나님의 심판 앞에 서 있다는 것을 분명하게 깨달아야 합니다. 한국교회도 심판을 받을 것입니다. 예배당에서 하나님이 없는 설교와 하나님을 인간의 행복의 대상으로 만든 그 죄악이 심판을 받을 것입니다. 오늘의 말씀을 통해 우리는 회개하고 하나님의 말씀으로 돌아가고 예수 그리스도께로 돌아가는 신앙을 회복해야 할 것입니다. 아멘.

예수님께서 맹세하시는 이유

[계 10:1-11]

오늘 우리가 읽은 본문은 지난주 여섯 번째 나팔이 불리고 나서 일곱 번째 나팔이 불리는 사이에 주어진 말씀입니다. 하나님께서 심판하시는 대상은 옛 언약의 백성들입니다. 다시 말해 하나님의 언약을 받고도 그 말씀에 순종하지 않는 유대인들입니다. 우리가 들었던 말씀을 기억해 보면 이스라엘은 영적으로 애굽이 되었고 하나님보다는 자신들의 육신의 생명을 우선하기 위해 하나님에 대한 신앙을 버린 자들이 되었습니다. 영적으로 애굽이 되어버린 이스라엘은 더 이상 하나님께서 놔두시지 않습니다. 반드시 심판하시기 위해 무저갱을 이스라엘을 향해 열어 놓으시기로 하셨습니다. 여기에서 잠시 왜 이스라엘과 예루살렘이 심판을 받아야 하는지를 말한다면 그것은 그들의 반역 때문이라고 할 수 있습니다. 하지만 이스라엘이 심판을 받아야 하는 이유는 단지 그들의 죄 때문만이 아닙니다. 그보다 더 큰 하나님의 계획이 있습니다.

먼저 이스라엘이 심판을 받아야 하는 이유는 그들이 하나님의 율법을 버리고 또한 하나님께서 율법을 통해 계시하신 그리스도를 믿지 않았기 때문입니다. 지금 유대인들은 자신들의 죄를 알지 못하고 있을 뿐만 아니라 오히려 예수 그리스도를 죽이고 예수를 믿는 성도들을 무참하게 핍박하고 교회를 무너뜨리고 있습니다. 하나님께서 자신의 피로 세우신 새 언약의 백성들과 교회를 파괴하고 있는 것입니다. 유대인들이 하나님을 우상으로 섬기는 그 죄로 인해 심판을 받아야 함은 마땅하지만 하나님께서 유대인들을 심판하는 이유, 그 중심은 자신의 교회를 지키시기 위함이었습니다. 하나님은 창조 이후에 인간이 죄로 타락하고 불순종한 가운데 영원한 죽음의 형벌을 내리셨지만 구원 경륜을 통해 자신의 백성들을 구원하시기로 하셨습니다. 이 구원 경륜은 히브리인들에게만 해당하는 것이 아닙니다. 물론 히브리인들을 도구로 사용하신 것은 분명합니다. 그래서 아브라함과 이삭과 야곱을 통해 그 민족을 번성하게 하셨습니다. 그것은 단지 이 민족을 통해 예수 그리스도께서 오시기 위한 방편으로 삼으신 것입니다. 결국 하나님은 때가 되어 모든 세상의 민족들 가운데서 예수 그리스도를 믿고 하나님의 새 언약 백성이 되는 자들을 부르시기 위한 구원 경륜을 세우신 것입니다. 이것이 바로 비밀입니다.

이 비밀은 창조 이전부터 감춰진 것입니다. 그런데 하나님의 아들께서 이 세상 가운데 오셔서 그 비밀이 무엇인지 나타내셨습니다. 우리는 시간 안에 살고 있습니다. 우리의 시간 개념은 연대기적입니다. 과거와 현재, 그리고 미래라는 순서로 역사를 해석합니다. 나보다 나이가 많은 사람은 윗사람이고, 나이가 적은 사람은 아랫사람입니다. 우리는 언제나 이러한 시간의 순서적 개념 안에서 살아가고 있습니다. 하지만 하나님의 존재는 시간 안에 계신 것이 아닙니다. 시간은 하나님의 창조물입니다. 다만 하나님께서 창조한 시간을 사용하실 뿐입니다. 우리가 하나님을 이해하고 바른 신앙을 가지기 위해서는 연대기적 시간 개념의 한계를 뛰어 넘어야 합니다. 복음이 이방인에게 증거된 것은 유대인들 다음이라고 할 수 있습니다. 이것이 바로 시간의 순서입니다. 그러나 하나님의 구원 경륜 속에서는 유대인이나 이방인이나 다 하나입니다. 하나님의 신비는 유대인이나 이방인들이 예수 그리스도 안에서 한 몸으로 결합시키는 것입니다. 지금 우리보다 사도들이나 그 당시 초기 그리스도인들은 하나님의 비밀이 성취되는 것을 직접 목격한 증인들이었습니다.

사도 요한은 또 한 번 예수님을 보고 있습니다. 지금 요한 앞에 나타난 "힘 센 다른 천사"는 바로 예수 그리스도이십니다. 이 힘 센 천사의 모습은 이미 우리가 계시록 1장에서 본 예수님의 모습과 아주 흡사합니다. 오늘 본문은 예수님의 모습을 좀 더 자세하게 보여 줍니다.

먼저 구름을 입고 있는 모습을 보여줍니다. 구름을 입고 있다는 표현은 무수한 천사들로 채워져 입고 있다는 의미입니다. 천사를 입는 것은 오직 하나님만이 하실 수 있는 것입니다. 어떤 천사도 구름을 입고 있지 않습니다. 그러므로 하나님의 아들이신 예수님께서 천군천사를 호령하시는 것입니다. 구약에서 구름은 하나님의 임재의 상징으로 표현되었다는 것을 우리는 알 수 있습니다. 일반적으로 천사는 구름 가운데 나타나지 않습니다. 구름 입고 구름 가운데 나타나신 분은 바로 하나님의 아들이십니다. 또한 이 천사가 예수 그리스도이심이 확실한 근거는 천사의 머리 위에 무지개가 있다는 것입니다. 우리는 이미 4:3에서 하나님의 보좌 주위에 있는 무지개를 보았습니다. 그리고 에스겔 선지자는 보좌에 앉으신 하나님으로부터 사방으로 광채가 나는데, 그 사면 광채의 모양은 비 오는 날 구름에 있는 무지개 같다고 하면서 그것은 바로 여호와의 영광의 형상의 모양이라고 말해주고 있습니다(겔 1:27-28). 예수 그리스도는 하나님의 형상의 모

양이십니다. 그리고 이 천사의 얼굴은 해와 같습니다. 예수 그리스도
는 의의 태양이십니다. 로마 황제가 태양이 아니라 진정한 해와 같이
빛나시는 분은 오직 예수 그리스도이십니다. 예수님의 발은 불기둥
으로, 과거 구약의 이스라엘 백성들이 광야에 있을 때 하나님께서 이
스라엘 백성들을 보호하여 주시기 위해 임재의 상징으로 나타내 주
셨던 것이었습니다. 지금 사도 요한이 보고 있는 강한 천사의 이미지
는 유대인들뿐만 아니라 그리스도인들에게 오직 하나의 이미지를 강
하게 전하고 있는 것입니다. 그것은 다름 아닌 예수 그리스도께서 하
나님이시라는 것입니다. 이미 구약에서부터 이스라엘 백성들 가운데
임재하신 하나님의 그 모습이 바로 예수 그리스도라는 것을 당연하
게 가르쳐 주고 있는 것입니다.

예수께서 목수의 아들로 이 땅 가운데 오셨을 때, 주님의 형제들
까지도 주님을 비난하였습니다. 주님의 제자들도, 죽기까지 순종하
겠다고 다짐했던 그 사람들도 다 도망하였습니다. 로마 병사들은 예
수님을 조롱하고 결국 십자가에서 죽였습니다. 육체로 계셨을 때 그
렇게 조롱당하고 멸시당하셨던 예수님께서 지금 사도 요한에게 자신
이 어떤 존재인지를 보여 주고 계십니다. 주님은 바로 하나님이십니
다. 영광 가운데 계시고 모든 나라와 민족을 심판하시는 분이시며 당
신의 교회를 끝까지 사랑하시는 분이라는 것을 보여 주십니다. 예수
님께서 심판이 아주 분명하고 확실하다고 하는 것을 나타내시기 위
해 맹세까지 하십니다. 오늘 우리가 듣는 말씀이 복음이라는 것을 이
맹세를 통해 알 수 있습니다. 하나님께서 어떻게 맹세하실 수 있습
니까? 성경을 보면 하나님께서 맹세하셨다는 것을 보여주는 말씀들
이 있습니다. 하나님께서 실제로 맹세하셨다는 것은 반드시 그 일을

행하신다는 의지를 보여주는 것입니다. 그런데 지금 예수님께서 6절 말씀을 통해 맹세하시면서 자신이 하는 일을 지체하지 않는다고 하신 것입니다. 다시 말해 예수님께서 사도 요한에게 자신을 아주 강력한 힘을 가진 천사로 보여주시면서 반드시 지체하지 않고 되어질 일에 대하여 맹세하시는 것입니다.

그렇다면 예수님은 무엇을 반드시 지체하지 않는다 하시고 그 일을 위해 맹세하신 것입니까?

그것은 다름 아닌 유대인들을 심판하신다는 것입니다. 예수님께서 바다와 땅을 밟고 계십니다. 바다와 땅이라는 이 표현은 관용구입니다. 바다와 땅은 지상의 모든 것을 나타내는 것입니다. 바다는 이방을 말하고 있고, 땅은 하나님 백성들의 영역입니다. 즉 이스라엘 땅입니다. 예수님께서 지금 이방 민족들과 이스라엘 가운데 서서 계신 것입니다. 하나님은 이스라엘에 한정하여 계신 분이 아닙니다. 하나님은 모든 세상 가운데 통치자로 계십니다.

우리는 하나님은 교회 안에만 계신다고 하는 어리석은 생각을 버려야 합니다. 하나님은 세상 가운데서도 역사하시고 다스리시는 왕이십니다. 우리의 가정과 학교, 그리고 직장과 사업장 모든 곳에 하나님의 통치가 있습니다. 현대 교회는 아주 심각하게 왜곡된 신앙을 성도들에게 심어 주고 있습니다. 교회를 위해 헌신하고 충성하면 하나님께서 복을 주신다는 가르침으로 성도들이 속한 가정과 직장을 등한시하게 만들었습니다. 하나님은 스스로 부정하시지 않습니다. 우리가 하나님을 위해 교회에 충성하면 가정에도 소홀히 할 수 없는 것입니다. 무엇이 우선이 될 수 없습니다. 하지만 오늘날 현대 교회는 하나님을 위한다는 명분으로 가정을 버리고, 자녀들을 책임지지 않고, 그저 신학교에 가는 것을 가장 훌륭한 신앙이라고 가르치고 있는데 이것은 아주 잘못된 것입니다. 하나님은 이것 아니면 저것이라고 하지 않으십니다. 하나님은 모든 것이 되십니다. 인간의 모든 삶에 하나님이 전부라는 것이 바로 이런 의미입니다. 우리는 모든 삶의 영역에서 하나님을 선포해야 합니다. 왜냐하면 예수님께서 지금 자신의 오른발로 이방을, 그리고 왼발로 땅을 밟고 계시기 때문입니다.

그런데 예수님께서 사자가 부르짖는 것같이 큰 소리로 외칠 때 일곱 우레가 소리를 내어 어떤 말을 하고 있습니다. 사도 요한은 일곱 우레가 말하는 것을 들었습니다. 그래서 그것을 기록하려고 하다가 하늘에서 소리가 나기를 일곱 우레가 말한 것을 인봉하고 기록하지 말라고 한 것입니다. 그렇다면 일곱 우레가 무엇인지 궁금하신 분들이 있을 것입니다. 일곱 우레는 천사적인 합창입니다. 전능하신 하나님의 선포에 응답하는 하늘의 화답 찬송입니다. 지금 예수님께서 사자같이 큰 소리로 선포할 때 천사들이 화답하여 찬송한 것입니다. 사람들은 사도 요한이 일곱 우레로부터 들은 이 내용에 대하여 호기심을 발동합니다. 많은 사람들이 이런저런 내용이었다고 주장하지만 분명한 것은 주님께서 사도 요한에게 그것을 기록하지 말고 인봉하라고 하신 것입니다. 사도 요한은 들었지만 요한도 그것을 말하지 않았습니다. 하나님께서 말씀하지 않은 것을 우리가 알려고 할 필요는 없습니다. 그러나 거짓 선지자들은 하나님께서 감추신 것을 아주 궁금해 하고, 자신들이 스스로 그것을 풀어서 하나님께서 알려주셨다고 성도들을 미혹하고 있습니다. 사도 요한에게 기록하지 말라고 하신 하나님께서는 그 어떤 인간에게도 인봉한 것을 가르쳐 주시지 않습니다. 여기에서 중요한 것은 일곱 우레가 말한 내용이 아닙니다. 우리가 관심을 가져야 하는 것은 지금 강한 천사가 무엇을 말하고 있는지입니다. 예수님께서 이방 나라와 이스라엘을 밟고 서 계시면서 말씀하신 것입니다. 그것은 바로 하나님께서 구약에서부터 선지자들에게 말씀하신 복음과 같이 그 비밀이 이루어질 것이라는 말씀입니다. 여기에 오늘 계시록 10장 말씀의 핵심이 들어 있는 것입니다.

예수님께서 비밀이 이루어질 것이라고 하시는 것은 어떤 신비스러운 것을 말씀하시는 것이 아니라 전에는 감추어졌는데 지금 그것이 드러난다고 하는 것입니다. 에베소서 3:5-6에서 비밀은 하나님께서 만세와 만대로부터 감춘 것인데 선지자들과 사도들에게 성령으로 나타내신 것같이 다른 세대에서는 사람의 아들들에게 알리지 않고 이방인들이 복음으로 말미암아 그리스도 예수 안에서 함께 상속자가 되고 함께 지체가 되고 함께 약속에 참여하는 자가 되는 것입니다. 이것이 전부터 감추어진 비밀이었다고 하는 것입니다. 다시 말해 하나님께서 감추셨던 비밀은 유대인들과 이방인들이 예수 그리스도를 통해 하나가 되는 것입니다. 이 감추었던 비밀이 이루어지게 하기 위해 예수님께서 맹세하신 것입니다. 이제는 유대인과 이방인의 구분이 없이 예수 그리스도 안에 있는 교회를 하나님께서 자신의 새로운 민족, 새로운 나라와 백성으로 삼으신 것입니다. 이것이 바로 새 창조의 역사입니다. 그래서 예수님께서 바다와 땅을 같이 밟고 계셨습니다. 구약 시대에는 이미 선지자들을 통해 이스라엘 백성들에게 복음을 전하셨습니다. 그러나 이스라엘 백성들은 어떻게 했습니까? 그들은 선지자들을 죽였습니다. 복음을 전하는 하나님의 종들을 죽인 것입니다. 심지어 하나님의 아들까지 죽였습니다. 예수님께서 포도원 지기의 비유를 통해 말씀하신 것이 바로 이것입니다. 주인의 아들까지 죽였으니 주인이 와서 그 악한 자들을 다 심판할 것이라고 하신 그 비유가 바로 유대인들의 심판입니다.

하나님께서 창세 전부터 감추었던 그 비밀을 이루시기 위해 자신의 아들을 세상 가운데 보내셨습니다. 하지만 아들은 죽임을 당하셨습니다. 하나님께서 이 비밀을 이루시기 위해 유대인들과 이방인들이 하나가 되게 하시기 위해, 즉 예수 그리스도를 믿고 하나님의 새로운 백성들과 나라를 이루시기 위해 이제 과거 옛 언약의 백성들을 다 심판하실 것입니다. 그것은 더 이상 필요가 없습니다. 계속 땅에 있게 되면 하나님께서 이루시려고 하는 새로운 나라의 걸림돌이 되기 때문입니다. 그러므로 지상에 있는, 그리고 구약 시대부터 계속 드려졌던 동물의 피의 제사를 없애 버리기 위해 예루살렘 성전을 붙잡고 계속 동물의 희생 제사를 드리는 것을 다 불로 없애 버린 것입니다. 아예 그것을 다시는 하지 못하도록 그 일에 종사하였던 제사장들도 모조리 죽임당하게 하셨고, 레위 지파도 사라지게 했습니다. 이 하나님의 비밀을 이루시기 위해 예수님께서 이스라엘을 심판하시겠다고 하는 것입니다. 예수님께서 유대인들과 이방인들이 자신 안에서 교회를 이루며 하나님의 새로운 나라를 이루어야 한다는 것을 위해 맹세하신 것입니다. 이것은 지체되지 않는 일입니다. 그러므로 맹세하신 예수님께서 그것을 이루시기 위해 심판하신다는 것을 계속 말씀하시는 것입니다. 이것이 바로 요한계시록의 핵심입니다.

사랑하는 성도 여러분!
요한계시록이 복음이 될 수밖에 없는 이유가 여기에 있습니다. 불신 유대인들에게는 아주 두려운 심판의 말씀이지만 예수를 믿는 유대인들과, 이방 그리스도인들에게는 축복의 말씀입니다. 하나님의 심판은 반드시 내려져야 합니다. 왜냐하면 주 예수를 믿는 유대인들과 이방인들이 한 형제가 되고 하나님의 새로운 민족이 되기 때문입니다. 이러한 하나님의 구원의 큰 구속 경륜을 알게 되면 우리는 우리 교회만을 위해 생각하고 기도하지 않습니다. 모든 지상의 교회를 위해, 그리고 하나님의 나라가 계속 세상 가운데서 증거되고 선포되고 확장되기를 위해 힘쓸 것입니다. 오늘날 저급한 복음주의는 자신들의 교회를 위해서는 얼마나 애를 쓰고 헌신하는지 모르겠습니다. 목사가 자신의 목회 성공만을 위해 성경에도 없는 거짓 복음을 만들어 하나님을 우상으로 변질시켜 사람들을 예배당으로 모으고 있습니다. 예배당에 사람들은 모이게 할 수 있으나 하나님의 백성으로 세울 수는 없을 것입니다. 오직 복음만이 죄인을 하나님의 백성으로 새롭게 하기 때문입니다. 폴 워셔라고 하는 칼빈주의 목사는 말하기를, 자신이 어떤 사람을 목사로 세운다면 그 사람은 자신보다 더 뛰어난 실력을 가져야 한다고 했습니다. 이 말은 목사가 복음에 대한 분명한 지식과 성경의 해석을 통해 계속 복음만이 증거되게 해야 한다는 것입니다. 자신보다 못한 사람이 목사가 되고, 시간이 흐르면서 계속 선임자보다 못한 사람이 목사가 된다면 결국 복음은 왜곡되어 변질되고 말 것입니다. 어떤 사람이 아주 뛰어난 실력을 가지고 칼을 만드는 장인인데, 그 뒤를 잇는 사람이 이 장인보다 실력이 못하다면 그 칼이 명검이 될 수 없는 것입니다. 바로 이러한 복음을 위해 하나님께서 교회가 믿음의 조상들의 길을 잊지 말고 순종하며 배우고 걸어가라고 하신 것입니다. 복음은 변질될 수 없습니다. 사도 요한에게 두루마리를 가져다가 먹으라고 하면서 입에는 달지만 배에는 쓰다고 하신 그 말씀이 바로 복음입니다. 자기 민족인 유대 민족은 심판을 당할 것이지만 요한은 그것을 환영하고 하나님의 심판을 선포할 것입니다. 슬픔이 있지만 기쁨으로 곡식 단을 거둘 것입니다. 이 복음, 즉 하나님께서 이스라엘을 심판하신다는 이 복음을 이방 민족들과 임금들에게 계속 증거하라고 하십니다. 오늘 우리는 예수님께서 반드시 이스라엘 땅을 심판하시고 이방에서 자신의 자녀들을 모으셔서 새로운 하나님의 나라를 만드시기 위해 맹세하시는 것을 보았습니다. 예수님께서 지금도 하늘 보좌에서 이것을 위해 계속 일하고 계십니다. 우리가 이러한 것을 보면서 우리는 무엇을 위해 살아야 하는지를 다시 한번 깨달아야 할 것입니다. 아멘.

새로운 이스라엘을 이루신다

[계 11:1-19]

우리는 지난번, 예수님께서 강력한 천사의 모습으로 요한에게 나타나셔서 옛 언약 백성인 이스라엘을 심판하시고 복음을 이방에 전하라고 하시는 말씀을 들었습니다. 그리고 이스라엘에 대한 심판은 아주 분명하게 지체되지 않고 이루어질 것이라고 말씀을 하셨습니다. 오늘 본문의 말씀을 통해 주님은 예루살렘과 그 성전이 파멸에 이를 것을 요한에게 자세하게 보여주십니다. 하지만 심판 받지 않는 자들 또한 있다는 것도 말씀하여 주십니다.

예수님께서 요한에게 성전과 제단을 측량하라고 하시면서 지팡이와 같은 갈대를 주십니다. 성전을 측량하되 마당 바깥은 측량하지 말라고 하십니다. 측량할 것과 측량하지 말 것을 말씀하십니다. 이 말씀의 이미지는 하나님께서 에스겔 선지자에게 보여주신 것과 유사합니다. 에스겔 40-43장을 보면 하나님께서 선지자 에스겔에게 이상 중에 성전을 보여주시는 장면이 나옵니다. 그것은 하늘 성소였습니다. 그곳에 하나님께서 영원히 거할 것이라고 하십니다. 지상에 있었던 성전은 하늘 성소의 모형입니다. 성전의 원형은 하늘에 있습니다. 하지만 여전히 지상에 있는 모형에 목숨을 건 사람들이 있습니다. 그들이 바로 유대인들입니다. 땅에 있는 예루살렘 성전(헤롯 성전), 이것을 지키기 위해 예수님을 십자가에 죽였고, 예수를 믿는 성도들을 또한 죽이고 있으며, 하나님의 백성을 구원하는 복음이 더 이상 증거되지 못하도록 하였던 것입니다. 결국 하나님의 백성이라고 여기는 자신들이 하나님께서 하시는 일을 방해하고 대적하고 있는 것입니다. 이렇게 어리석고 미련할 뿐만 아니라 마귀적인 인간들을 향해 하나님께서 결국 심판을 내리시는 것입니다. 그들이 붙잡고 있는 껍데기인 성전을 파괴하실 것입니다. 그것을 요한에게 친히 말씀하고 계십니다.

본문 1-2절을 통해 하나님께서 지상에 있는 예루살렘 성전이 이 방인들에게 짓밟힐 것이라고 가르쳐 주십니다. 그것도 42달 동안 말입니다. 이것은 역사적으로 분명하게 이루어졌습니다. 로마의 군대가 A.D. 67년 봄부터 70년 8월까지 이스라엘과 예루살렘을 공격하면서 짓밟은 것입니다. 우리는 주님께서 요한에게 성전을 측량하라고 하시면서 보호할 것과 보호하지 말 것을 보여주신다는 것을 알아야 합니다. 성경에서 측량은 정한 것과 부정한 것을 구분하는 상징적인 행위입니다. 하나님께서 정하다 하신 것은 보호를 받고, 부정하게 여기시는 것은 심판을 받습니다. 따라서 하나님께서 성전과 그 제단과 그 안에서 경배하는 자들을 측량하라고 하신 것은 심판으로부터 보호하신다는 것입니다. 유대인들은 자신들만 거룩하고 정결한 백성이라고 믿었습니다. 그런데 주님은 지금 그들은 오히려 부정한 자들이라고 말씀하십니다. 누가 하나님께서 보시기에 거룩한 백성이고 정한 사람들입니까? 다름 아닌 오직 하나님의 아들의 피로 씻음 받은 그리스도인들만이 거룩한 백성이고 하나님의 자녀들이라고 하는 사실입니다. 혈통적으로는 아브라함의 자손들이지만 유대인들은 결국 마귀의 자녀들입니다. 예수님께서도 그들의 아비는 마귀라고 하셨습니다. 그들은 하나님을 대적하는 세력들입니다. 이제 오직 예수 그리스도를 믿는 자들만이 하나님께서 자신의 백성으로 삼는 자들, 하나님의 백성들입니다. 성전 마당 바깥은 측량하지 말라고 하신 것은 그것을 보호하지 않고 파괴하신다는 것입니다. 이방인인 로마인이 그 거룩한 성이라던 예루살렘 성을 파괴할 것입니다.

하나님께서 이처럼 예루살렘 성을 파괴하신다는 예언을 수차례 계속하시는 것은 그만큼 유대인들에게 예루살렘 성과 그 안에 있는 성전이 가지고 있는 종교적인 의미가 얼마나 큰지를 알고 계신 것입니다. 구약 시대부터 성막과 성전은 하나님의 임재의 상징이었습니다. 하나님께서 그곳에 계십니다. 유대인들은 타국에서도 성전이 있는 예루살렘을 향해 기도를 합니다. 이슬람만 메카를 향해 기도하는 것이 아니라 유대인들도 예루살렘을 향해 기도합니다. 왜냐하면 그곳에 하나님께서 계시기 때문입니다. 다니엘서를 보면 유대 포로들이 늘 예루살렘을 향해 기도하는 것을 볼 수 있습니다. 지상에 성전이 있는 한 유대인들은 그곳에서 하나님께서 자신들과 함께 하신다는 것을 믿지 않을 수 없는 것입니다. 그러니 하나님께서 오직 자신의 아들의 피로 구원하시는 일을 이루시기 위해서는 예루살렘에 있는 성전을 더 이상 그대로 두실 수 없었던 것입니다. 당연히 파괴시키고 흔적조차 없애버려야 했습니다. 돌 위에 돌 하나도 남겨놓지 않고 무너뜨리신다고 하신 주님의 그 말씀대로 다 무너뜨렸습니다. 그러나 오늘날 유대인들이 그 성전 터 앞에서 여전히 통곡하고 기도하는 것을 보면, 그만큼 인간은 자신들의 눈으로 보이는 어떤 종교적 형태에 여전히 머물 수밖에 없다는 것을 알 수 있습니다. 이러한 현상은 모든 인간들이 추구하는 종교성이라고 할 수 있습니다. 그러니 기독교도 여전히 눈에 보이는 것에 매여 하나님을 섬기는 것이 아니겠습니까? 로마 교회가 타락하자 그들이 추구한 것이 바로 눈에 보이는 성전이었고 의식들이었습니다. 이러한 현상은 오늘날도 개신교라고 하는 우리들 안에도 자리잡고 있습니다. 성도들이 모여 예배드리는 장소는 필요한 것이지만 그것이 마치 성도들에게 어떤 종교적인 영향을 주는 것처럼 여기는 것은 유대인들과 다를 바가 없는 것입니다.

교회가 타락하면 반드시 나타나는 현상 가운데 하나가 바로 인간들이 눈으로 보는 신앙을 양산하는 것입니다. 주님께서 우리에게 눈으로 볼 수 있도록 제공하신 신앙은 오직 세례와 성찬뿐입니다. 성전은 더 이상 눈으로 보면서 우리의 신앙을 성장시키는 방편이 되지 못합니다. 성화도 마찬가지입니다. 혹 여러분들의 가정에 예수님의 얼굴이라고 붙여 놓은 그림이 있다면 모조리 가져다가 버리시기를 바랍니다. 그것은 예수님이 아닙니다. 타락한 인간이 만들어 놓은 종교적 열풍에 지나지 않습니다. 참된 기독교는 오직 하나님의 말씀에 의존하여 하나님을 믿는 종교입니다. 우리의 눈에 보이는 것, 그리고 어떤 뜨거움이나 체험이 없다고 할지라도 하나님의 말씀만이 우리를 구원으로 인도한다는 것을 믿는 것입니다. 저는 요즘 이슬람에 대한 자료를 계속 읽고 있습니다. 주후 7C 경에 발생한 이슬람은 그들의 창시자 마호메트가 구약성경과 신약의 복음서 일부와 그리고 자신이 받은 계시를 가지고 만들어 놓은 꾸란을 알라의 계시의 말씀이라고 합니다. 오늘날 모슬렘들이 그렇게 꾸란을 신성시하고 생명을 바쳐 따르는 것을 보면 우리 기독교인들이 하나님께서 우리들에게 주신 성경이라는 이 계시의 책을 어떻게 읽고 순종하는지를 새삼 비교하지 않을 수 없습니다. 짜깁기한 꾸란을 하나님께서 생명을 주는 말씀이라고 믿는 모슬렘들을 보면서 우리는 한결같이 구약성경에 계시된 그리스도께서 인간으로 친히 오셔서 말씀하여 가르쳐 주신 그 말씀에 얼마나 순종하고 있는지 되돌아보아야 할 것입니다.

하나님은 오직 예수 그리스도를 믿는 자들을 구원하십니다. 예수님께서 성전이시고, 교회가 거룩한 곳입니다. 이제 땅에 보이는 예루살렘 성전은 더 이상 하나님께서 임재하시는 곳이 아닙니다. 오직 교회만이 하나님께서 임재하시는 곳입니다. 소아시아 일곱 교회가 비록 여러 가지 문제가 있었지만 그 교회가 하나님께서 임재하시는 곳이라는 것에 당시 그리스도인들이 이 계시록을 읽으면서 위로와 소망을 가졌을 것이 분명합니다. 왜 교회가 하나님의 임재의 장소가 되었습니까? 그것은 다른 이유가 없습니다. 오직 하나님의 아들의 피를 믿고 죄를 사함받은 자들이 모인 곳이기 때문입니다. 오늘 우리들이 모여 이룬 이 교회가 하나님께서 임재하신 곳입니다. 이곳에서 드리는 예배를 하나님께서 받으시고 계십니다. 할렐루야!

예루살렘 성전을 가지고 있었던 유대인들에게 매일 조롱당하고 회유당하면서 핍박과 죽음에 이르는 성도들이 유일하게 가진 소망은 바로 예수님께서 하늘에서 영원한 대제사장으로 계시면서 하늘 성전에서 자신의 백성들을 위해 중보 사역을 하시고 아버지께 영광을 드리면서 자신도 영광을 받으신다고 하는 것입니다. 예수님께서 부활하셔서 승천하신 그 이유가 또한 여기에 있었던 것입니다. 예수님의 하늘 승천은 지상의 성전이 더 이상 필요하지 않다는 것을 보여 주신 것입니다. 예수님께서 승천하시지 않았다면 지상에서 계속 동물의 피의 제사가 시행될 것이고 유대인들은 그것을 지금도 하고 있을 것입니다. 하지만 예수님께서 자신의 피를 흘리시면서 자신의 몸으로 단번에 그 모든 피의 제사를 다 이루셨고 완성하였습니다. 이제는 더 이상 동물의 피로 죄 용서를 받을 수가 없습니다. 오직 하늘 보좌에 앉아 계신 예수 그리스도를 믿는 믿음으로만 죄를 용서받고 하나님의 백성이 되는 것입니다. 이 일을 위해 하나님께서 지상에 있는 예루살렘과 그 성을 파괴하실 것입니다.

하나님께서 심판하실 때 최소 두 명의 증인을 요구하십니다. 지금 하나님께서 예루살렘을 심판하시기 위해 두 증인에게 권세를 주십니다. 그들은 1,260일 동안 베옷을 입고 예언할 것입니다. 1,260일은 42달입니다. 이것은 이방인인 로마가 예루살렘을 짓밟는 기간과 동일합니다. 다시 말해 두 증인은 예루살렘을 향해 베옷을 입고 회개하라고 할 것입니다. 예수님께서 지상에서 사역을 하실 때 계속 말씀하셨던, 예루살렘이 심판을 받을 것이라는 그 말씀이 이루어질 것이라고 심판의 예언을 외칠 것입니다. 그러면 여기에서 두 증인이 누구인지 우리는 알 필요가 있습니다. 4-6절을 보면 두 증인에게 주신 권세의 특징이 있습니다. 그것은 하나님께서 모세와 엘리야를 통해 보여주신 권세와 동일합니다. 모세와 엘리야가 배교한 이스라엘의 증인이라고 하는 것입니다. 이 두 증인은 결국 이스라엘이 하나님을 배교하고 우상을 섬길 때 하나님의 말씀으로 회개하라고 하였던 선지자들입니다. 하나님께서 이들을 소환하여 증인으로 세우신 것은 지금 지상에 있는 이스라엘과 유대인들이 하나님의 심판에 이르렀다는 것을 보여주는 것입니다. 이 두 증인은 결국 구약 교회의 사역자들입니다. 교회의 사명을 감당했던 지도자들입니다. 이제는 신약 교회가 그 복음으로 유대인들에게 회개하라고 하는 사명을 받았습니다. 두 감람나무와 촛대는 교회를 의미합니다. 교회는 하나님의 복음을 전하고 하나님의 백성들로 하여금 오직 하나님의 말씀에 순종할 것을 요구하였습니다. 그러나 지금 이스라엘은 하나님께 대적하고 있습니다. 유대인들은 하나님의 교회를 핍박하고 성도들을 죽이고 있습니다. 예루살렘은 가장 더러운 곳이 되었고, 짐승의 처소가 되어 버렸습니다. 짐승이 증인들을 죽이고 있습니다. 신약 교회 성도들을 유대인들이 무참히 죽이고 그들의 시체를 예루살렘 길거리에 방치하고 말았습니다. 1세기 예루살렘에서 그리스도인들이 죽임을 당하여 그들이 장사되지 못하고 길거리에 내팽개쳐졌습니다. 유대인들은 그리스도인들의 죽음과 그 시체를 보고 오히려 즐거워하고 기뻐하였습니다.

하지만 하나님은 당신의 증인들, 즉 하나님의 백성들이 죽어서 장사지내지 못하고 길가에 버려둠을 당하는 것을 허락하지 않으십니다. 왜냐하면 하나님은 자신의 백성들을 부활시켜 하늘로 올리시기 때문입니다. 그렇다면 여기에서 우리는 두 증인을 단지 두 명의 증인이라고 볼 수 없다는 것을 알 수 있습니다. 왜냐하면 두 증인을 죽인 시체를 모든 이방과 족속과 방언과 나라 중에서 사람들이 볼 수 없기 때문입니다. 각 족속과 나라 중에서 죽임을 당하는 증인들은 결국 신약 교회의 성도들입니다. 이들이 무저갱으로부터 올라온 짐승에게 죽임을 당하지만 하나님은 그들의 시체를 저주 가운데 두지 않으셨습니다. 유대인들은 죄인들을 죽이고 그 시체를 장사지내지 않고 그냥 놔둡니다. 하나님께서 저주하여 심판을 받아 죽었다는 것을 보여주기 위해서입니다. 바로 그리스도인들이 그렇게 저주받아 죽었다고 하는 것을 보여주기 위해 유대인들은 성도들의 시체를 길가에 그냥 방치하고 지나가는 사람들이 보게 하였습니다.

여기에 반전이 나타나고 있습니다. 하나님께서는 유대인들과 이방인들에 의해 죽임을 당한 당신의 신실한 증인들, 즉 성도들을 그냥 버려두지 않습니다. 11절 이하에서 하나님은 자신의 자녀들을 다시 살아나게 하신다고 하십니다. 사도 요한은 1세기 그리스도인들에게 하나님께서 자신에게 보여주신 이 말씀을 통해 그렇게 비참하게 죽은 성도들과 죽어가고 있는 자들에게 우리의 죽음은 결코 헛된 것이 아니고 또한 저주받은 것도 아니며 예수님께서 유대인들에 의해 죽으셨던 것과 같아서 예수님은 죽으셨지만 그러나 다시 부활하여 승천하셔서 영원히 왕으로 계신다는 것을 증거한 것입니다. 예수님께서 부활하여 승천할 때 구름을 타고 올라가는 것을 제자들만 본 것이 아니라 많은 사람들이 보았습니다. 그 사실이 유대 지역에 다 퍼졌습니다. 원수들은 믿지 않으려고 했지만 결국 그 일은 역사적 사실이었습니다. 그리스도인들도 예수 그리스도를 믿는 그 신앙 때문에 죽임을 당하지만 다시 살아날 것입니다. 그것을 유대인들이 보고 두려워 한다는 것입니다. 예루살렘에 큰 지진이 일어나서 그 성의 사람들 가운데 십분의 일이 죽임을 당할 것입니다. 하나님께서 성도들의 피를 신원하여 복수하여 주십니다. 그것을 본 사람들 가운데 남은 자들이 두려워하여 회개하며 예수 그리스도를 믿고 돌아올 것입니다.

하나님께서 요한에게 이러한 것을 보여 주시고 유대인들에게 경고하시는 것은 그들을 심판하시기 위함이 아니라 복음을 듣고 회개하라고 하시는 구원의 말씀입니다. 하나님은 예루살렘 성전이 최종적으로 불타기 전에 다시 한번 회개하라고 기회를 주고 계십니다. 하지만 그들은 결국 그리스도를 부인하고 심판을 당하였습니다. 하지만 하나님은 계속해서 예루살렘이 어떻게 심판을 당할 것인지를 말씀하십니다. 이제 두 번째 화가 지나가고 세 번째 화가 이를 것입니다. 일곱 째 천사가 마지막 나팔을 불 때 하늘에서 큰 소리가 나옵니다. "세상 나라가 우리 주와 그의 그리스도의 나라가 되어 그가 세세토록 왕 노릇 하시리로다" 하나님 앞에 서 있는 24장로들 즉 신구약의 모든 백성들이 하나님을 찬양하고 영광을 노래합니다. 하나님께서 새로운 나라를 세우셨습니다. 새로운 성전도 만드셨습니다. 지상에 있는 이스라엘이 더 이상 하나님의 나라가 아니며 예루살렘 성에 있는 성전이 하나님의 성전이 아니라는 것을 노래하고 있습니다. 그 나라의 백성들이 누구입니까? 바로 예수를 자신들의 구주로 고백하고 사는 자들입니다.

하나님께서 새로운 백성들과 언약을 체결하십니다. 그 모습이 바로 19절 마지막에 기록되고 있습니다. 아주 놀랍고 경이스러운 일입니다. 우리는 구약에서 하나님께서 이스라엘 백성들에게 십계명을 통해 언약을 말씀하시고 그들과 언약을 맺을 때 어떤 일이 구약 백성들 앞에 나타났는지를 알 수 있습니다. 출애굽기 20:18을 보시기 바랍니다. 하나님께서 이스라엘 백성들과 언약을 맺으실 때 우레와 번개와 나팔소리와 산에서 연기가 났습니다. 지금 하늘 성전에서 언약궤가 보였습니다. 언약궤는 하나님의 계명이 들어 있는 것입니다. 예수 그리스도를 믿고 하나님의 백성들이 된 새로운 영적 이스라엘 백성들에게 하나님은 동일한 언약의 상징을 통해 새로운 나라를 이루시는 것입니다. 지상에 있는 예루살렘 성과 그 안에 있었던 성전의 파괴는 종말을 의미하는 것이 아닙니다. 그것은 새로운 영적 이스라엘 백성들과 언약을 맺는 새 창조를 의미하는 것입니다. 그 중심에 바로 하나님의 아들 예수 그리스도의 피가 있습니다. 그러므로 계시록은 새로운 역사의 시작을 알리는 계시의 책입니다. 하나님께서는 지상의 교회를 통해 자신의 백성들을 모으실 것입니다. 그리고 그들로 하여금 하나님의 나라를 세워 나가게 하실 것이 분명합니다.

사랑하는 성도 여러분!

1세기 당시 유대인들은 자신들이 계획하는 대로 유대 땅에서 예수 그리스도를 믿는 자들을 전부 쫓아낼 수 있다고 믿었습니다. 그리고 그 일이 하나님께 영광을 돌리는 것이라고 여긴 것입니다. 그러나 그들은 하나님을 대적하고 하나님의 아들을 믿지 않았습니다. 오히려 예루살렘은 심판을 받고 그 성전은 사라질 것입니다. 하지만 하나님은 자신이 영원히 거하시는 하늘 성전에서 아들의 피를 통해 새로운 영적 이스라엘 백성들을 부르시고 그들로 하여금 주 예수 그리스도의 나라를 세워 나가게 하실 것입니다. 저와 여러분들이 바로 새로운 하나님의 백성들입니다. 그리고 우리들에게 주어진 언약의 약속도 여전히 동일하게 하나님께서 요구하신다는 것을 우리는 기억해야 합니다. 주 너의 하나님을 힘과 뜻과 목숨을 다하여 사랑하고 네 이웃을 네 몸과 같이 사랑하는 것, 그것이 저와 여러분들이 행할 순종의 모습입니다. 아멘.

복음을 선포하라고 하신다

[계 12:1-12]

우리가 유대 사회 속에서 태어나서 자라고 성장하였다면 우리는 이 계시록이 무엇을 말하는지 아주 쉽게 이해했을 것입니다. 특히 구약성경을 사랑하는 유대인들처럼 우리가 구약을 바르게 읽고 이해한다면 오늘 우리가 읽은 계시록의 내용이 무엇을 말하고 있는지 알 수 있습니다. 한마디로 그것은 구약의 전체 내용을 아주 간략하게 말해 주는 것입니다. 하나님께서 창세 전부터 자신의 아들 예수 그리스도를 통해 자신의 백성들을 구원하신다는 것입니다. 특별히 구약성경은 여자의 후손과 사탄과의 싸움이 시작된다고 말하면서 세상의 모든 역사가 여인의 후손들과 뱀의 자손들과의 전쟁임을 보여주고 있습니다. 하나님께서 아브라함을 택하시고 그의 자손들을 통해 큰 민족을 이루신 것은 오직 하나님의 아들 예수 그리스도를 이 땅 가운데 보내시기 위함이라는 것을 우리는 알고 있습니다. 그렇기 때문에 사탄은 하나님의 아들이 이 세상 가운데 오시는 것을 막기 위해 엄청난 간계와 계략을 가지고 하나님의 뜻을 계속 대적하였던 것입니다.

예를 들면 아브라함은 자신의 아내 사라를 누이라고 두 번이나 거짓말을 하였습니다. 또 이삭도 자신의 아내 리브가를 위해 거짓말을 하였습니다. 우리는 거짓말에 대하여 단지 비도덕적인 것으로 여깁니다. 아브라함이나 이삭이 거짓말을 하지 않아도 하나님께서 역사하시고 그 일을 이루어 가실 수 있다고 믿기 때문입니다. 물론 그것은 사실입니다. 그러나 아브라함과 이삭은 사실 거짓말을 하지 않았습니다. 그들의 아내들은 사촌지간으로 누이들이 맞습니다. 이들이 이렇게 말한 것은 자신들의 생명을 보존하기 위함이었고, 하나님은 이들 여인들이 이방인들로 하여금 순결을 잃어버리고 그 후손들의 피가 더러워질 것을 미리 막으셨던 것입니다. 결국 누구 때문에 이런 일들이 성경에 기록된 것입니까? 그것은 다름 아닌 예수께서 그들 여인들의 후손으로 이 땅 가운데 오셔야 했기 때문입니다. 구약 성경에 기록된 모든 역사들이 무엇을 의미하는지 말하라고 한다면 그것은 단 한가지입니다. 예수 그리스도가 세상 가운데 오시기 위한 하나님의 역사인 것입니다.

그러므로 구약은 하나님께서 이스라엘이라는 민족을 세우시고 이민족으로 하여금 하나님의 뜻이 세상 가운데 이루어지게 하는 도구로 삼으신 것을 보여 줍니다. 이스라엘이라고 하는 민족이 탁월해서가 아니라 하나님께서 이 민족을 탁월하게 높이 들어 사용하신 것입니다. 그런데 이스라엘은 자신들이 마치 세상의 모든 민족들 보다 뛰어나고 하나님은 자신들만 사랑하는 그런 분으로 제한시켜 버렸던 것입니다. 이러한 민족주의 역사관이나 신관으로는 하나님께서 하고자 하시는 하늘의 뜻을 이 땅에서 이루어지게 할 수 없는 것입니다. 예수 그리스도는 여인의 후손으로 오실 것이라고 처음부터 하나님은 말씀하셨습니다. 그러므로 오늘 본문 1절에 나오는 "한 여인"은 바로 예수 그리스도를 잉태한 여인을 말하는데 그것은 교회입니다. 이 여인은 태양을 입고 발 아래에는 달이 있고, 그 머리는 열두 별의 관을 쓰고 있습니다. 이것은 다름 아닌 교회의 영광스러움을 말해주는 것입니다. 천하 만민을 철장으로 다스릴 권세를 가지신 예수 그리스도를 이 세상 가운데 보내기 위해 하나님께서 구약의 교회를 보호하셨던 것입니다. 이 교회를 여자로 표현하고 있습니다. 이 여자가 아이를 잉태하였다고 합니다. 동정녀 마리아가 성령으로 예수를 잉태하였습니다.

지금 사도 요한은 하늘에서 아주 큰 이적을 보았습니다. 먼저 하나님의 아들 예수 그리스도가 이스라엘이라는 구약 교회를 통해 이 세상 가운데 오셨다는 것입니다. 구약성경이 바로 이것을 말해주기 위해 기록된 것입니다. 그런데 또 다른 하늘의 이적을 보고 있습니다. 그 이적의 내용은 바로 용이 여자가 아이를 낳으면 삼키려고 하는 것이었습니다. 3절에 기록된 붉은 용은 바로 사탄, 마귀를 의미합니다. 이 사탄의 권세는 아주 놀랍습니다. 머리가 일곱이고 뿔이 열이며 그 여러 머리에 일곱 왕관이 있습니다. 사실 사탄은 영적 존재입니다. 인간의 눈으로 볼 수 있는 그런 존재가 아닙니다. 하지만 다니엘서를 보면 이와 같은 짐승들의 모습을 하고 나타나는 각 세상 나라들을 볼 수 있습니다. 그렇다면 붉은 용, 즉 사탄은 지금 또 다시 세상 나라의 모습으로 나타난 것입니다. 로마 제국의 왕관을 쓰고 사탄이 등장하고 있습니다. 사도 요한이 본 이 두 이적의 내용은 결국 하나님께서 창세 전부터 계획하신 그 일을 위해 이스라엘이라고 하는 민족을 이루시고 그 민족을 통해 예수 그리스도를 보내신 역사입니다. 그런데 사탄은 항상 그 일이 이루어지지 못하도록 대적하고 급기야는 세상 가운데 오신 예수 그리스도를 죽이기까지 한 것입니다. 그러나 예수님께서 십자가에 죽으셔서 사탄의 뜻이 세워지고 성공한 것이 아니라 예수 그리스도의 복음으로 말미암아 세워진 교회는 더 강하게 번성하고 승리하고 있었던 것입니다.

그래서 사탄은 지상에 있는 교회들을 다 진멸시키려고 로마라고 하는 나라를 통해 교회를 핍박하게 된 것입니다. 오늘 우리가 읽은 본문의 말씀이 바로 이것을 보여 주고 있습니다. 이 내용을 먼저 이해하면 다음의 말씀들이 더 쉽게 느껴질 것입니다.

사탄은 항상 세상 권력 뒤에 숨어서 하나님의 교회와 백성들을 대적하고 있습니다. 이러한 모습은 구약 시대에도 동일합니다. 그러므로 세상과 교회는 함께할 수 없는 관계를 가집니다. 주님께서 이러한 것을 우리가 알기를 원하셔서 자신의 자녀들에게 세상 속에 있지만 세상과 같지 말라고 하셨습니다. 언제나 사탄은 세상을 뒤에서 조종하려고 합니다. 그러나 세상 속에 있는 교회는 하나님의 능력으로 언제나 보호를 받습니다. 비록 연약하고 문제가 있으며 주님으로부터 책망을 받는 모습도 있지만 주님은 자신의 교회를 버리지 않으십니다. 용은 일곱 머리와 열 개의 뿔을 가지고 나타납니다. 이것은 각기 다른 나라들과 왕국을 사탄이 지배하고 있다는 것입니다. 또한 꼬리가 하늘의 별 1/3을 끌어다가 땅에 던진다는 것은 사탄을 추종하는 타락한 천사들이 땅에서 영향력을 미친다는 것입니다. 오늘 말씀에 보면 땅과 바다가 나오는 것을 볼 수 있습니다. 먼저 우리는 땅은 이스라엘이고 바다는 이방이라는 상징적인 의미를 알고 있어야 합니다. 그러면 지금 사탄과 타락한 천사들이 유대 땅에 던져져서 해산하는 여인 앞에서 그 아이를 삼키려고 하고 있는 것입니다. 실제로 동정녀 마리아를 통해 오신 예수 그리스도를 죽이려고 얼마나 애를 썼는지 세상 역사 가운데 나타났지 않았습니까? 예수님이 태어나자 헤롯이 어린아이들을 죽였습니다. 하지만 이 말씀은 결국 사탄과 타락한 천사들이 주님과 주님의 교회를 잔해하고 멸망시키려고 한 것입니다. 그러나 주님은 십자가의 죽음과 부활 그리고 승천을 통해 하나님 앞과 그분의 보좌 앞으로 올라가신 것입니다.

여인으로 상징되는 교회는 주님의 승천으로 말미암아 더더욱 사탄의 맹렬한 공격을 받습니다. 우리가 사도행전을 보면 유대 땅에서 주님의 제자들이 복음을 전하다가 스데반이 순교하고 제자들은 계속 핍박과 환난을 겪게 되자 광야로 흩어지고 말았습니다. 하지만 주님께서는 자신의 백성들을 버리지 않으셨습니다. 오히려 그 피난 속에서, 광야 같은 환경 속에서 주님은 자신의 교회와 성도들을 보호하시고 그들을 양육하신 것입니다. 그 기간이 1,260일입니다. 3년 6개월 동안 지상의 성도들이 숨어 살았습니다. 마치 사탄이 승리한 것처럼 보입니다. 하지만 이 기간 동안 지상의 성도들과 교회는 보호를 받습니다. 엘리야가 아합에게 그리고 타락한 유대민족을 향해 하나님의 심판인 저주를 말하고 3년 6개월 동안 숨어 있었던 것처럼 말입니다. 그 때 하나님은 엘리야에게 까마귀를 보내시고 이방의 사르밧 과부에게 보내서 그의 생명을 보호하여 주셨습니다. 마치 신약의 교회와 성도들이 이방으로 흩어져 숨어 있었지만 오히려 그곳에서 복음을 전하고 이방인들이 유대 그리스도인들을 먹여 살려준 것과 같은 것입니다. 성도 여러분! 이것이 얼마나 놀랍습니까? 너무나 비슷하지 않습니까? 하나님은 이러한 은혜를 자신의 자녀들에게 여전히 베푸시는 분이십니다. 오늘날도 하나님께서는 자신의 자녀들을 부르셔서 그들을 보호하여 주십니다. 이것을 믿으시기를 바랍니다.

종교개혁 시대에도 이러한 일들이 일어났습니다. 루터와 그리고 많은 종교개혁자들이 교황의 사형 언도 속에서 그들의 생명을 보호받고 있었던 것은 주변의 사람들이 그들의 생명을 지켜 주었기 때문입니다. 특히 작센의 영주 프리드리히는 루터를 결정적으로 지켜 주었습니다. 칼빈도 마찬가지입니다. 보잘것없었던 스위스의 제네바에서 하나님은 칼빈을 지켜 주셨습니다. 때로는 불신자들이나 하나님을 믿지 않는 나라와 국가가 이렇게 하나님의 도구가 되어 하나님의 교회와 성도들을 지켜 보호하여 줍니다. 우리가 사도행전에서 스데반이 죽임을 당하고 그의 제자들이 다 흩어진 것을 말씀을 통해 보면서 그렇게 큰 환난이라는 것을 느낄 수 없지만 실제로 예수를 믿는 사람들, 특히 유대 그리스도인들이 느끼는 두려움은 엄청난 것이었습니다. 그러니 자신들의 고향을 등지고 도망치듯 이방으로 떠난 것이 아니겠습니까? 그러나 주님은 자신의 백성들을 그곳으로 인도하셔서 보호하여 주신 것입니다.

다음 7절부터 갑자기 장면이 바뀌는 것을 볼 수 있습니다. 7절 이하의 말씀에서 왜 용이 하늘에서 쫓겨나서 땅으로 왔는지 알 수 있습니다. 하늘에서 전쟁이 있었습니다. 미가엘과 그의 사자들이 용과 더불어 싸웠습니다. 이 미가엘이 누구인지 우리는 알 필요가 있습니다. 미가엘이란 이름의 뜻은 "하나님 같으신 분은 누구인가"라는 의미입니다. 미가엘이란 이름은 다니엘서와 유다서 그리고 계시록에만 나옵니다. 다니엘서에서는 미가엘은 하나님의 백성들을 보호하시는 보호자입니다. 천사 가브리엘도 사탄을 이기지 못하였습니다. 그런데 미가엘은 싸워서 사탄을 쫓아냈습니다. 다니엘은 미가엘에 대하여 묘사할 때(단 10장) 사도 요한이 예수님을 본 모습과 아주 흡사하게 묘사하였습니다. 유다서에서는 미가엘을 천사장으로 말하고 있습니다. 천사장이란 천사들을 이끄는 우두머리입니다. 그러면 천사들을 이끌고 사탄과 싸워 이긴 미가엘은 그리스도를 말하고 있는 것입니다. 예수님께서 하늘에서 사탄과 타락한 천사들과 싸워 그들을 쫓아내신 것입니다. 이것은 예수님께서 하신 말씀이 정확하게 이루어진 것입니다. 주님은 "음부의 권세"가 이기지 못한다고 하셨습니다. 음부는 지옥의 문을 뜻합니다. 예수님은 베드로에게 믿음의 반석 위에 교회를 세우시겠다고 하십니다. 그런데 음부의 권세 즉 어두운 사탄의 권세는 교회를 이기지 못한다고 하셨습니다. 지상의 교회는 오직 하나님의 아들의 피로 세워집니다. 교회를 이룬 자녀들은 예수 그리스도만 자신들의 왕으로 모십니다. 그 어떤 세력도, 세상 권세자들도 이 교회를 이기지 못합니다. 외적으로는 세상 권력과 국가가 교회를 핍박하고 무너뜨리는 것처럼 보일지라도 교회는 주님께서 붙잡고 계시며 그의 백성들은 보호를 받습니다. 2,000년 기독교 역사 가운데 우리는 수많은 교회의 환난을 보았습니다. 그러나 그때마다 교회는 오히려 더 강해지고 늘 이겼습니다.

사탄은 마귀입니다. 거짓으로 속이고 대적하는 자입니다. 사탄이 땅으로 쫓겨나자 하늘에서 소리가 들려오는 것을 요한이 들었습니다. 그것은 하나님의 구원과 능력과 나라와 또 그의 그리스도의 권세가 나타나서 사탄을 쫓아냈다는 소리입니다. 12절까지 하늘에서 큰 음성이 들렸습니다. 사실 이 말씀은 복음 중의 복음이라고 저는 믿습니다. 왜냐하면 하늘에서 난 소리는 인간의 소리가 아니기 때문입니다. 그것은 하나님의 뜻이 이루어진 것이기 때문에 놀라운 것입니다. 사탄은 참소, 즉 고소하는 자입니다. 늘 하나님 앞에서 예수 그리스도를 믿는 성도들을 고소합니다. 무엇을 고소하겠습니까? 다름 아닌 죄인이 예수를 믿고 죄를 용서받고 구원과 영생을 얻는 것이 합당하지 않다고 고소하는 것입니다. 그런데 이렇게 고소하는 사탄이 하늘에서 쫓겨났으니 더 이상 하나님께 고소할 수 없게 된 것입니다. 그 이유는 어린 양의 피를 믿은 자녀들이 사탄을 이겼기 때문입니다. 결국 사탄은 자신이 아무리 애를 써도 하나님께 통하지 않는다는 것을 알았습니다. 하늘에서 자신이 할 일이 없게 된 것입니다. 예수 그리스도의 피를 믿는 자들에게 주신 구원의 약속은 불변합니다. 우리는 여기에서 오늘날 거짓 복음을 전하는 많은 신학자들과 목사들이 반드시 심판을 당할 것이라는 것을 알 수 있습니다. 그들은 사탄이 쫓겨난 것처럼 그렇게 쫓겨나서 영원한 지옥으로 떨어질 것입니다. 어린 양의 피로 변하지 않는 구원의 확실성을 무너뜨리는 자들이기 때문입니다. 사탄도 어린 양의 피로 구원받은 성도들을 더 이상 참소하지 못하고 쫓겨나고 있는데 어린 양의 피를 부인하는 인간들은 오죽하겠습니까?

어린 양의 피를 믿는 자들, 예수 그리스도를 자신의 주님으로 믿고 순종하는 자들은 더 이상 심판의 대상이 아닙니다. 하지만 마귀는 여전히 속이는 자이기 때문에 이러한 하나님의 뜻을 성도들이 믿지 못하게 하기 위해 이렇게 말하고 있습니다. 한번 구원받은 사람은 그 구원에서 탈락할 수도 있다고 합니다. 현재 구원을 받았다고 해도 마지막 죽음의 자리에서는 구원을 받지 못할 수도 있다는 것입니다. 그렇다면 한번 구원받은 자가 마지막에 구원에서 탈락할 수 있다는 거짓 복음을 이렇게 주장하는 이유는 무엇입니까? 그것은 신앙의 열매 때문입니다. 결국 열매가 없으면 참된 믿음이 아닌 것처럼 말하고 있습니다. 여기에는 아주 심각한 독소가 숨어 있습니다. 물론 성도는 믿음으로 살고 믿음으로 열매를 맺습니다. 그러나 열매가 없다고 해서 참된 믿음이 아니라는 것은 거짓말입니다. 그렇다면 믿음으로 맺어야 할 열매는 무엇입니까? 그리고 그 열매의 기준은 무엇입니까? 거짓 교사들이 이렇게 성경에서 말씀하는 구원을 부인하는 이유는 결국 인간 안에 구원을 받을 만한 가능성이 있다는 것을 주장하는 것입니다.

이들의 주장으로 어떤 신앙인은 자살까지 하려고 했다고 합니다. 그 이유는 지금까지 자신은 예수를 믿고 구원의 확신 가운데 살았는데 구원의 결정이 마지막 날에 확증된다고 하면 어떻게 예수를 믿고 평안을 누리며 살 수 있는지에 대한 의구심이 점점 커져 하나님에 대한 신뢰를 가질 수 없었기 때문이라고 하였습니다. 그렇다고 해서 우리의 구원이 구원파 식의 구원 개념으로 한 번 구원받으면 죄를 지어도 회개하지 않고 더 이상 죄인이 아니라는 식의 구원의 확신이 아님을 알아야 합니다.

성경은 우리들에게 인간의 한계 내에서 충분히 우리가 구원을 받았다는 확신을 가르쳐 줍니다. 예를 들어 빌립보서 4:3절을 보면 사도 바울이 자신들의 동역자들의 이름이 생명책에 기록되어 있다고 하면서 빌립보 교인들에게 권면을 하는 것을 봅니다. 바울의 동역자들은 여전히 바울과 함께 살아서 복음 사역을 하고 있었습니다. 그들은 죽음의 날에 자신들의 이름이 생명책에 기록된 것이 아니라 살아 있는 동안 주 예수 그리스도를 믿고 있을 때 구원을 받았고 그들의 이름이 생명책에 기록된 것을 알았습니다. 그러므로 11절에 나오는 것처럼 구원의 확신 때문에, 자신이 예수를 믿고 구원받았다는 것을 분명하게 알았기 때문에 죽기까지 자기들의 생명을 아끼지 않았다고 하는 것입니다.

사랑하는 성도 여러분!

하나님은 자신의 뜻이 하늘에서 이루어진 것처럼 땅에서도 이루어지게 하십니다. 하늘에서 이미 사탄은 쫓겨났습니다. 하나님의 구원 역사를 무너뜨리고, 하나님의 아들을 세상 가운데 오게 하시는 그 일을 못하게 하고, 세상 나라와 권세를 뒤에서 조종하여 교회를 파멸시키려고 하는 사탄의 그 계획은 이루어지지 않고 수포로 돌아가 버렸습니다. 우리는 구약성경에서 하나님께서 사탄이 무너뜨리려고 한 그 일들을 하나도 남김없이 아주 세밀하게 어떻게 이루셨는지 간략하게 살펴보았습니다. 하나님께서 사도 요한에게 이러한 내용을 말씀하신 것은 결국 핍박과 환난 때문에 죽임을 당하고 있는 지상의 성도들에게 그들이 가진 복음, 즉 어린 양이신 예수 그리스도를 믿고 있는 그 믿음으로만 구원받는다는 것을 다시 한번 확신시켜 주기 위함이었습니다. 하나님은 너희들이 지금 땅에서 사탄의 권세 때문에 순교를 당하고 너희 자녀들까지 죽임을 당하지만 이미 너희들은 승리하고 이긴 자들이라고 약속하시는 것입니다. 오늘 이 말씀은 당시 환난을 당하는 성도들과 지금 오늘 우리들에게도 동일한 하나님의 능력의 말씀입니다. 우리가 구원의 확신을 가지고 살아가면 갈수록 사탄과 세상은 우리를 향해 더더욱 강하게 달려들 것입니다. 어떻게 어린 양의 피를 믿으면 죄를 용서받고 구원받을 수 있느냐고 조롱하고 있습니다. 인간이 아무것도 하지 않고 믿음으로만 구원받을 수 있다는 것은 성경의 가르침이 아니라고 그렇게 대적하고 있습니다. 하지만 사도 요한이 하늘에서 들은 소리는 오직 어린 양의 피를 믿는 자들이 구원을 받는다는 음성이었습니다. 이것이 바로 복음입니다. 이 복음만이 사탄의 권세를 이기고 죄와 사망을 이길 수 있습니다. 그러므로 저와 여러분들은 늘 복음을 들어야 하고 복음으로 살아야 합니다.

땅에서만 복음이 증거된 것이 아니라 하늘에서도 복음이 증거되었다는 것은 우리들에게 놀라운 기쁨입니다. 이러한 기쁨이 우리 모두에게 늘 충만하기를 바랍니다. 아멘.

사탄의 박해

[계 12:13-17]

대부분의 사람들은 도덕적인 문제에 아주 민감합니다. 예를 들면 동성애가 아주 혐오스럽고 저주스러운 것으로 그것은 창조주 하나님을 대적하는 악한 사상 가운데 하나라는 것을 그리스도인들이라면 누구 하나 부인하지 않습니다. 하지만 동성애는 신자나 불신자 모두가 보편적인 가치 판단을 통해 그것이 인간이 할 수 있는 바른 성관계가 아니라고 누구든지 이야기할 수 있습니다. 대부분의 성도들은 눈앞에 보이는 문제에 아주 민감합니다. 그것이 잘못이라는 것은 아닙니다. 그러나 우리는 인간의 눈에 보이지 않는 더 큰 영적 전쟁 가운데 서 있다는 것을 알아야 합니다. 최근에 한국교회뿐만 아니라 이미 유럽과 미국의 교회를 휩쓸고 있는 사상이 있습니다. 그것은 아주 오래 전부터 초기 기독교 안에 등장한 사상입니다. 예수님께서 자신이 길이요 생명이며 오직 예수를 믿음으로 하나님 아버지께 갈 수 있다는 것을 말씀하시고 그것을 믿는 자들을 구원하셨습니다. 예수님의 제자들은 오직 예수가 그리스도이시며 예수를 믿는 자가 구원을 받는다는 진리를 가르쳤는데 사탄은 거짓 교사들을 교회마다 보내어 예수를 믿는 그것만으로는 구원을 받지 못하고 예수 믿는 믿음에 율법의 행위를 더해야지 구원을 받는다고 그렇게 가르쳤습니다.

사실 우리는 사도 바울이 갈라디아 교회에 예수를 믿는 신앙 외에 다른 것을 첨가하는 자들에게 저주가 있을 것이라고 한 말을 들을 수 있습니다. 천사라도 예수 믿는 믿음 외에 다른 것을 전할 때 반드시 저주를 받는다고 했습니다. 바울의 이 가르침 속에는 아주 중요하고 놀라운 진리가 들어 있습니다. 그것은 바로 예수가 하나님의 아들이라는 사실입니다. 뿐만 아니라 예수께서 하나님만이 가지시는 신성을 소유하신 분이라고 말하고 있는 것입니다. 인간의 구원은 죄와 사망으로부터의 구원입니다. 하나님과 원수 된 인간을 화해시키시는 것은 오직 하나님 자신만이 할 수 있습니다. 인간이 만약 예수 믿는 믿음 외에 공로와 행위를 첨가한다면 그것은 하나님의 온전한 은혜가 되지 않습니다. 구원은 하나님의 은혜입니다. 죄인이 하나님과 화목하게 되고 하나님의 백성이 되는 것은 인간의 행위로는 도저히 할 수 없는 것입니다. 그런데 초대교회 당시 예수 믿는 믿음 외에 인간의 행위를 주장하고 가르쳤던 그 거짓 교사들의 가르침이 어느 시대에나 늘 있었습니다. 중세 시대에 이러한 거짓 가르침으로 인해 교회는 다 무너지고 형식만 남은 종교 집단이 되었습니다. 종교개혁이 성경으로 돌아가자고 한 것은 바로 예수 믿는 믿음 그것만이 인간의 구원이라는 것을 외친 것이고, 결국 예수가 하나님의 아들이시며 하나님이시라는 신앙고백을 하게 만든 것입니다. 우리는 분명하게 알아야 할 것이 있습니다. 예수 믿는 믿음으로 구원받는다는 신앙은 오직 예수께서 하나님의 아들이시며 하나님이시라는 것입니다. 예수께서 하나님이 아니시면 우리는 믿음으로 구원받지 못합니다. 유대인들은 인간 예수가 하나님이 될 수 없다고 믿었습니다. 만약 예수가 하나님이라면 그가 십자가에서 죽는 일은 있어서는 안 되기 때문입니다. 하나님이 십자가에 못 박힌다는 것은 있을 수 없습니다. 오직 죄인만이 십자가에서 죽기 때문입니다. 하지만 예수께서 십자가에 죽으셨습니다. 그러니 유대인들만이 아니라 로마 시대에 살고 있었던 모든 일반 세상 사람들도 예수가 죄인이기 때문에 죽은 것이라고 믿었던 것입니다.

우리는 지금 이러한 말씀을 듣는 것이 그렇게 크게 문제가 되지 않습니다. 왜냐하면 저와 여러분들은 이미 예수님께서 누구이시며 어떤 일을 하셨는지 바르게 믿고 있기 때문입니다. 하지만 사탄은 지금도 예수님을 부인하게 하는 그 일을 하는 것을 쉬지 않고 있습니다. 이미 서구 교회에서는 예수가 더 이상 신적인 존재, 즉 하나님의 아들이 아닙니다. 그는 단지 뛰어난 인간일 뿐입니다. 2,000년 전 역사에 실존했던 인물이지만 단지 인간에 불과한 것입니다. 그리고 한국 교회도 많은 신학자들과 목사들이 예수를 믿는 믿음으로 구원을 받는 것이 아니라 믿음과 율법을 지켜야 완전한 구원을 받는다고 가르치고 있습니다.

이러한 사탄의 거짓 가르침은 우리들이 쉽게 보고 판단할 수 있는 것이 아닙니다. 아주 교묘하게 성도들을 유혹하고 마치 더 나은 복음이 있는 것처럼 그렇게 가르치고 있습니다.

이러한 말씀이 오늘 우리가 읽은 본문의 말씀과 무슨 상관이 있는지 의아해 하실 분들이 있을 것입니다. 오늘 본문은 우리의 신앙이 얼마나 영적 전쟁 가운데 있는가를 가르쳐 주고 있습니다. 특히 15절 한 절 말씀 속에 충분히 사탄의 도구가 무엇인지와 오늘 현대를 살아가는 성도들이 깨어 있어야 할 것을 가르쳐 줍니다. 지난주 우리가 들었던 복음의 말씀을 다시 한번 생각해 보시기 바랍니다. 그 내용 가운데 가장 중요한 것은 땅에서 증거되었던, 예수 그리스도의 피를 믿는 자들이 구원을 받는다는 복음이 하늘에서도 동일하게 증거되고 인정받고 있었던 것입니다. 사도 요한이 하늘에서 본 것 가운데 놀라운 것이 바로 이것이었습니다. 밤낮 성도들을 하나님께 고소하였던 사탄이 하늘에서 쫓겨났습니다. 사탄의 고소 내용은 다름 아닌 예수의 피를 믿는 자들이 어떻게 구원을 받는가 하는 것입니다. 사탄은 하나님께서 구원하시는 자들은 예수를 믿고 율법도 지켜야 구원을 받는다는 것입니다. 어디에서 많이 들어본 말씀 아니겠습니까? 바로 유대 거짓 교사들이 교회마다 침입하여 가르쳤던 거짓 복음이었습니다. 사탄이 동일하게 하늘에서 하나님께 성도들을 고소하면서 사용하였던 것입니다. 그런데 성도들이 사탄의 고소에 이길 수 있었던 힘은 오직 예수 그리스도의 피를 믿는 것이었습니다. 믿음으로 이긴 것입니다. 그러므로 계시록에서 이긴 자는 예수를 믿는 자입니다. 신천지의 L씨가 자신만이 이긴 자라는 거짓을 가르칩니다. 예수를 믿지 않는 자가 이겼다고 하는 이 가르침이 얼마나 사기인지 우리는 알아야 합니다. 이러한 사탄의 고소는 더 이상 아무런 힘이 없습니다. 예수의 피를 믿는 자만이 구원을 받는다고 하늘에서 요한이 보고 들었던 것입니다.

하늘에서 쫓겨난 사탄은 땅에 있는 교회들을 핍박합니다. 13절 말씀에서 사탄의 박해가 무엇인지 알 수 있습니다. 그것은 성도들의 육체와 영혼 모두를 다 핍박한 것입니다. 육체적으로는 성도들을 잡아다가 죽이고, 정신적으로는 예수를 바르게 믿지 못하게 하는 거짓 가르침을 통해 계속 박해하였던 것입니다. 이러한 박해는 그때나 지금이나 변한 것이 없습니다. 어떤 때는 육체와 영혼을 동일하게 핍박하지만 또 어떤 때는 육체만 그리고 정신적으로 따로 따로 박해할 때도 있다는 것을 알아야 합니다. 그러면 오늘 우리가 살고 있는 이 대한민국 가운데 있는 교회들과 성도들은 어떻게 박해를 받고 있습니까? 바로 성도들의 정신을 박해하고 있다고 할 수 있습니다. 물론 개인적으로 육체의 박해를 받는 성도들도 있습니다. 하지만 한국교회를 박해하는 방법은 영적으로 성도들을 예수 믿는 믿음에서 떨어지게 하는 박해입니다. 이미 이러한 박해가 얼마나 심각하게 진행되고 있는지 일반적인 성도들은 도저히 알 수 없습니다. 목회를 하고 있는 목사들도 이러한 것에는 전혀 관심이 없습니다. 그러니 교회 안에서 성도들이 무엇을 배워 시대의 가치관과 영적 흐름을 바르게 판단할 수 있겠습니까?

교회 지도자들의 관심이란 대부분 돈에 있습니다. 중세 교회가 타락한 것처럼 교회와 지도자들이 돈에 관심을 가지게 되면 그때부터는 성도들의 영적 상태에는 조금도 관심이 없게 되는 것입니다. 성도들이 세상에서 어떻게 살아야 하며, 성도 안에 남아 있는 죄와 어떻게 싸워 이겨야 하는지, 그리고 하나님을 바르게 예배하고 이웃을 사랑하게 하는 것에 관심이 사라져도 두려워하지 않게 되는 것입니다. 돈이 하나님이 되어 버린 세대 속에서 교회도 그것을 쫓아가고 있습니다. 그런데 그것을 깨닫지 못하고 있습니다. 오늘날 현대 교회가 돈을 쫓아가는 것을 알 수 있는 그 증거가 바로 구제를 하지 않는 것입니다. 가난한 성도와 이웃을 구제하고 돕기는 하지만 그것은 어디까지나 교회이기 때문에 생색을 내는 것에 불과합니다. 대부분의 교회 재정이 어디에 사용되는지 보면 교회 운영에 거의 모든 돈이 다 사용되고 있습니다. 이것이 바로 그 증거입니다. 어쩌면 우리 교회도 여기에 해당된다고 할 수 있습니다. 분명한 것은 가난한 이웃을 돕는 일이 우리 교회가 반드시 해야 할 일 가운데 하나라는 것입니다.

교회와 지도자들이 돈에 집착을 하게 되면 그때부터는 복음이 사라지고 희미하게 되어 버립니다. 이러한 현상을 우리는 아주 쉽게 주변의 교회들을 보면서 알 수 있습니다. 또한 교회 역사가 이것을 증거하여 주지 않습니까?

하지만 사탄은 우리보다 아주 뛰어나고 영리합니다. 우리가 바른 교회를 이루자고 외치면서 구제하는 것에 관심을 가진다면 사탄은 그때부터 그릇된 사랑을 교회와 성도들에게 심어 줍니다. 죄를 지어도 사랑과 관용으로 용서해야 한다고 주장합니다. 그러므로 성도들이 늘 깨어 있어야 하는 이유가 바로 여기에 있습니다. 사탄이 우리보다 더 뛰어나기 때문입니다.

사도 요한은 사탄이 교회를 박해하는 것을 기록하고 있습니다. 유대인들과 로마 제국으로부터 또한 거짓 교사들의 가르침을 통해 바른 믿음이 왜곡되게 하는 것을 말해 줍니다. 특히 15절 말씀은 간사한 풍조와 이단 사설을 통해 여자가 물에 떠내려가게 한 것입니다. 다시 말해 교회가 시대정신에 휩쓸려 떠내려가게 한 것입니다. 어느 시대나 이러한 시대정신이 교회를 삼키려고 했다는 것을 우리는 알지 않습니까?

초대교회 때에 영지주의, 교부 시대에는 삼위일체 하나님을 부인하고 예수의 신성과 인성을 부인하는 이단사설들이 무려 300년 동안 지속되었고, 중세 시대는 1,000년 동안 이신칭의가 부정되어 교회를 가두었던 것입니다. 한국교회도 한때는 일본 제국주의의 억압으로 인해 일왕이 신이라는 것을 모든 성도들이 믿고 자의든 타의든 교회 안에서 천황 숭배를 먼저 하고 예배를 드렸던 적이 있었습니다. 혹시 여러분들이 시간이 나면 "박열"이라는 영화를 보시기 바랍니다. 실화를 바탕으로 전개되는 역사적 사건을 주제로 만든 영화입니다. 이 영화의 내용 가운데 하나가 바로 일본의 천황은 신이 아니라는 것을 깨우치기 위해 조선인 박열이 고난을 당하는 영화입니다. 2년 전에 제가 일본 현지 목사님들과 교제하면서 그들로부터 들은 이야기가 바로 이것이었습니다. 일본 사람들이 조선인들과 아시아인들에게 수많은 박해와 고문을 하고 조선의 여인들을 위안부로 강제로 끌고 간 것을 인정하지 않는 이유는 일본 천황의 군대가 그 일을 했다면 일본 천황이 죄를 지은 것이 되기 때문에 그것을 인정할 수 없기에 끝까지 부인하고 있다는 것입니다. 그러므로 일본은 절대로 위안부를 강제로 끌고 가지 않았다고 주장한다는 것입니다. 예수를 믿지 않는 일개 조선인도 일본 천황이 신이 아니라고 그렇게 외치다가 잡혀 갔는데 하나님의 종이라는 목사들이 일본 천황을 신이라고 하는 노래를 예배 시간에 부르고 예배한 것은 시대정신에 교회와 지도자들이 타협한 것이 아니고 무엇이겠습니까? 6.25 전쟁 이후 박정희 정권 아래에서 유신헌법을 찬양하고 그 시대 정권과 함께 교회를 부흥시킨 목사들이 있었습니다. 그리고 그 목사들의 자녀들이 지금 교회를 물려받아 목회를 하고 있습니다. 오늘날은 어떻습니까? 누군가 예수 믿고 복을 받는다고 하기 시작하니 모든 교회들이 다 그렇게 가르쳐야 교회가 부흥되고 사람들이 교회에 모이는 것을 본 것입니다. 그러니 순수한 복음을 전하면 더 이상 교회 부흥이 되지 않기 때문에 복음을 알면서도 목사들이 복음을 전하지 않는 것입니다. (아니면 복음이 무엇인지 전혀 모르고 있든지) 이것이 바로 시대정신에 사로잡혀 있는 것입니다.

사실 우리는 지금까지 하나님께서 자신의 아들의 피를 통해 구원하시는 그 일을 위해 하나님께서 지상에 있는 그림자로 사용하셨던 도구들을 다 사라지게 하시는 것을 역사 가운데 보고 있었습니다. 예루살렘 성전이 더 이상 필요 없게 하시기 위해 로마의 장군 티투스에 의해 불타게 해 버리셨고, 또한 제사장들도 필요 없게 하시기 위해 그들을 전부 다 사라지게 하셨던 것입니다. 그런데 아주 놀라운 사실은 지금 저 이스라엘 가운데 있는 유대인들은 아브라함의 혈통으로 내려온 유대인들이 아니라는 것이 밝혀졌다는 것입니다. 정확히 기억이 나지 않지만 미국의 홉킨스병원 의사가 그것을 밝혀냈었습니다. 지금 유대인들 가운데 92%의 사람들이 아브라함의 자손들이 아닌 단지 이방 사람들이 개종한 것이라는 사실입니다. 지상에 남아 있는 유대인들은 대략 150만 명 정도밖에 되지 않는다고 합니다. 이것이 우리들에게 가르쳐 주는 진리는 바로 하나님께서 이제 자신의 아들 예수 그리스도의 피를 통해서만 구원하시는 일을 하신다는 진리입니다. 더 이상 지상에는 성전이 없으며, 동물의 피의 제사를 드리지 못하게 하기 위해 제사장들과 레위지파도 없습니다. 또한 아브라함의 혈통으로 구원을 받는 것이 아님을 가르쳐주시기 위해 그들의 후손들을 거의 다 사라지게 하신 것입니다. 왜냐하면 이미 예수님은 아브라함을 통해 오신 그리스도이시기 때문입니다. 더 이상 아브라함의 육체적 혈통으로 오는 메시아는 없습니다. 하나님께서 그렇게 하신 것입니다. 그런데 우습게도 하나님께서 이런 유대인들을 위해 지금도 일하신다고 주장하는 신학자들과 목사들이 있습니다.

가장 대표적인 사람이 바로 영국 성공회의 목사인 니콜라스 톰 라이트입니다. 요즘 한국교회가 이 사람 때문에 아주 혼란스러워졌습니다. 이 사람의 주장은 이렇습니다. 하나님께서 바울을 통해 가르쳐준 것은 예수를 믿고 의인이 되는 것이 맞다, 그러나 예수를 믿고 의인이 되면 과거 이스라엘 백성들에게 하나님이 언약하신 그 말씀에 순종해야 최종적으로 의인이 되고 구원을 받는다고 하는 것입니다. 바울이 예수를 믿고 유대교를 배반한 것이 아니라 유대교의 잘못된 불순종하는 그 모습을 바르게 가르쳤다는 것입니다. 다시 말해 예수를 믿고 율법에 순종하게 만들었다는 것입니다. 또한 바울이 인간 개인의 구원을 위해 말한 것이 아니라 유대 민족이 하나님의 언약에 순종하게 만들었다는 것입니다. 따라서 개인 구원이 없고 유대 민족이 언약에 순종하면 이방인들도 언약에 순종하여 구원을 얻는다는 것입니다. 성경에 바른 이해를 가진 성도들이라면 톰 라이트의 이러한 주장이 얼마나 거짓된 것이며 사변적인 것인지 알 수 있습니다. 그런데 요즘 젊은 신학자들과 신학생들 그리고 일부 목사들이 이것을 아주 좋게 받아들여 성도들에게 가르치고 있습니다.

톰 라이트의 이런 주장은 결국 하나님께서 유대 민족과 유대교를 심판하시는 것에 정반대되는 사상을 가르치는 이단입니다. 계시록 3장에서 주님께서 아주 단호하게 유대인들이 사탄의 회당이라고 말해 주시는데 유대인들이 구원을 받고 그리고 나면 이방인들이 구원을 받는다고 가르치고 있는 것입니다. 사탄은 할 수만 있으면 언제나, 그리고 늘 하던 일을 쉬지 않고 하고 있습니다. 하나님의 백성들이 하나님의 계명에 순종하며 사는 것을 못하게 하려고 합니다. 하나님의 계명이 무엇입니까? 요한 사도는 하나님의 계명은 하나님의 아들 예수 그리스도의 이름을 믿고 그가 우리에게 주신 계명대로 서로 사랑하는 것이라고 요한일서 3장에서 가르쳐주고 있습니다.

사랑하는 성도 여러분!

하나님 앞에서 예수 그리스도의 피를 믿는 사람들을 늘 고소하던 사탄이 이제는 더 이상 고소할 거리가 없자 하늘에서 땅으로 쫓겨났습니다. 사탄이 이 세상을 자신의 능력으로 꾀고 있습니다. 사탄은 하늘에서 하던 것처럼 계속 하나님의 아들의 피를 믿는 자들을 박해하고 심지어 그들의 생명과 가족들을 죽이기까지 하였습니다. 그러나 이러한 육체적 박해를 가해도 성도를 이기지 못합니다. 사탄은 계속해서 성도들의 신앙을 무너뜨리기 위해 이제는 정신적으로 바른 길에서 이탈하게 하고 있습니다. 예수를 믿는 것과 함께 율법도 지켜야 한다는 거짓 복음을 전하고 있습니다. 우리는 분명하게 믿어야 합니다. 주 예수 그리스도의 피가 우리를 구원하실 뿐만 아니라 성도를 거룩하게 한다는 것을 말입니다. 예수 믿음에는 성도의 성화도 함께 있습니다. 기독교는 예수 믿는 것을 입술로만 하지 않습니다. 우리의 믿음은 입술의 고백과 함께 심령이 변화되고 삶도 변화되는 믿음입니다. 거짓 복음을 전하는 자들은 단지 입술로 믿음을 고백하라고 합니다. 그러나 바른 복음은 오직 성경에서 증거하는 복음입니다. 예수님과 그리고 주님의 제자들을 통해 계속해서 전해진 복음만이 구원을 이루는 바른 복음이라는 것을 믿는 성도들이 되어야 할 것입니다. 우리 앞에 사탄의 꾀가 늘 있다는 것을 알고 어린 양의 피만 믿고 서로 사랑하는 성도들이 되기를 바랍니다. 아멘.

사탄이 짐승에게 권세를 주어 성도를 핍박한다
[계 13:1-10]

만약 요한계시록이 미래에 일어날 일을 기록한 말씀이라면 이 성경은 고난당하는 당시 그리스도인들에게는 아무런 의미가 없는 말씀입니다. 또한 오늘 우리 시대에도 역시 이 말씀이 아직 이루어지지 않고 앞으로 이루어질 예언의 말씀이라고 하면 고난당하는 성도는 어디에서 위로를 받을 것인지 먼저 질문하지 않을 수 없습니다. 언제 계시록의 말씀이 이루어지는지 그것을 알 수 있는 사람은 없을 것입니다. 하지만 분명히 이 계시록의 말씀은 당시 그리스도인들에게 아주 확실하게 그리고 곧 있으면 반드시 이루어질 말씀이었습니다. 왜냐하면 로마 제국이라고 하는 이방 세력이 등장하여 하나님의 교회를 핍박하고 잔해하고 있는 상황에서 사도 요한은 주님이 보여주신 모든 계시의 말씀이 곧 이루어질 것이라고 믿고 있었기 때문입니다. 계시록 13장 18절 마지막에 666이라는 숫자가 나옵니다. 요즘 베리칩이라는 것을 받지 말라고 하면서 그 칩을 받으면 구원을 받지 못한다고 거짓으로 가르치는 교회가 등장하였습니다. 만약 요한이 2,000년 후에 일어날 일을 기록하고 그것이 베리칩이라고 증거하고 있다면 도대체 요한은 컴퓨터와 신용카드, 그리고 최신 전자상거래가 자신들의 신앙과 무슨 상관이 있기에 그것에 대해 쓰고 있는 것입니까?

세대주의자들은 늘 하나님의 말씀을 사변적으로 해석하고 그것이 지금 당대를 향하신 말씀이라고 그렇게 거짓으로 가르쳤습니다. 이러한 가르침은 결국 패배주의 종말론을 만들어 성도들로 하여금 두려움과 무서움을 가지고 마지막 심판을 대비하는 거짓 신앙을 양산하고 말았습니다. 하지만 기독교의 종말론은 두려움과 패배주의가 아니라 온전히 예수 그리스도께서 이루신 승리의 신앙을 가지고 하나님의 마지막 심판을 언제든지, 기꺼이 기다리는 신앙인 것입니다.

지난주에도 말씀드렸던 것처럼 요즘 제 주변에서 아주 황당한 일들이 계속 벌어지고 있습니다. 어제는 경기도에서 부목사로 계시면서 목회를 하시는 친한 목사님에게서 연락이 왔습니다. 그 목사님께서 자신이 스트레스를 많이 받고 있다고 하였습니다. 담임목사가 교회 강단에서 구원받은 사람도 다시 구원에서 떨어지고 구원받지 못한다고 가르쳤다고 합니다. 신학교에서 신학을 하고 개혁신학에 대한 열정을 가진 목사도 혼란스럽다는 고민을 저에게 털어놓았습니다. 이런 현상이 계속 발생하는 것은 목사들이 늘 시대에 흐르는 사상에 물들어 가기 때문입니다. 이들은 하나님의 말씀이 과거에는 예수 믿으면 확실한 구원을 받았지만, 시간이 흘러 세대가 바뀌면 믿음으로만 구원받는 것이 아니라 선한 행위도 함께 해야 구원받는다고 하는 것입니다. 만약 이들처럼 하나님의 구원이 시간이나 세대에 따라 변한다면 누가 예수를 믿고 구원의 확신을 가지고 살아갈 수 있겠습니까? 또한 예수 그리스도께서 자신의 피로 이루신 구원 사역은 도대체 얼마큼 능력이 있는 것입니까? 만약 시대에 따라 기독교의 구원이 변한다면 그것은 참된 구원이 될 수 없습니다. 우리의 구원은 하나님의 아들 주 예수 그리스도를 믿음으로 받는 것입니다. 이것이 성경이 가르쳐 주는 구원입니다. 더 이상 인간의 생각을 더하거나 주장하는 구원 사상에 혼돈하시면 안 될 것입니다. 이런 자들은 반드시 저주를 받을 것입니다.

또 어떤 분은 저에게 문자로 성경을 읽을 때 성령의 조명하심을 통해 읽어야 한다는 의미가 무엇인지를 물어 왔었습니다. 그분에게 성령께서 성경의 원저자이시므로 성령께서 빛을 비추지 않으시면 그 누구도 성경을 바르게 읽고 깨달을 수가 없다고 말씀드렸습니다. 또한 성령의 조명이 반드시 필요한 이유는 인간의 감정이나 느낌이 아닌 성경에서 말씀하시는 그 의미가 무엇인지를 바르게 알아야 한다는 것을 중요하게 받아들이는 것이라고 말입니다. 그렇습니다. 지금 우리는 아주 어렵게만 여기고 있었던 계시록을 읽고 말씀을 듣고 있습니다. 만약 성령의 조명하심이 없다면 우리는 이단 사이비들이 하는 말에 수긍할 것입니다. 어떻게 L씨가 여자가 낳은 아들이며, 문선명이 재림주이며, 또한 안상홍이 재림주가 될 수 있겠습니까? 아무리 뛰어난 지성을 가진 사람들이라도(명문대를 다닌 학생들과 엘리트들) 성령의 조명하심이 없으면 이렇게 인간을 하나님으로 믿는 어처구니없는 일들이 일어나는 것입니다. 아무리 성경을 읽어도 그리고 바르게 가르쳐 주어도 여전히 L씨가 참된 목자가 된다고 믿고 있는 것입니다.

이제 우리는 성령의 조명을 통해 믿음의 조상들이 이미 바르게 해석하여 준 성경의 말씀을 접하게 될 것입니다. 오늘 말씀을 들을 때 동일한 성령의 조명이 저와 여러분들에게 비춰지기를 바랍니다.

사도 요한은 바다에서 한 짐승이 나오는 것을 보고 있습니다. 그런데 그 짐승은 열 개의 뿔이 달렸으며 머리가 일곱이며 각 뿔에 왕관이 있고 그 머리들에는 신성을 모독하는 이름들이 있는 짐승이었습니다. 계시록 13장 1,2절은 하나님께서 다니엘 선지자에게 보여 주신 짐승의 환상과 아주 흡사한 것입니다. 다니엘 7장을 보면 다니엘이 환상 속에서 바벨론, 페르시아, 헬라제국, 그리고 로마로 이어지는 나라들이 들어설 것을 봅니다. 그런데 마지막 네 번째 제국인 로마는 다른 제국들과는 다르게 더 포악한 짐승으로 나타납니다. "내가 밤 환상 가운데에 그 다음에 본 넷째 짐승은 무섭고 놀라우며, 또 매우 강하며 또 쇠로 된 큰 이가 있어서 먹고 부서뜨리고 그 나머지를 발로 밟았으며, 이 짐승은 전의 모든 짐승과 다르고 또 열 뿔이 있더라 (단 7:7)". 실제로 로마 제국의 네로 황제는 기독교인들을 아주 심하게 핍박한 사람이었습니다. 뿐만 아니라 네로는 일반 정치에서도 아주 포악하였다고 역사가들은 서술합니다. 네로는 자신을 왕으로 옹위한 어머니 아그리피나를 죽였고, 그의 아내가 임신하였는데 발로 차서 아내와 뱃속의 아이를 죽인 사람이었습니다. 그리고 타락의 마지막이라고 할 수 있는 동성애를 즐기는 사람이었습니다. 지난번에도 말씀드렸지만 기독교인들을 핍박하기 시작한 황제가 바로 네로였습니다. 이때부터 로마의 황제들이 그리스도인들을 핍박하고 잔해하였던 것입니다. 네로는 성도들에게 짐승의 가죽을 입혀 사냥을 하였고, 가든파티를 한다는 명목으로 성도들을 횃불 밝히는 도구로 사용하기 위해 기름을 바르고 곳곳에 매달아 태웠습니다. 용이 짐승에게 권세를 주었다는 것이 바로 사탄이 네로에게 성도들을 핍박하고 하나님을 대적하는 그런 일을 하게 한 것입니다.

교회가 성장하고 그리스도인들이 많아지고 주변 나라들에서 이방인들이 주 예수 그리스도를 믿는 일들이 생겨나게 되었습니다. 복음이 로마 제국과 주변에 퍼져 나가 많은 사람들이 하나님과 어린 양을 믿게 되었습니다. 급기야는 로마 황실에서도 예수 그리스도를 믿는 사람들이 생겨났습니다. 주 예수 그리스도의 십자가가 승리하고 있었습니다. 사탄의 머리가 상하여 죽게 된 것입니다. 하지만 짐승은 다시 일어나서 상처 입은 곳을 치료하고 힘을 얻었습니다. 사탄이 로마 제국의 황제에게 권세를 주자 땅이 일어나 짐승을 따르게 되었습니다. 여기에서 땅은 바로 이스라엘을 상징하고 있습니다. 다시 말해 로마 제국의 황제 네로를 이스라엘 백성들이 섬기게 된 것입니다. 역사적으로 이것은 사실입니다. 유대 종교지도자들이 자신들의 기득권을 지키기 위해 로마 황제를 신으로 섬기는 일까지 했습니다. 그래서 예루살렘 성전에서 황제를 위해 매일 희생 제사를 먼저 드렸던 것입니다. 뿐만 아니라 황제를 위해 헌금까지 했습니다. 짐승을 따르고 있는 것은 세상이 아니었습니다. 그것은 이스라엘이라는 민족이었습니다. 이스라엘이 누구입니까? 하나님께서 자신을 예배하고 섬기기 위해 택하신 민족이었습니다. 아브라함의 씨로 말미암아 그리스도를 세상 가운데 보내기 위해 택함받은 민족이었습니다. 그런데 이들이 짐승인 네로를 섬기고 그를 경배하고 찬양한 것입니다. 유대인들은 그리스도와 가이사 사이에서 우리는 가이사 외에는 왕이 없다(요한복음 19:12-15)고 그렇게 외쳤던 사람들이었습니다.

　이스라엘 백성들의 왕은 가이사 네로였습니다. 그러나 그리스도인들에게 있어 하늘과 땅의 왕은 바로 주 예수 그리스도였습니다. 유대인들은 궁극적으로 용을 숭배한 것입니다. 그러므로 예수님께서 유대인들을 향해 너희의 아비는 마귀라고 하신 말씀은 진실하게 가르치신 말씀입니다. 유대인들이 그리스도인들을 죽이기 위해 네로에게 아첨하고 그를 섬겼습니다. 하나님의 계명을 받은 자들이 가장 먼저 첫 번째 계명을 어기고 하나님이 아닌 인간을 신으로 섬기는 죄를 범한 것입니다. 이것을 아시고 예수님께서 사도 요한에게 유대인들을 사탄의 회라고 저주하신 것입니다. 그러므로 우리는 지금 저 이스라엘을 향해 그 어떤 동경이나 부러움을 가져서는 안 됩니다. 그런데 어리석은 목사들과 거짓 교사들은 여전히 유대교를 마치 기독교의 뿌리인 것처럼 믿고 그들의 가르침을 중요하게 여기고 있으니 참으로 개탄스러울 뿐입니다. 유대교의 교육에 대해 우리가 그 깊이를 파헤친다면 그것은 바로 하나님의 아들을 죽이는 교육이었습니다(유대인들은 하나님의 계명과 율법을 인간들이 만든 탈무드와 랍비들의 가르침보다 못하게 여겼습니다). 지금도 그들은 예수를 아주 큰 이단으로 보고 있습니다. 그런데도 여전히 유대교를 흠모하고 있는 목사들이 있습니다. 이들은 바른 신앙과 복음이 무엇인지도 모르는 사람들입니다.

어처구니없게도 우리 기독교를 유대교에서 나온 하나의 종파로 보는 신학자들의 가르침을 아주 귀한 것으로 여기고 있습니다. 오늘 말씀에서 우리는 유대교가 하나님을 대적하는 그런 집단이라는 것을 분명하게 깨달아야 합니다.

사탄이 짐승에게 권세를 주면서 성도들을 죽이고 핍박하게 하는데 42달 동안 엄청난 핍박이 나타났습니다. 하지만 사탄은 끝까지 이기지 못합니다. 42달 동안 즉, 3년 6개월 동안만 핍박을 말씀하십니다. 3년 반은 7년의 반을 의미합니다. 이것은 완전하지 않다고 하는 것입니다. 사탄이 3년 반 동안 핍박하는 권세를 짐승에게 주었다는 것은 결국 짐승이 성도들을 죽이지만 이기지는 못한다는 상징입니다. 흥미롭게도 역사를 살펴보면 네로가 A. D 64년 11월에서 68년 6월 초까지 아주 강하게 그리스도인들을 핍박하였다고 합니다. 로마제국과 이스라엘 땅에서 예수를 믿는 자들을 죽이기 위해 핍박하였습니다. 그러나 이 핍박의 기간 동안 많은 성도들은 죽임을 당하였지만 자신들이 가진 주 예수 그리스도를 믿는 믿음을 버리지 않았습니다. 유대인들은 자신들의 생명을 구하기 위해 이 짐승에게 경배하였습니다. 죽임당한 어린 양의 생명책에 배도한 이스라엘 백성들의 이름은 기록되지 못한다고 말씀하고 있습니다. 오직 어린 양의 피를 믿는 자들만 그들의 이름이 생명책에 기록된 것입니다. 그러니 예수님께서 죽도록 충성하라고 하신 것은 믿음 때문에 죽는 일이 있으면 그것을 피하지 말고 죽으라고 하신 것입니다. 이렇게 말씀하신 이유는 바로 영원한 생명이 성도들에게 주어지기 때문입니다.

사도 요한은 이러한 일들이 속히 임하게 될 것이라고 보고 들은 것입니다. 누구든지 귀가 있는 자는 들을 것입니다. "사로잡힐 자는 사로잡혀 갈 것이요 칼에 죽을 자는 마땅히 칼에 죽을 것이니 성도들의 인내와 믿음이 여기 있느니라" 하는 이 말씀은 예레미야 선지자가 패역한 이스라엘을 위해 기도하지 말라고 하는 내용과 같습니다. 예레미야 선지자는 이스라엘이 회개하고 돌아올 것을 위해 기도하지 말라고 합니다. 왜냐하면 이스라엘이 심판을 받기 때문입니다. 하나님께서 죄악을 행한 이스라엘 백성들을 위해 기도하지 말라고 하십니다. 왜냐하면 듣지 않고 반드시 심판하겠다고 하시기 때문입니다. 그러자 사람들이 두려워하여 어떻게 해야 하는지를 예레미야에게 묻습니다. 이 때 예레미야 선지자는 이렇게 말합니다. "죽을 자는 죽음으로 나아가고 칼을 받을 자는 칼로 나아가고 기근을 당할 자는 기근으로 나아가고 포로될 자는 포로 됨으로 나갈지니라"(렘 15:2). 짐승을 경배하는 자들에게는 반드시 심판이 있을 것이지만 성도들은 인내와 믿음으로 승리할 것입니다.

사랑하는 성도 여러분!

역사를 살펴보면 로마의 황제들은 신으로 추앙을 받았습니다. 하지만 이것은 로마가 유럽을 정복하면서 자신들의 국가주의를 내세우는 방편으로 만든 거짓에 불과합니다. 그러나 이스라엘은 달라야 했습니다. 그들이 힘이 없고 연약하여 로마의 식민지가 되었다고 할지라도 자신들이 섬기는 하나님을 배반해서는 안 되는 일이었습니다. 하지만 유대교는 이미 하나님과 상관이 없는 그런 종교였기에 쉽게 하나님을 배반하고 인간을 신으로 숭배하는 일을 했습니다. 급기야는 예루살렘 성전에 로마 황제를 위한 신상을 만들고 그것에 경배를 한 것입니다. 거룩한 곳에 가증한 것이 세워졌던 것입니다. 뿐만 아니라 유대인들은 하나님의 참된 백성들인 그리스도인들을 죽이는 일에 가담하였습니다. 이러한 가증한 일들이 이스라엘 땅에서 일어난 것입니다. 우리 주 예수 그리스도께서 예루살렘을 불로 심판하셔야 하는 이유가 바로 여기에 있는 것입니다. 하나님은 이제 새로운 이스라엘 민족을 부르십니다. 아브라함의 혈통으로 세워진 육적 이스라엘이 아니라 하나님의 아들의 피로 세워진 영적 이스라엘 민족을 이 세상 가운데 세우신 것입니다. 저와 여러분들이 바로 이 영적 이스라엘 민족의 일원이 되었습니다. 네로에 의해 죽임을 당한 믿음의 선진들과 이후 모든 그리스도인들이 새로운 이스라엘 백성들이 된 것입니다.

사탄은 이제 새로운 이스라엘 백성들이 모인 교회를 계속 핍박할 것입니다. 창세 이후로부터 이 핍박과 환난은 계속 이루어졌습니다. 우리들의 신앙을 파괴시키기 위해 사탄은 계속해 짐승을 보내고 있습니다. 시대마다 이러한 짐승의 모습이 약간은 다르게 나타나고 있지만 결국 짐승이 하는 일은 성도들을 죽이고 신앙을 버리게 하는 일입니다. 마지막 때 깨어 있으로라고 하신 주님의 말씀을 기억하면서 우리가 주 예수 그리스도를 믿는 신앙을 가지고 인내하는 성도들이 되어야 할 것입니다. 아멘.

거짓 교사들의 박해

(계 13:11-18)

　계시록 13장을 자세하게 보면 두 마리 짐승이 나오는 것을 볼 수 있습니다. 지난주에 말씀을 통해 먼저 본 짐승은 바다에서 나온 짐승 이었습니다. 이제 우리는 바다가 무엇을 상징하는지 다 알고 있습니다. 바다는 이방 세력입니다. 이방 나라에서 짐승이 나와 믿는 자들을 핍박하고 하나님을 비방하며 대적하였습니다. 다시 말해 로마 제국의 황제가 하나님을 모독하며 거룩한 성전에서 자신이 하나님 보다 더 위대한 신이라고 인정받기 위해 황제의 신상을 만들고 제사도 드리게 하였습니다. 여기에 유대인들은 하나님을 두려워하는 그 어떤 신앙도 갖지 않고 오히려 로마 황제를 위해 우상을 숭배하고 그리스도인들을 죽이는 일까지 서슴지 않았습니다. 이러한 유대인들을 향해 하나님은 더 이상 침묵하지 않으십니다. 구약 시대 이스라엘 백성들이 주변 나라들의 우상을 숭배하고 하나님을 버리자 하나님은 이스라엘을 심판하셨습니다.

　오늘 우리는 또 다른 짐승 하나가 바다가 아닌 땅에서 올라오는 것을 보고 있습니다. 땅에서 올라왔다는 것은 다름 아닌 이스라엘 가운데서 짐승이 나왔다는 것입니다. 성경에서 특별하게 말씀하지 않으면 '땅'은 약속의 땅을 의미합니다. 즉 이스라엘 백성들이 사는 땅입니다. 그러므로 이 짐승이 땅에서 나왔다는 것은 이스라엘 가운데서 나왔다는 것입니다. 하나님을 배신한 이스라엘, 바로 거짓 종교인 유대교를 상징하며 그 가운데서도 거짓 선지자들을 의미하는 것입니다.

거짓 선지자들은 이미 구약 시대부터 있었습니다. 하나님께서 이스라엘 백성들을 위해 언약을 맺고 그들에게 계명을 주시면서 하나님 나라의 백성으로 살아야 한다는 것을 참 선지자들을 통해 계속 가르쳐 오셨습니다. 그러나 거짓 선지자들은 늘 돈이나 자신들의 명예와 지위를 위해 하나님을 이용하고 하나님의 말씀을 거짓으로 가르쳐 백성들을 항상 미혹했습니다. 어느 시대에나 이러한 거짓 선지자들은 늘 있었습니다. 예수님께서 거짓 선지자들이 나타나서 자신을 그리스도라고 하면서 사람들을 미혹할 것이라고 자주 말씀하셨던 것을 우리는 알고 있습니다. 지금 사도 요한이 두 번째 본 짐승이 바로 거짓 선지자들입니다. 유대교 안에서 나타난 거짓 선지자들을 의미하는 것입니다. 주님께서 사도 요한에게 이것을 보여주신 이유가 어디에 있겠습니까? 사람들은 눈에 보이는 것에 아주 취약합니다. 사람의 감각 가운데 가장 두드러진 부분이 바로 시각입니다. 눈에 보이는 것을 쫓아가는 것이 인생입니다. 그러니 거짓 선지자들이 사람들을 유혹하기 위해 나타난 것입니다. 모세는 신명기 13장 1-5절에 이미 거짓 선지자들이 참 선지자들처럼 모방하며 사람들을 유혹하기 위해 이적과 기사를 나타낼 것이라고 하였습니다. 예수님께서도 거짓 선지자들이 할 수만 있으면 이적과 기사를 나타내서 사람들을 미혹할 것이라고 하셨습니다. 그러므로 거짓 선지자들의 특징 가운데 하나가 바로 이적과 기사를 나타내는 것입니다.

오늘날 많은 사람들이 어디에 모이고, 어디를 쫓아다니고 있는지를 살펴보면 아주 쉽게 알 수 있습니다. 지난날 한국교회가 산에 기도원을 만들고 그곳에서 기도하면 기적과 능력이 나타난다고 하면서 거짓 목사들을 데려다가 얼마나 사람들을 미혹하게 만들었습니까? 지금도 이런 일들이 계속 일어나고 있습니다. 집회를 하면서 어떤 능력이 나타나면 그것이 마치 하나님께서 주시는 은혜인 것처럼 사람들이 몰려다니면서 알 수 없는 소리로 기도하고 울부짖게 만들었습니다. 은혜 받으면 모든 것이 다 형통하게 된다고 목사들이 무당이 되어 거짓 복음을 전하고 가르친 것입니다. 가정주부들이 자녀와 남편을 돌보지 않고 그저 교회에서 기도원에 가서 기도하면 모든 일이 잘 풀린다고 하니 마치 그것이 기독교인 것처럼 그렇게 쫓아다니게 만들었던 것입니다. 그런데 하나님께서는 거짓 선지자들과 참 선지자들 간의 구별이 바로 진실한 하나님의 말씀을 가르치는 데 있다는 것을 알려주셨습니다.

참된 선지자는 오직 하나님의 말씀만을 양식으로 삼고 그 말씀을 전하기 위해 핍박과 고난도 감수합니다. 그러나 거짓 선지자들은 고난이 오면 도망가고 돈 때문에 일을 하기 때문에 사람들을 속이고 하나님의 말씀을 바르게 가르치지 않을뿐더러 그렇게 못 하는 것입니다. 거짓 목사들은 아무리 하나님의 말씀이 그건 그렇고, 이건 이렇다고 해도 바르게 가르치기 위해 노력하지 않습니다. 왜냐하면 바르게 가르치면 자신들에게 돌아오는 돈이 없기 때문입니다. 사탄은 하나님의 말씀을 왜곡시키기 위해 이런 거짓 선지자들을 자신의 종으로 삼고 그들에게 능력을 주는 것입니다. 오늘날에도 거짓 선지자들이 사람들의 눈을 홀리기 위해 보이는 이적과 기적을 나타내고 있습니다. 사도 요한 당시에도 사탄은 유대 거짓 선지자들을 통해 그리스도인들을 미혹하고 믿음을 버리게 한 것입니다.

초대교회 성도들이 예수님을 믿을 수 있었던 이유 하나는 예수님의 표적의 사건들이었습니다. 또한 예수님의 제자들 즉 사도들이 복음을 전하면서 나타낸 표적 때문에 많은 사람들이 복음을 접하고 예수님을 믿을 수 있었던 것입니다. 그런데 사도 요한 당시 예수님은 부활하셔서 승천하시고 더 이상 지상에 계시지 않습니다. 그리고 요한을 제외한 모든 사도들이 다 죽임을 당하고 없습니다. 사도들의 제자들도 계속 핍박과 환난으로 죽어가고 있습니다. 그렇게 성령의 능력이 나타났던 그 오순절의 강력한 하나님의 임재는 더 이상 주변에서볼 수 없습니다. 성도들이 보는 것이라곤 믿음의 사람들이 계속 죽어가는 것밖에 없습니다. 이러한 현실 가운데 처한 그리스도인들은 어디에서 예수 그리스도의 임재를 경험하며 자신들의 신앙을 굳건하게 지켜낼 수 있겠습니까?

그런데 사탄이 유대교에서 거짓 선지자들을 일으켜 세워 이적과 기사를 보여주고 있습니다. 저와 여러분들은 이런 상황에서 어떻게 하겠습니까? 예수를 믿으면 어떤 기적적인 일들이 나타나야 하지 않겠습니까? 그런데 오히려 예수를 믿으면 죽음밖에 없습니다. 게다가 짐승이 나타나 놀라운 일들을 보여줍니다. 많은 사람들이 갈등하고 주 예수 그리스도를 믿는 믿음에서 돌이킬 것입니다. 사실 그 당시 예수를 믿는다고 하면서 고난과 핍박이 임하자 신앙을 버리고 떠난 사람들이 많이 있었습니다. 베드로 서신과 히브리서를 보면 그 배경을 알 수 있습니다. 사람들의 눈에 예수 그리스도가 보이지 않자 사람들은 눈에 보이는 종교, 즉 유대교로 돌아가고 말았습니다. 아직도 하나님께 드리는 피의 제사가 있는 유대교, 성전도 있고 제사장들도 있는 그런 유대교가 하나님께서 함께하시는 종교라고 믿고 돌아간 것입니다.

우리의 신앙은 눈으로 보고 믿는 것이 아닙니다. 참되고 복된 신앙은 오직 복음의 말씀을 듣고 믿는 것입니다. 만약 하나님께서 사람들의 눈에 보이는 것으로 구원하는 신앙을 만드셨다면 예수님은 여전히 지상에 계셔야 할 것입니다. 하지만 구원은 이 땅에 존재하는 것으로 이루어지지 않습니다. 오직 하나님의 보좌 우편에 앉아 계신 유일한 중보자의 피를 믿는 것으로 이루어집니다.

거짓 선지자들의 특징이 나오는데 그것은 외형적인 겸손입니다. 11절 말씀에서 어린 양 같다고 하는 것입니다. 거짓 선지자들은 참선지자들을 모방합니다. 이들은 겉으로는 사람들에게 겸손하게 다가갑니다. 이단들의 특징이 바로 이것입니다. 우리 주변에 많은 이단들이 있습니다. 이들은 처음에 너무 친절하게 다가옵니다. 모든 것을 다 도와주고 함께하는 것처럼 행동합니다. 그러나 나중에는 사람의 영혼까지 도둑질하고 가정도 파괴시키는 사탄의 자식들입니다. 유대종교에서 나온 탈무드를 보시면 사람들에게 얼마나 친절하고 겸손하게 행동해야 하는지를 가르칩니다. 그러나 그들은 어린 양의 탈을 쓴 이리들입니다. 예수님께서 "거짓 선지자들을 삼가라 양의 옷을 입고 너희에게 나오나 속에는 노략하는 이리라(마 7:15)" 하고 말씀하신 것을 우리는 기억해야 합니다. 겉으로 너무 겸손하여 마치 어린 양인 것처럼 보입니다. 거짓 목사들도 이와 같습니다. 자신들 스스로 목사라고 하면서 겉으로는 양복을 입고 또는 로마 교회처럼 사제복을 입고 돌아다니지만 그들은 진리 때문에 손해 본 적이 없는 아주 패악한 인간들입니다. 거짓 선지자들은 늘 거짓을 말합니다. 그런데 겉으로 드러나는 겸손 때문에 그 거짓이 진리인 것처럼 믿게 만듭니다. 이들은 거짓을 일삼고 수군거리고 훼방하는 자들입니다. 입으로는 하나님을 시인하나 행위로는 하나님을 부인하는 자들이 바로 이들입니다.

주님께서 사도 요한에게 이스라엘 땅에서 나온 거짓 선지자를 보여주신 것은 이 거짓 선지자가 그리스도인들과 교회를 무너뜨리는 일을 하기 때문입니다.

초대교회 당시 그리스도인들에게 가장 큰 적대세력이 유대교였습니다. 유대인들에게 가장 증오스러운 사람들은 예수를 믿는 사람들입니다. 로마 황제를 신으로 섬기는 그 일보다 예수를 믿는 사람들이 더 증오스러운 것으로 여겼습니다. 12절을 보면 유대 땅에서 나온 짐승이 로마 황제로부터 받은 권한을 가지고 그리스도인들을 핍박할 뿐만 아니라 모든 유대인들마저도 로마 황제에게 경배하도록 만들고 있었던 것입니다. 로마정부의 하수인으로 전락한 것입니다. 목사가 되기 위해 신학을 하면 많은 책들을 접합니다. 그중에 역사신학을 배우면 항상 나오는 초대교회 순교이야기가 있습니다. 폴리갑이라는 요한의 제자 이야기입니다. 들어보신 분들이 있을 것입니다. 간단하게 말해서 폴리갑이 예수님을 믿는 믿음 때문에 로마 군인들에게 처형당합니다. 이 때 폴리갑을 회유하는 일들이 벌어졌는데 폴리갑은 그 어떤 회유에도 자신이 믿는 그리스도를 향한 믿음을 단 한번도 부인하지 않았습니다. 그러자 폴리갑을 불에 태워 죽이기로 하였습니다. 장작을 모아 불에 태우려고 할 때 로마 군인들이 유대인들에게 나무장작을 모아 오라고 한 것입니다. 폴리갑이 순교한 그 날이 안식일이었다고 합니다. 유대인들은 모세의 율법에 따라 안식일에는 나무를 모아 불을 지피지 못합니다. 그런데 율법을 지키는 것보다 그리스도인들을 죽이는 것을 더 중요하게 여긴 것입니다. 다시 말해 유대인들이 로마정부의 하수인으로 개가 되고 만 것입니다.

이 거짓 선지자들에게 사탄이 능력을 주었습니다. 그래서 하늘에서 불이 내려오게 하는 기적도 보여주었습니다. 예수님께서 이미 말씀하신 것처럼 적그리스도와 거짓 선지자들이 일어나 큰 표적과 기사를 보여 주고 할 수만 있으면 택한 백성들을 미혹할 것이라고 하셨습니다. 그러나 중요한 것은 표적과 기사가 아닙니다. 예수님도 표적과 기사를 행하셨습니다. 하지만 그 능력을 가지고 누구를 섬기고 있는지가 중요한 것입니다. 예수님은 사람들에게 하나님 아버지를 섬기라고 하셨습니다. 자신이 행하는 일을 보고 또한 예수님을 믿으라고 하셨습니다. 그러나 거짓 선지자들은 하나님을 섬기고 주 예수 그리스도를 섬기지 않습니다. 그들은 오직 사탄을 섬깁니다. 사람들을 죽이고 하나님께 대적합니다. 거짓 선지자들은 자신들의 생명이 위태로우면 자신들이 섬겼던 신도 부인하고 돌아섭니다. 로마 정부의 권력과 결탁하여 자신들의 배를 채우는 아주 더러운 이리들이었습니다. 이러한 거짓 선지자들은 어느 시대에나 항상 존재하였고 특히 우리나라에도 있었습니다. 오늘날에도 이러한 모습 가운데 하나가 바로 조찬기도회라는 아주 비 신앙적이고 간사스러운 것인데 목사들이 오히려 국가조찬기도회에 참석하기를 열망하고 정치꾼들에게 돈을 주고 그곳에 한 번 가고 싶어 안달이 난 것입니다. 박정희 유신독재정권 시대의 산물이 바로 국가조찬기도회입니다. 말이 좋아 나라와 민족과 지도자들을 위해 기도하는 것이지 실상은 독재정부를 옹호하고 그들의 비위를 맞추고 같이 잘 살자고 하는 것이 바로 조찬기도회였던 것입니다. 독일의 교회가 히틀러와 하나가 되어 수많은 사람들을 학살할 때 독일 교회가 성경을 가지고 장난치고 히틀러의 정치 지지 세력이 되어 준 것처럼 말입니다.

우리는 분명하게 다시 한번 하나님의 말씀으로 온전하게 서야 합니다. 하나님께서 나라와 나라를 구분하시고 정부와 정부를 세우셨습니다. 그리고 그 지도자들을 위해 기도하라고 하셨습니다. 하지만 하나님은 나라와 민족을 보호하시는 것이 아닙니다. 하나님은 자신의 아들의 피를 믿고 그리스도의 몸을 이룬 교회를 사랑하시고 보호하시는 것입니다. 어리석은 목사들은 여전히 하나님께서 우리나라에만 복을 이렇게 주셨다고 합니다. 믿는 사람들이 많기 때문에 복을 받았다고 합니다. 여기에 얼마나 큰 치명적인 오류가 있습니까? 하나님을 믿으면 복을 받고 잘된다는 기복주의 신앙이 온통 사람들의 머릿속에 넘쳐나고 있는 것입니다. 사도 시대부터 기독교는 핍박과 고난 가운데 있었습니다. 교회가 나라와 정부와 결탁하는 순간 타락하고 마는 역사를 계속 보면서도 그것을 왜 깨닫지 못하는지 모르겠습니다.

사탄의 능력은 아주 대단합니다. 얼마나 대단하였는지 사탄을 섬기는 짐승이 가진 능력은 사람들을 단번에 미혹했습니다. 여전히 이러한 거짓 선지자들의 미혹은 사람들에게 많은 영향을 주고 있습니다. 그런데 희한한 일은 사람들이 이런 거짓 선지자들의 예언과 능력을 좋아하는 것입니다. 예레미야 선지자는 어리석은 백성들은 폭력을 일삼고 거짓을 말하는 사람들을 좋아 한다고 하였습니다(렘 5장). 21세기를 살고 있는, 문화와 문명이 지난 세기보다 위대하게 발달하고 우수하다는 지금도 교회 안에서 이런 일들이 계속 일어나고 있습니다. 우리는 무엇 때문에 하나님을 믿고 하나님의 아들을 믿는 것입니까? 우리의 신앙의 본질은 무엇입니까? 우리는 진리를 위해 살고 진리 때문에 괴로워하면서 우리의 삶을 진리 안에서 계획하면서 살고 있습니까?

사람들은 미신적인 신앙이 바른 신앙인 줄 알고 계속 그것을 동일하게 반복하면서 하나님을 섬깁니다. 많은 사람들이 그렇게 하고 있기 때문에 자신도 그렇게 믿고 생활하는 것이 바른 것으로 여기는 것입니다. 하지만 많은 사람들이 그렇게 한다고 해서 그것이 신앙이 아니라는 것을 깨달아야 합니다. 신앙은 오직 하나님의 말씀에서 이루어지는 것입니다.

이제 사탄은 짐승을 통해 사람들을 통제하려고 합니다. 16절에 나오는 짐승의 표에 대한 말씀만큼 아주 잘못된 가르침도 없습니다. 오늘날도 대부분의 목사들이 짐승의 표를 666이라는 것으로 알고 이 표를 받으면 구원을 받지 못한다고 그렇게 가르치고 있습니다. 하지만 말씀을 자세하게 보면 666이라는 것은 히브리어로 네로 가이사의 이름을 숫자로 해석한 것입니다. 그래서 마지막 절에 "그 짐승의 수를 세어 보라 그것은 사람의 수니 그의 수는 666이니라"고 하신 것입니다. 여기에서 "그의 수"라고 하는 것은 단수입니다. 즉 한 사람의 수라고 하는 것입니다. 시대마다 이 666의 해석이 항상 달랐습니다. 어떤 사람은 교황으로 어떤 사람은 히틀러나 스탈린으로 그렇게 늘 적용시켰던 것입니다. 하지만 초대교회부터 많은 사람들이 이 666의

해석을 로마의 네로 황제에 국한시켰다는 것을 알 수 있습니다. 예수를 믿는 사람이든 믿지 않는 사람이든 간에 이 666은 네로를 상징하는 숫자였다는 것을 그들의 글에서 늘 기록하였습니다. 지혜가 있는 사람은 이 숫자가 누구를 의미하는지 알 수 있다고 주님은 말씀하신 것입니다. 구약에서 666이 나오는 장면이 있습니다. 바로 솔로몬이 금 방패를 만들기 위해 이방으로부터 금을 받은 숫자가 666세겔이었습니다. 솔로몬은 이때부터 타락하기 시작하였고 결국 이스라엘 백성들로 하여금 하나님을 배도하게 만들었습니다. 그래서 구약의 백성들은 666이라고 하는 이 숫자를 배도의 수로 여기고 있었습니다. 그러니 사도 요한이 이 숫자를 말할 때 그리스도인들은 로마 황제 네로가 자신들의 신앙을 배도하게 만드는 인물이라는 것을 쉽게 알 수 있었던 것입니다.

또한 이 짐승의 표를 받아야만 물건을 사고 팔 수 있다는 말씀이 베리칩을 몸에 심으면 안 된다는 것이 되었습니다. 하지만 이 짐승의 표라는 것은 황제를 숭배하는 사람들이 서로 공유하는 삶의 시스템이었습니다. 당시 로마는 황제를 숭배하는 사람들에게 먼저 물건을 매매할 수 있는 기본권을 주었습니다. 하지만 그리스도인들은 황제를 숭배하지 않습니다. 그러니 로마인들은 그리스도인들에게는 물건을 사고팔지 않았던 것입니다. 짐승의 표는 문자적인 표가 아닙니다. 이 표시는 소유권의 상징입니다. 그리스도인들은 오직 예수 그리스도와 하나님을 예배합니다. 로마의 황제는 신이 아닙니다. 그래서 짐승의 표를 받지 않습니다. 로마 황제의 소유가 아니라 예수님의 소유입니다.

사랑하는 성도 여러분!

오늘날에도 우리는 이러한 상황 속에서 살아가고 있습니다. 비록 2,000년 전에 사도 요한이 보고 있었던 환상이고 그 일이 그 시대에 다 이루어졌지만 이러한 역사는 계속 반복되고 있습니다. 사탄은 할 수만 있으면 교회와 성도들을 핍박하기 위해 계속 거짓 교사들을 보내고 미혹하게 하며 국가권력을 통해 교회 지도자들을 미혹하게 합니다. 뿐만 아니라 모든 성도들이 먹고 사는 문제로 늘 고민하게 하고 그 결과 하나님을 믿는 신앙에서 떠나게 만들고 있습니다. 우리는 세상에서 삽니다. 그래서 세상 사람들이 고민하고 염려하는 것을 같이 느낍니다. 하지만 우리가 그것을 같이 생각하고 느낀다고 해서 그들처럼 살면 안 됩니다. 여전히 우리는 주일에 하나님을 예배하고 안식하며 믿음의 삶을 살아야 합니다. 또한 한탕주의에 빠져 쉽게 돈을 벌어서는 안 됩니다. 내가 흘린 땀만큼의 대가를 받는 것을 감사해야 합니다. 때론 우리의 삶 속에 고난과 고통이 일어나지만 이 모든 것을 이길 수 있도록 도와 주시는 분이 계신 것을 믿고 늘 기도해야 합니다. 아멘.

참된 이스라엘 백성들이 새 노래를 부르고 있다
(계 14:1-3)

우리는 사탄이 어떻게 하나님의 나라와 백성들을 공격하는지를 배웠습니다. 세상 정부와 권력을 통해 그리고 교회 안에서 일어나는 거짓 교사들을 세워 진리를 왜곡하고 성도들의 신앙을 배도하게 만들기 위해 계속 미혹하고 있습니다. 이러한 사탄의 훼방은 지금도 계속 일어나고 있습니다. 특히 현대 교회 안에서 거짓 목사들을 강단에 세워 복음이 선포되지 않게 합니다. 성도는 복음을 들어야 생명력 있는 삶을 살 수 있습니다. 복음을 듣지 못하면 여전히 자연인으로 사는 습관 때문에 죄를 흠모하고 이웃을 나보다 못하게 여기며 자기중심적인 삶을 사는 일에 쉽게 빠져 듭니다. 하지만 복음을 들으면 하나님을 두려워하고 주 예수 그리스도의 구원 사역을 찬양하며 자신이 죄인이라는 것을 알고 겸손하게 삶을 살려고 합니다. 오직 하나님의 영광을 위한 삶을 위해 목적을 가지고 걸어가기 시작합니다. 이것을 아는 사탄은 성도들이 복음을 듣지 못하게 하려고 어리석고 무지하고 성경의 말씀과는 전혀 다른 신앙을 가진 목사들을 교회에 보내고 있는 것입니다.

사도 요한 당시 주님의 교회는 아주 심각한 위험에 빠져 있었습니다. 성도들은 계속 순교를 당하고, 먹고 사는 문제는 여전히 어려움 가운데 있었습니다. 과연 성도들은 어떻게 될 것이고 주님의 교회는 존재할 수 있는지 두려움이 생겼을 것입니다. 하나님은 자신의 백성들이 어떤 상태에 있는지 너무나 잘 알고 계십니다. 어린 양처럼 계속 이리들에게 죽임을 당하는 성도들과 교회는 어떻게 되겠습니까? 하나님은 사도 요한에게 예수 그리스도의 피로 세움 받은 교회와 성도들이 반드시 승리할 것임을 보여 주시고 말씀하십니다. 오늘 우리가 읽은 본문의 말씀이 바로 이것입니다.

요즘 우리가 살고 있는 한반도에 전쟁설이 계속 나오고 있습니다. 세상은 힘의 원리로 존재합니다. 강한 나라가 약한 나라를 이깁니다. 그런데 오늘 하나님의 나라 백성들은 세상의 방식대로 보면 강한 나라가 아닙니다. 로마 제국 아래에 있었던 교회는 아무런 힘도 없었습니다. 오히려 유대주의자들은 로마 제국을 향해 반기를 들고 로마 군인들과 싸워 이긴 적도 있었습니다. 하지만 그리스도인들은 손에 칼과 창을 들고 싸우지 않았습니다. 오히려 잡혀 죽임을 당하고 있었습니다. 교회와 성도는 어떻게 세상과 싸워 이길 수 있습니까? 그것은 힘의 원리가 아닙니다. 오직 믿음이었습니다. 자신들이 믿는 주 예수 그리스도에 대한 신앙만이 그들에게 최고의 무기이며 승리의 조건이었습니다. 이것을 과연 세상이 알 수 있겠습니까? 교회를 다녀도, 교회의 중직을 맡았다고 하는 목사와 장로들도 이러한 신앙의 원리를 과연 알고 하나님을 믿고 있는지 묻지 않을 수가 없습니다.

오히려 목사와 장로들이 세상의 방식인 힘의 원리로 교회를 세우고 성도들 위에 군림하려고 하고 있습니다. 자신이 조금이라도 손해를 보았다고 여기면 아주 사나운 짐승들로 변해 서로 물고 뜯고 싸우는 것을 우리는 너무 쉽게 볼 수 있습니다. 목사가 죄를 짓지 않을 수 없습니다. 하지만 죄를 지어 놓고도 계속 자신을 변명하고 남을 탓

하는 것은 신앙의 방식으로 사는 모습이 아니라 세상 방식으로 사는 것입니다. 교인들도 마찬가지입니다. 교회가 세상의 방식대로, 힘의 원리로 나가면 그곳에는 거짓이 난무합니다. 진리는 세상과 하나가 될 수 없습니다. 이 신앙을 알면서도 눈앞에 보이는 작은 이익 때문에 하나님께서 요구하시는 신앙을 버리는 것이 오늘 현대인들이 처한 현실입니다.

그러나 하나님은 우리들에게 아주 분명한 신앙의 승리를 보여 주십니다. 믿음의 성도들이 힘의 원리가 아닌 믿음의 방식으로 살 때 반드시 승리한다는 것을 친히 보여 주십니다. 그것이 바로 사도 요한이 보고 있는 "시온 산에 서 있는 어린 양"입니다. 모든 사람들은 나약하고 힘이 없는 그런 존재가 산 위에 서 있어야 할 것이 아니라 사자와 같은 힘센 짐승이 최고의 봉우리에 서 있어야 아주 멋있는 그림이 되고 그렇게 해야만 당연한 것으로 여깁니다. 하지만 어린 양이 시온 산에 서 계십니다. 이것은 다름 아닌 우리 주 예수 그리스도께서 세상의 모든 나라와 권세를 다스리고 통치하심을 의미하는 것입니다. 유대인들과 로마인들이 죽인 볼품없는 예수께서 오히려 시온 산에 서 계십니다. 시온 산이란 모든 이스라엘 백성들이 아는 바, 하나님께서 시대마다 자신들의 조상들에게 친히 임재하셔서 나타나신 곳입니다. 아브라함의 혈통으로 태어난 모든 사람들은 이 시온 산이 가지는 의미에 대해서 누구나 다 알고 있습니다. 시온 산이 얼마나 위대한 산인지 말입니다. 모세는 이 시온 산에서 하나님의 계명의 말씀을 받았습니다. 오직 하나님께서 임재하시는 곳입니다. 이곳에 어린 양이신 예수 그리스도가 서 계신 것을 사도 요한이 보고 있습니다. 우리는 이 한 구절을 가지고도 아주 많은 설교의 내용을 들을 수 있습니다. 그만큼 이 말씀이 우리들에게 주는 교훈은 아주 위대하고 뛰어난 복음이기 때문입니다.

시편 기자는 2편에서 "내가 나의 왕을 내 거룩한 산 시온에 세웠다"는 노래를 부릅니다. 다시 말해 시온은 하나님께서 승리하신 것을 보여주는 상징적인 장소입니다. 물론 하나님은 온 우주 만물에 가득하십니다. 뿐만 아니라 이 세상에서 하나님의 통치가 미치지 못하는 곳이 없습니다. 하나님은 어느 곳에서든지 승리자로 서 계십니다. 그러나 시온 산에 계신다는 것은 하나님의 아들의 승리가 완전함을 보여 주는 것입니다.

우리는 신앙생활을 하면서 보통 우리 자신이 무엇을 해야만 한다는 것에 익숙해졌습니다. 내 자신이 무언가 해야 그것이 은혜라고 여기며 하나님께서 복을 주신다고 여깁니다. 그러나 우리의 신앙은 우리 자신이 무엇을 하기 이전에 이미 하나님께서 승리하신 것을 바라보는 것입니다. 여기에 성도의 가장 큰 구원의 기쁨이 있는 것입니다. 사도 요한이 보고 있는 "어린 양이 시온 산에 섰다"는 것은 핍박과 환난 가운데 있는 성도들에게 가장 큰 위로의 선물이며 승리의 모습인 것입니다. 비록 세상에서는 로마 제국과 자신들의 동족인 유대인들로부터 고난을 당하지만 결국 주 예수 그리스도를 믿는 그 믿음이 완전한 구원이라는 것을 확신하며 고난을 이겨낼 수 있는 것입니다. 여기에서 우리는 한 가지 더 위대한 신앙의 승리를 보게 됩니다. 주 예수 그리스도께서 혼자 시온 산에 서 계신 것이 아닙니다. 주님은 자신을 믿는 성도들과 함께 시온에 서 계신 것입니다. 주님은 위대한 왕이십니다. 원수들의 조롱과 비난과 십자가의 죽음을 이기시고 완전히 승리하셨습니다. 사탄이 파괴시켜 버린 모든 것을 회복시키시며, 하나님과 원수 된 자들을 화목하게 하는 일을 이루십니다. 죄로 인해 죽었던 모든 피조물들을 구원하시는 이 승리의 기쁨을 혼자 누리시는 것이 아니라 자신의 백성들과 함께 누리십니다. 그래서 어린 양이신 예수님께서 혼자 시온 산에 계신 것이 아니라 144,000명과 함께 서 계신 것입니다.

우리는 계시록 7장을 통해 이 144,000명이 누구인지 알고 있습니다. 그것은 참된 이스라엘 백성의 모든 수의 상징입니다. 오직 하나님께서 자신의 아들을 믿고 구원에 이르게 한 모든 백성들의 수를 의미한다고 하는 것을 배웠습니다. 정확하게 말해 이 숫자는 앞으로 구원받을 모든 백성들의 수까지 다 포함된 것입니다. 신구약 모든 곳에서 하나님께서 택하신 백성들의 수입니다. 이 많은 사람들이 어린 양과 함께 시온에 서 있는 것을 사도 요한이 본 것입니다. 이 광경은 아주 놀라운 것입니다. 사실 우리가 직접 우리 눈으로 이 광경을 보았다면 말로 표현할 수 없는 엄청난 감정에 휩싸였을 것입니다. 간혹 이 모습을 우리는 그림으로 볼 수 있습니다. 수많은 사람들이 어떤 산 위에, 아주 멀리까지 서 있는 모습을 보았을 것입니다. 그러나 그 그림한 점이 우리들에게 주는 감동이란 것은 그렇게 크지 않을 것입니다. 그리고 그 그림이 무엇을 의미하는지도 잘 모르는 성도들도 있을 것입니다. 그러나 지금 사도 요한은 자신이 본 것을 아주 정확하게 묘사하고 있습니다.

환난과 고난 가운데 있는 성도들은 사도 요한이 본 이 위대한 광경을 직접 보지 못하였지만 요한이 쓴 이 계시록을 읽으면서 동일한 느

껌을 받았을 것입니다. 왜냐하면 자신들은 예수 그리스도를 믿는 그 이유 하나로 인해 먹고 사는 문제에 어려움을 당하고, 뿐만 아니라 죽음까지 이르는 고통을 당하고 있었기 때문입니다. 당장이라도 로마 황제를 섬기는 모습을 보인다면, 즉 자신들의 오른손이나 이마에 표를 받는 우상숭배의 모습을 행한다면 쉽게 살아갈 수 있는 그 길이 여전히 있었기 때문입니다. 하지만 144,000의 모든 백성들은 우상을 숭배하지 않고 오히려 어린 양의 이름과 그 아버지의 이름을 쓴 것을 자신들의 이마에 간직하고 있었습니다. 오직 하나님 아버지와 그 아들 주 예수 그리스도를 믿는 그 믿음을 가장 위대한 것으로 여기고 끝까지 믿음을 지킨 것입니다. 심지어 죽음 앞에서까지도 어린 양을 믿는 그 믿음을 버리지 않았던 것입니다. 단 한 사람도 버림을 당하지 않았다는 것이 바로 144,000명이라고 하는 숫자가 주는 참된 의미입니다.

이러한 구원의 은혜를 사도 요한뿐만 아니라 당시 모든 성도들이 다 확신하고 기뻐할 수 있도록 하나님께서 이것을 보여 주신 것입니다. 그러므로 우리는 이 말씀을 읽을 때 단지 성경을 창세기부터 요한계시록까지 일독한다는 것에 목적을 두지 말고 아주 섬세하게 읽어야 할 것입니다. 사람들이 성경을 읽는 것은 아주 귀한 것입니다. 그런데 일독한다는 것에 목적을 둔 순간에는 성경이 무엇을 말씀하고 있는지를 잊어버리게 합니다. 성경을 한 번 읽는 데 목적을 두는 것이 아니라 하나님께서 성경을 통해 무엇을 말씀하시고 있는지를 살피는 것이 더 중요한 것입니다. 오늘 이 말씀은 이 시대를 살아가는 저와 여러분들에게도 아주 놀라운 위로와 담대함을 주시는 말씀입니다. 사도 요한 당시 그리스도인들에게만 이 말씀이 주어진 것이 아닙니다. 비록 시간상으로는 그 당시 성도들에게 주어진 말씀이지만 하나님의 말씀은 오고가는 모든 세대에 다 말씀하시는 것입니다.

우리의 참된 위로와 소망이 어디에 있습니까? 좀 더 좋은 환경에서 살아가는 것을 우리는 원하고 있지만 인간은 땅 위에서 만족함을 누리지 못합니다. 오늘 좋은 옷을 입고 하루를 살아도, 좋은 것을 찾아 먹을 것을 먹었다고 해서 만족할 사람은 아무도 없습니다. 왜냐하면 당장 내일 또 무엇을 입고, 무엇을 먹어야 하는지를 염려하는 것이 인생이기 때문입니다. 인간의 참된 행복은 오직 어린 양과 함께 하는 것입니다. 어린 양 되시는 예수님께서 어디로 가시든지 따라가는 자만이 참된 행복을 누리는 자입니다. 예수 그리스도를 믿는 자들이 새 노래를 부릅니다. 구원의 기쁨과 즐거움으로 가득한 노래를 부릅니다. 144,000명이 어린 양과 하나님 아버지께 노래를 부릅니다. 그 소리가 많은 물소리와도 같고 큰 우렛소리와도 같습니다. 땅에서는 들을 수 없는 오직 하늘에서만 들을 수 있는 노래 소리를 듣습니다. 그리고 아무나 이 노래를 부르지 못합니다. 오직 144,000의 숫자에 든 자들만 노래를 배우고 부를 수 있습니다. 육적인 이스라엘 백성들이 부르는 찬송시는 지상의 성전에서 불려졌습니다. 예수를 믿는 사람들은 하나님을 참람하게 만드는 짐승들이라고 하여 노래도 부르지 못하게 하였습니다. 그런데 하나님께서 받으시는 자들의 노래는 육적 이스라엘 백성들이 부르는 노래가 아니었습니다. 오직 어린 양의 피를 믿고 부르는 자들의 노래만 하나님께서 받으신 것입니다. 하나님은 이들이 부르는 노래를 새 노래라고 합니다. 여기에 참된 의미의 노래가 있습니다. 보통 새 노래라는 것을 사람들은 항상 새로운 가사와 곡을 만들어 부르는 것으로 생각합니다. 그러나 그렇지 않습니다. 이스라엘 백성들은 하나님을 찬양하는 것을 좋아했습니다. 그래서 하나님은 시편의 노래를 만들어 주셨습니다. 비록 시편 기자들이 시를 써서 곡을 만들었지만 그 모든 시편의 내용들은 하나님께서 이스라엘 백성들에게 주신 가사입니다. 이스라엘 백성들은 이 가사에 악기를 가지고 노래를 하였습니다. 많은 다양한 노래의 형태들이 시편에 나옵니다. 그러나 이제 이스라엘이 불렀던 노래들은 옛 노래가 되었습니다. 왜냐하면 그들은 어린 양을 버렸기 때문입니다.

이제 새 노래는 새로운 노래를 의미하지 않습니다. 오직 성령으로 새롭게 된 하나님의 백성들이 부르는 노래가 새 노래인 것입니다. 오직 주 예수 그리스도를 믿는 자들이 부르는 노래가 새 노래인 것입니다. 저와 여러분들이 시편의 찬송을 부르면 그것이 새 노래이며, 새 찬송인 것입니다. 아무리 수천 년 전에 불렀던 노래라도 오늘 믿는 자들이 부르면 그것이 새 노래가 되는 것입니다. 누구든지 그리스도 예수 안에 있으면 새로운 피조물이 되었다는 말씀의 의미가 노래에도 해당되는 것입니다. 믿음이 없으면 그것은 새 노래가 아닙니다. 그러므로 오늘 현대 교회에서 불리는 수많은 찬양을 우리는 쉽게 따라 불러서는 안 됩니다. 왜냐하면 그 노래들 가운데는 인간의 감정만 뜨겁게 만드는 세상 노래와 같은 즐거움만을 주는 것들이 있기 때문입니다. 찬양 가사 가운데 하나님, 예수님이 들어 있다고 해서 찬양이라고 여기면 안 됩니다. 바른 찬송은 삼위일체 하나님에 대한 신앙이 먼저 성도 안에서 믿음으로 일어날 때 불러야 하는 것입니다. 찬송은 하나님께 영광을 드리는 것입니다. 어린 양이신 예수 그리스도께서 죄인을 구원하신 그 구원의 큰 은혜를 찬양하며 기뻐하는 것입니다. 지금 144,000의 모든 성도들이 그것을 기뻐하고 찬양하는 노래를 부르고 있습니다. 어린 양의 피를 믿는 자들이 부르는 노래가 새 노래가 된 것입니다.

　사랑하는 성도 여러분!
　오늘 우리는 짧은 구절의 말씀을 통해 이 시간 하나님의 말씀을 들었습니다. 그러나 오늘 우리들이 들었던 말씀에는 아주 중요한 것이 기록되어 있습니다. 육적 이스라엘과 로마 제국에 의해 순교를 당했던 그 사람들이 어린 양과 함께 시온 산에 서 있습니다. 또한 그들이 새 노래를 부르고 있습니다. 산에 올라 새 노래를 부르는 것이 뭐가 그렇게 대단한 것인가 하고 여길 수 있지만 그것은 사소한 것이 아닙니다. 완전한 구원을 받은 자들이 서 있는 기준은 오직 주 예수 그리스도를 믿는 신앙이라고 하는 것을 보여주시는 것입니다. 로마 황제를 숭배하고 자신들의 이익을 위해 수많은 그리스도인들을 붙잡고 죽인 자들은 자신들이 계획한 일이 이루어지는 것을 보고 흥얼거리고 즐거워하였을 것입니다. 마치 모든 것을 다 이룬 것처럼 말입니다. 미치광이 네로가 시를 써서 노래를 부르게 하였지만 그 노래는 파멸로 이끄는 전주곡이었습니다. 가장 높은 곳, 그리고 가장 화려한 곳에 늘 서 있었던 네로는 결국 스스로 죽었습니다. 하지만 어린 양처럼 죽임을 당한 예수 그리스도는 자신의 백성들과 함께 그들이 부르는 노래를 받고 계십니다. 오늘도 삼위일체 한 분 하나님은 믿음의 백성들이 부르는 노래를 받으십니다. 저와 여러분들은 이러한 믿음을 가지고 우리 자신을 온전히 하나님께 드리는 산 제물로 살아야 할 것입니다. 우리 또한 144,000 가운데 속해 어린 양과 하나님께 찬송과 경배를 드릴 것입니다. 이미 우리는 144,000 가운데 속한 자들입니다. 이 복을 기뻐하시는 자들이 되길 바랍니다. 아멘.

믿음 때문에 죽은 자들이 복이 있다

(계 14:4-13)

사도 요한이 지금 보고 있는 성도들의 모습은 지상 교회의 모습이 아니라 이미 예수 그리스도를 자신의 구주로 믿고 신앙을 지키고 승리한 성도들의 모습입니다. 하지만 우리가 말씀을 보면서 단지 천상 교회의 모습으로만 한정해서는 안 될 것입니다. 왜냐하면 하나님께서 천상 교회의 성도들을 보여주신 것은 그들이 지상에서 어떻게 신앙을 끝까지 인내하며 승리하였는지를 통해 여전히 지상에 있는 성도들도 동일한 믿음의 경주를 계속해야 한다는 것을 말씀하시는 것입니다. 그래서 지금 사도 요한이 시온 산에서 어린 양과 함께 찬송을 부르는 144,000명의 오고가는 모든 세대의 성도들이 믿음으로 이긴 신앙이 무엇인지 계속 말씀해 주시고 있는 것입니다.

어린 양과 함께 있는 성도들의 특징이 나옵니다. 먼저 그들은 여자와 더불어 더럽히지 않고 순결한 자들입니다 (4절). 이것은 문자적으로 여자와 잠자리를 하지 않은 자들이 아닙니다. 문맥적으로 여기에서 말하는 여자는 음녀를 의미합니다. 바로 주 예수 그리스도를 떠나 다른 신을 섬기는 자들입니다. 성도는 오직 하나님만을 예배하고 섬깁니다. 세상의 왕들과 권세자들이 강요한다고 해서 자신이 섬기는 신을 버리고 세상을 따르지 않습니다. 하지만 지금 지상에 있는 유대교는 음녀와 함께 자신들을 더럽힌 자들입니다. 하나님을 섬긴다는 유대인들은 이미 음녀와 함께 더불어 더럽힌 종교 집단이 되었습니다. 하지만 오히려 예수 그리스도를 믿는 성도들은 순결한 자들이라는 것을 인정받고 있습니다. 지금 본문의 말씀은 결혼 생활의 순결을 말하는 것이 아닙니다. 물론 우리는 결혼 생활에서도 아주 순결해야 합니다. 성도는 모든 삶에서 하나님의 말씀에 순종해야 합니다. 남자와 여자의 성적인 관계는 분명 순결로써 서로 신뢰하고 사랑해야 합니다. 그러나 지금 이 말씀은 영적이고 신앙적인 순결을 의미합니다. 이미 계시록 13장에서 사탄은 바다에서 나온 짐승 즉, 로마의 황제를 신으로 숭배하도록 그리스도인들이 강요를 받았고, 하물며 땅에서 올라온 짐승, 다시 말해 유대인들을 통해서도 하나님과 함께 우상을 숭배하도록 강요했습니다. 이것이 바로 성도들을 미혹하며 여자를 통해 영적으로 신앙을 배교하며 하나님을 믿지 못하게 하는 음란이었습니다. 하지만 그리스도인들은 고난과 핍박 가운데서도 오직 주 예수 그리스도가 하나님의 아들이시며, 자신들이 믿는 유일한 하나님이라는 신앙을 부인하지 않았습니다. 이들이 바로 순결한 자들인 것입니다.

이 당시 유대인들의 신앙을 다시 조명할 필요가 있습니다. 왜냐하면 오늘 이 시대와 아주 흡사하기 때문입니다. 오늘날 현대 교회는 하나님을 믿습니다. 교회가 하나님을 믿지 않는다면 그곳은 교회가 아닙니다. 당시 유대인들도 하나님을 믿었습니다. 그러나 그들은 하나님과 함께 우상을 숭배하는 집단이었습니다. 자신들의 기득권과 생명을 지키기 위해 로마 황제의 신상을 예루살렘 성전 안에다 만들어 놓고 같이 섬겼습니다. 또한 유대 종교지도자들은 이스라엘 백성들에게 로마 황제를 섬기는 것은 자신들의 민족이 살 수 있는 길이라고 가르쳤습니다. 서로 좋은 것이 좋다고 그렇게 백성들을 미혹하였습니다. 하나님을 버린 것이 아니었기 때문에 여전히 유대 종교지도자들은 자신들의 위치를 인정받고 권세를 누릴 수 있었습니다. 마치 오늘날 현대 교회가 하나님을 믿는 것과 같은 모습입니다. 그러나 사실 하나님의 말씀이 사라지고 강단에서 다른 복음, 즉 인본주의 사상과 기복주의 사상이 가득한 교회라면 그곳은 이미 교회가 아니라 사탄의 회가 아니고 무엇이겠습니까?

복음이란 오직 삼위일체 하나님의 사역과 인격과 영광을 선포하는 것입니다. 뿐만 아니라 인간이 얼마나 간악하고 패역한지를 계속 바라보게 함으로 인간 자신들 안에 소망이 없음을 알고 오직 예수 그리스도를 믿고 의지하며 따라가도록 해야 하는 것입니다. 하지만 현대 교회가 얼마나 목사들로 인해 타락하고 있는지 그 실상을 들여다보면 실족하지 않는 것이 그나마 하나님의 은혜입니다.

이미 일부 교회 목사들이 가지고 있는 사상이란 세속주의입니다. 얼마 전 군대 사령관 부부의 갑질 논란에 대해 우리가 들은 이야기에 따르면 이 부부들은 교회를 다니는 사람들이라고 합니다. 그런데 이들을 두둔하고 나선 어떤 목사는 개도 부잣집 개가 낫다고 그렇게 설교시간에 말했습니다. 다시 말해 사병들도 높은 사람 집에서 개들처럼 그렇게 지내는 것이 일반 군대 생활하는 것보다 낫다는 것입니다. 참으로 어처구니없는 인간들입니다. 일반 성도들이 바르게 판단하지 못하고 살아간다면 목사는 좀 정신이 박혀 바르게 지도해야 하지 않겠습니까? 이제는 일반 성도도 목사도 온전하지 못한 것입니다. 사람이 온전하게 되는 유일한 길은 오직 복음뿐입니다. 복음만이 죄인을 거듭나게 하며 온전한 사람으로 만들어 가게 합니다. 그런데 이 복음이 강단에서 선포되고 가르쳐지지 않고 단지 세상의 가치관에 물들어 따라가고 있으니 말이 교회이지 타락한 유대교와 같은 것입니다. 대제사장은 여전히 화려한 에봇을 입고 제사를 드렸고, 자신들이 대제사장으로 일했다는 것을 드러내기 위해 외적인 모습을 보여주고 있었습니다. 당시 사람들이 보면 '아! 저 사람은 대제사장이구나!'라는 것을 알았습니다. 겉으로 말하는 것을 보고 '아! 저 사람은 목사구나.' 그렇게 말합니다. 이제는 사람들이 알아주지 않으니 목사 자신이 내가 목사라고 사람들에게 말합니다. 어떤 사람은 세상 사람들에게 자신은 교회를 다니는 장로, 권사, 집사라고 그렇게 말하면서 불법은 다 저지르고, 비도덕적이고 비상식적인 말과 행동들을 합니다. 그러면서 내가 예수님을 믿는다고 그렇게 말합니다. 참으로 부끄럽고 한심하기까지 합니다.

참된 믿음이란 입으로 믿는다고 말만 하는 것이 아닙니다. 언행이 같이 일치해야 합니다. 세상도 이것을 중요하게 여기는데 우리 그리스도인들은 말과 행동을 같이 하는 것을 당연하게 여겨야 합니다. 남편을 존중하지 못하는 여자가 교회 목사를 존중한다는 것은 있을 수 없습니다. 믿지 않는 남편이라도 목사보다 더 존경하고 순종해야 하는 것이 성경의 가르침입니다. 남편도 자신의 아내를 가장 사랑하고 아껴야 합니다. 오늘 교회가 타락했다는 것을 알 수 있는 기준이 바로 가정이 깨어지고 있다는 것입니다. 신앙의 순결은 주님을 믿고 주님께서 말씀하신 것에 순종하는 것입니다. 그래서 영적으로 순결한 자들은 어린 양이 어디로 가든지 따라가는 자들입니다. 주님께서 당신의 백성들을 어디로 인도하는지 그곳으로 가는 자들입니다. 주 예수 그리스도를 믿는 그 믿음 때문에 죽음의 자리에 이른다고 할지라도 기꺼이 주님을 믿는 신앙을 거부하지 않는 것입니다.

이들은 세상 사람들 가운데 택함 받아 믿음을 선물로 받고 구원받은 하나님의 자녀들입니다. 어떻게 보면 1세기 성도들과 교회는 순교의 제물로 하나님의 절대 소유물들로 첫 열매의 시작입니다. 우리 주 예수 그리스도의 부활이 첫 열매로 누구든지 예수를 믿으면 부활로 다시 살아나는 것처럼 속량함을 받은 자들은 예수 그리스도를 믿는 그 믿음 때문에 고난도 함께 받는 첫 열매로 하나님의 소유물들이 된 것입니다. 따라서 성도는 고난을 받는다는 조상들의 가르침이 틀리지 않습니다. 성도에게 고난이 없다는 것은 있을 수 없습니다. 물론 정도와 상황은 다를 수 있지만 모든 하나님의 자녀는 분명 고난과 함께 살아갑니다.

복음으로 사는 자는 거짓이 없습니다. 진실하기 때문에 언제나 정직합니다. 5절 말씀에 그들의 입에는 거짓말이 없다는 이 말씀은 도덕적인 내용을 먼저 말하는 것이 아닙니다. 성도들의 입에 거짓이 없다는 것은 자신들이 믿는 신앙고백에 거짓을 말하지 않는다는 것입니다. 오직 주 예수 그리스도만이 자신들의 믿음의 주요 하나님의 아들이시며 구원을 베푸시는 만왕의 왕이라는 것을 고백합니다. 이렇게 신앙을 고백하는 자들은 거짓 없이 진실하게 삶도 살아갑니다. 흠이 없다는 것은 제물과 연관지어 말씀하시는 단어입니다. 하나님은 흠 없는 제물을 원하십니다. 구약에서 하나님께서 희생제사로 사용하는 제물에 흠이 없는 것을 요구하셨습니다. 흠이 없는 제물은 결국 죄가 없는 하나님의 아들 예수 그리스도를 상징하는 것입니다. 예수님은 흠도 티도 없는 거룩하신 분이십니다. 누구든지 주 예수 그리스도를 믿는 자들은 흠이 없는 자들로 서게 됩니다. 예수님의 피가 우리의 흠과 티와 허물과 모든 죄를 다 덮어 주셨습니다. 여전히 우리는 흠이 있습니다. 그러나 예수 그리스도의 피 때문에 흠이 없는 자들이 된 것입니다. 교회와 성도에게 있어 가장 큰 능력은 거룩입니다. 하나님께서 거룩하신 분이시기 때문에 당연히 하나님의 백성들은 거룩해야 합니다. 오늘날 참으로 우리는 이 거룩에 대한 열망이 사라지고 없는 시대 속에서 살아갑니다. 거룩은 분리를 의미합니다. 그리스도인들끼리 살라는 것이 아닙니다. 예수를 믿는 사람들끼리 살면 거룩이 어떻게 드러나겠습니까? 제 말은 우리가 거룩하다는 것이 아니라 주님께서 우리들에게 세상에서 살면서 구별된 모습으로 살라는 그 말씀에 순종하면 거룩한 백성들로 드러난다는 것입니다.

과거 조선에 복음이 들어와 사람들이 예수를 믿고 변화된 것을 보고 세상 사람들이 예수를 믿는 사람이 말하면 거짓이 없다고 하였습니다. 그런데 오늘날은 예수 믿는 사람들이 더 거짓을 말한다고 세상이 그렇게 손가락질합니다. 우리가 우리 자신을 먼저 돌아보고 거룩한 삶을 살려는 열망을 가져야 할 것입니다.

사도 요한은 계속해서 천사가 나타나 보여주는 것을 보고 있습니다. 다른 천사가 나타나 모든 민족과 언어와 백성에게 전할 영원한 복음을 가지고 하나님을 두려워하며 영광을 돌리라고 합니다. 그리고 하나님의 심판이 곧 시작될 것이라고 합니다. 하나님께서 창조주이십니다. 하늘과 땅과 바다를 만드신 분이십니다. 창조주께서 심판하십니다. 자신의 피조물들을 향해 심판하십니다. 당연합니다. 누가 하나님의 심판을 비난할 수 있겠습니까? 오히려 심판하시는 하나님을 경배해야 합니다. 예수님께서 세상의 마지막에 나타나는 재앙에 대하여 말씀하시면서 그 때는 모든 민족에게 복음이 전파되어야 한다는 말씀을 하셨습니다. 그러면 우리는 여기에서 중요한 말씀을 다시 한번 배워야 합니다. 지금 사도 요한이 보고 듣고 있는 모든 민족과 방백과 방언과 나라들에게 전할 복음이 아직 전해지지 않았기 때문에 하나님의 심판이 내려지지 않아야 하는 것입니까? 분명 아닙니다. 우리는 종말론에 대하여 어떻게 보면 반쪽만 믿고 있습니다. 왜냐하면 예수님이 말씀하신 세상 종말의 심판이 아직은 아니라고 믿기 때문입니다. 그러나 예수님의 종말에 대한 심판의 말씀은 사실 당시 시대를 의미하는 말씀이었습니다(마 24장 이하). 이 말씀이 확장이 되어 모든 세대에도 다 적용되는 것입니다. 로마서 1:8의 말씀을 보면 사도 바울은 성도들에게 너희가 믿는 예수 그리스도에 대한 믿음이 온 세상에 전파되었다고 그렇게 말씀하고 있습니다. 그렇다면 마지막 심판이 도래해야 당연하지 않습니까? 보통 성도들이 알고 있기로는 모든 세상에 복음이 증거되면 그 때 종말의 심판이 이루어진다는 것을 믿고 있기 때문입니다. 골로새서 1:23에서 바울은 이 복음이 천하 만민에게 전파되었다고 말하고 있습니다. 우리의 기준대로라면 이미 심판은 세상 가운데 일어났어야 합니다. 하지만 우리가 성경의 단어들을 대할 때 분명히 알아야 하는 것은 읽는 자들이 원하는 것만 말하면 안 된다는 것입니다. 예수님께서 종말의 심판을 언급하시면서 말씀하신 것을 마치 세상 끝의 일인 것처럼 그렇게 쉽게 단정하면 안 되는 것입니다. 예수님의 말씀은 분명히 역사적으로 그 심판이 이루어졌습니다. 그리고 앞으로 세상 종말이 반드시 일어날 것입니다. 예수님은 세상의 심판자이십니다. 그렇기 때문에 세상 심판을 통해 새 하늘과 새 땅을 이루실 것입니다. 하지만 예수님은 자신의 말씀을 반드시 이루신 분이십니다. 그래서 또 다른 천사가 그 뒤를 따르며 큰 성 바벨론이 무너졌고 음행으로 인해 즉 우상숭배로 인해 심판을 받는다고 하는 것을 들은 것입니다.

우리는 여기에서 복음의 일관성을 알아야 합니다. 하나님께서 자신의 아들을 통해 이루신 구원 사역을 인간들이 더 이상 훼방하지 못하도록 과거에 사용하셨던 모형들을 다 제거하시는 것을 알고 있습니다. 그러니 예루살렘에 있었던 성전은 더 이상 필요가 없게 됩니다. 이제 이 성전은 곧 파괴되고 사라지게 될 것입니다. 예수님께서 수차례 말씀하셨던 것처럼 말입니다. 그러니 이 큰 성 바벨론은 다름 아닌 소돔과 애굽이 되었다고 하는 계시록 11장의 말씀처럼 예루살렘 성을 의미하는 것입니다. (또한 로마 제국을 의미한다고 할 수 있습니다. 이미 이스라엘은 로마 제국의 식민지배 하에 있기 때문에 같이 보아도 무리가 없습니다). 예루살렘에서 음행이 일어나고 자행되고 있었습니다. 예루살렘은 이스라엘 백성들의 어머니입니다. 그곳은 하나님께서 자신들에게 말씀하시고 함께하시는 곳이었습니다. 예루살렘에는 성전이 있었고 이스라엘 백성들은 그곳에서 안식을 누렸습니다. 그런데 이 큰 성이 음녀의 성이 되어 오히려 하나님을 버리고 우상을 섬기고 있었던 것입니다. 뿐만 아니라 하나님의 아들의 피를 믿지 못하게 하려고 온갖 거짓을 말하는 곳이 되어 버렸습니다. 하나님께서 이제 이곳을 더 이상 사용하지 않는다고 하시는 것입니다. 온전한 것이 왔기 때문에, 즉 예수 그리스도께서 성전이 되시기 때문에 예루살렘은 더 이상 필요 없는 것이 되었습니다. 예루살렘이 오히려 세상을 진노의 심판을 받게 하는 근거지가 되었습니다. 사람들에게 거짓 신앙을 가르쳤기 때문입니다. 구원이 없는 종교와 나라와 민족이 되어 버린 것입니다. 그래서 하나님은 이 성을 불로 완전히 다 태워 버렸습니다. 그런데 오늘날 저 유대인들은 지금도 예루살렘에서 구원이 일어난다고 그렇게 믿고 있습니다. 가톨릭도 그렇고 이슬람도 그렇습니다. 서로 자신들의 거룩한 성이라고 그렇게 주장하고 있습니다. 그런데 여기에 기독교가 함께 나서고 있으니 참으로 개탄하지 않을 수가 없습니다. 하나님께서 자신의 아들의 피로만 구원하시는 그 일을 이루시기 위해 예루살렘을 심판하셨는데 오히려 과거의 유물을 가지고 마치 진리인 것처럼 그렇게 여기고 있으니 이것이 무슨 신앙이고 교회이겠습니까? 성탄절만 되면 거룩한 성 예루살렘 성을 찬양하는 어리석음을 우리는 버려야 합니다. 예수님이 아니면 그 성이 거룩할 수가 있었겠습니까?

이 음녀 바벨론이 되어 버린 예루살렘에서 나오는 모든 것이 다 저 주의 심판을 받습니다. 이곳에서 짐승에게 경배하고 그 이름표를 받는 일이 자행되고 있습니다. 하지만 성도는 짐승에게 머리를 숙이지 않습니다. 그리고 그들이 요구하는 일을 하지 않습니다. 오직 하나님과 하나님의 아들을 믿는 일을 계속합니다. 인내하면서 하나님의 계명을 사랑하고 예수에 대한 믿음을 지킵니다. 하나님의 계명은 곧 예수 그리스도이십니다. 사도 요한은 요한일서에서 하나님의 계명은 곧 그 아들 예수 그리스도의 이름을 믿고 그가 우리에게 주신 계명대로 서로 사랑하는 것(요일 3:23)이라고 말씀하고 있습니다. 구원은 하나님의 은혜입니다. 하나님은 자신의 자녀들이 예수 그리스도를 믿는 그 신앙을 버리지 않고 인내하며 죽음의 자리에서까지 오직 예수께서 그리스도이심을 고백하고 주님을 따르도록 은혜를 베풀어 주십니다. 우리는 성도의 견인이라는 교리를 배웠습니다. 성도가 인내하며 견디고 끝내 승리한다는 진리입니다. 육체의 죽음을 맞이한다고 해서 그것이 좌절과 실패가 아닙니다. 왜냐하면 주 안에서 죽는 자들이 복이 있기 때문입니다. 초대교회 성도들은 오늘날처럼 왜곡된 복음에 물들지 않았습니다. 그들은 지금보다 좀 더 나은 삶을 위해 예수를 믿지 않았습니다. 잘 살고, 건강하고, 부자로 성공하기 위해, 출세하기 위해 예수를 믿은 것이 아닙니다. 영원한 생명과 천상의 복을 바라보고 기꺼이 죽어갔던 것입니다. 우상을 숭배하고 하나님을 믿는 신앙을 버리고 음녀에게 빠진 자들은 밤낮 쉬지 못하고 진노의 심판을 받을 것이지만 이제 성도들은 영원한 안식을 누릴 것입니다.

사랑하는 성도 여러분!

하나님께서 우리에게 주신 믿음을 감사하시기 바랍니다. 그리고 우리가 믿음의 조상들처럼 자신들의 생명을 빼앗기는 그 죽음의 자리에서 고통과 환난을 당한다고 해도 우리는 믿음을 끝까지 인내하며 지켜야 할 것입니다. 주 예수 그리스도를 믿는 그 믿음 때문에 생명을 빼앗기는 일도 당하는데 성도가 삶을 살면서 정직하고 진실되고 거룩하게 사는 것은 당연한 것입니다. 이러한 삶을 소홀히 하지 마십시오. 성도는 자신의 행실을 주 예수 그리스도의 피로 깨끗함을 받은 자들입니다. 그러므로 저와 여러분들은 말과 행위에 있어 하나님의 백성이라는 것을 드러내야 합니다. 하나님과 어린 양께 합당하게 경배하는 자들은 아들을 믿고 서로 사랑하는 자들입니다. 오직 하나님만을 섬기고 아들이 인도하는 대로 따라가는 자들입니다. 예수님을 믿는 그 믿음 때문에 죽는다면 이보다 더 큰 축복이 없습니다. 성도는 믿음으로 살고 믿음으로 죽습니다. 저와 여러분들이 이러한 믿음과 신앙으로 끝까지 인내하는 자들이 되기를 바랍니다. 아멘.

알곡과 가라지를 거두시는 주님

(계 14:14-15:8)

　　최근에 우리는 말씀을 사탄이 짐승들을 보내어 믿음의 성도들을 핍박과 죽음으로 이끌고 있다는 것을 들었습니다. 이러한 말씀은 정말이지 성도들에게는 큰 두려움과 슬픔에 빠지게 합니다. 그러나 하나님은 사탄과 그의 짐승들이 성도들을 이기지 못하도록 자신의 백성들을 보호하시고 오히려 그들이 그러한 환난 속에서 믿음으로 승리한다는 것을 말씀하여 주셨습니다. 결국 죽음을 당하는 성도가 있다고 할지라도 그들은 복을 받은 자들이라고까지 말씀하여 주십니다. 그러므로 성도는 실패하지 않습니다. 언제나 하나님의 백성은 승리합니다. 이것이 지난주까지 하나님께서 말씀을 통해 저와 여러분들에게 보여주신 환상들의 내용입니다. 그런데 오늘 우리가 읽은 분문의 말씀에 또 다시 성도의 승리가 나타나고 있다는 것을 알 수 있습니다.

　　성도가 세상에서 믿음으로 승리할 수 있는 힘은 성도 자신에게 있는 것이 아닙니다. 사실 계시록 14장의 중심적인 말씀은 바로 추수하시는 예수 그리스도입니다. 그것을 우리에게 보여주는 말씀이 바로 14절 말씀입니다. 예수님은 부활하시고 승천하셔서 하나님의 보좌 우편에 앉아 계십니다. 하나님의 보좌 우편에 앉아 계신다는 것은 지상의 대제사장과 비교하여 말씀하시는 것입니다. 지상에 있는 대제사장은 여전히 계속 성도들의 죄 사함을 위해 일합니다. 비록 대제사장을 통한 중보의 사역이 있다고 할지라도 그것이 불완전하기 때문에 계속 일하는 것입니다. 그래서 지상의 대제사장은 앉아 있을 수가 없습니다. 하지만 천상에 계신 대제사장이신 예수님은 자신의 피로 모든 것을 다 이루셨습니다. 그래서 대제사장의 직분을 이루신 것을 보여주시기 위해 앉아 계시다는 신앙고백을 우리는 합니다. 이렇게 천상에 앉아 계신 주 예수 그리스도께서 하시는 일 가운데 가장 위대하고 중요한 일은 바로 자신의 백성들을 추수하는 것입니다. 이 일을 하시기 위해 주님은 아버지와 자신의 영이신 성령을 세상 가운데 보내신 것입니다. 여기에서 우리는 성령이 무엇을 하기 위해 오셨는지 배우게 됩니다.

성령은 자신의 나라를 세우기 위해 오신 것이 아닙니다. 성령은 하나님의 아들의 나라를 세우기 위해 오셨습니다. 그래서 성령은 자신의 것을 가지고 일하지 않으십니다. 성령은 아들의 것을 가지고 아들의 영광을 위해 일하십니다. 성령께서 아들의 것을 가지고 일하신다고 할 때 그것은 바로 예수 그리스도의 구속의 사역 전체를 의미합니다. 예수님께서 인간으로 오신 것과 그리고 고난과 죽음을 당하시고 부활하시며 승천하시고 심판의 왕으로 계신 모든 것을 말합니다. 그 중심에 예수님의 피가 있습니다. 아들의 피를 가지고 백성들을 추수하는 것입니다. 사람이 구원을 받았다고 할 때 그것은 바로 하나님의 아들의 피, 즉 예수 그리스도의 피를 믿는 것입니다. 사람들은 보통 자신이 교회를 다닌다고 말합니다. 하지만 우리는 내가 교회를 다닌다는 것으로 성도라고 여겨서는 안 됩니다. 우리는 내가 어떻게 그리스도인이 되었는지를 말해야 합니다. 저와 여러분은 어떻게 그리스도인이 되었습니까? 그 대답은 바로 저와 여러분들이 예수 그리스도의 피를 믿기 때문에 그리스도인이 된 것입니다. 그분이 나의 죄를 위해 죽으시고 흘리신 그 피로 죄를 사하여 주시고 하나님과 화목하게 만들었다는 것을 고백하는 것입니다. 이것이 내가 구원받은 신앙 고백입니다.

보좌에 앉아 계신 주님은 이 구원 사역을 계속 하고 계십니다. 이것을 지금 사도 요한이 또한 보고 있는 것입니다. 주님께서 추수하시는 과정을 자세하게 보면 두 가지 모습이 나타납니다. 하나는 익은 곡식을 거두는 것입니다. 이것은 다름 아닌 모든 세상 가운데서 예수 그리스도를 믿는 자들을 구원하시는 것입니다. 땅의 곡식을 거두시는 분은 바로 예수 그리스도이십니다. 이것을 위해 성령께서 오셨습니다. 세상 가운데 하나님 아버지와 아들을 믿는 자들을 구원하시기 위해 성령이 역사합니다. 어떤 신비한 능력을 주기 위해, 마치 무당들처럼 예언을 하고 액운을 떨쳐 버리기 위해 성령이 오신 것이 아닙니다. 오늘날 여전히 현대 교회 가운데 이러한 거짓 신앙을 가지고 하나님을 믿는 자들이 있습니다. 성령을 받기만 하면 모든 것이 다 끝난다. 성령 충만하기만 하면 만사형통한다는 거짓 복음을 가르치는 자들을 우리는 멀리해야 합니다. 그것은 복음이 아니기 때문입니다.

예수님께서 천하의 모든 것보다 영혼을 가장 소중하게 여기신다는 것을 우리는 말씀을 통해 배워야 합니다. 사람을 구원하시기 위해 지금도 주님은 쉬지 않고 추수의 낫을 계속 휘두르며 일하시고 있습니다. 지금 하나님께서 추수의 낫을 가지고 추수하신다는 말씀을 하시는 것은 그만큼 아들의 쉬지 않는 구원 사역을 강조하기 위함이니다. 주님은 세상 신들처럼 인간들이 부르면 그 때 응답하는 분이 아닙니다. 인간들과 상관없이 오직 자신의 일을 쉬지 않고 하고 계십니다. 다니엘은 이미 인자가 구름 위에 앉아 있는 것을 보았습니다(단 7장). 인자 같은 이가 구름을 타고 와서 하나님 아버지에게 권세와 영광과 나라를 받아 모든 백성과 나라들과 각 나라 언어로 말하는 자들로 예수님을 섬기게 하였다고 말하고 있습니다. 그래서 본문에서 사도 요한은 그 인자의 머리에 면류관(왕관)이 있는 것을 본 것입니다.

예수님께서 육체적으로는 제자들과 성도들을 떠나 그들과 함께하시지 않습니다. 그러나 예수님은 성도들과 완전히 결별하지 않았습니다. 오히려 자신이 더 적극적으로 성도들과 함께 하시기 위해 성령을 보내신 것입니다. 부활 승천하신 예수 그리스도는 하늘과 땅의 모든 권세를 가지신 만왕의 왕이 되셨습니다. 물론 창조 이전에도 아들은 완전한 하나님이셨습니다. 하지만 자신의 백성들을 구원하시기 위해 주가 되신 것입니다. 권세와 영광을 받으신 것은 아버지께서 아들이 부족하기 때문에 주신 것이 아닙니다. 오히려 모든 세상 나라와 백성들에게 예수께서 주가 되셨다는 것을 보여 주신 것입니다. 누구든지 구원을 얻으려면 주님을 믿어야 한다는 것을 말해주기 위함입니다. 그러므로 세상과 나라와 백성들은 자신들의 뜻대로 사는 것이 아닙니다. 마치 세상이 자신들의 정치와 힘으로 움직이는 것 같지만 그 어떤 것 하나라도 주님의 손 아래에서 벗어나지 못합니다. 온 우주 만물은 예수 그리스도를 통해 창조되었습니다. 따라서 세상은 분명 주님의 통치 아래에 있습니다.

예수님께서 땅의 곡식을 거두어들이신다는 것을 제자들에게 말씀하신 적이 있습니다. 알곡과 가라지를 거두어들이신다고 하셨습니다. 이 말씀은 분명 모든 세대 가운데 주님의 통치를 통해서 언제든지 일어나는 일입니다. 하지만 지금 1세기 고난당하고 있는 교회와 성도들과 특히 이스라엘 가운데서 주 예수 그리스도를 믿는 자들에게는 주님께서 말씀하신 그 말씀이 바로 자신들에게 그대로 이루어지고 있는 말씀이 된 것입니다. 왜냐하면 예수님께서는 심판하실 이스라엘 그곳에서 자신의 백성들, 즉 알곡들을 모아 거두어들이고 있기 때문입니다.

그러므로 익은 곡식을 거두어들이고 있는 주님의 모습은 이스라엘 땅과 주변 이방 나라에서 구원받는 하나님의 새 언약 백성들입니다. 사탄과 짐승은 자신들이 뜻하는 대로 성도들을 죽이고 있었습니다. 네로는 미치광이가 되어 모든 그리스도인들을 잡아 죽이도록 하였습니다. 그래서 성도들은 죽어갔습니다. 그런데 그것은 사탄과 짐승의 승리가 아니었습니다. 오히려 하나님께서 알곡들을 모아들이는 것이 되고 말았습니다. 성도는 죽었지만 알곡으로 천국 가운데 들어간 것입니다. 이러한 일들이 세상 역사 가운데 계속 일어났고, 지금도 일어나고 있습니다. 수많은 악인들이 의인들을 죽이고 이겼다고 말했습니다. 그러나 주님은 자신의 백성들을 모아들이고 계셨던 것입니다. 환난을 당해도 즐거워하고 기뻐할 수 있는 이유가 바로 이것입니다. 성도는 반드시 승리합니다. 죽음을 이기고 하나님의 영원한 나라 가운데 알곡으로 거두어지는 것입니다. 저와 여러분들도 이러한 신앙의 승리를 맞이해야 합니다.

다음으로 주님께서 추수하시는 과정 가운데 두 번째 모습을 우리들에게 보여주고 있는데 참으로 독특하다고 할 수 있습니다. 복음을 거부하고 하나님의 계명을 버린 백성들을 심판하시기 위해 추수하시는 것입니다. 마태복음 13장 29절 이하의 말씀을 다시 볼 필요가 있습니다. 예수님께서 제자들에게 말씀을 통해 알곡과 가라지의 비유를 가르쳐 주셨습니다. 그 때 알곡과 가라지를 구분하기 위해 종들이 주인에게 가라지를 뽑아야 한다고 합니다. 그러나 주인은 가만 두고 추수 때까지 자라게 하라고 합니다. 그리고 나중에 추수꾼들에게 말하기를 가라지는 먼저 거두어 불사르게 단으로 묶을 것이라고 합니다. 이 말씀에서 예수님은 알곡과 가라지를 제자들이 구분하지 말라고 합니다. 그것은 어려운 일이기 때문입니다. 왜냐하면 제자들과 성도들은 누가 하나님의 백성인지 잘 모르기 때문입니다. 사람들은 거의 겉으로 드러나는 모습으로만 판단합니다. 위선자들을 쉽게 판단하기란 사실 어렵습니다. 교회만 다닌다고 해서 성도가 아니기 때문입니다. 교회에서 예배하는 것은 정말 중요합니다. 그러나 우리는 교회를 나와 예배를 드리고 있는 모습을 보고 사람이 구원을 받은 것이라고 여길 수 있어도 주님은 그렇게 판단하지 않으십니다. 주님은 누가 알곡이고 누가 가라지인지 아십니다. 알곡이 처음에는 힘이 없고 처지고 늦게 열매를 맺을 수 있습니다. 그러나 알곡은 반드시 그 모습을 나타냅니다. 이와 같이 구원받은 성도는 비록 거룩한 신앙의 모습이 더디게 나타날 수 있으나 자신이 믿는 그 믿음을 버리지 않고 반드시 이기며 죄와 싸워 성화의 삶을 살아갑니다. 하지만 위선자들, 가라지들은 처음에는 알곡과 같이 싹도 나고 튼실하게 자랍니다. 사람의 눈으로는 구분하지 못합니다. 그러나 추수의 날에는 그 열매가 다르기 때문에 농부가 뽑아 버립니다. 열매가 없다는 것은 처음부터 가라지들이 주 예수를 믿는 믿음을 가지고 있지 않았던 것입니다. 하나님께서 추수하면 알곡과 가라지가 분명하게 구분됩니다. 그래서 주님은 제자들에게 놔두라고 하십니다. 자신이 심판하시겠다는 것입니다. 이 말씀을 사도 요한이 볼 수 있도록 하신 것입니다.

그렇다면 정확하게 말해서 1세기 당시 시대적으로 가라지는 누구였습니까? 그것은 분명 옛 언약 백성들이었습니다. 그래서 그들을 지금 땅의 포도송이라고 부르는 것입니다. 이스라엘 땅에서 자라고 있었던 포도송이들이었습니다. 육적으로는 아브라함의 자손들이라고 자랑하는 자들이었습니다. 겉으로는 포도송이처럼 보이는 자들이었습니다. 그들에게는 대제사장이 있고, 성전이 있으며, 희생제사가 드려지는 그곳을 지키기 위해 예수 그리스도를 믿는 자들을 쉽게 죽이는 자들, 즉 유대주의자들이었습니다. 율법을 가지고 지키며, 백성들에게 하나님을 사랑하고 이웃을 사랑하라고 가르친 거짓 선지자들입니다. 말로만 하나님을 사랑하라고 하는 자들, 자신들의 기득권을 지키기 위해 거룩한 곳에 멸망의 가증한 것을 세워두고 그것을 향해 경배한 자들이었습니다. 하나님의 아들을 죽이라고 외쳤던 사람들이 바로 가라지들이었습니다. 구약 교회 안에 가라지들이 있었습니다. 이스라엘 백성들 가운데 심판받아 멸망당할 가라지들이 자라고 있었던 것입니다. 오늘날도 이러한 가라지들이 계속 교회 안에 자라고 있습니다. 참된 하나님의 말씀을 가지고 자신들의 이익으로 삼는 거짓 목사들이 가라지들입니다. 목회 윤리를 버리고 자신들의 이익을 위해서는 언제든지 쉽게 거짓을 말하는 자들이 있습니다. 일명 정치 목사들이 바로 가라지들입니다. 성도들에게는 하나님의 말씀대로 살라고 하면서 자신은 온갖 죄를 다 저지르고 강단에서 거룩한 척 가면을 쓰고 있는 위선자들이 바로 가라지들입니다. 가라지는 교회 안에서 자라고 있다는 것을 알아야 합니다. 이단들도 여기에 해당됩니다. 한국교회가 한때 1,200만의 성도를 자랑하였습니다. 무조건 교회에 나오면 다 성도라고 그렇게 숫자놀이를 하였습니다. 하지만 주님께서 보시는 성도는 인간이 계산하는 것과 다릅니다.

　교회의 권징 가운데 출교가 있습니다. 죄를 짓고 회개하지 않는 자들에게 교회는 출교의 권징을 합니다. 이단에 빠져 진리를 왜곡하고 거짓을 주장하는 자들에게 교회는 출교를 합니다. 사실 주님께서 옛 언약 백성들, 유대주의자들을 자신의 교회에서 출교를 시키는 것입니다. 하지만 예수님께서 지상에 계실 때 제자들이 예수를 믿는 것 때문에 출교를 당할 것이라고 하신 적이 있습니다. 이스라엘이라는 신앙공동체에서 제자들은 가족들과 친족들로부터 버림을 받을 뿐 아니라 자신들이 믿는 신앙이 다르다는 것 때문에 이스라엘 땅에서 버림을 당할 것이라고 하셨습니다. 주님의 말씀대로 제자들은 유대교에서 출교를 당했고 목숨까지 빼앗기고 말았습니다. 그런데 지금 주님께서 이스라엘 백성들 가운데 예수를 부인하는 자들을 오히려 자신의 교회에서 출교시키고 계십니다. 이것이 바로 심판입니다. 추수의 모습입니다. 주님은 모든 것을 아시는 분이십니다. 그러나 추수의 때를 알려주는 천사를 두고 계셨습니다. 주님은 예리한 낫을 가지고 심판하시는 분이십니다. 그러나 주님은 추수하는 천사를 두고 심판하게 하십니다. 주님께서는 때를 기다리고 계셨습니다. 언제가 자신이 알곡과 가라지를 거두고 심판하여 불로 살라 버리는 때인지를 알고 계셨습니다. 이러한 일이 결국 A.D. 70년에 일어났습니다. "성 밖에서 그 틀이 밟히니 틀에서 피가 나서 말 굴레에까지 닿았고 천육백 스다디온에 퍼졌더라" 1,600 스다디온은 팔레스타인의 국경과 국경의 길이에 거의 비슷한 길이라고 합니다. 사도 요한이 이스라엘 땅에 온통 피가 흘러넘치는 것을 환상으로 보고 있었습니다. 결국 A.D.

66-70년에 걸쳐 이스라엘 백성들이 죽임을 당하고 살육을 당했습니다. 베스파시아누스와 티투스 장군에 의해 멸망당하고 말았던 것입니다. 우리는 이 일을 과거 2,000년 전의 일로 한정해서는 안 됩니다. 왜냐하면 예수님은 살아계시기 때문입니다. 이제 주님은 여전히 심판의 때를 또한 기다리고 계십니다. 주님은 자신의 천사들을 통해 거짓 교회와 가라지들을 심판하실 것입니다.

사랑하는 성도 여러분!
주 예수 그리스도께서는 추수하시는 분이십니다. 이 추수는 알곡과 가라지를 구분하는 심판을 의미합니다. 인간의 죽음도 추수에 해당한다는 사실을 우리는 믿어야 합니다. 하지만 예수님은 민족 전체를 심판하십니다. 그리고 온 세상을 다 심판하신다는 것을 믿어야 합니다. 교회가 타락하면 나라도 심판당한다는 것을 믿어야 합니다. 어떻게 보면 오늘 우리가 살고 있는 지금 이 시대는 하나님의 심판의 칼이 눈앞에 있다고 해야 할 것입니다. 교회는 점점 세속화되어 가고 있고, 나라와 세상은 늘 거짓으로 사람들을 속이고 돈 때문에 사람을 죽이는 일을 아주 쉽게 하고 있습니다. 남자가 남자를, 여자가 여자와 성관계를 하고 동물과 인간이 성관계를 하며, 사람들이 먹고 마시는 것에 독을 사용하는 나라, 없는 자들을 무시하고 인간의 존엄이 없는 나라라면 그곳은 이미 하나님의 진노의 칼이 서 있을 것입니다. 이러한 시대 속에서 저와 여러분들은 기도해야 할 것입니다. 진노 가운데 긍휼을 베풀어 주시기를 기도해야 합니다. 또한 성도가 진리의 길로 돌이키며 회개를 통해 거룩한 백성들로 살아갈 수 있도록 은혜를 달라고 기도해야 합니다. 교회 부흥과 우리들과 자녀들의 삶도 중요합니다. 하지만 주의 백성들이 깨어 바른 길로 갈 수 있도록 가르치고 권면하는 이 일이 모든 지상의 교회에서 이루어지도록 기도해야 할 것입니다. 아멘.

이스라엘을 심판하시는 하나님은 의로우시도다!
(계 15:1-8)

오늘 말씀의 제목을 보시면 하나님께서 자신이 택하였던 백성들을 심판하십니다. 그리고 그 심판으로 멸망당하는 이스라엘은 변명하지 못합니다. 왜냐하면 하나님께서 이스라엘과 맺은 언약을 이스라엘 백성들이 먼저 스스로 배반하였기 때문입니다. 옛 이스라엘은 하나님께서 이방 나라를 심판하시고 그들의 모든 자녀들을 다 죽이는 것을 정당한 것으로 보았습니다. 그런데 이제 하나님께서 자신이 택한 민족, 제사장 나라, 소유된 백성들을 심판하십니다. 여기에 하나님이 불공평하다고 불만을 제기할 사람은 없습니다. 왜냐하면 하나님은 이미 이스라엘 백성들에게 자신의 아들을 통해 구원의 길을 보여주셨기 때문입니다. 오히려 이스라엘은 하나님의 아들을 죽였습니다. 하나님의 심판이 이스라엘 가운데 내려지는 것은 정당한 것입니다.

보통 인간은 하나님께서 하시는 일을 자신들의 기준으로 이해하려고 합니다. 마치 하나님과 인간이 동등한 관계에 있는 것처럼 말입니다. 그러나 모든 인간은 피조물입니다. 하나님께서 하시고자 하는 일에 단지 사용되는 것입니다. 하나님께서 이런 인간을 위해 자신의 생명을 주셨습니다. 우리 속담에 "물에 빠져 죽은 자를 살려주었더니 보따리 내 놓으라고 한다"는 말이 있습니다. 이스라엘 백성들이 여기에 해당됩니다. 하나님께서 그들을 사랑하시고 그들과 함께하여 주시고 그들이 요구하는 것은 다 들어 주셨습니다. 그런데 이제는 자신들이 하는 대로 그냥 두고 보라는 것입니다. 언제 하나님이 자신들을 사랑하였는지 따지고 있습니다. 예수님이 세상 가운데 오시기 전에 말라기 선지자가 이스라엘을 심판하는 말씀을 전할 때 언제 하나님이 자신들을 돌봐 주고 사랑하였는지 따지는 것과 같습니다. 그러나 이제 하나님은 이 패역한 이스라엘을 향해 조금도 긍휼을 베풀지 않으십니다. 아들의 피를 부인하고 하나님을 배반한 자들에게 단지 불의 심판을 통해 다 멸망시키는 것밖에 없다고 하십니다. 오늘 우리가 읽은 본문의 말씀이 바로 이것입니다. 지금까지 하나님은 계속 이스라엘이 심판을 받을 것이라고 말씀하십니다. 인봉된 두루마리를 통해 이스라엘을 심판하신다고 하셨고, 일곱 나팔을 통해 반드시 이스라엘이 심판을 받는다고 하셨습니다. 그런데 여전히 이스라엘은 회개하지 않고 오히려 더 반역하고 주 예수 그리스도를 믿는 하나님의 백성들을 죽이고 주님의 몸 된 교회를 잔해하고 있었습니다. 이러한 자들에게 이제 마지막 일곱 대접 재앙을 통해 그들이 어떻게 심판을 당할 것인지 분명하게 보여주십니다.

우리가 성경을 읽으면서 알아야 하는 것이 있습니다. 하나님께서 이스라엘을 향해 반드시 심판하겠다고 하시는 의지입니다. 일곱 인, 일곱 나팔, 일곱 대접은 하나님의 심판이 반드시 임한다는 것을 보여주는 것입니다. 그 이유는 바로 하나님의 아들의 피를 부인하였기 때문입니다. 여기에서 우리는 하나님께서 구약의 백성들을 아끼지 아니하신다는 것을 알 수 있습니다. 하지만 이스라엘 백성들은 하나님께서 여전히 자신들만 사랑하시는 자신들의 하나님이라고 믿고 있습니다. 마치 현대 교회가 이러한 함정에 빠져 있는 것과 같습니다. 교회가 커지고 자신들이 원하는 대로 뭐든지 다 할 수 있다고 여긴다면 하나님은 자신들을 사랑하고 여전히 하나님의 백성이라고 믿는 그 어리석음이 현대 교회와 성도들에게 자리잡고 있는 것입니다. 그러나 하나님은 그러한 거짓 위로를 주는 신앙적 행위뿐인 사람들의 모임을 교회라고 말씀하지 않으십니다. 오늘날 죄를 지은 목사들이 참된 회개를 하지 않는 것은 자신들을 따르는 성도들이 있다고 믿기 때문입니다. 사람들이 자신들을 인정해주고 안정적인 삶을 살고 있는데 하나님의 심판이 무엇 때문에 두렵겠습니까?

적어도 강단에서 성경을 읽고 설교한다는 그 사역이 자신을 보호하여 준다고 믿고 있습니다. 하지만 참된 신앙이란 하나님의 말씀에 순종하는 것입니다. 교회의 참된 교사는 자신의 것을 가지고 가르치지 않습니다. 오직 예수님께서 가르치시고 명령한 것을 성도들에게 가르치고 지키게 할 따름입니다. 오늘날 교회가 왜 이렇게 세속화되었는지, 그 이유들이 많이 있을 것입니다. 그중에 한 가지는 인간들이 스스로 고안해 낸 신앙을 가지고 가르치기 때문입니다. 또한 천천히 그리고 느리게 갈지라도 오직 진리를 가르쳐서 온전한 성도들로 세워야 하는데 아주 급하게 모든 것을 다 이루려는 데서 문제가 야기되었다고 할 수 있습니다.

진리는 인간의 생각대로 만들어지는 것이 아닙니다. 진리는 오직 하나님의 말씀이며 그 말씀에 따라 사는 자들이 진리 안에 거하는 것입니다. 하나님께서 심판하시겠다는데 그렇게 하면 안 된다고 할 수 없습니다. 지금 하나님께서 이스라엘을 심판하시고 예루살렘 성을 불태워 버리시겠다는데 신학자들과 일부 목사들이 하나님은 이스라엘을 심판하시지 않았다고 말할 수 있겠습니까? 과거 역사를 보면 이미 예루살렘은 불타고 성전은 무너졌는데 하나님의 말씀이 그것이 아니라고 하면 성도는 무엇을 믿어야 하는 것입니까?

우리는 지금 하나님께서 사도 요한에게 이스라엘을 심판하시는 마지막 일곱 대접 재앙을 내리시기 전에 전주곡 하나를 들려주는 것을 알 수 있습니다. 그것은 바로 모세의 노래, 어린 양의 노래를 들려주고 있습니다. 계시록에는 많은 노래들이 나오는 것을 알 수 있습니다. 그 노래들은 믿음으로 주 예수 그리스도를 믿는 새 언약 백성들이 하나님과 어린 양을 찬양하는 노래들입니다. 그런데 계시록 15장에는 모세의 노래가 나오고 있습니다. 그렇다면 모세의 노래가 왜 불리는 것입니까? 모세는 구약의 선지자입니다. 구약 백성들이 모세가 지은 노래를 부르면서 하나님을 예배하였습니다. 그런데 지금 사도 요한이 천상에서 모세의 노래를 듣고 있습니다. 여기에서 우리는 중요한 신앙의 일관성을 배울 수 있습니다. 모세의 노래는 다름 아닌 이스라엘 백성들이 애굽을 나와 홍해를 지나면서 하나님께서 이스라엘 백성들을 바로의 군대와 죽음 앞에서 그들을 구원하여 주신 것을 찬양하는 노래였습니다. 이것을 조금이라도 이해한다면 지금 사도 요한이 모세의 노래를 듣고 있는 것은 다름 아닌 불이 섞인 유리 바다를 믿음의 성도들이 지나왔기 때문임을 알 수 있습니다. 마치 홍해바다를 지나서 나온 것처럼 말입니다.

그렇다면 불이 섞인 유리바다는 무엇을 의미합니까? 그것은 정확하게 말하면 믿음의 성도들이 주 예수 그리스도를 믿는 그 믿음 때문에 자신들의 생명을 빼앗기는 큰 환난이었습니다. 그것이 바다로 비유되고 있는 것입니다. 사실 유리바다는 불이 섞인 것이 아닙니다. 왜냐하면 구약에서 유리바다에 대한 설명이 이미 에스겔 선지자를 통해 보이기 때문입니다. 그리고 사실 유리 바다는 구약성전 안에 있는 물두멍을 상징하는 것입니다. 물두멍이 무엇입니까? 그것은 다름 아닌 성막 안에 제사장들이 자신들의 몸을 정결하게 하고 짐승을 잡고 피를 씻어내는 데 사용하는 큰물을 담아 놓은 것입니다. 그 지름은 대략 4m 50cm이며, 높이는 2m 25cm인 물을 모아둔 물두멍입니다. 모세가 하늘에서 본 것을 모형으로 만든 것입니다. 성전에서는 이것을 놋 바다라고 부르고 있으며 계시록 4장에서 유리바다라고 이미 말하고 있습니다. 청옥을 편 듯한 푸른 바다인 물두멍이 이제는 불이 섞여 붉게 변한 유리바다가 된 것입니다. 그렇다면 왜 불이 섞인 것입니까? 그 이유는 계시록 14장 마지막에 이스라엘 온 땅에 피가 흐르고 있었기 때문입니다. 하나님께서 이스라엘을 심판하실 때 이스라엘의 수많은 사람들이 죽임을 당하였습니다. 마치 그들의 피가 큰 바다를 이룬 것처럼 그렇게 붉게 만든 것입니다. 하지만 믿음을 가지고 이긴 자들은 이 붉은 유리바다 가에 서서 하나님의 거문고를 가지고 노래를 부르고 있었던 것입니다. 그 노래가 바로 모세의 노래였습니다. 하나님의 백성들이 바로의 손에서 구원을 받아 홍해를 지나온 구원의 은혜를 노래한 것입니다. 다시 말해 지금 예수 그리스도를 믿는 자들이 세상에서는 죽임을 당하나 그들은 이미 추수되어 알곡으로 모아졌고 승리한 자들이었기 때문입니다. 구약의 이스라엘 백성들이 홍해를 지나 구원을 받은 것을 기뻐하는 것처럼 신약의 백성들이 주 예수 그리스도를 믿고 구원받은 것을 기뻐하여 노래를 부르고 있는 것입니다. 그 노래가 바로 모세의 노래이며, 어린 양의 노래인 것입니다.

사실 이 시대 당시 교회가 당한 환난은 그야말로 참혹하여 말로 다하기 어렵습니다. 이스라엘의 구원을 위해 바로의 군대가 바다에서 죽임을 당한 것처럼 이제는 새 언약 백성들을 위해 옛 언약 백성들이 심판을 당하고 있는 것입니다. 스가랴 선지자는 하나님께서 이방을 심판하시기 위해 불로 심판하신다고 하였습니다(슥 12:6). 그 때 예루살렘은 하나님의 보호를 받았습니다. 그런데 지금 예루살렘이 불에 타는 심판을 당한다고 합니다. 그렇다면 예루살렘은 이제 이방처럼 된 것입니다. 그렇게 아름다웠던 예루살렘이 이제는 황폐하여 다 무너질 것입니다. 이것을 예수님께서 바라보시고 눈물을 흘리셨던 것입니다. 조금 있으면 예루살렘은 황폐하게 불타고 무너질 것입니다. 그런데 그것을 보고 있는 자들이 오히려 노래를 부르고 있습니다. 무엇을 노래하고 있는지 그 내용이 아주 위대합니다.

하나님께서 구원하신 그 일을 찬양하는 노래를 자세하게 보면 그것은 일반적인 하나님의 일을 찬양하는 것이 아닙니다. "주 하나님 곧 전능하신이여 하시는 일이 크고 놀라우시도다." 하나님께서 애굽의 군대를 다 수장하신 것을 생각해 보시기 바랍니다. 악인들은 죽임을 면치 못하고 심판을 받습니다. 지금 죽임을 당한 자들은 애굽 시대 애굽 사람들이 아닙니다. 하나님으로부터 심판을 당하는 자들은 이스라엘 백성들입니다. 같은 유대인으로 한쪽은 죽임을 당하고 심판을 당할 것입니다. 그런데 한쪽에서 동족들이 멸망당하는 것을 보면서 노래를 부르고 있습니다. 인간적으로 있을 수 있는 일입니까?

하나님께서 하시는 일을 우리는 다 알 수 없습니다. 우리는 인간의 감정을 버리고 오직 하나님께서 하시는 일을 찬양해야 합니다. 이것이 창조된 인간의 본분입니다. 예수님께서 말씀하신 대로 말세에 집안 식구끼리 원수가 됩니다. 남편이 데려감을 당하면 아내는 버림을 당합니다. 아내가 데려감을 당하면 남편이 버림을 당합니다. 부모와 자녀가 원수가 됩니다. 그 이유는 바로 주 예수 그리스도를 믿는 신앙 때문입니다. 얼마 전까지 혈족이었고 친족이었으며, 이웃이었던 유대 민족 사회에서 한쪽은 심판을 받을 것이고 한쪽은 구원을 받을 것입니다. 인간적으로는 도저히 이해할 수 없고 있어서는 안 될 일입니다. 그런데 하나님께서 그렇게 하신 것을 노래 부르고 있습니다. 그 내용은 오히려 하나님께서 의롭게 하셨다는 것입니다. 하나님이 하시는 일은 불의하지 않습니다.

우리는 하나님께서 가족 가운데 누구를 구원하시고 누구를 구원하지 않는다고 해서 하나님이 불의하신 분이 아니라는 것을 믿어야 합니다. 아브라함을 통해서 자신들을 구원하신 하나님께서 이제 와서 자신들을 심판하신다는 것을 비난해서는 안 됩니다. 왜냐하면 하나님께서 불의하지 않으시기 때문입니다. 하나님께서 하시는 일은 언제나 의롭습니다. 하나님은 회전하는 그림자도 없으신 분이십니다. 하나님께서 하신 일은 창조 때부터 모든 것이 보시기 좋았다고 말씀하십니다. 그러니 지금 옛 이스라엘백성들을 심판하시고 그들이 그렇게 중요하게 여기고 있었던 예루살렘을 불태워 버리는 것은 하나님께서 공의를 행하시는 일입니다.

미국의 제2차 대각성 운동을 일으킨 조지 휘필드는 성도들 앞에서 설교하면서, 만약 하나님께서 자신을 사용하시다가 자신을 버린다 해도 하나님께서는 의로운 분이시며 그분이 그렇게 하신다면 자신은 하나님의 뜻에 따르는 수밖에 없다고 하였습니다. 그렇습니다. 토기장이가 마음대로 자신이 원하는 그릇을 만들고 사용하는 것입니다. 우리는 하나님께 그 어떤 불평도 할 수 없습니다. 그러나 하나님은 자신의 언약에 아주 신실하십니다. 지금 이스라엘 백성들이 심판을 받는 그 이유는 하나님이 그들을 버리셨기 때문이 아닙니다. 이스라엘 백성들이 하나님을 먼저 버리고 하나님의 언약을 배반하였기 때문입니다. 하나님의 언약을 배반한 자들이 구약의 이스라엘뿐이겠습니까? 역사적으로도 교회가 부흥하고 왕성해지면서 교회가 타락의 길을 갔던 그 중세 시대를 보시기 바랍니다. 하나님께서 로마 교회를 심판하시고 그곳에서 거룩한 자신의 백성들을 다시 불러내시는 것을 보면 역사는 계속 반복되고 있다는 것을 알 수 있습니다. 그렇다면 오늘날 현대 교회에서도 하나님의 심판은 계속 나타날 것입니다. 복음이 선포되지 않고 진리가 가르쳐지지 않는 교회는 반드시 심판을 받을 것이 분명합니다. 이제는 예수님께서 자신의 피로 세운 새 언약이 교회에 주어졌습니다. 모든 성도들이 예수님의 피로 하나님과 새 언약 백성의 관계를 맺었습니다. 과거 구약 이스라엘 백성들은 짐승의 피로 언약을 맺었지만 이제는 더 분명하고 확실한 하나님의 아들의 피로 언약을 맺은 것입니다. 그러므로 히브리서 기자는 하늘로부터 경고하신 이를 배반하면 우리라도 심판을 받을 것이라고(히 12:25) 경고하여 주고 있습니다.

오늘 우리가 신앙생활을 하면서 한 가지 잊고 있는 것이 있습니다. 그것은 교회는 심판을 받지 않는다는 착각입니다. 교회와 성도는 여전히 하나님의 말씀에 순종하는 존재입니다. 교회가 십자가를 붙이고 사람들을 아무리 모은다고 해도 그곳이 가장 안전한 곳이라고 생각하면 어리석은 것입니다. 오히려 교회부터 하나님께서 먼저 심판하신다는 것을 볼 수 있습니다. 왜냐하면 그만큼 하나님의 관심이 그곳에 있었기 때문입니다. 조금 있으면 이스라엘이 심판을 당할 것입니다. 그리고 나중에 이방민족이 심판을 당합니다. 이러한 하나님의 심판의 패턴은 구약에서도 똑같습니다. 과거 이스라엘이 하나님을 버리고 우상숭배에 빠지자 하나님은 주변 나라들을 통해 이스라엘을 심판하셨습니다. 그리고 난 후 이방 세력들을 또한 심판하셨다는 것을 우리는 성경을 통해 알 수 있습니다. 이처럼 하나님의 심판은 자신이 그만큼 사랑했던 백성들에게 먼저 임하는 것입니다. 오히려 우리는 더 두렵고 떨림으로 우리에게 주신 구원을 이루고 살아가야 합니다. 이것이 성경을 통해 우리들에게 요구하시는 하나님의 뜻입니다.

계속해서 사도 요한은 "주의 의로우신 일이 나타났다"고 찬양하는 것을 듣습니다. 이스라엘을 향한 하나님의 심판은 정말 의로운 일입니다. 이 일로 인해 주변 이방 나라들이 떨며 하나님께서 살아계신 분이심이 증거되었습니다. 하나님께서 심판하시는 일이 바로 의로우신 일입니다. 세상 마지막 날에 이러한 하나님의 심판이 반드시 일어날 것입니다. 왜냐하면 하나님께서 의로우시기 때문입니다. 역으로 만약 하나님이 불의하시다면 심판은 일어나지 않을 것입니다. 의롭기 때문에 심판이 일어나는 것입니다.

사도 요한은 이제 하나님의 심판이 일어나는 그 일을 성도들이 찬양하는 것을 보고 난 후에 하늘에 증거 장막의 성전이 열리는 것을 보았습니다. 여기에서 본따서 신천지 L씨가 자신이 세운 교회 이름을 증거장막성전이라고 만들었는데 그 의미도 잘 알지 못하고 이단을 따르는 자들이 너무 많습니다. 이단들은 성경에서 좋은 말씀들을 다 자신들에게 적용합니다. 하나님의 왕국, 여호와의 증인, 신천지, 증거

장막성전 등등 이러한 것은 모두다 성경에 나오는 말씀입니다. 이단들이 사용하니 정통교회가 이 말들을 사용하지 못하고 있습니다. 참 안타까운 일이 아닐 수 없습니다. 그렇다면 요한은 왜 증거 장막의 성전이라고 우리에게 말해주고 있습니까? 그것은 다름 아닌 교회입니다. 교회를 증거 장막의 성전이라고 하는 것입니다. 이스라엘 백성들에게 아주 친숙한 표현인데 이것은 하나님의 언약을 아주 극명하게 강조하는 단어입니다. 증거궤와 장막 그리고 성전 이 모든 것이 하나님의 임재의 상징이었습니다. 증거궤는 우리가 잘 알고 있는 모세에게 주신 십계명을 보관한 법궤, 또는 언약궤를 말합니다. 그리고 이 증거궤가 지성소 안에 보존되어 있는 장막, 또는 성막입니다. 그리고 성전에 이 증거궤가 계속 보존되어 왔었습니다. 하나님께서 아들의 피로 세운 교회가 1세기 초대교회 당시 이스라엘 민족 가운데 증거로 서 있었습니다. 그곳에 아들의 피가 뿌려져 있었고, 아들이 새 언약으로 주신 계명이 있었으며, 영원한 성전이 되시는 예수 그리스도가 계셨기 때문입니다. 그래서 요한이 지금 교회를 보고 증거 장막의 성전이라고 부르고 있는 것입니다.

예수 그리스도의 피로 세워진 교회는 배도한 이스라엘을 향하여 증거 장막의 성전으로 서 있었던 것입니다. 다시 말해서, 교회는 이스라엘이 왜 하나님의 재앙을 받아야 하고, 왜 멸망할 수밖에 없는지에 대해 증인이 되었던 것입니다. 교회는 하나님의 증거판을 가지고 있었습니다. 돌에 새겨진 증거판이 아니라 성도들 각자 마음에 성령께서 새겨준 그 증거판이 있었습니다. 사도 바울은 이것을 성도들 마음에 쓴 것이라고 가르쳐 줍니다. 다시 말해 예수 그리스도의 복음이 성도들 마음에 기록된 증거판이었습니다. 그러므로 교회는 계속해서 배도한 이스라엘을 향해 하나님의 심판이 반드시 일어날 것이라고 증거하였습니다. 그래서 교회를 증거 장막의 성전이라고 말하는 것입니다.

사랑하는 성도 여러분!

우리는 하나님께서 심판하시는 일을 의롭다고 찬양해야 합니다. 하나님은 불의하지 않으십니다. 하나님께서 당신의 교회를 심판하실 때도 우리는 의로우시다고 고백해야 합니다. 저와 여러분은 하나님께서 만드신 피조물일 뿐입니다. 그러나 하나님은 마냥 아무 이유 없이 심판하시지 않습니다. 자신의 백성들이 하나님을 배반하고 언약을 멸시하고 세상과 똑같이 살면 하나님은 심판하십니다. 구약 이스라엘을 심판하시는 하나님께서 우리들도 그냥 두시지 않습니다. 오히려 우리는 아들의 피로 언약을 맺었기 때문에 그 심판이 더 무서울 것입니다. 또한 하나님은 아들의 피로 세운 교회를 계속 증거로 삼으십니다. 교회는 하나님의 심판을 선포해야 합니다. 복음을 믿지 않고, 아들의 피를 부인하는 자들에게 심판의 증거로 세우셨습니다. 그러므로 오늘날 교회가 하나님의 심판을 선포하지 않으면 안 됩니다. 그저 사람들에게 듣기 좋은 말만 하면 안 되는 것입니다. 복음과 심판을 함께 선포해야 합니다. 교회가 타락하는 이유 가운데 가장 큰 이유는 복음을 선포하지 않는 것입니다. 복음에는 인간의 구원과 심판이 함께 포함되어 있습니다. 복음이 그저 좋은 소식만이 아닙니다. 이 복된 소식에, 주 예수 그리스도를 믿지 않으면 심판을 받는다는 것이 포함되어 있습니다. 또한 복음은 주 예수 그리스도를 믿는 자녀들에게 새 언약 백성으로 합당하게 살아야 한다는 것을 요구하고 있습니다. 이것을 교회가 바르게 선포하지 않고 있다면 그곳은 타락할 수밖에 없는 인간의 모임에 불과할 것입니다. 부디 지상의 모든 교회가 복음을 바르게 선포하고 하나님을 두려워하며 경외해야 할 것입니다. 오늘 이 말씀을 통해 먼저 저와 여러분들이 어떻게 하나님 앞에서 서야 할지를 깨닫기를 바랍니다. 아멘.

반복되는 심판의 메시지

(계 16:1-21)

일반적으로 요한계시록은 아직 하나님의 심판이 내려지지 않았지만 언젠가는 분명 이루어진다는 것으로 알고 있습니다. 많은 목회자들이 요한계시록을 읽고 가르치지만 그 의미가 예수님께서 제자들에게 이미 말씀하신 심판의 내용이라고 믿는 사람들은 거의 없습니다. 어떤 사람들은 요한계시록이 이미 1세기에 예루살렘과 이방과 그 시대의 지도자들에게 내려진 심판이었다고 하면 오히려 틀렸다고 말합니다. 만약 그들이 계속 이러한 주장을 하면서 요한계시록이 아직 이루어지지 않은 심판의 말씀이라고 한다면 그것은 오히려 예수님의 가르침을 부인하는 어리석음을 나타낼 뿐입니다. 우리의 신앙은 아주 합리적이고 이성적이며 논리적이라는 것을 알아야 합니다. 어떤 철학자(쇠렌 키르케고르)의 말, 신앙의 도약을 위히서는 이성적이고 합리적이지 않다면 믿음으로 믿으면 된다고 하는 이런 주장이 오히려 기독교를 미신적이며 비이성적인 종교로 타락하게 만들어 버렸습니다. 믿지 못하는 것은 믿음으로 믿으면 된다고 가르치고 그것을 받아들이는 것이 신앙이 좋은 것으로 인식되게 하고 있습니다. 그러나 성경이 우리들에게 보여주는 하나님의 역사가 얼마나 위대하며 그 역사를 인간들의 지성과 이성으로 충분히 배우고 이해할 수 있도록 하셨다는 것을 알아야 합니다.

하나님께서 창조 역사와 구원 역사를 이루시는 내용이 성경을 통해 아주 합리적으로 그리고 이성적이고 논리적으로 가르쳐지고 있습니다. 그러나 하나님을 부인하는 사탄의 역사는 이러한 것을 사람들이 바르게 배우지 못하게 만듭니다. 수많은 거짓 선지자들과 거짓 교사들과 거짓 신학자들 그리고 거짓 목사들을 계속 보내고 있습니다. 요한계시록이 얼마나 왜곡되어 가르쳐 지는지를 보면 알 수 있습니다. 그만큼 요한계시록이 중요한 이유일 것입니다. 하지만 교부들이 이미 요한계시록은 아주 쉬운 성경이고 누구나 구약성경을 바르게 알고 있다면 쉽게 해석할 수 있는 말씀이라고 하였습니다. 따라서 목사가 성도들에게 요한계시록은 어려운 말씀이라고 한다면 그 사람은 목사의 자격이 없는 사람입니다. 그것은 자신이 먼저 요한계시록을 어려운 성경으로 인식하고 있기 때문입니다. 이런 사람이 어떻게 성도들에게 바르게 말씀을 해석하고 가르칠 수가 있겠습니까?

요한계시록에는 수많은 상징들이 있습니다. 그러나 이러한 상징들이 주는 메시지는 어려운 것이 아닙니다. 오늘 말씀에도 아마겟돈이라는 단어가 나옵니다. 세대주의 종말론자들은 이 아마겟돈은 마지막 종말에 하나님과 사탄이 싸우는 곳이라고 그렇게 가르칩니다. 그러나 그것은 틀린 가르침입니다. 계시록이 앞으로 일어날 일이기 때문에 믿어야 하는 말씀이 아니라 이미 일어난 일이기 때문에 우리는 믿는 것입니다. 어느 것이 더 확실한 증거이며 바른 믿음이겠습니까? 아직도 한 번도 일어나지 않은 것을 믿는 것과, 이미 일어난 일이었고 그 일로 인해 하나님의 심판이 계속 확장되어 반드시 예수 그리스도의 재림과 세상 종말이 일어날 것이기 때문에 교회와 성도들은 하나님의 역사를 보고 배우라고 하는 것, 어느 것이 더 올바른 신앙을 우리들에게 말씀하고 있는 것입니까?

아무것도 보지 못하고 이루어지지 않는 역사를 믿는 자들과 이미 2,000년 전에 일어난 심판의 역사와 그것을 믿는 자들과의 차이는 분명 다를 것입니다.

이제부터 우리는 하나님께서 옛 언약 백성인 이스라엘이 어떻게 심판을 당할 것인지 다시 보여주시는 상징적인 메시지를 통해 이미 이 말씀이 1세기에 다 이루어진 말씀이라는 것을 믿을 수 있을 것입니다. 하지만 그 말씀이 과거에 이루어졌다는 것으로 단지 역사 이야기를 읽는 수준에서 머무는 것이 아니라 오늘, 그리고 앞으로 다가올 모든 세대에 계속해서 하나님의 살아계심과 통치의 역사를 이루는 말씀이라는 것을 확신해야 할 것입니다.

본문으로 들어가서 보면 하나님은 일곱 대접(금잔)을 가진 천사들에게 명령하고 계십니다. 하나님의 진노의 대접을 땅에 쏟아 부으라고 하십니다. 2절부터 보면 천사가 대접을 땅에 쏟아 부으면서 내린 심판의 내용들이 보입니다. 먼저 땅에 사는 사람들에게 종기가 생기고 바다에는 죽은 자의 피같이 되어 모든 생물이 죽고, 강과 물 근원에 대접을 쏟자 피가 되며 심판의 대접을 해에게 쏟으니 권세를 받은 자가 사람들을 불로 태워 죽이는 것을 볼 수 있습니다. 이것은 9절까지 말씀의 내용입니다. 이 심판의 내용을 간략하게 해석하면 이렇습니다. 땅에 사는 사람들, 즉 짐승의 표를 받은 사람들과 우상에게 경배하는 자들에게 악독한 종기가 나는 것은 이스라엘 백성들에게 심판을 내리시는 것입니다. 하나님의 언약을 배반하고 우상을 숭배하는 자들이 바로 이스라엘 백성들이었습니다. 종기는 하나님께서 구약 백성들에게 말씀하셨던 심판의 내용이었습니다. 이 재앙은 우상 숭배와 배교하는 자들에게 저주의 심판을 말씀하신 결과입니다. 따라서 가장 먼저 심판을 받는 자들은 바로 이스라엘 백성들입니다. 다음으로 바다는 이방이라는 것을 우리는 알고 있습니다. 하나님의 심판이 바다에 내려지면 바다가 피로 변합니다. 죽음을 의미하는 것입니다. 또한 강과 물 근원은 생명수를 주는 의미인데 바로 예루살렘 성전을 의미합니다. 그런데 이 예루살렘 성전에 심판이 내려집니다. 그곳이 죽음의 상징인 피로 변하는 것입니다. 그리고 해에게 심판이 내려집니다. 태양은 권세자를 의미합니다. 이 권세자가 권세를 받아 사람들을 태워 죽입니다. 누구를 태워 죽이는지 역사는 이미 말해주고 있습니다. 가장 먼저 네 가지 심판이 내려지는 대접의 내용을 보면 우리는 한결같이 과거의 역사를 볼 수 있습니다. 그것은 바로 이스라엘 백성들이 애굽에서 나올 때 애굽의 왕 바로가 하나님께 강퍅한 모습으로 대적하여 받은 심판의 내용과 똑같습니다. 물론 9절 이하에 나오는 심판도 동일합니다.

하나님께서 구약시대 애굽에게 내렸던 심판의 내용을 왜 이스라엘과 그 주변에 동일하게 내리시는 것입니까? 그것은 이미 이스라엘이 소돔과 애굽처럼 타락한 나라와 백성이 되었기 때문입니다. 이미 우리가 말씀을 통해서 들은 것처럼 예루살렘 성은 우상의 도시 바벨론이 되었다고 하였습니다. 이제 이 모든 심판이 이스라엘과 예루살렘에 반드시 내려질 것입니다.

성도 여러분! 우리는 계시록의 말씀을 들으면서 계속 하나님께서 이스라엘과 예루살렘을 심판하시겠다는 내용의 말씀을 듣고 있습니다. 왜 이렇게 계속 반복적으로 이스라엘이 심판을 당한다는 말씀을 하시는지 그 중요성을 알아야 합니다. 하나님의 심판은 확실할 뿐만 아니라 오직 구원은 하나님의 아들 예수 그리스도를 믿는 믿음으로 받는다는 것을 보여주기 위함입니다. 하나님의 심판이 예수 그리스도의 구원과 연관되어 있습니다. 만약 우리가 하나님의 심판만 듣고 만다면 누가 위로를 받을 수 있겠습니까? 하나님의 심판이 이렇게 강조되고 반복되는 것은 이스라엘이 예수 그리스도를 배척하고 그분을 십자가에서 죽였을 뿐만 아니라 주 예수 그리스도를 자신들의 구주로 믿는 사람들을 핍박하고 죽이기 때문입니다. 그리스도의 몸 된 교회를 잔해하고 파멸로 이끄는 자들을 하나님께서 더 이상 용서하지 않으신다는 것을 보여주고 있는 것입니다. 하나님께서 자신의 백성들을 사랑하십니다. 하나님께서 저와 여러분들을 사랑하시고 보존하십니다. 그런데 하나님이 우리를 사랑하는 그 사랑이 과연 무엇입니까? 당신의 아들을 사랑하는 그 사랑으로 우리를 사랑하시는 것입니다. 우리는 피조물들입니다. 하나님께서 창조하시고 그냥 버리실 수 있습니다. 그런데 하나님의 아들 예수 그리스도는 그렇지 않습니다. 그리스도 예수는 근본 하나님이십니다. 아버지께서 아들을 사랑하시는 것과 우리를 사랑하시는 것은 분명 다릅니다. 그러나 하나님 아버지께서 피조물인 우리를 사랑하십니다. 당신의 아들을 사랑하시는 그 사랑으로 우리를 사랑하십니다. 그 이유가 바로 십자가의 피를 흘리신 순종이 아들에게 있었기 때문입니다. 아버지를 향한 아들의 순종 때문에 우리를 아들과 같이 사랑하여 주시는 것입니다. 그런데 이렇게 하나님의 사랑 가운데 있는 교회와 성도들이 죽임을 당하고 있습니다. 하나님께서 육적인 이스라엘을 그냥 두시지 않습니다. 반드시 심판하십니다.

뿐만 아니라 두 번째 대접의 재앙에서 바다, 즉 이방 나라가 심판을 받습니다. 바다가 피가 되는 재앙입니다. 그 속에서 살 수 있는 생물은 없습니다. 하나님께서 이스라엘을 심판하실 뿐만 아니라 로마 제국을 심판하신다는 말씀을 우리는 13장에서 이미 보았습니다. 로마 제국을 가운데 있는 모든 사람들을 심판한다는 것이 아니라 로마 제국을 다스리는 황제들이 자신의 나라를 마음대로 통치하지 못했다는 것입니다. 역사적으로도 황제들이 100년이 되지 못해 상당히 많이 바뀌었습니다. 티베리우스(14-37년), 칼리굴라(37-41년), 클라우디우스(41-54년), 네로(54-68년), 네 황제-갈바, 오토, 비텔리우스, 베스파시아누스- 시대(69-79년) 등, 결국 로마 황제들이 자신의 나라를 마음대로 통치하지 못했다는 것입니다. 바다가 피가 되었고 바다에 사는 생물들이 다 죽었다는 의미가 바로 이것입니다. 모든 생물이 다 죽었으니 누구를 대상으로 통치하겠습니까? 이제는 이스라엘에 대한 로마의 보호도 끝났습니다. 오히려 로마 제국이 이스라엘의 심판의 도구로 사용될 것입니다.

이제 세 번째 재앙이 내려지는데 그 재앙은 강과 물의 근원이 피로 변하는 재앙입니다. 이것은 바로 예루살렘이 피로 변하는 재앙입니다. 하나님의 심판이 예루살렘에 내려집니다. 그 속에 거하는 모든 자들이 다 죽임을 당할 것입니다. 그런데 여기에서 천사는 하나님께서 예루살렘을 심판하시는 그 일을 의롭다고 합니다. 하나님의 심판은 정당하고 의로운 것입니다. 이제 하나님의 심판은 각 시대마다 계속 나타납니다. 의로우신 하나님의 심판입니다. 세상 종말에 모든 자들이 하나님의 심판 앞에 설 것입니다. 태어나지도 못한, 어미의 뱃속에 있는 자들이 심판을 당하는 것도 의로운 것입니다. 누가 심판하는 하나님을 불의하다고 할 수 있습니까? 타락한 죄인은 끝까지 하나님이 불의하다고 외칠 것입니다. 네 번째 천사가 재앙을 내릴 때 이방의 권세자들에 의해 이스라엘 백성들이 불에 타 죽임을 당하자 그들은 하나님이 불의하다고 비방하였습니다. 하나님을 섬겼던 백성들도 하나님이 불의하다고 비방합니다. 이러한 비방은 모든 죄인들의 특징입니다.

하나님께서 이스라엘과 예루살렘을 심판하는 그 심판이 얼마나 두려운지 예수님께서 지상에 계셨을 때 자신의 제자들에게 여러 번 이스라엘의 심판을 말씀하신 적이 있었습니다. 유대의 열심당원들은 하나님께서 자신들을 초자연적인 힘과 능력으로 도우셔서 로마 제국을 이길 수 있다고 믿고 끝까지 칼과 창으로 저항하였습니다. 그 당시 거짓 선지자들과 거짓 그리스도가 나타나 하나님이 너희를 지켜 줄 것이라고 계속 외쳤습니다. 마치 이사야와 예레미야 시대처럼 말입니다. 하지만 예수님은 참 선지자이십니다. 예수님은 예루살렘이 심판을 받을 것이라고 말씀하여 주셨습니다. 한 시대가 지나가기 전에 반드시 심판이 일어날 것이라고 하셨습니다. 그래서 예수님은 사람들에게 산으로 도망가라고 하셨습니다. 그 당시 그리스도인들은 예루살렘을 떠났습니다. 로마 군인들이 예루살렘을 멸망시키기 전에 하나님은 자신의 참된 백성들을 피신시켰습니다. 유대 역사가 요세푸스의 증언에 의하면 그리스도인들이 예루살렘 성을 떠난 후에 로마 군인들이 성을 파괴하기 시작했다고 합니다. 이후 로마 군인들이 예루살렘에서 백만 명 이상의 사람들을 죽였다고 기록하고 있습니다. 너무 많은 사람들이 학살을 당하여 그 피가 끊이지 않았다고 합니다. 굶어 죽는 자들이 너무 많아서 부모들이 자신의 자녀들을 잡아먹었다고 기록합니다. 시체더미 위에 시체들이 쌓여 산을 이루고 호수와 강에 썩은 시체들이 가득하였다고 증언합니다. 이들이 겪은 심판의 고통은 지금까지 이스라엘이 경험한 것 가운데 가장 최악의 것이었습니다. 예수님께서 "[심판의] 날이 이를지라 네 원수들이 토둔을 쌓고 너를 둘러 사면으로 가두고 또 너와 및 그 가운데 있는 네 자식들을 땅에 메어치며 돌 하나도 돌 위에 남기지 아니하리니 이는 네가 보살핌 받는 날을 알지 못함을 인함이니라 하시니라(눅 19:43-44)" 말씀하신 것이 그대로 이루어지는 것입니다.

다섯 번째 대접이 이방인들에게 쏟아집니다. 짐승의 왕좌에 쏟아지는 내용입니다. 결국 로마 황제들이 죽임을 당하고 그들이 섬겼던 신전에 불이 나서 타 버리고 말았습니다. 우리는 로마서에서도 사도 바울이 이스라엘과 이방이 심판을 받을 것이라는 말씀을 들을 수 있습니다. "악을 행하는 각 사람의 영에는 환난과 곤고가 있으리니 먼저는 유대인에게요 그리고 헬라인에게며(롬 2:9)". 하나님의 심판이 사도 바울에게도 전해졌다는 것을 볼 수 있습니다. 하나님은 유대인들을 먼저 심판하시고 그 다음에 이방인들을 심판하십니다. 이러한 모습 속에 우리는 하나님의 심판이 자신의 백성들이 있는 교회 가운데 또한 일어난다는 것을 고백해야 합니다. 지난번에도 말씀드렸지만 우리가 교회를 다닌다는 것이 안전을 보장해 주지 않습니다. 오직 그리스도 예수를 믿는 그 믿음 안에 거해야 한다는 것입니다. 하나님의 심판은 오늘날에도 교회에 먼저 임합니다. 교회가 배도하고 거짓 선지자들의 말을 듣고 우상을 섬긴다면 그 곳에 하나님의 심판이 반드시 있다는 것을 명심해야 합니다. 이러한 하나님의 심판은 이스라엘과 예루살렘에 한정되지 않습니다. 하나님은 살아 계시는 분이십니다. 자신의 아들의 피로 부르신 새 언약 백성들에게 더 큰 신앙의 요구가 있습니다. 하나님을 사랑하고 이웃을 네 몸과 같이 사랑하라고 하신 이 계명이 얼마나 큰 명령인지 알아야 합니다.

계속해서 하나님의 여섯 번째 심판이 내려집니다. 큰 강 유브라데에 쏟아진다고 합니다. 이 말씀은 이스라엘의 국경까지 하나님의 심판이 내려진다는 것입니다. 즉 이스라엘 전체에 내려집니다. 예루살렘이 심판당한다는 소식이 퍼졌습니다. 그래서 그리스도인들은 주님의 말씀에 순종하여 도망갔습니다. 뒤도 돌아보지 않고 도망하였습니다. 예수님께서 "롯의 처를 생각하라(눅 17:32)"고 하신 그 말씀처럼 소돔이 심판을 당할 때 뒤를 쳐다보지 않고 도망하는 자만이 살아남았습니다. 이와 동일하게 예루살렘이 심판을 당하기 전에 그 안에 있던 모든 사람들이 다 도망해야 했습니다. 그런데 유대인들은 무교절을 지킨다며 로마 군인들에게 잡혀 다 죽임을 당하고 말았다고 요세푸스는 증언해 주고 있습니다. 이 때 거짓 선지자들은 유대인들에게 하나님께서 지켜주신다고 외쳤고 오히려 싸워 이기자고 하였습니다. 이 전쟁이 바로 아마겟돈 전쟁으로 상징되고 있는 것입니다. 이 거대한 전쟁으로 결국 이스라엘이 심판을 당하고 수백만의 사람들이 죽임을 당하고 말았습니다. 이제 하나님은 하늘에서 마지막 7번째 심판을 내리십니다. 번개와 음성들과 우렛소리가 나며 가장 큰 지진이 일어나며 한 달란트가 되는 우박이 떨어져 그 성이 파괴될 것이라고 외치고 있습니다. 번개와 음성들과 우렛소리 그리고 지진이 일어나는 것은 그 나라가 파괴된다는 것을 보여주는 것입니다. 요세푸스의 증언 가운데 아주 신기한 증언이 있습니다. 유대 전쟁사에 보면 로마 군인들이 예루살렘 성전을 포위하고 싸울 때 먼 거리에서 아주 큰 돌을 날려 보냈다고 합니다. 그런데 그 돌들의 무게가 일 달란트 정도였으며 이것을 본 유대인들이 하늘에서 마치 흰 돌 같은 것들이 쏟아졌다고 서로 말했다는 것을 기록하고 있습니다.

사랑하는 성도 여러분!

하나님의 말씀은 일점일획도 거짓이 없습니다. 하나님께서 반드시 심판하신다고 하신 말씀 그대로 이스라엘과 예루살렘이 심판을 받았습니다. 그들이 심판을 당하고 멸망을 당한 이유가 하나님의 아들을 거부하고 하나님의 아들을 믿는 자녀들을 죽였기 때문입니다. 이것은 곧 하나님을 대적한 것입니다. 하나님을 믿는다는 자들이 하나님을 대적하는 세력이 되었던 것입니다. 이스라엘 백성들이 이렇게 하나님을 대적한 것은 거짓 지도자들의 거짓 가르침이 마치 하나님의 뜻인 양 믿었기 때문입니다. 만약 오늘날에도 이러한 거짓 복음과 거짓 가르침 가운데 있다면 하나님은 자신의 아들의 피를 부인하는 자들로 여길 것입니다. 그들 또한 반드시 마지막 날에 심판을 당할 것이 분명합니다. 하나님께서 계속해서 사도 요한을 통해 심판의 메시지를 말씀하시는 데는 자신의 자녀들에게 오직 예수 그리스도를 믿고 그분의 말씀에 순종하라는 뜻이 들어 있습니다. 역사를 주관하시고 모든 나라와 권세를 주관하시는 분이 우리 하나님이십니다. 이제 그 모든 통치가 아들 예수 그리스도께 있습니다. 우리의 마음의 눈을 들어 하늘 보좌 우편에서 왕으로 계시는 주님을 바라보아야 할 것입니다. 역사의 주관자이신 예수 그리스도를 믿고 그 믿음 안에서 승리하는 자들이 되길 바랍니다. 아멘.

만주의 주시며 만왕의 왕이 누구인가?

(계 17:1-18)

성도들이 성경을 읽을 때 힘들어 하는 것 가운데 하나가 바로 상징적인 언어들을 어떻게 이해할 것인가 하는 문제입니다. 우리가 유대 문화 속에서 자라고 살지 않았기 때문에 더욱 힘들 것입니다. 그렇다고 해서 하나님의 말씀인 성경을 지나쳐 버린다면 오히려 하나님께서 자신의 백성들에게 주시려는 은혜를 버리는 것과 같은 꼴이 됩니다. 그러므로 성도는 할 수만 있으면 성경에서 나타나고 있는 모든 단어나 말씀들이 무엇을 의미하는지 알려고 해야 합니다. 어렵고 이해하기 힘들다고 하면서 그저 믿음으로만 믿으면 된다는 가르침이 작금의 교회와 성도들을 더 무지하게 만들고 있습니다. 분명한 것은 하나님께서 자신을 계시하시면서 사람들이 이해하지 못하는 것을 말씀하지 않으셨다는 것입니다. 모든 성경은 성령의 감동으로 기록되었기 때문에 능히 알 수 있습니다. 또한 성경의 기록자들이 자신도 모르는 것을 그저 성령에 이끌려 기계적으로 막 써내려 가지 않았습니다. 하나님께서 말씀하시면 그 말씀이 무엇인지 다 알고 기록하였습니다. 다니엘 선지자에게 계시하여 주신 환상들이 미래의 사건이었지만 그것이 무엇을 의미하는지도 다 알려주셨다는 것을 우리는 알 수 있습니다. 이처럼 하나님은 자신의 자녀들이 무엇을 말씀하시는지 잘 알 수 있도록 계시하여 주십니다. 이것을 인정하지 않는다면 성경을 바르게 이해하고 배울 수 없습니다. 현대 교회 안에 성경에 대한 아주 다양한 해석과 뜻이 존재하는 것은 바로 성경을 자의적으로 받아들이고 해석하기 때문입니다. 인간의 감정을 가지고 그때 그때 마다 '하나님께서 오늘 이렇게 말씀하신다'는 식으로 성도들에게 가르쳤기 때문입니다. 그러나 하나님의 말씀은 언제나 진리로 항상 서 있습니다. 하나님은 성경을 통해 자신의 뜻을 늘 변함없이 계시하여 주십니다. 그래서 아브라함 때나 예수님께서 오신 시대나 앞으로 먼 미래의 시대에까지 하나님은 언제나 동일하게 말씀하고 계신 것입니다. 이렇게 불변하는 하나님의 말씀은 시대마다 바뀌지 않습니다. 그러므로 우리는 좀 더 수고하여 주의 깊게 성경의 말씀, 특히 요한계시록의 말씀을 바르게 연구하고 들어야 합니다.

오늘 본문의 말씀은 일곱 대접의 재앙이 무엇인지 보고 있었던 사도 요한이 이제 천사를 통해 큰 음녀에게 내려질 심판을 자세하게 보고 있는 것입니다.

1절에 나타나고 있는 큰 음녀에 대한 해석은 개혁신학 안에서도 다르게 주장되고 있습니다. 어떤 분들은 "많은 물"들 위에 앉아 있다는 것에서, 많은 물이라는 표현은 하나님께서 이스라엘과 언약을 맺을 때 사용하는 용어이기 때문에 이 음녀가 예루살렘 이라고 합니다. 다른 학자들은 이 음녀가 바벨론이라고 하면서 로마 제국으로 봅니다. 이 음녀가 예루살렘을 의미한다는 것은 저도 동의합니다. 하지만 그렇다고 해서 "많은 물"이 꼭 하나님의 언약적 의미라고 볼 수 없습니다. 왜냐하면 17장 15절에서 이 "많은 물"의 의미를 우리들에게 가르쳐 주기 때문입니다. 음녀가 앉아 있는 물은 백성과 무리와 열국과 방언들이라고 말씀하십니다. 다시 말하면 이 음녀는 지금 많은 나라와 열국과 방언들 가운데 앉아 있는 것입니다. 2,000년 당시 예루살렘이 많은 나라들 사이에 놓여 있었습니다. 오히려 이러한 해석이 더 바른 해석입니다. 이사야 선지자(57장)와 에스겔 선지자(16, 23장)는 예루살렘이 간음하는 음녀라고 기록하고 있습니다. 예루살렘이 어떤 도시입니까? 하나님만 예배하고 경외하는 도시입니다. 그곳에서 하나님의 말씀이 나오고 선지자들과 제사장들과 모든 이스라엘 백성들이 모이는 도시입니다. 하나님의 임재가 있는 곳이었습니다. 그런데 이 도시가 매춘부가 되었습니다. 하나님의 백성들은 참된 신앙을 버리고 이방의 신들과 신전을 향해 나가고 말았습니다. 에스겔 선지자는 매춘행위를 하는 예루살렘을 비유하면서 "지나가는 모든 자에게 다리를 벌려 심히 음행한다"고 말하고 있습니다. 이 말은 이스라엘을 정복하고 다스리는 나라의 신들을 모시고 섬겼다는 것입니다.

2절을 보면 사도 요한에게 천사가 예루살렘의 타락에 대하여 말씀하면서 땅의 임금들과 땅에 사는 사람들도 예루살렘에서 행해지는 우상숭배와 영적 간음에 취해 있다고 말합니다. 예루살렘은 짐승 위에 앉아 있는 음녀입니다. 예루살렘이 앉아 있는 짐승은 당시의 로마 제국을 의미합니다. 예루살렘이 로마 제국에 자신의 모든 것을 의탁하고 살아가고 있는 것입니다. 이스라엘의 모든 종교지도자들과 백성들이 로마 제국의 통치 아래에서 살아가고 있습니다. 그런데 하나님께서 말씀하신 언약은 중요하게 여기지 않고 오히려 로마 황제의 정치 체제에 순종하며 하나님을 버리고 로마 황제를 따르는 음녀가 된 것입니다. 로마 제국에 협력해야만 예루살렘이 살 수 있었고 자신들의 권세를 지킬 수가 있었습니다. 이러한 역사를 보면서 우리는 무엇을 생각할 수 있습니까? 신약 이후의 교회도 다르지 않습니다. 역사적으로도 볼 때 신약 이후의 교회들도 국가 정치제도에 순응할 때 자신들의 자리를 유지할 수가 있었기 때문에 언제든지, 그리고 아주 쉽게 세상 권력과 손을 잡게 되고 말았습니다. 이 큰 그림을 통해 우리는 작은 그림도 볼 수 있습니다. 교회가 속한 노회, 그리고 총회도 마찬가지입니다. 여기에는 항상 불의하고 위선적인 인간들이 있었습니다. 그런데 안타깝게도 이러한 위선자들 앞에 결국 무너지는 목사들의 모습을 볼 수 있습니다. 우리 주변을 보면 목사들의 탐심과 정욕이 교회를 무너뜨리는 것을 쉽게 볼 수 있습니다. 여기에 하나님의 통치가 있다는 것은 거짓말입니다. 인간이 권모술수를 행하고 있는데 무슨 하나님의 의와 나라를 구하겠습니까? 입술에는 은을 바르고 말을 하지만 마음에는 이미 탐욕이 자리잡고 있습니다. 잠언에서 이런 자를 위선자라고 말하고 있습니다.

예루살렘이 오직 하나님을 믿고 자신들에게 말씀하신 그 언약에 순종하였다면 그들은 축복의 삶을 살 수 있었습니다. 하나님께서 자신의 아들을 친히 보내주셔서 구원을 베풀어 주는 것이 가장 위대한 축복 중의 축복이었습니다. 하지만 그들은 하나님의 아들을 믿은 것이 아니라 죽였습니다. 복의 근원이 되시는 예수 그리스도를 죽였으니 어떤 축복도 그들에게는 없습니다. 오히려 심판만이 그들에게 곧 내려지게 될 것입니다. 우리 기독교는 복의 종교입니다. 모든 축복이 하나님으로부터 온다는 사실을 잊어서는 안 됩니다. 오늘날 기독교가 기복주의에 빠져 하나님을 이용하여 자신들의 탐욕을 채우려고 하기 때문에 비난을 받는 것이지 사실 기독교는 하나님께서 자신의 백성들에게 복을 주신다는 신앙으로 가득 차 있습니다. 기복주의도 아주 큰 폐단이지만 복이 없다는 것도 문제가 되는 것입니다. 우리가 받은 것들이 전부 하나님께서 주시지 않은 것이 없습니다. 물론 세상 사람들도 하나님께서 주신 그 모든 것을 받고 사는 사람들입니다. 하지만 그들은 그것을 깨닫지도 못하고 인정하지도 않습니다. 그러나 그리스도인들은 그 모든 것이 다 하나님께서 주신 선물이라고 고백해야 합니다. 그러므로 땅에서 물질과 성공이 주어진다면 그것도 하나님께서 주신 것이라고 인정하고 하나님의 영광을 위해 사용해야 하는 것입니다. 물질의 축복을 많이 받았다는 것을 알면서도 그것을 인간의 정욕을 위해 사용한다면 결국 타락하고 마는 것이 됩니다. 하나님께서 우리들에게 땅의 복을 주실 때 우리는 여전히 하나님의 나라와 의를 위해 사는 인생들이라는 것을 늘 인식해야 할 것입니다.

하지만 말씀에 나오는 예루살렘은 이것을 버렸습니다. 하나님을 사랑하는 것도, 이웃을 사랑하는 것도 없습니다. 우리는 여기에서 아주 중요한 신앙의 상관관계를 엿볼 수가 있습니다. 우리 눈에 보이는 이웃 사랑이 없다는 것은 바로 하나님을 사랑하지 않는 것입니다. 오늘날 교회가 이웃으로부터 지탄을 받는 것이 바로 하나님을 사랑하지 않는 것입니다. 물론 예배도 드리고, 성도들도 모입니다. 그러나 하나님을 실질적으로 사랑하는 신앙은 없습니다. 오히려 이웃에게 교회의 권리를 내세웁니다. 그리고 서로 법적으로 다투고 분쟁을 합니다. 이러한 것을 볼 때 교회가 이웃을 사랑하지 않으며 하나님을 사랑하지 않는 것입니다. 음녀가 된 예루살렘은 선지자들과 성도들의 피를 취하기를 즐거워하였습니다. 짐승과 하나가 되어 성도들을 죽이고 예수 그리스도의 증인들을 죽이는 일을 아주 자랑스러워한 것입니다.

이렇게 하나님을 사랑하지 않는 예루살렘은 더 이상 신부로서의 존재 의미가 없습니다. 이제 하나님은 새로운 예루살렘을 세우기로 하십니다. 그것이 바로 이방 가운데서 하나님의 아들을 믿는 백성들을 통해 이루시는 교회입니다. 이 교회가 바로 새 예루살렘입니다. 구약의 예루살렘은 큰 바벨론처럼 음녀가 되었습니다. 하지만 하나님은 순결한 백성들을 부르셔서 새 예루살렘을 세우셨습니다. 여기에 자신의 아들의 피를 통해 순결한 백성들을 모으시는 것입니다.

사도 요한은 음녀가 앉아 있는 짐승에 대하여 구체적으로 말해주고 있습니다. 17장 9-10절을 보면 이 짐승에 대한 설명이 나오는데 이 짐승이 정확히 당시 로마 제국이라는 것을 가르쳐 줍니다. "그 일곱 머리는 그 여자가 앉은 일곱 산이요 또 일곱 왕이라 다섯은 망하였고 하나는 있고 다른 하나는 아직 이르지 아니하였으나 이르면 반드시 잠시 동안 머무르리라". 일곱 산은 로마의 일곱 언덕을 의미하고, 일곱 왕은 로마의 황제들을 의미합니다. 우선 다섯 황제들, 율리우스와 아우구스투스, 티베리우스, 칼리굴라, 클라우디우스 황제를 말하는 것입니다. 그리고 하나가 있다는 것은 네로 황제를 말하는 것이고, 잠깐 있다가 사라지는 황제는 갈바를 의미합니다. 갈바는 일곱 달만 황제의 자리에 있었습니다.

하나님께서 허락하지 않으면 그 어떤 통치자도 권세를 누릴 수가 없습니다. 하나님께서 세상 역사의 주관자라는 것을 우리는 분명히 고백해야 합니다. 하나님은 한 지역에 한정되어 통치하는 신이 아닙니다. 하나님은 온 우주와 만물을 통치하시는 만왕의 왕이십니다. 사도 요한은 이 만왕의 왕이시며 만주의 주가 어린 양이신 예수 그리스도라는 것을 밝히고 있습니다. 이 짐승이 만왕의 왕이신 예수 그리스도와 더불어 싸우려고 합니다. 하지만 어린 양이신 예수 그리스도께서는 짐승을 이길 것입니다. 그리고 함께 있는 자들, 곧 부르심을 받고 택하심을 받은 진실한 자들은 이긴다고 하십니다. 아무리 로마 제국이 강력한 나라라고 하지만, 인간의 눈으로 볼 때 전 유럽을 통치하는 강대국이라고 하지만 이러한 상황 속에서도 주님의 몸 된 교회의 승리가 보장되어 있음을 성도들에게 알려주시는 것입니다. 적어도 우리가 예수님을 우리의 구주, 하나님으로 믿고 따른다면 모든 세상의 주권이 예수 그리스도에게 있다는 것을 한시라도 잊어서는 안 됩니다. 그런데 간혹 주변에서 보는 교회 지도자들과 성도들이 마치 하나님이 계시지 않는 것처럼 판단하고 행동할 때가 종종 있습니다. 꼭 물질과 관련되고 명예와 관련된 일들에 자신이 불이익을 받으면 그 때는 신앙과 전혀 상관없는 말과 행동들이 나오는 것을 볼 수 있습니다. 하지만 여전히 하나님은 모든 것을 판단하시고 모든 것을 주관하십니다. 그리스도인들은 언제나 이러한 하나님 앞에서 두려움과 존경을 나타내야 합니다. 가장 힘들고 어려운 시간에, 또는 남들이 나를 험담하고 모욕하는 상황 속에서 우리가 하나님을 두려워하면서 하나님이 말씀하신 신앙의 방식으로 살아간다면 분명 하나님은 그러한 자를 보호하시고 지켜주시며 이기게 하여 주실 것입니다.

예수 그리스도의 통치가 어떻게 나타나는지 그 모습을 우리는 볼 수 있습니다. 음녀가 짐승 위에 올라타 함께 예수 그리스도를 대적하고 있었습니다. 그런데 갑자기 열 뿔과 짐승이 음녀를 미워하여 망하게 하고 벌거벗게 하고 그의 살을 먹고 불로 아주 사르게 하였습니다. 하나님께서 로마 제국을 통해 예루살렘을 불사르고 멸망시키는 것을 말씀하고 계십니다. 마치 짐승과 음녀가 하나가 되어 예수 그리스도의 백성들과 교회를 파괴시키려고 하나가 되었다가 하나님께서 짐승과 열 뿔인 로마 황제를 통해 오히려 예루살렘을 심판하시는 것입니다. 하나님께서 로마의 마음에 음녀인 예루살렘을 죽이기로 한 것입니다. 창녀가 열방들을 조종하여 교회와 성도들을 죽이려고 하였지만 하나님께서 교만하고 패역한 음녀인 예루살렘을 파괴시키기로 한 것입니다. 여기에서 우리는 한 가지 중요한 것을 잊어서는 안 됩니다. 짐승은 예루살렘만 죽이려고 한 것이 아닙니다. 짐승은 예루살렘과 신약의 모든 백성들을 다 죽이려고 하였습니다. 로마의 황제들이 유대인들을 죽이려고 하면서 동시에 기독교를 유대교의 한 종파로 여기고 같이 죽이려고 했다는 사실입니다.

하지만 하나님은 자신의 백성들이 누구인지 알고 계십니다. 그들을 부르시고 그들을 선택하셨기 때문에 신약의 백성들, 예수 그리스도를 믿는 모든 자녀들은 짐승의 칼에서 지켜 보호함을 받았습니다. 그래서 지난주에도 말씀드렸지만 예루살렘이 A.D. 70년에 멸망을 당할 때 예루살렘 성 안에 있었던 모든 그리스도인들이 다 피신하자 파괴가 시작되었다는 것이 역사가들의 기록으로 전해지고 있습니다. 이렇듯 하나님은 아들의 피를 믿고 따르는 자들을 지켜 주신 것입니다.

17절 이하에 하나님께서 예루살렘을 짐승에게 주었다고 하고 있습니다. 그러니 이제 예루살렘은 하나님의 도성이 아닙니다. 버려지고 사라져야 할 도성이 되었습니다. 이제는 오직 예수 그리스도가 구원의 산성이 되신 것입니다. 구원의 반석이시고 요새이신 예수 그리스도를 믿고 의지하는 것이 구원을 받는 것임을 보여주시는 것입니다. 더 이상 땅의 것으로는 구원을 줄 수 없습니다. 지상에 남아 있는 제사와 성전과 제사장들은 필요가 없습니다. 하나님의 아들만이 구원의 유일한 길이요 진리입니다. 이것을 예수님께서 처음부터 말씀하셨습니다. "내가 곧 길이요 진리요 생명이다 나로 말미암지 않고서는 아버지께로 갈 자가 없다"고 하신 말씀이 바로 이것입니다. 이것이 진리라는 것을 보여 주시기 위해 땅의 것을 다 사라지게 하신 것입니다.

하나님께서 자신의 통치를 통해 짐승(로마 제국)을 도구로 삼아 옛 언약의 백성들과 물건들을 다 죽이고 파괴하신 것입니다. 이제는 찬란한 예수 그리스도의 교회가 예루살렘 성전을 대신하여 구원을 증거하고 나타내게 하십니다. 교회가 새로운 영광스러운 성전이 된 것입니다. 즉 하나님의 영원한 거처가 된 것을 계시하십니다.

이제 마지막 18절에 사도 요한이 본 여자, 즉 예루살렘이 땅의 왕들을 다스리는 큰 성이라는 것을 말씀하십니다. 다른 구절은 예루살렘이 음녀인 것을 가르쳐 준다고 해도 이 구절만큼은 아니라고 하는 주장들이 있습니다. 왜냐하면 당시 예루살렘이 이방의 주권자들을 다스리는 성이라고 할 수 없다고 보기 때문입니다. 아마 우리들도 그렇게 생각할 것입니다. 왜냐하면 이스라엘 국가는 지금 로마 제국의 식민지이기 때문입니다. 이런 나라가 어떻게 다른 나라의 주권자들을 다스릴 수 있단 말입니까? 하지만 계시록은 정치학과 세계사를 가르쳐주는 역사책이 아닙니다. 그것은 하나님의 말씀에 관한 책입니다. 이 말은 이스라엘이 다른 나라들보다 먼저 하나님과의 관계에서 언약적으로 우선이라는 것입니다. 그래서 하나님은 구약에서부터 줄곧 이스라엘을 통해 다른 나라들을 통치하셨던 것입니다. 이스라엘이 제사장 나라가 되었다는 것이 바로 이런 의미입니다. 제사장 나라가 되었다는 것은 제사장으로서 다른 나라들을 다스리고 이끈다는 것입니다.

이 말씀은 오히려 이스라엘이 더 큰 책임이 있었다는 것입니다. 이방의 나라들에게 하나님의 통치와 주권을 나타내고 오직 하나님만이 참되고 유일한 신이라는 것을 드러내야 했는데 그들은 하나님을 버리고 이방의 우상들을 섬겼던 것입니다. 이런 의미로 지금 말씀하시는 것입니다. 그러니 제사장 나라로 존재하는 의미가 없다면 당연히 하나님은 이 큰 성을 반드시 심판하신다는 것을 말씀하고 계십니다.

사랑하는 성도 여러분!

하나님께서 어린 양이신 예수 그리스도께 모든 통치를 주셨고 만주의 주, 만왕의 왕으로 세우셨습니다. 우주 만물의 통치를 주신 것은 먼저 예루살렘을 심판하시기 위해 주신 것입니다. 그리고 새로운 자신의 백성들의 처소가 되는 교회를 영화롭게 하시고 교회를 통해 자신의 백성들을 부르신 것입니다. 저와 여러분들이 이러한 영광스러운 주님의 몸의 지체가 되었다는 것을 항상 기억해야 합니다. 세상적으로 보면 우리가 그렇게 인정받고 능력 있는 사람들이 아닙니다. 하지만 저와 여러분들은 그 어떤 세상의 왕들과 권세자들과 능력자들보다도 더 뛰어난 자들입니다. 왜냐하면 예수 그리스도께서 우리를 자신의 자녀로 삼으셨기 때문입니다. 하나님의 자녀가 되었다는 이 축복만큼 가장 위대한 복이 없습니다. 세상을 부러워하지 말고 우리 주님께서 우리를 부르시고 선택하여 주신 이 복이 가장 위대하고 뛰어난 복이라는 것을 자랑하는 저와 여러분들이 되길 바랍니다. 아멘.

거짓 이스라엘과 분리하라

(계 18:1-10)

계시록의 말씀을 읽으면 그 당시 예루살렘과 이스라엘의 종교적인 분위기를 어느 정도 상상할 수 있을 것입니다. 오늘날 우리는 교회와 주변의 이방 종교의 관계를 잘 알고 있습니다. 교회와 타 종교들이 서로 화해하고 하나가 되어 인간의 행복 추구를 공동으로 노력하는 일에 세상이 환호를 보내고 좋아하고 박수를 보냅니다. 그러나 우리가 가지고 있는 신앙만이 진리이며 다른 종교는 거짓이라고 하면 우리는 세상의 그 어떤 사람들보다 아주 이기적이며 보수꼴통이라는 손가락질을 당하게 됩니다. 물론 교회의 지도자들의 타락과 성도들의 이기심이 있다면 세상 사람들에게는 그리스도를 섬긴다는 것이 위선으로 보일 수가 있습니다. 그렇다고 해도 교회가 가지고 있는 진리는 그 어떤 세상의 것들과 타협할 수 없는 유일한 것입니다. 교회가 세상으로부터 친구로 여겨지고 세상과 함께 지내기 시작하면 그때부터는 아주 많은 유익한 것을 보장받아 편안하고 행복한 삶을 살 수 있습니다. 하지만 분명한 것은 예수님께서 자신의 제자들과 따르는 무리들에게 늘 하셨던 대로, 너희는 세상과 같지 않다고 하신 말씀입니다. 예수님께서 제자들을 세상 가운데 두시고 승천하시면서 하신 말씀도 복음으로 세상 땅 끝까지 증인이 되라고 하신 것입니다. 그러므로 성도는 세상과 하나가 될 수 없으며, 교회는 더더욱 세상 가운데 있지만 세상처럼 존재하지 않습니다. 예수님의 몸 된 지체들은 생리적으로 그렇게 세상과 같이 하나가 될 수 없는 존재들입니다. 왜냐하면 세상은 사탄의 소욕을 따르고 성도는 성령의 소욕을 따르기 때문입니다.

그런데 사도 요한이 보고 있는 예루살렘은 하나님의 도성이 아니었습니다. 겉으로는 하나님을 예배하는 모든 시스템을 다 가지고 있지만 그곳은 사탄의 회당이 되고 말았습니다. 왜냐하면 예루살렘은 세상과 하나가 되었기 때문입니다. 지금까지 우리는 예루살렘의 멸망의 원인에 대하여 계속 들었습니다. 가장 먼저 그 성이 멸망을 당하는 이유는 그들이 하나님의 말씀을 버렸기 때문입니다. 여기에서 출발하여 하나님의 아들 예수 그리스도를 부인하고 죽였으며, 하나님의 참된 백성들을 핍박하고 그리스도의 몸인 교회를 잔해하였기 때문입니다. 예루살렘이 하나님의 말씀을 버렸다는 내용이 오늘 우리가 읽은 말씀 가운데 자세하게 기록되고 있습니다. 큰 성 바벨론, 예루살렘이 무너지는 이유에 대하여 말씀하시는 것을 보겠습니다.

먼저 예루살렘을 이방 나라의 도성이었던 바벨론이라고 칭하고 있습니다. 과거 구약 시대 바벨론은 하나님의 땅 이스라엘을 짓밟은 원수였습니다. 이스라엘을 도륙하는 도구로 사용되었지만 결국 바벨론은 하나님을 대적하는 세력이었습니다. 그러므로 바벨론은 하나님의 원수입니다. 구약 시대 바벨론이 어떤 나라인지 조금이라도 연구를 하면 그들에게 있었던 신앙이 그야말로 우상숭배로 가득한 국가였음을 알 수 있습니다. 또한 역사적 자료에 의하면 부와 물질이 풍성하여 많은 나라들과 교역을 하였고 군대는 강한 힘을 가졌으며 주변의 많은 나라들이 조공을 바쳤습니다. 그래서 큰 권세를 가진 천사께서, 대부분의 학자들은 이 천사를 그리스도로 봅니다. 하여튼 이 천사가 예루살렘을 향해 힘찬 음성으로 그 성이 무너졌다고 외치고 있습니다. 무너지는 이유는, 예루살렘이 "귀신의 처소 각종 더러운 영의 모이는 곳과 각종 더럽고 가증한 새의 모이는 곳이 되었다" 하고 선포하십니다. 그러면 예루살렘이 귀신의 처소가 되었다는 것은 무엇을 의미합니까? 여기에 두 가지 의미가 있습니다.

첫 번째는 실제로 예루살렘이 귀신의 처소가 된 것입니다. 귀신의 처소가 되었다는 것은 하나님의 임재의 장소가 아닌 귀신이 함께하는 장소가 되었다는 것입니다. 그토록 아름다웠던 성, 존귀하고 수많은 사람들이 늘 어머니처럼 의지하였던 성이 귀신이 거하는 장소가 된 것입니다. 하나님께서 이스라엘을 다스리고 그들과 함께하시는 상징적인 곳으로 예루살렘을 선택하였습니다. 아브라함을 부르실 때부터 이 예루살렘은 이미 하나님의 임재의 장소로 예비하신 곳이었습니다. 그래서 시편의 기자들이 예루살렘을 향해 노래도 불렀습니다. 왜냐하면 그곳은 하나님께서 임재 하는 거룩한 처소였기 때문입니다. 하지만 예루살렘이 기름 부은 자를 부인하고 하나님의 말씀을 버리는 순간부터 이곳은 귀신이 가장 좋아하는 곳이 되었습니다. 귀신들이 거하는 처소, 그렇다면 그 누구도 예루살렘에서 하나님을 만날 수가 없게 되었다는 것입니다. 하나님이 당신의 영화로운 이름을 두신 곳이 이제는 각종 더러운 영이 모이는 곳이 되었습니다.

예수님께서 복음서에서 귀신 들린 자를 치료하여 주신 사건을 우리는 기억합니다. 그 때 예수님께서 귀신 들리고 눈 멀고 벙어리 된 자를 고쳐 주신 것을 본 바리새인들이 예수님께서 귀신의 왕 바알세 불을 힘입어 귀신을 내쫓았다고 예수님을 비방하였습니다. 이 때 예수님께서 자신이 귀신을 내쫓아 버린 그 일의 의미를 말씀해 주십니다. 누가복음 11장입니다. 11장 45절에 보면 예수님은 "이 악한 세대가 또한 이렇게 되리라"라고 하셨습니다. 아주 놀라운 말씀을 하신 것입니다. 예수님은 이미 예루살렘이 귀신의 처소가 될 것을 아시고 말씀하신 것입니다. 더러운 귀신이 쫓겨 나가 쉴 곳을 찾지 못하자 더 많은 귀신들을 데리고 도로 그 사람의 몸으로 온 것입니다. 예수님께서 이 예언의 말씀을 하신 것은 유대인들이 예수님의 사역을 믿지 않고 예수님을 귀신의 힘으로 능력을 행사한 자라고 말하면서 예수님을 믿지 않았기 때문입니다. 이처럼 예루살렘이 예수 그리스도를 믿지 않고 그분을 버리자 결국 예루살렘은 예수님의 말씀처럼 귀신들이 거하는 처소가 된 것입니다.

두 번째로 예루살렘이 귀신의 처소가 되었다는 것은 예루살렘이 황폐화되었다는 것입니다. 17장에서 우리는 음녀가 광야에 있다는 것을 보았습니다. 다시 말해 예루살렘이 광야에 있다는 말씀이었습니다. 광야가 어떤 곳입니까? 하나님의 백성들에게는 광야는 하나님의 보호와 함께하시는 상징의 의미를 갖습니다. 그러나 저주받은 자들에게는 광야는 고통의 장소입니다. 죽음의 상징적인 의미밖에 없습니다. 사실 광야는 마귀가 거하는 곳입니다. 하나님께서 아담을 에덴에 두시고 그곳을 다스리게 하셨습니다. 그러나 죄가 아담과 하와를 죽이고 결국 그들을 동산에서 쫓겨나게 했습니다. 동산에서 쫓겨난 그들이 거한 곳이 어디 입니까? 그곳은 고통의 장소였습니다. 죽음과 고난과 환난이 있는 곳으로 추방을 당한 것입니다. 에덴에서는 하나님만 바라보게 되었는데 그들이 쫓겨난 곳은 하나님이 아닌 귀신들도 함께 존재하는 곳이었습니다. 그래서 아담의 후손들이 갈라지게 됩니다. 하나님께서 택하신 자손들과 사탄을 쫓는 자손들로 나뉘게 된 것입니다. 예루살렘은 하나님을 찾고 하나님을 예배하는 자들이 모이는 곳이었습니다. 그런데 그들이 하나님을 버린 것입니다. 마치 아담이 하나님의 언약을 배반한 것처럼 말입니다. 하나님을 버린 자들은 결국 쫓겨나게 됩니다. 이제 예루살렘은 저주와 멸망의 상징이 되었습니다. 우리가 오늘날 이스라엘 가운데 있는 예루살렘을 바라볼 때 이러한 저주와 심판을 받은 곳이라는 것을 항상 인식해야 합니다. 구약의 선지자 이사야는 이미 바벨론이 어떤 곳인지를 자세하게 설명하여 주고 있습니다. 이사야 34장 13-15절입니다. "그 궁궐에는 가시나무가 나며 그 견고한 성에는 엉겅퀴와 새품이 자라서 승냥이의 굴과 타조의 처소가 될 것이니 들짐승이 이리와 만나며 숫염소가 그 동류를 부르며 올빼미가 거기에 사면서 쉬는 처소로 삼으며 부엉이가 거기에 깃들고 알을 낳아 까서 그의 그늘에 모으며 솔개들도 각각 제 짝과 함께 거기에 모이리라". 이 말씀은 바벨론이 각종 들짐승이 모이는 곳으로 변할 것이라는 말씀입니다. 성경의 모든 말씀이 바벨론이 어떤 곳인지 정확하게 말씀하여 주고 있습니다. 예루살렘이 이런 바벨론이 되었다는 것입니다. 영적 간음으로 예루살렘이 바벨론이 된 것입니다. 정결한 신부였던 이스라엘이 이제는 지나가는 모든 남자들을 사모하고 자신의 신랑을 버린 것입니다. 오직 하나님만 예배하고, 하나님의 음성에 기뻐해야 할 신부가 이방의 신들을 예배하고 그들을 쫓아 나간 것입니다. 오히려 예루살렘 성 안에 멸망의 가증한 것을 세워 우상숭배를 하였습니다.

지난주에 말씀드렸던 것처럼 이스라엘은 하나님께 대하여 제사장 나라의 임무를 가지고 하나님을 드러냈어야 합니다. 그 일을 위해 예루살렘이 그 중심에 있었습니다. 하지만 하나님을 선포해야 할 그 성이 오히려 우상을 드러내고 말았던 것입니다. 또한 하나님의 아들을 거부하였습니다. 그래서 사도 요한에게 말하는 천사가 3절에서 예루살렘의 음행으로 만국이 무너졌다고 한 것입니다. 세상은 그렇게 음녀처럼 살아간다고 해도 예루살렘만큼은 그렇게 하면 안 되는 것입니다. 세상 속에 거룩한 처녀로 존재하면서 만국을 인도해야 했습니다. 그런데 오히려 음행을 저지르고 그것을 당연한 것으로 삼자 만국이 망하게 된 것입니다. 여기에 교회의 역할이 무엇인지 우리에게 말씀하여 주고 계십니다. 교회는 항상 하나님의 말씀으로 그 양식을 삼습니다. 교회가 세상 가운데 존재하는 것은 하나님께서 교회를 통해 거룩하신 분이라는 것을 나타내게 하시려고 한 것입니다. 하나님이 거룩하신 분이기 때문에 교회와 성도는 거룩해야 합니다. 그런데 교회가 세상과 구별된 모습으로 존재하지 않으면 오히려 사회가 무너지고 나라가 망하는 것입니다. 요즘 우리는 세상 사람들이 포악해지는 것을 쉽게 보고 있습니다. 자신의 분노를 조절하지 못해 그저 폭력을 일삼는 것을 자주 봅니다. 사람들이 이렇게 폭력적이고 살인적인 것은 다름 아닌 교회가 타락하였기 때문입니다. 성도가 하나님의 말씀에 순종하지 않고 세상의 방식대로 살면 어느 누가 바르게 살아야 한다고 말할 수 있겠습니까? 인간의 도덕적 표준이 그리스도인들이 되어야 하는데 그렇지 않으면 그 누구도 바른 삶이 무엇인지 보고 배울 수 없는 것입니다. 과거 우리 민족에게 복음이 들어와 사람들이 주 예수를 믿고 변하자 세상 사람들은 교회와 성도들을 칭송하였습니다. 그 때 불신자들도 자신들은 비록 예수를 믿지 않지만 바르게 살아야 한다는 도전을 받았습니다. 하지만 지금 세상은 오히려 교회를 걱정하고 있습니다. 왜 교회와 성도가 바르게 살지 못한다고 세상이 걱정하는 것입니까? 이러한 현상을 보면서 우리는 회개의 눈물을 흘려야 할 것입니다.

계속해서 예루살렘이 타락하는 모습 속에 나타난 일들을 우리는 말씀을 통해 볼 수 있습니다. 예루살렘은 부의 도시가 되고 말았습니다. 어떻게 예루살렘에 부가 몰려왔는지 정확하게 알 수는 없지만 말씀에서 충분히 그것을 찾을 수가 있습니다. 3절에서 땅의 상인들도 예루살렘의 사치의 세력으로 치부하였다는 말씀에서 충분히 엿볼 수가 있습니다. 상인들에 대한 말은 예루살렘 성전 주변에서 일어나는 상업적인 행위들과 관련이 있습니다. 예루살렘 성전 주변에서 물건을 사고파는 행위들 말입니다. 그것이 무엇이겠습니까? 예루살렘은 그 중심에 성전이 있습니다. 그래서 성전 주변에는 더러운 것들이 존재할 수 없습니다. 오늘날처럼 돈이 된다면 무조건 사고파는 것을 허락하지 않았습니다. 그곳은 하나님께 제사를 드리는 중심적인 일들과 연관된 물건들이 통용되는 것이 허락되었습니다. 그래서 제사와 관련된 물건들이 사고 팔렸습니다. 하지만 예수님 당시부터 성전에서 이미 물건을 사고파는 상행위가 부패하고 말았습니다. 누가 바리새인들을 향해 그들이 돈을 좋아하는 자들이라고 일침을 가할 수 있겠습니까? 주님께서 바리새인들은 돈을 좋아하는 자들이라고 하셨습니다. 돈을 좋아하는 자들의 특징 가운데 하나가 바로 물건을 사고파는 것으로 부를 모으는 것입니다. 자료에 의하면 성전 주변에서 제물과 관련된 물건을 사고파는 상점들은 거의 대부분 대제사장과 그의 가족과 친족들이 운영을 하였다고 합니다. 제사에 사용되는 제물은 대제사장이 허락한 사람들과 거래하는 물품을 사용해야 했습니다. 여기에 부패가 일어나는 것입니다. 말라기 선지자 시대에 보면 이미 이스라엘 백성들은 하나님께서 드리는 제물을 값싼 것으로 찾아 드리기 시작하였습니다. 그래서 동물이 병든 것, 한쪽 다리 저는 것, 흠이 없어야 할 제물에 흠이 생긴 것을 찾아 드렸습니다. 왜냐하면 값이 싸기 때문입니다. 이런 것을 누가 조장하였습니까? 바로 대제사장들과 종교 지도자들이 그렇게 한 것입니다. 막대한 돈이 그들의 수중에 들어오고 있었습니다.

막대한 돈이 생기면 일어나는 일 가운데 하나가 도덕적 타락입니다. 음행과 사치는 필연적으로 발생합니다. 구약에서 일반 사람들이 음행하면 그들을 돌로 쳐 죽이라고 하였습니다. 그러나 제사장들의 딸이 음행을 하면 하나님께서는 그들을 불에 태워 죽이라고 말씀하였습니다. 하나님께서 예루살렘을 불태워 버리시는 것은 하나님의 말씀에 예루살렘이 제사장의 위치에 있었기 때문입니다. 예수님께서 돈을 사랑하지 말라고 하신 이유가 바로 여기에 있습니다. 마지막 때에 일어나는 현상 가운데 하나가 바로 돈을 사랑하는 것입니다. 이 돈에 대한 사랑이 모든 인간의 타락을 이끄는 것입니다. 교회도 돈이 많으면 타락합니다. 많은 예들이 우리 앞에 있습니다. 가장 먼저 목회자가 돈에 타락하게 되면 그는 하나님의 말씀을 바르게 전하지 않습니다. 모든 하나님의 말씀을 돈을 모으는 데 연관시키기 때문에 결국 기복주의 설교가 판을 치게 되는 것입니다. 이러한 곳에서 과연 구원이 증거되고 구원을 받을 길이 보이겠습니까? 그래서 하나님은 자신의 백성들에게 4절에서 "내 백성아 거기서 나와 그의 죄에 참여하지 말고 그가 받을 재앙들을 받지 말라"고 말씀하시는 것입니다.

하나님의 관심은 멸망당하는 예루살렘에 있지 않습니다. 자신이 택하신 백성들, 즉 아들의 피를 믿는 자녀들에게 있습니다. 주님은 큰 성 바벨론에서 자신의 백성들을 부르십니다. 그곳에서 나오라고 하십니다. 이것은 분리를 의미합니다. 유대주의와 분리하라고 하십니다. 유대주의 신앙을 버리라는 것입니다. 유대 종교는 결코 구원을 받을 수 없음을 말씀하시는 것입니다. 그러니 우리는 저 유대인들을 동경하거나 그들에게 어떤 구원의 소망이 있다고 해서는 안 됩니다. 이처럼 하나님께서 철저하게 유대 종교를 심판하시기 때문입니다.

예수 그리스도가 없는 종교에 무슨 소망이 있고 구원이 있겠습니까? 오히려 부패와 반역과 살인과 저주만 있을 뿐입니다. 예수 그리스도가 없는 예루살렘 성전에 하나님은 계시지 않습니다. 수많은 양들의 피를 흘려도 더 이상 죄 사함이 있을 수 없습니다. 예수 그리스도가 없는 그들에게는 단지 심판만이 있을 뿐입니다. 그래서 하나님은 초대교회 성도들에게 더 이상 유대인들과 함께하지 말고 그곳에서 나오라고 하시는 것입니다. 더 이상 유대인들과 그들의 모든 종교적 시스템을 버리고 오직 아들의 피를 믿는 믿음으로, 신앙으로 나올 것을 말씀하십니다. 다수의 사람들이 유대주의 신앙을 가졌다고 해서 그것이 진리가 아닙니다. 오늘날도 하나님은 자신의 백성들을 진리 안으로 부르십니다. 성경의 역사를 보면, 그리고 신약 이후의 교회 역사 속에서 하나님은 언제나 진리를 쫓는 사람들을 다수에서 분리시키셨습니다. 종교개혁은 우리에게 이러한 교회 분리의 모습을 아주 적나라하게 보여주는 있는 증거물입니다. 뿐만 아니라 많은 기독교의 종파들이 있지만 우리가 속해 있는 장로교가 얼마나 성경적으로 바른 신앙을 가진 교회인지 알아야 합니다. 하지만 이런 것을 부인하고 관심도 없고, 단지 많은 사람들이 그렇게 하니 우리도 한다는 식으로 교회를 세우고 섬긴다면 그것은 오히려 다른 복음 안에서 죽음의 길로 가는 것과 같은 것입니다.

　사랑하는 성도 여러분!

　오늘 말씀에서 우리는 너무 많은 교훈들을 이야기할 수 있습니다. 왜 하나님께서 유대인들에게서 자신의 백성들을 빼내시는지 보고 있습니다. 구원의 백성들은 진리이신 예수 그리스도 안에 있어야 합니다. 이제 유대교와 기독교는 아주 다른 종교입니다. 완전히 다릅니다. 오히려 기독교는 성경의 역사 가운데 계속 하나님의 예정과 선택과 언약을 통해 예수 그리스도를 계시하는 생명의 종교입니다. 그러므로 기독교를 유대교의 한 종파로 보거나 유대교에서 발생한 종교로 보는 사악한 신학과 교리를 물리쳐야 합니다. 하나님은 지금도 자신의 백성들을 생명의 진리로 이끌고 계십니다. 교회가 분리되는 일들이 종종 나타납니다. 그러나 정말 진리 때문에 분리가 된다면 그것은 축복일 것입니다. 단지 돈 때문에 싸우고 분리되는 이러한 저주스러운 일은 하나님께서 원하시는 것이 아닙니다. 하나님은 언제나 자신의 자녀들을 진리로 이끄십니다. 만약 이러한 진리로 인해 분리가 일어난다면 그것은 하나님의 구원입니다. 부디 우리가 섬기는 교회가 진리 안에서 언제나 서 있기를 기도하며 힘써 지켜 나가야 할 것입니다. 아멘.

애통과 기쁨의 심판

(계 18:11-24)

우리가 살아가는 세상에는 많은 애통함이 있습니다. 특히 억울한 일을 당하는 사람들이 주변에 많이 있습니다. 요즘 뉴스를 보면 이러한 억울하고 애통한 자들의 사연들이 나오고 있습니다. 여중생 한 명이 많은 학생들에게 폭행을 당하여 학교를 포기하고 숨어 지내는 모습을 우리는 보았습니다. 또 어린 초등학생을 죽이고 그 시신을 칼로 훼손하는 여중생들에게서는 그 어떤 회개의 모습도 전혀 찾아 볼 수 없었습니다. 교통사고를 내고 사람들을 죽여 놓고도 뺑소니치고 도망간 사람들이 잡히지 않습니다. 최근에 전북 지역에서 한 교사가 제자를 성추행하였다는 의혹으로 자살하였는데 결국 허위사실이었고, 학생인권위에서 강제적으로 계속 밀어붙이는 조사를 하자 자신의 결백을 주장하기 위해 자살하였다고 합니다. 피해자가 오히려 가해자가 되는 어처구니없는 일들도 종종 일어나고 있습니다. 최근에는 우리 주변 지역에서 오래 전에 있었던 살인사건들이 재심을 통해 무죄를 선고받는 일들이 있었습니다. 만약 우리가 위와 같은 억울한 일들을 당한다면 그 심정이 어떻겠습니까? 그야말로 말로 표현하지 못하는 애통함과 눈물이 마를 날이 없을 것입니다. 하지만 이러한 불의하고 원통한 일들은 우리가 살아가는 세상에서 결코 사라지지 않습니다. 더 많은 애통한 일들이 우리가 알지 못하는 곳에서 계속 일어날 것입니다. 왜냐하면 인간은 타락하였고 늘 살인하며 자신을 위해 거짓을 일삼기 때문입니다. 이제는 국가적으로도 이러한 살인과 거짓을 일삼는 일들이 일어납니다. 하지만 국가는 그것을 정당화시 킵니다. 그러나 이러한 세상에서의 불의한 일들은 언젠가는 반드시 다 드러납니다. 사람을 죽이고 상하게 하는 자가 완전범죄를 하여도 하나님은 반드시 심판하십니다. 국가권력으로 정당화시킨 불의한 것 으로 오히려 심판을 받게 됩니다. 결국 하나님의 손에서 벗어나는 것 은 없습니다.

오늘 우리는 말씀에서 하나님께서 우리들에게 무엇을 애통하고 무엇을 기뻐해야 하는지를 가르쳐 주십니다. 하지만 본문에 나타나 는 사람들을 보면 당연히 애통한 일을 보고 슬퍼해야 하는 것을 보지 못합니다. 오히려 가증하고 패역한 예루살렘의 심판을 보고 주변의 나라와 사람들이 애통과 슬픔에 빠지는 것을 볼 수 있습니다. 하나님 께서 큰 음녀인 예루살렘을 심판한 것을 보고 애통과 슬픔에 같이 빠 지고 있습니다. 예루살렘이 하나님을 배도하고 영적 간음인 우상숭 배로 타락하여 심판을 받은 그것 때문에 같이 애통하고 있는 것입니 다. 사실 우리는 악인들이 악인을 사랑한다고 하는 사실을 알아야 합 니다. 세상에서도 이러한 모습들을 볼 수 있습니다. 악인은 혼자 악을 행하지 않습니다. 항상 공범자가 있습니다. 악을 행하는 데 있어 담대 할 수 있는 것은 바로 자신 혼자 하는 것이 아니라 주변에 같이 함께 하는 사람들이 있기 때문입니다. 죄가 죄를 낳고 반역이 반역을 낳습 니다. 악인들은 그것을 같이 하므로 즐거워합니다. 지금 예루살렘이 심판을 받고 있습니다. 예루살렘을 통해 같이 악을 행하고, 예루살렘 을 통해 부를 취하여 같이 먹고 살았던 사람들이 애통하고 있습니다. 그 애통은 바로 자신들이 더 이상 부를 취하지 못하고 권세를 누리지 못하기 때문에 애통하는 것입니다. 아마도 지금 구치소에서 재판을 받고 있는 전직 대통령의 비참한 모습에 그 주변 사람들이 애통하는 일이 이러한 것일 수 있습니다. 전직 대통령이 심판을 받는 것이 애통한 것이 아니라 그를 통해 자신들이 함께 누리던 부귀영화가 상실된 것으로 애통하는 사람들이 주변에 있을 것입니다.

큰 성 바벨론, 예루살렘이 멸망을 당하는 것을 보고 나타나는 반응들이 지금 말씀을 통해 우리들에게 보이고 있습니다. 예루살렘의 심판은 한 시간에 임할 것입니다. 한 시간에 심판이 임한다고 하는 말씀은 아주 갑작스럽게 멸망이 임한다는 의미입니다. 하나님을 믿는 자들은 자신들에게 일어나는 불행한 일들에 대하여 자신을 뒤돌아봅니다. 왜 이런 일들이 일어나는 것인지, 내 자신이 하나님 앞에 바르게 서 있지 못한 결과가 아닐까 하는 그런 생각을 하면서 겸손하게 하나님께 다시 모든 것을 맡기고 의지합니다. 그러나 악인들은 그렇지 않습니다. 하나님의 심판을 보고도 그것이 하나님께서 하신 일이라는 것을 깨닫지도 못합니다. 그래서 악인들은 계속 악을 행하고 하나님께 대적합니다. 애굽의 바로가 하나님의 심판을 계속 받고도 깨닫지 못한 것처럼 말입니다.

예루살렘의 심판을 보고 먼저 애통하는 자들은 바로 땅의 왕들이었습니다. 로마 제국은 주변 나라들을 정복하고 다스리면서 그 땅의 왕들을 인정해 주었습니다. 이스라엘도 예외는 아닙니다. 로마가 이렇게 자신들의 식민지에서 통치자들을 인정해 준 것은 그 나라에서 반역과 반란이 일어나지 않게 하려고 한 것입니다. 그런데 이스라엘에서 반란이 일어났습니다. 로마는 일벌백계의 교훈을 삼기 위해 예루살렘을 멸망시킨 것입니다. 물론 이 심판의 역사는 하나님의 주권으로 이루어진 것입니다. 불타는 예루살렘 성을 보면서 주변의 속국들은 너무나 두렵고 애통한 것입니다. 자신들도 예루살렘처럼 로마에게 멸망을 당할까 봐 두려워한 것입니다. 로마는 유대인들에게 특권을 주었습니다. 그러나 이들의 관계는 영원하지 않았습니다. 세상은 늘 이렇습니다. 서로 배신하고 서로 죽이고 파멸시킵니다. 그런데 이러한 세상에서 영원한 우정과 사랑을 서로 나눈다는 것은 거짓입니다. 지금 미국과 북한이 서로 원수로 죽인다고 말을 하고 전쟁을 할 것 같지만 언제 그들이 원수였는지도 모른다고 하는 날이 발생할 수 있습니다. 세상 역사에서 우리는 이러한 모습들을 아주 쉽게 찾아 볼 수 있습니다. 세상에서는 영원한 동맹은 없습니다. 교회를 다니는 사람들 안에서도 의리는 영원하지 않습니다. 어제 그렇게 서로 칭찬하고 좋은 사람이라고 말했는데 오늘은 너무 나쁜 사람이라고 말하는 것이 인간들입니다. 참된 신앙위에서 서 있지 않으면 너무 쉽게 정죄하는 것이 사람입니다. 그렇기 때문에 교회는 계속 복음으로 성도들에게 죄를 말하고 구원의 은혜를 심어 주어야 합니다.

두 번째로, 예루살렘의 심판을 보고 애통하는 자들이 있습니다. 11절의 상인들은 자신들의 상품을 더 이상 사는 자가 없기 때문에 애통합니다. 12절에서 그들이 어떤 물품들을 예루살렘과 통역을 하였는지 알 수 있습니다. "금과 은과 보석과 세마포와 자주 옷감과 비단과... 소와 양과 말과 수레와 종들과 사람의 영혼들이라"라고 합니다. 이 물품들에서 먼저 우리는 유대인들이 자신들의 성전을 화려하게 꾸미고 있었다는 것을 알 수 있습니다. 그들은 겉으로 보이는 예루살렘 성전의 화려함이 더할수록 하나님께서 자신들을 더 축복하여 주신다고 믿었습니다. 마치 과거 유럽의 교회들이 화려한 성당을 지을수록 하나님께 영광을 돌린다는 미신적 신앙을 가진 것처럼 말입니다. 오늘날 한국교회도 여기에서 벗어나지 못하고 있습니다. 예배당을 지을 때 많은 돈이 들어가면 들어갈수록 하나님의 복이 임하는 것으로 믿고 있습니다. 또한 성도들에게는 더 많은 건축헌금을 내게 하고 많이 내는 사람일수록 하나님의 사랑과 축복이 더 임하는 것이라고 거짓된 가르침을 계속 일삼고 있습니다. 중세 교회가 타락한 원인 가운데 하나는 바로 성당을 화려하게 건축하기 위한 돈을 일반 성도들에게 요구한 것입니다. 이 때 바로 거짓 교리를 만들어 성도들을 위협하고 신앙을 미신으로 만들었던 것입니다. 더욱이 예루살렘은 사람들의 영혼을 사고파는 일을 하였습니다. 이것은 예루살렘이 얼마나 타락하였는지를 보여주는 명백한 말씀입니다. 하나님이 없는 사상, 사람의 영혼을 상품으로 여기는 사상이 가득하였던 것입니다.

오늘날 현대 사상 가운데 하나가 물질제일주의입니다. 물질을 가지고 못하는 것이 없습니다. 돈으로 사람의 영혼을 사고파는 일은 문제가 되지 않습니다. 누구나 돈에 자신의 영혼마저 팔아버립니다. 정의가, 진리가 밥을 먹여 주지 않는다고 말합니다. 하나님을 믿고 산다면서 더 이상 하나님을 믿는 신앙이 자신들을 부유하게 해주지 않는다고 말하면서 자신들의 영혼을 사탄과 귀신에게 팔아버린 것입니다. 이 모든 것이 바로 상거래를 통해 이루어지는 부의 역사입니다. 돈이 많아지면 사람은 거의 다 교만하게 되고 음탕한 일을 생각하며 결국 마약이나 세상의 즐거움을 향해 나가게 됩니다. 우리는 현대 교회 안에서 이러한 모습으로 타락하는 사람들을 종종 보고 있습니다. 돈 때문에 강단에서 하나님을 이용하는 악인들이 존재합니다.

이들은 돈이 된다고 하면 사람들의 영혼도 사탄에게 팔아버리는 자들입니다. 성도의 영혼이 하나님의 말씀으로 온전하게 되는 것을 좋아하지 않습니다. 예루살렘을 통해 부를 축적하였던 무리들이 애통하는 것입니다.

이제 세 번째, 애통하는 자들이 있습니다. 그들이 누구냐 하면 17절에 나오는 선장들과 각처를 다니는 선객들과 선원들과 바다에서 일하는 자들입니다. 우리는 문자적으로 이들이 누구인지 생각할 수 있습니다. 어쩌면 문자적으로 바다와 관계된 사람들이 아닐 수 없습니다. 그러나 더 깊은 의미에서 바다는 로마 제국과 관련된 사람들입니다. 앞서 땅의 왕들, 그리고 상인들, 지금 말씀하고 있는 선장과 선객들은 모두 로마 제국과 관련된 사람들입니다. 이들은 타락한 로마 제국을 위해 일하는 자들이 분명합니다. 이들은 멸망하는 예루살렘을 바라보고 애통합니다. 왜냐하면 예루살렘을 통해 더 이상 누릴 부와 권세가 사라졌기 때문입니다. 우리는 지금까지 애통하는 자들이 누구이며 이들이 왜 애통해 하는지 알 수 있습니다. 그것은 오직 예루살렘이 자신들에게 유익을 줄 수 없다는 것을 알았기 때문입니다. 한 나라가 심판을 받아 멸망을 당하는 것을 보고 인간은 자신들의 모습을 볼 수 있어야 합니다. 그런데 그것에 관심이 없습니다. 죄악을 통해 하나님의 심판이 임했다고 하는 것을 애통해야 하는데 전혀 다른 차원의 애통과 슬픔으로 눈물을 흘리고 있는 것입니다. 예수님께서 제자들에게 애통하는 자가 복이 있다고 하셨습니다. 애통하는 자는 하나님의 위로를 받습니다. 그러나 예루살렘의 멸망을 바라보고 애통하는 자들은 하나님의 위로를 받지 못하고 있습니다. 오히려 고난과 슬픔이 그들에게 임할 것입니다. 바벨론을 통해 부를 축적한 자들이 애통한다고 하는 이 말씀 속에서 우리는 타락한 교회를 통해 부를 축적하는 교회지도자들의 애통함을 볼 수 있습니다. 교회 성도들이 많아지고 교회에서 헌금이 많아지면 목사는 자신의 은퇴를 걱정하고 애통합니다. 그리고 타락한 목사와 함께 교회 재정을 마음대로 사용하였던 장로들도 자신의 임기가 끝나는 것을 애통해 합니다. 교회가 진리 위에 바로 서지 못한 것을 애통하고 성도들이 바른 삶으로 나가지 못하는 것을 보고 애통해야 하는데 성도가 죄악의 길로 걸어가는 것을 보고도 자신에게 잘해주고 용돈도 잘 주면 좋은 성도로 치켜세워 주고 있습니다. 하나님은 다른 복음을 전하는 자들과 함께 다른 복음을 듣는 자들도 반드시 심판하실 것입니다. 예루살렘 성에서 종교 지도자들과 함께 멸망의 심판을 받은 자들이 바로 일반 백성들이었습니다. 이처럼 하나님의 심판은 자신의 아들을 믿지 않는 모든 자들에게 임하고 있습니다. 그런데 하나님은 예루살렘의 멸망을 보면서 기뻐하라고 하십니다. 누구에게 예루살렘의 심판을 보고 기뻐하라고 하십니까? 20절 말씀에 보면 하늘과 성도들과 사도들과 선지자들에게 말씀하십니다.

예루살렘이 무너지는 것으로 인하여 성도들과 선지자들과 사도들은 왜 기뻐해야 합니까? 하나님께서 예루살렘을 심판하시는 것은 신실한 성도들의 피를 신원하여 주시는 심판이기 때문입니다. 다시 말해 주 예수 그리스도를 믿는 주의 백성들이 억울하게 죽임을 당하였습니다. 예수를 믿는 것 때문에 어린아이를 가진 여자들과 남자 아이들 그리고 모든 사람들이 다 죽임을 당하였습니다. 이들이 믿음 때문에 죽임을 당하면서 하나님께 자신들의 피를 신원하여 주실 것을 기도하였습니다. 그들은 오직 하나님의 말씀을 믿은 것밖에 없었습니다. 그들이 이렇게 자신들의 피를 신원하여 주실 것을 위해 기도한 것은 하나님께서 자신의 아들을 믿으라고 하신 그 말씀이 진리였기 때문입니다. 그 진리를 믿었으니 자신들의 죽음이 억울한 것입니다. 예수를 믿는 것이 옳은 일이고 하나님의 일이기 때문입니다. 다시 말해서, 예수 그리스도가 오셨기 때문에 구약의 모든 제사 제도들이 더 이상 필요 없는 것이라고 믿고, 오직 예수 그리스도의 피만 믿은 것입니다. 주 예수의 피가 자신들의 모든 죄를 단번에 사하여 주셨다는 것을 믿었습니다. 그래서 유대의 종교 시스템을 따르지 않았습니다. 그러나 유대인들은 여전히 구약의 제사를 주장하였고 가르쳤습니다. 율법으로 구원을 얻는다고 가르친 것입니다. 하지만 기독교는 율법으로 구원을 받지 못한다고 바울이 말한 것처럼 그렇게 믿고 오직 예수 그리스도를 따랐습니다. 그래서 그리스도인들이 죽임을 당한 것입니다. 로마 제국의 힘을 빌려 유대인들이 그리스도인들을 무참히 죽였습니다. 그러니 그리스도인들이 죽임을 당하면서 하나님께 자신들이 믿는 주 예수 그리스도에 대한 믿음이 진실하다는 것을 신원하여 주시기를 기도한 것입니다.

이러한 기도에 하나님은 성도들의 죽임당하는 것을 기다리셨습니다. 그 수가 차기까지 기다리셨다고 계시록 6장에서 말씀하신 것을 우리는 알고 있습니다. 그래서 오늘 말씀에서 하나님은 하늘과 성도들과 사도들과 선지자들에게, 순교한 자들에게 기뻐하고 즐거워하라고 하시는 것입니다. 하늘과 성도들은 하늘에 있는 성도들이라는 의미입니다. 순교를 당한 자들입니다. 구약의 참된 선지자들도 순교를 당하였습니다. 그리고 예수님의 제자들도 순교의 제물이 다 되고 말았던 것입니다.

하나님은 이렇게 자신의 백성들을 무참히 죽인 자들을 그냥 두시지 않습니다. 오히려 이제는 하나님을 대적하는 반역자들이 된 것입니다. 그들이 바로 옛 언약 백성들입니다. 이제 예루살렘은 완전히 파멸 가운데 사라질 것입니다. 21절 이하의 말씀은 이제 예루살렘이 더 이상 회복되지 않는다는 말씀입니다. 큰 맷돌에 매어 바다에 던져져 다시는 보이지 않는다고 하십니다. 돌에 묶여 물속에 던져지면 다시는 떠오르지 못합니다. 예루살렘이 심판을 당하여 멸망하면 다시는 일어나지 못한다고 하는 것입니다. 그런데 우리가 알고 있는 역사를 보면 1948년 이스라엘이 나라를 세웠습니다. A.D. 70년 이후 거의 2,000년 동안 나라가 없이 살았던 유대인들이 영국의 도움을 받고 이후 2차 세계대전에서 학살을 당하면서 세계 여러 나라들로부터 동정을 얻어 결국 나라를 세웠습니다. 그러면 사도 요한에게 말씀하신 바벨론의 영원한 멸망이 아니지 않은가? 라고 질문을 하는 사람들이 있습니다. 그렇습니다. 물리적으로 이스라엘은 다시 나라를 세웠습니다. 그러나 예루살렘의 심판은 언약적 심판인 것입니다. 이제 다시는 이스라엘이 진정한 이스라엘이 아닙니다. 그들은 이제 하나님과 상관이 없는 백성들입니다. 아브라함과 혈통적으로도 상관없는 자들일 뿐만 아니라 아브라함에게 말씀하신 하나님의 언약과도 상관이 없는 자들입니다. 이제는 오직 새로운 이스라엘, 즉 예수 그리스도를 믿는 사람들이 영적 이스라엘 백성들이 된 것입니다. 하나님께서 신명기 말씀을 통해 이스라엘 민족을 통해 세상 열방들이 하나님을 알게 하시려고 하신 그 일을 결국 이루신 것입니다. 그 중심에 하나님의 아들 예수 그리스도가 있습니다. 오늘날 저 이스라엘 민족이 있지만 그들은 성경에서 말씀하시는 하나님과 상관없는 자들입니다. 이제는 오직 아들의 피를 믿는 자들만이 하나님의 백성들입니다. 그렇다고 해서 이스라엘 사람은 하나님의 아들을 믿고 구원을 받지 못한다는 것이 아닙니다. 이제는 더 이상 민족적 구원은 없습니다. 이스라엘의 회복을 말씀하는 바울의 말은 이스라엘 민족 가운데 주 예수 그리스도를 믿는 자들이 일어날 것을 의미하는 것입니다.

사랑하는 성도 여러분!

하나님은 사도 요한에게 예루살렘이 심판을 당하는 것을 보고 자신의 백성들이 즐거워하고 기뻐하라고 하십니다. 애통과 슬픔이 아닌 기쁨을 가지라고 하십니다. 예루살렘 성에는 수많은 이스라엘 백성들이 있습니다. 그리고 어쩌면 자신들의 친인척들이 있고, 옛 친구들도 있습니다. 그리고 자신의 고향과 모국이었습니다. 그런데 심판당하는 이스라엘을 바라보고 즐거워하고 기뻐하라고 하십니다. 인간적으로는 도저히 할 수 없는 일입니다. 매국노라고 단번에 손가락질 당할 것이고 오히려 비도덕적인 사람들이 될 수 있습니다. 하지만 하나님은 그들에게 즐거워하라고 하십니다. 이제 하나님은 옛 언약의 백성들을 기억하지 않으십니다. 오직 새 언약 백성들만 하나님의 자녀들이고 백성들이고 나라입니다. 하나님의 아들 예수 그리스도를 버리고 죽이고 그 백성들을 죽인 그 피가 예루살렘에 가득하였기 때문입니다. 이제 오늘을 사는 저와 여러분들은 이러한 하나님의 심판 역사를 보면서 무엇을 해야 합니까? 하나님의 아들을 통해 우리를 자녀로 부르신 그 은혜에 감사하며, 하나님께서 원 감람나무도 아끼지 않으셨다면 접붙임 당한 우리들은 어떻게 하나님을 섬기며 그 말씀에 순종해야 할지를 두려워하며 우리에게 말씀하신 구원을 이루라고 하신 그 말씀대로 살아야 할 것입니다. 나의 죄악을 애통하고 형제의 죄를 애통하며 거짓 이스라엘을 심판하여 새로운 구원의 길을 이루신 하나님의 큰 일을 기뻐하는 저와 여러분들이 되길 바랍니다. 아멘.

어린 양의 혼인 잔치
(계 19:1-10)

하나님의 심판의 기준은 인간들이 생각하는 것과 아주 다릅니다. 인간들은 권세 앞에서나 돈 앞에서 정의의 기준을 바로 세우지 못합니다. 이미 세워진 법도 타락한 인간의 탐심으로 인해 권세자들을 바르게 판단하지 못합니다. 하지만 하나님의 심판은 아브라함의 혈통이라고 할지라도 단번에 심판하시고 그 나무와 가지를 잘라 버리십니다. 열매가 없는 무화과나무를 저주하신 주님의 그 저주가 이제 음녀인 예루살렘 성에 속히 임할 것입니다. 이렇게 예루살렘이 심판을 받아 멸망하는 것은 하나님의 아들의 피를 믿고 하나님의 말씀이 진리라는 것을 보여주기를 간절히 기도하였던 신약 교회의 성도들의 기도가 응답되었기 때문입니다. 그렇다고 해서 우리가 간절히 기도하면 하나님이 예루살렘을 심판하시는 것처럼 우리의 소원을 이루어 준다는 식으로 적용해서는 안 됩니다. 예루살렘의 심판은 예수님께서 이미 자신의 피로 구원을 이루시고 이방인들에게까지 복음의 증거가 이루어지게 하기 위해서 행하신 하나님의 구속 경륜 가운데 이루어진 역사입니다.

사도 요한은 하나님께서 예루살렘을 심판하시고 멸망시켜 이제는 더 이상 예루살렘을 통한 다른 구원의 길이 없다고 하는 것을 보여주었습니다. 지난주에 말씀을 통해 들은 것처럼 이제 예루살렘에는 구원의 소식이 없습니다. 오늘날 예루살렘 주위에서 통곡의 벽을 향해 기도하는 유대인들이 있다고 해도 그들의 기도는 아무런 의미가 없는 인간의 소리일 뿐입니다. 하나님 자신의 아들의 피를 통해 이루신 구원 역사가 세상 모든 이방 나라까지 증거되고 그곳에서 그 피를 믿는 백성들을 부르시고 교회를 이루어 새로운 영적 이스라엘을 드러내십니다. 그러므로 교회는 예수 그리스도의 살과 피를 먹고 사는 신앙의 공동체라고 하는 사실을 다시 한번 깨달아야 합니다. 왜냐하면 오늘 말씀에서 이러한 진리가 우리들에게 증거되고 있기 때문입니다.

먼저 오늘 우리가 읽은 계시록 19장에는 할렐루야가 네 번 나오는 것을 알 수 있습니다. 사실 '할렐루야'라는 말에 대하여 많은 사람들은 그 말씀이 "하나님을 찬양하라"는 의미임을 압니다. 하지만 할렐루야라는 이 단어가 어떠한 상황에서 사용되는지 정확하게 아는 분들이 그렇게 많지 않습니다. 단순히 하나님을 찬양하라는 것이 아닙니다. 하나님께서 세상 모든 나라와 모든 인간들, 그리고 '나'라는 인생에 있어 하나님께서 주인 되시면서 그 모든 행하시는 역사를 찬양하라는 의미입니다. 구약에서는 여러 곳에서 하나님의 통치를 찬양하라고 하는 할렐루야가 언급됩니다. 하지만 신약성경에서는 오직 이곳 계시록 19장에서만 할렐루야라는 이 말이 언급되고 있습니다. 딱 4번 나오는데 여기에 다 나오고 있습니다. 그 이유는 하나님의 통치가 의로우시며 정당하다는 것을 드러내기 위한 것입니다. 그러므로 다시 한번 예루살렘의 심판과 멸망은 의로우며 정당한 것입니다. 그래서 할렐루야 찬양하고 있습니다. 오늘날 왜곡된 할렐루야 외침과 화답에서 우리가 하나님을 어떻게 대하는지를 알 수 있습니다. 말씀을 전하고 말씀을 듣는 자들이 할렐루야를 외칩니다. 마치 판소리에서 추임새를 가미하는 것처럼 그렇게 사용하지만 이 할렐루야는 결코 그런 의미가 아닙니다. 할렐루야를 외칠 때 아멘을 하면 복을 받고, 그렇지 않고 침묵하면 복을 받지 못하는 것처럼 가르치는 이 거짓 가르침은 강단에서 당장이라도 사라져야 할 것입니다.

하지만 하나님께서 우리에게 보여주시는 할렐루야를 보면 그 본래 의미가 어떻게 사용되는지 알 수 있습니다. 먼저 2절을 보면 구원과 영광과 능력이 하나님께 있다는 것을 찬양하라고 합니다. 가장 먼저 할렐루야 하는 것은 하나님께서 예루살렘을 심판하시고 자신의 백성들의 피를 유대인들에게 갚으셨다는 것입니다. 어떻게 보면 복수에 대한 찬양입니다. 하지만 인간적인 관점에서 원한을 갚으시는 것에 대한 찬양이 아닙니다. 그 중심에는 하나님의 어린 양의 구속 사역이 있습니다. 하나님의 아들을 믿은 자들이 피를 흘리면서 죽었습니다. 그래서 하나님께서 자신의 아들의 피를 부인하는 자들을 심판하시는 것입니다. 이 심판이 참되고 의롭다고 할렐루야 하는 것입니다. 출애굽기 15장에서 모세는 이스라엘을 구원하신 하나님을 찬양합니다. 이 사건에 있어 중요한 것은 어린 양의 피가 그 중심에 있다는 것입니다. 애굽의 핍박 아래에서 자신들이 구원을 받을 수 있었던 것은 오직 하나님의 능력이었음을 찬양합니다. 인간의 구원은 오직 하나님의 능력으로만 가능합니다. 비록 신약의 성도들이 자신들의 피를 신원하여 주시기를 기도하였지만 그것을 실행하신 분은 하나님이십니다. 오늘날 우리는 인간적인 생각으로 모든 것을 이해하고 판단하려고 합니다. 그러나 하나님은 자신의 뜻대로 일을 이루십니다. 다만 우리가 할 수 있는 것은 하나님께서 행하시는 일들을 바라

보고 찬양하는 것입니다. 모든 인간의 생사화복이 하나님께 있습니다. 뿐만 아니라 세상 나라와 권세자들을 주관하시고 역사하시는 것도 하나님께서 하십니다. 우리는 이것을 찬양해야 합니다. 하지만 불행하게도 인간들은 하나님을 찬양하는 것이 아니라 오히려 대적하고 하나님이 없다고 합니다.

두 번째 나오는 할렐루야도 하나님의 심판을 찬양하는 것입니다. 3절에 나오는 이 부분에서 하나님께서 과거 소돔과 고모라를 심판하실 때 사용하신 그 말씀의 의미를 보여주십니다. 소돔과 고모라가 유황불로 심판을 받을 때 그 연기가 계속 올라갔습니다. 하나님은 구약시대나 신약 시대, 그리고 오늘날에도 심판을 하십니다. 어떤 분들은 악인들이 심판을 받지 않는다고 그렇게 불평합니다. 그러나 하나님의 심판은 때론 인간이 느낄 때도 있지만 느끼지 못할 때가 더 많습니다. 이 지구가 얼마나 빠르게 자전과 공전을 하면서 돌아가고 있는지 느끼는 사람이 없는 것처럼, 하나님의 심판은 인간들이 알지 못하는 상황 속에서도 반드시 나타나고 있습니다. 모든 인간의 죽음도 하나님의 심판입니다. 그런데 이것을 깨닫고 아는 사람들이 거의 없습니다. 인간의 육체가 노화되는 것을 느끼는 사람이 없는 것처럼 말입니다. 자신의 모습을 거울로 보면서 그것을 알기는 하지만 물리적으로 세포가 늙어가고 있다는 것을 아는 자는 없습니다. 그렇게 하나님의 심판은 우리 몸에서 계속 일어나고 있습니다. 우리는 이것마저도 찬양해야 합니다. 왜냐하면 하나님은 살아계시기 때문입니다. 이것을 통해 하나님께서 살아계신 분이라는 것을 고백하면 그것이 찬양하는 것입니다. 시력이 떨어져서 돋보기를 쓰게 된 것으로 하나님을 찬양하는 자들이 되길 바랍니다. 하나님의 말씀이 내 안에서 이루어지기 때문입니다. 머리카락이 희어지는 것을 통해 우리가 늙어가고 있으며 육체의 죽음을 맞이하고 있다는 것을 찬양하시기 바랍니다. 이처럼 하나님은 모든 만물의 심판자이십니다. 그분이 이 모든 것을 창조하셨기 때문입니다.

다음으로 하나님을 찬양하는 할렐루야 하는 것을 봅니다. 하나님을 찬양하는 자들이 어떻게 하나님을 찬양하고 있는지 그 모습을 볼 수 있습니다. 구원받은 모든 자들이 하나님께 엎드려 경배하고 있습니다. 교회와 지상의 모든 피조물들을 대표하는 이십사 장로들과 네 생물이 찬양합니다. 우리는 여기에서 중요한 교훈을 받습니다. 그것은 하나님을 찬양하는 자들은 언제나 자신들이 피조물이라는 사실을 잊어서는 안 된다는 것입니다. 하나님께 엎드려 경배한다는 것은 오직 하나님만이 왕이시며 통치자이심을 인정하는 것입니다. 사실 문자적으로도 우리는 우리가 기도할 때 무릎을 꿇고 기도하는 것이 우리 자신들에게 더 유익을 준다고 조상들에게서 배웠습니다. 무릎을 꿇는 행위는 내 자신이 하나님의 종이며 오직 하나님의 통치를 받겠다는 표현입니다. 물론 마음으로 무릎을 꿇고 순종하는 것이 바른 신앙이지만 때로는 하나님 앞에 이러한 외적인 형식이 우리의 마음을 바르게 이끄는 일도 한다는 것을 인정해야 합니다. 마음이 없는 형식은 위선이지만 하나님을 향한 마음이 진실하다면 무릎을 꿇고 기도하고 하나님 앞에 나가는 것은 좋은 신앙의 모습이라 할 수 있습니다.

하나님께 아멘 할렐루야 찬양하며 경배하는 자들에게 보좌에서 음성이 들립니다. 이 음성은 분명 주님의 음성일 것입니다. 하나님의 모든 종들, 하나님을 경외하는 모든 자들에게 하나님을 찬양하라고 합니다. 큰 자나 작은 자나 모두 지위고하를 막론하고 하나님을 찬양하라고 합니다. 어떤 사람들은 이 말씀에서 분명 하나님 나라에서는 큰 자가 있고 작은 자가 있다는 식으로 지상에서 큰 헌신을 요구합니다. 그러나 이러한 접목은 아주 잘못된 것입니다. 여기에서 큰 자나 작은 자 모두가 찬양하라고 하는 것은 모든 성도들을 의미하는 것입니다. 지금 하나님의 종들이 핍박과 환난으로 죽음을 당하였지만 그들이 결국 하나님을 찬양해야만 하는 이유는 하나님께서 그들의 피를 신원하여 주셨기 때문입니다. 음녀 바벨론, 예루살렘을 심판하시는 하나님을 찬송하라고 하는 것입니다.

이제 마지막 할렐루야 찬송해야 하는 이유는 바로 하나님의 통치가 있기 때문입니다. 로마 제국은 이스라엘을 심판하면서 동시에 기독교인들도 다 몰아낼 줄 알았습니다. 하지만 예루살렘의 멸망은 교회의 멸망이 아니었습니다. 오히려 예루살렘의 심판은 신약 교회를 충만하게 설립하고 새 성전으로 교회가 세워졌다는 선언이었습니다. 음녀인 예루살렘은 하나님으로부터 쫓겨나고 사라지게 되었습니다. 그러나 교회는 새로운 하나님의 신부로 세움을 받게 된 것입니다. 그래서 오늘 7절에 나오는 어린 양의 혼인이 이르렀다고 하는 것입니다. 어린 양이신 예수 그리스도가 혼인을 하신다고 합니다. 누구와 혼인을 하는 것입니까? 그것은 바로 자신의 피를 믿는 새로운 이스라엘 백성들입니다. 즉 교회를 이룬 성도들과 혼인하시는 것입니다. 이제 신약의 백성들이 하나님의 백성들입니다. 어린 양과 혼인한 자들이 참된 신부들입니다. 참된 신부들은 오직 어린 양의 피를 믿는 자들입니다. 우리는 사도행전에서 성령이 오순절에 강림한 것을 알고 있습니다. 사실 이 오순절이 바로 새로운 신부들과 혼인하시기 위해 하나님께서 성령을 보내신 날입니다. 이 오순절에 오신 성령께서 어린 양의 신부들을 부르시는 것입니다. 하나님께 신실하지 못한 신부는 결국 파멸에 이르고 말았습니다. 하나님을 입술로는 부르고 있고 시편에 따라 노래는 부르고 있지만 실상 하나님의 통치를 거부한 자들이 바로 옛 이스라엘 백성들이었던 것입니다. 신약의 백성들, 주 예수 그리스도를 믿는 자들은 하나님의 통치를 기뻐합니다. 하나님께서 자신들을 구원하신 것을 찬양합니다. 그리고 어린 양의 신부로 살아가는 것을 즐거워하고 기뻐합니다. 하지만 유대인들은 어린 양의 신부로 사는 것을 거부하였습니다. 거부하였을 뿐만 아니라 오히려 신랑을 잡아 죽였습니다. 어린 양의 신부는 자신을 준비합니다. 무엇을 준비합니까? 9절을 좀 더 깊게 연구하면 그들이 바로 예수님께서 비유로 말씀하셨던 슬기 있는 다섯 처녀들이었습니다. 신랑이 올 때 슬기로운 다섯 처녀들은 끝까지 기다리고 준비하였던 것입니다. 여기에서 '슬기로운'이라는 말은 단지 어떤 일에 지혜나 이해가 있다는 것이 아니라 믿음과 연관된 것입니다. 반드시 자신들의 신랑이 올 것을 믿고 기다린 것입니다. 마태복음 25장 13절을 보면 그것은 심판과 연관되어 있다는 것을 알 수 있습니다. 이 신부들에게 하나님은 세마포 옷을 입도록 은혜를 베풀어 주십니다. 여기에서 세마포는 하나의 상징이라는 것을 이미 말씀을 통해 들었습니다. 그것은 의의 옷입니다. 하나님은 이 의의 옷을 신부들에게 입혀 주십니다. 그래서 의의 옷을 입은 자들은 거룩한 삶을 사는 것입니다. 세마포 옷을 입은 성도들은 옳은 행실을 한다고 말씀하십니다. 이 부분에서 우리는 우리가 의롭지 못한 인생들이라는 것을 고백해야 합니다. 우리가 의롭게 되는 것은 하나님께서 의의 옷을 입혀주셔야 한다는 사실입니다. 이 옷을 입는 자들은 결국 옳은 삶을 향해 나가게 되어 있습니다. 이것이 바로 믿음으로 의롭게 되며 의롭게 된 자는 거룩하게 된다는 가르침입니다. 이제 하나님께서 자신의 아들을 믿는 의인들을 혼인 잔치에 청할 것입니다. 이 청함을 받은 자들은 정말로 복을 받은 자들입니다. 우리는 이 말씀을 우리 자신들에게 충분히 적용할 수 있습니다. 이미 우리들도 하나님의 어린 양의 혼인 잔치에 청함을 받은 자들이라는 사실입니다. 어린 양의 혼인 잔치는 마지막 날에 우리들에게 베풀어질 것입니다. 그러나 이 어린 양의 혼인 잔치는 이미 우리들이 맛보고 있습니다. 그것은 바로 성찬입니다.

비록 성찬이 예수 그리스도의 고난을 기억하는 것이지만 이 고난을 기억하고 그리스도의 피와 살을 먹고 마시는 자들이 새로운 신부들이라는 것입니다. 최종적인 어린 양의 혼인잔치는 아니지만 이 성찬에 참여하는 자들은 어린 양의 피를 먹고 마시며 자신들의 죄를 용서받은 것을 기뻐하며 어떻게 삶을 살아야 하는지를 고민하고 오직 하나님의 말씀에 순종하기를 기뻐하는 자들이라는 것입니다. 그러므로 오늘날 교회가 성찬을 시행하면서 어린 양의 혼인 잔치에 청함을 받은 자들이 바로 자신들이라는 것을 믿고 의심하지 말아야 할 것입니다. 새로운 신부가 된 우리가 어떻게 신랑을 따라 살지 않겠습니까? 만약 그것을 알지 못하면 그 사람은 계속 음행을 저지를 것입니다. 신랑 되신 주님을 따라 살지 않고 자신이 살았던 과거 방식, 세상의 방식으로 사는 것입니다. 그러므로 누구든지 주 예수를 자신의 구주, 하나님으로 믿는 자들, 그리고 세례를 받고 성찬에 참여하는 모든 자들은 반드시 주님의 새로운 신부들이 되었다는 것을 믿고 신랑의 음성 듣기를 기뻐하고 즐거워하면서 살아야 하는 것입니다. 이러한 진리를 알았기 때문에 초대교회 지도자였던 순교자 유스티누스는 모든 그리스도인들의 모임에 성찬이 항상 있었다는 것을 가르쳐 줍니다. 그래서 그의 글 속에는 만약 어떤 성도들이 모임에 참여하지 못하여 성찬을 행하지 않았다면 교회 지도자는 참석하지 못한 자들을 위해 집사를 보내 성찬에서 나눈 떡과 포도주를 보내게 했다는 기록이 있습니다.

오늘날 왜 성도들이 교회에 참석하면서 예배를 드려야 하는지 묻는다면 그것은 바로 교회를 통해 성도들이 어린 양의 혼인 잔치에 이미 참여하고 있기 때문입니다. 비록 완성되지 못한 것이지만 이 어린 양의 혼인 잔치는 교회가 드리는 예배에 참여하는 모든 성도들이 맛보는 거룩한 잔치입니다. 이런 점에서 교회의 예배는 결혼 잔치인 것입니다. 이 결혼 잔치에 성도는 누구를 만나야 합니까? 두말할 것도 없이 그것은 오직 신랑을 만나는 것입니다. 신랑의 음성을 듣기 위해 신부는 그곳에 모입니다. 하지만 오늘날 강단에서 성도들, 즉 신부들이 신랑의 음성을 듣고 기뻐하고 있는지 묻는다면 그렇다고 답변할 수 있는 사람들이 얼마나 되겠습니까? 신랑을 만나러 와야 하는데, 신랑의 음성을 들어야 하는데 그 목소리는 듣지 못하고 세상의 이야기만 가득한 설교라면 그것은 결혼 잔치가 아니라 단순히 인간들의 교제를 위해 모이는 모임에 지나지 않는 것입니다. 그렇기 때문에 사도 바울은 자신을 고린도 교인들에게 이렇게 소개한 것입니다. "내가 하나님의 열심으로 너희를 위하여 열심을 내노니 내가 너희를 정결한 처녀로 한 남편인 그리스도께 드리려고 중매함이로다(고후 11:2)". 바울은 자신을 중매자로 소개합니다. 중매자는 처녀를 신랑에게 맺어주는 역할을 하는 사람입니다. 다시 말해 오늘날 모든 목사는 성도들을 예수 그리스께로 인도해 주면 됩니다. 이것을 위해 하나님께서 목사를 교회 가운데 세우신 것입니다. 분명 목사가 성도를 그리스도께 인도하여 신랑의 음성을 듣는다면 가장 탁월한 은혜의 자리에 있는 것입니다. 그러므로 이러한 은혜와 진리가 있는 예배를 우리는 등한시하면 안 됩니다.

사랑하는 성도 여러분!

우리는 무엇을 믿어야 하며 누구의 음성을 들어야 합니까? 오직 우리의 신랑이신 예수 그리스도의 음성을 들어야 합니다. 초대교회 성도들이 순교의 제물이 되는 상황에서도 끝까지 믿음을 버리지 않은 까닭은 그들이 자신들의 신랑의 음성을 듣고 믿었던 것입니다. 우리의 믿음은 우리 자신의 신념이나 주변 사람들의 이야기를 통해 강해지는 것이 아닙니다. 비록 우리가 성도의 교제를 통해 서로 사랑하고 위로하는 것은 사실이지만 우리의 믿음은 오직 신랑이신 예수 그리스도의 말씀을 믿고 따르는 것입니다. 환난과 죽음 앞에서도 끝까지 신랑의 음성이 거짓이 아니었음을 믿은 조상들처럼 우리들도 그렇게 믿음 위에 서야 할 것입니다. 인간은 늘 변합니다. 그리고 진실하지 않습니다. 그러나 우리의 신랑께서는 변하지 않고 일향 미쁘십니다. 자신이 말씀하신 것을 신실하게 지키시는 분이십니다. 예루살렘이 심판을 받을 것이라는 말씀을 신실하게 이루셨습니다. 이 모든 것을 보고 있는 자들이 어떻게 할렐루야 찬양하지 않을 수가 있겠습니까?

오늘 우리는 성경의 모든 말씀이 이루어진 것을 보고 있습니다. 이 진리를 보고 있는 저와 여러분들은 마땅히 할렐루야 찬송하며 기뻐하며 즐거워해야 할 것입니다. 이 찬송의 고백이 저와 여러분들의 삶에 늘 불려지기를 바랍니다. 아멘.

복음으로 모든 세상과 역사를 통치하신다

(계 19:10-21)

　타락한 유대인들의 신앙 가운데 또 다른 하나로는 천사를 숭배하는 사상이 있었습니다. 우리가 히브리서를 읽으면 처음부터 하나님의 아들의 탁월함을 선언하는 것을 볼 수 있습니다. 천사보다 뛰어나고 모세보다 위대한 하나님의 아들 예수 그리스도에 대하여 히브리서 기자가 기록하고 있는 것을 봅니다. 사도 요한이 천사에게 경배할 때 천사는 자신에게 경배하지 말라고 합니다. 왜냐하면 천사 자신도 하나님의 피조물이고 주 예수를 증거하는 종이기 때문입니다. 우리는 오늘 말씀의 시작부터 아무리 뛰어난 영적 존재가 있다고 해도 그것은 피조물에 불과하다는 것을 알아야 합니다. 사실 인간보다 뛰어난 존재가 천사입니다. 비록 타락한 천사들이 하나님을 대적하고 사탄을 쫓아 세상을 어지럽게 하고 있지만 천사는 하나님을 섬기고 또한 택한 백성들을 섬기는 그런 뛰어난 존재들입니다. 하지만 타락한 인간의 심성 안에는 거짓된 영적인 것을 사모하는 경향이 늘 있습니다. 종교들이 만들어지고 신들이 고안된 이유도 바로 영적인 것을 향한 동경 때문입니다. 이러한 경향성이 결국 교회라는 공동체 안에도 늘 자리잡고 있습니다. 그래서 영적인 것이라고 하면 우리의 신앙 가운데 가장 뛰어난 것으로 그렇게 알고 있습니다. 그러면 영적인 것이 무엇입니까?

기도해서 은사를 받고, 남들이 모르는 것을 예언하고, 무엇인가 체험을 해야 그것이 영적이라고 늘 믿고 있습니다. 그러나 성경에서 말씀하시는 영적인 신앙이란 우리들이 생각하는 것과 다릅니다. 기독교의 참된 영성, 영적인 것은 결국 오직 예수 그리스도를 믿는 믿음과 연관되어 있습니다. 종교가 타락하게 되면 결국 꼭 하나님을 형상화한다는 것이 문제입니다. 유대교는 하나님을 형상으로 만들 수 없다는 것을 조상 대대로 그렇게 믿고 섬겼습니다. 그런데 유대교가 타락하면서 결국 자신들 안에서 일어난 비신앙 가운데 하나가 바로 천사를 섬기는 것이었습니다. 어떤 분들은 유대교가 그렇게 하지 않았다고 하는데 그렇지 않습니다. 지금 하나님께서 왜 사도 요한에게 천사에게 경배하는 것이 잘못되었다는 내용을 계시록에 기록하게 하신 것입니까? 그것은 바로 천사 숭배가 우상숭배라는 것을 보여주는 것입니다. 로마 교회의 타락 가운데 하나가 바로 형상 숭배였습니다. 마리아를 섬기고, 예수님을 형상화시키고, 급기야는 천사도 형상화하여 섬기는 우상숭배를 자행하였던 것입니다. 교회가 타락하게 되면 이러한 일들은 반드시 일어나게 됩니다. 그러나 인간은 너무나 어리석어서 자신들이 무엇을 믿어야 하며, 그 믿는 대상이 누구인지도 잘 모르고 그렇게 시대의 가치관에 물들어 살아가고 있습니다. 말씀을 잘 배웠던 성도들에게 표적을 보여주면 쉽게 무너지는 것이 현대 신앙의 특징입니다. 하지만 이러한 모습은 사도 요한 당시에도 너무 쉽게 자행되고 있었습니다. 우리가 읽은 계시록 19장 후반부에서 거짓 선지자들의 표적 앞에서 많은 사람들이 참된 신앙을 포기하고 다른 복음을 쫓아갔다고 말씀하시는 것을 볼 수 있습니다.

우리는 어린 양의 혼인 잔치에 참여하는 신부들이 누구인지 알았습니다. 오늘 말씀은 이 어린 양의 혼인 잔치에 신랑이 되신 주님이 어떤 분인지를 보여주고 있습니다. 계시록 19장은 혼인 잔치에 참여하는 자들과 그 신랑이 누구인지를 자세하게 말씀하여 주십니다. 먼저 주 예수를 믿는 자녀들이 어떤 축복을 받고 있는지 여러분들에게 다시 한번 묻지 않을 수가 없습니다. 우리는 주 예수를 믿음으로 복을 받았습니다. 세상이 줄 수 없고, 세상의 언어로 표현할 수 없는 그런 위대한 복을 받았습니다. 이 복에 대하여 인간의 언어로 완벽히 말해 줄 수 있는 자가 없습니다. 하지만 분명한 것은 우리들이 이 혼인 잔치의 신부들로 청함을 받았다는 사실입니다. 신랑의 신부가 되었다는 것을 믿어야 합니다. 세상에서 신랑과 신부가 결혼을 앞두고 느끼는 그 행복이 가장 행복하지 않습니까? 서로 사랑해서 드디어 결혼을 하는데 얼마나 행복할까요? 말할 수 없는 행복이지 않습니까? 우리의 신랑께서 우리를 신부로 부르시는 이 결혼은 그야말로 표현할 수 없는 가장 위대한 축복이고 행복인 것입니다. 이것을 우리가 조금이라도 느끼고 깨닫는다면 성도는 세상에서 거룩한 삶을 향해 나아갈 것입니다.

그런데 이 축복의 모습과는 전혀 다른 모습이 본문에 나오는 것을 알 수 있습니다. 혼인 잔치에 나타나신 신랑이 누구인지, 그리고 그분께서 무엇을 하시는 분인지를 말씀해 주십니다.

사도 요한은 심판을 행하기 위해 승리자로 오시는 주님을 먼저 보고 있습니다. 주님께서 백마를 타고 나타나셨습니다. 백마는 승리와 통치의 상징입니다. 이 백마를 타신 분이 주 예수 그리스도라는 것을 우리는 알 수 있습니다. 어떻게 그것을 알 수 있습니까? 백마를 타신 분의 이름 때문입니다. 11절입니다. 그분의 이름은 충신과 진실입니다. 그리스도께서는 충성되고 진실하신 증인이십니다. 라오디게아 교회에게 말씀하신 주님께서 자신을 그렇게 보여주셨습니다. 예수 그리스도는 자신의 생명을 아버지께 드림으로써 끝까지 충성하셨습니다. 모세는 사환으로 충성하였지만 예수님은 아들로서 아버지께 충성하였습니다. 단 한 번도 아버지의 뜻을 거역하지 않았습니다. 자신이 하나님이시면서 모든 것을 자신의 통치 방식으로 할 수 있었지만 결코 자신의 뜻대로 하지 않았습니다. 오직 아버지의 뜻대로 모든 것에 순종하였습니다. 아버지의 뜻에 순종할 때 마지못해 하지 않았습니다. 하나님의 아들이 되기 위해 순종했다고 자유주의 신학자들이 가르치지만 주님은 억지로, 또는 무엇을 얻기 위해 순종한 것이 아닙니다. 진실하게 순종하였습니다. 자원하여 순종하신 것입니다. 아버지의 모든 뜻을 이루시기 위해 순종하신 것입니다. 그러므로 성도는 하나님을 섬김에 있어 기쁨으로 섬기고, 자원하는 심령으로 주를 의지합니다. 주 예수 그리스도를 믿는 참된 믿음과 신앙을 성도가 갖게 되면 모든 주님의 일을 기쁨으로 하게 됩니다. 억지로 하지 않습니다. 억지로라도 해서 복을 받아야 한다는 말은 성경에 없습니다.

다음으로 백마를 탄 자의 이름은 "하나님의 말씀"입니다. 사도 요한은 자신이 기록한 요한복음 첫 장에서 하나님의 아들이 누구인지 아주 정확하게 계시를 받아 기록하였습니다. 태초부터 하나님의 아들이신 예수 그리스도께서 계셨습니다. 태초부터 계신 이 말씀이 곧 하나님이라고 선언하고 있습니다. 모든 우주 만물이 이 말씀으로 인해 창조되었습니다. 모든 생명이 이 말씀 안에 있습니다. 말씀이 육신이 되어 자신의 백성들 가운데 계신 것입니다. 이 위대한 영광의 모습을 죄인들이 보고 있습니다. 주 예수를 보고 있는 자들이 얼마나 큰 복을 받은 자들인지 여기에서 우리는 충분히 알 수 있습니다. 다시 말해, 볼 수 없었던 하나님을 인간의 눈으로 보게 된 것입니다. 오늘날 우리는 주 예수 그리스도를 믿음으로 하나님을 보고 있는 것입니다. 어리석은 자들은 자신들의 눈으로 무엇인가를 꼭 보아야 하나님으로부터 아주 큰 은혜를 입은 것처럼 그렇게 말합니다. 그러나 가장 위대하고 뛰어난 은혜를 소유한 자들은 주 예수 그리스도를 자신의 구주, 하나님으로 믿는 자들입니다. 이 믿음을 가진 자들이 생명을 가지는 것입니다. 이 생명이 어디에 있느냐 하면 바로 어린 양의 피에 있습니다. 이 피에 생명이 있다는 것을 보여주기 위해 예수님께서 자신의 피를 뿌린 옷을 입고 계신 것입니다. 사도 요한의 이러한 표현은 예수 그리스도의 피를 믿고 그분이 하나님이심을 믿는 자들이 축복 가운데 있는 자라는 의미를 말씀하시는 것입니다. 지금 주님은 하나님의 영광의 보좌에서 영광의 옷을 입고 관을 쓰고 계신다고 사도들은 그렇게 증언하고 있습니다. 그런데 피 흘린 옷을 입고 있다는 것은 예수님께서 십자가에서 죽으실 때 흘리신 그 피를 믿는 그 믿음을 강조하기 위함입니다. 어린 양의 피를 믿는 자가 어린 양의 신부인 것입니다. 어린 양의 신부들은 그리스도의 이름을 압니다. 12절에 "이름 쓴 것 하나가 있으니 자기밖에 아는 자가 없다"는 말씀은 문자적으로 그 이름을 알 수 있는 자가 없다는 뜻이 아닙니다. 이 말씀은 주님께서 홀로 그 이름을 지니셨다는 의미입니다. 예수 그리스도께서 가지신 이름에 대하여 말씀하여 주시는 것입니다. 주님의 이름은 "하나님의 말씀"인 것입니다. 그리고 그 옷과 다리에 이름을 쓴 것이 있는데 만왕의 왕, 만주의 주라고 합니다. 다시 말해 예수 그리스도는 하나님이시요 만왕의 왕, 만주의 주라는 이름을 가지신 분임을 자신의 신부들에게 말씀하여 주시는 것입니다.

사도 요한은 예수님께서 만왕의 왕, 만주의 주라는 이 이름을 가지고 있다는 것을 보여줌으로써 주 예수께서 단순히 예루살렘만을 심판하시고 주변 나라들에게 영향을 끼치는 분이 아님을 성도들에게 증거하고 있습니다.

그러므로 요한계시록은 단순히 이스라엘을 심판하시는 하나님의 진노만을 말씀하시는 것이 아닙니다. 오히려 이스라엘을 심판하심으로 이제는 세상 모든 나라들까지도 통치하시고 심판하신다는 것을 말씀하고 있습니다. 1세기 당시만이 아니라 이후 모든 시대에 걸쳐 주 예수 그리스도께서 만왕의 왕으로 다스리시고 통치하시는 하나님이시라는 것을 선언하고 있습니다. 그렇다면 이제 우리는 우주의 주이시며, 만왕의 왕이신 예수 그리스도께서 어떻게 통치하시는지 또한 살펴보아야 합니다. 사도 요한은 우리들에게 주님의 통치 방식에 대하여 말씀하여 줍니다. 바로 주님의 입에서 예리한 검이 나온다고 말씀하십니다. 주님의 입에서 나오는 예리한 검이란 바로 복음을 의미합니다. 히브리서 기자는 이 하나님의 말씀을 이 검에 비유하여 줍니다. "하나님의 말씀은 살아 있고 활력이 있어 좌우에 날선 어떤 검보다도 예리하여 혼과 영과 및 관절과 골수를 찔러 쪼개기까지 하며 또 마음의 생각과 뜻을 판단하나니 지으신 것이 하나도 그 앞에 나타나지 않음이 없다"고 기록하고 있습니다. 이 하나님의 말씀이 바로 주 예수 그리스도의 입에서 나오고, 그분은 이 말씀으로 세상을 다스리고 있는 것입니다.

만국을 말씀으로 다스리고 통치하십니다. 주님은 세상의 방식으로 자신을 나타내지 않습니다. 기록된 성경의 말씀을 통해 세상을 다스리시고 통치하십니다. 우리는 어떻게 문자로 기록된 성경의 말씀이 세상을 다스릴 수 있는 능력이 있는지 의아해 할 것입니다. 그러나 의심을 가질 이유가 없습니다. 하나님은 자신의 말씀으로 우주 만물을 창조하셨습니다. 그리고 자신을 나타내시기 위해 말씀을 인간의 언어로 기록하여 주셨습니다. 그러므로 누구든지 기록된 성경을 읽는 자가 하나님의 말씀을 듣는 자가 되는 것입니다. 그렇다고 해서 하나님이 기록된 성경에 갇혀 계신 것으로 여겨서는 안 됩니다. 하나님은 늘 성경을 통해 자신을 계시하시지만 언제나 살아 역사하시는 분이십니다. 이것을 알았던 프란시스 쉐퍼는 살아계신 하나님을 "거기에 계시는 하나님"이라고 표현하였습니다. 하나님은 언제나 거기에서 말씀하십니다. 예수 그리스도께서는 세상을 늘 말씀으로 다스리시고 통치하십니다. 그만큼 하나님의 말씀은 그 어떤 능력보다도 더 위대하고 뛰어난 것입니다. 하나님의 말씀보다 더 위대한 것은 세상에 없습니다. 지금 우리가 보고 있는 이 본문은 예수님의 재림에 대한 것이 아닙니다. 그것은 예수님의 통치에 대한 것입니다.

주님께서 세상에 오신 이후에 주님이 세상을 다스리신 방식은 오직 자신의 말씀, 즉 복음이었습니다. 로마 제국이 무너진 것은 복음의 위대한 능력이 아니고 무엇입니까? 또한 유럽과 아메리카와 아시아에 계속 복음이 전해지고 교회가 세워지는 것을 보시기 바랍니다. 복음의 능력으로 세상을 다스리십니다. 인간의 눈으로 볼 때 여전히 불신 세상의 권력자들이 세워지는 것처럼 보이지만 그 뒤에서 역사하시는 분은 분명 주님이십니다. 복음으로 사람들이 변화되고 있습니다.

또한 입에서 나오는 검으로 세상을 심판하시는 모습이 나타나고 있습니다. 의의 태양이신 그리스도께서 떠오르고 있다는 것을 알 수 있습니다. 한 천사가 이 태양 안에서 공중에 나는 모든 새를 향하여 외칩니다. 와서 하나님의 큰 잔치에 모여 왕들의 살과 장군들의 살과 장사들의 살과 말들과 그것을 탄 자들이나 종들이나 작은 자나 큰 자나 모든 자의 살을 먹으라는 말을 듣고 있습니다. 이 말씀은 하나님께서 구약 이스라엘 백성들과 언약을 맺으실 때 저주의 내용으로 말씀하신 것입니다(신 28:26). 조금 어려운 부분이 될 수 있지만 우리가 구약의 성경을 이해하면 왜 하나님께서 이 말씀을 하시는지 알 수 있습니다. 에스겔 39장을 보면 하나님은 이스라엘 민족을 공격한 이방 나라에 대하여 심판하실 때 이와 같은 내용으로 말씀하셨습니다. 다시 말해 예수님께서 이제 이스라엘을 심판하실 뿐만 아니라 이스라엘을 공격한 모든 세상의 나라와 민족과 왕들과 장군들과 용사들을 다 심판하시고 다스리신다는 것을 보여준 것입니다. 이스라엘 백성들은 늘 하나님께서 자신들의 민족을 이렇게 다스리셨다는 것을 알고 있습니다. 그런데 지금 예수님을 믿는 성도들이 이 말씀을 통해 구약에서 말씀하신 그 하나님께서 예수님을 통해 동일하게 말씀하고 계시다는 것을 들은 것입니다. 이 얼마나 위대한 하나님의 통치 역사입니까? 자신들은 늘 이단자들이라고, 하나님을 모욕하는 이방의 개보다 못한 자들이라고 그렇게 업신여김을 당하였는데 지금 사도 요한이 구약에서부터 자신들의 조상들에게 말씀하신 그 하나님의 말씀이 동일하게 예수님을 통해 증거되고 있다는 것을 듣고 있으니 이보다 가장 위대한 위로와 구원의 말씀이 어디에 있겠습니까?

우리는 이 부분의 말씀에서 하나님께서 세상 나라 모든 권세자들을 다 통치하시고 심판하신다는 것을 보면서 단지 심판하시는 것으로만 깨달으면 안 됩니다. 왜냐하면 이 심판은 정결과 회복을 위한 심판이기 때문입니다. 공중의 새들이 땅의 시체들을 먹는 것은 저주의 심판을 상징하는 말씀입니다. 그러나 죽은 시체를 먹음으로 땅은 깨끗해지는 것입니다. 즉 주님은 세상을 통치하고 복음을 대적하는 세력들을 심판하실 것입니다. 그러나 그 심판을 통해 정결함과 회복이 나타날 것입니다. 하지만 세상은 하나님과 원수가 되었기 때문에 복음을 늘 대적하고 그리스도의 십자가를 부인합니다. 그래서 짐승과 땅의 왕들이 말 탄 자와 그의 군대로 더불어 전쟁을 일으키는 것입니다. 마지막 심판을 위해 전쟁이 일어나는 것이 아니라 늘 시대마다 하나님의 아들의 복음을 대적하는 세력들이 나타나서 교회와 성도를 대적하는 것입니다. 하지만 짐승이 잡히고 표적을 행하던 거짓 선지자와 그리고 그들의 가르침을 쫓았던 사람들이 유황불에 던져지고 심판을 당할 것이라고 말씀하십니다. 이것은 언제나 교회는 그리스도의 신부로 승리하고 복음은 늘 이긴다는 것을 가르쳐 주는 것입니다.

우리는 여기에서 거짓 선지자들이 표적을 행한다는 것을 주의 깊게 보아야 합니다. 예수님께서 자신의 제자들에게 심판의 때에 그리스도가 여기 있다, 저기 있다고 해도 믿지 말라고 하셨습니다. 이 말씀을 통해 거짓 그리스도는 시대마다 언제나 존재해 왔다는 것을 알 수 있습니다. 그리고 이들은 표적과 함께 자신들이 정당한 하나님의 사도들이고 목사들이라고 계속 주장합니다. 표적이 없으면 사람들은 능력이 없는 것으로 간주합니다. 쉽게 말해 별 볼일 없는 그런 사람으로 취급합니다. 이단 집회에 사람들이 왜 그렇게 많이 모이는가 하면, 바로 표적이 일어나기 때문입니다. 거짓으로 표적을 만들었든지 아니면 기적이 일어나든지 간에 사람들은 그런 현상에 아주 민감합니다. 그래서 사탄은 늘 거짓 선지자들에게 표적을 나타내는 능력을 주었습니다. 우리가 알고 있는 기독교 이단인 이슬람에는 엄청난 표적들이 나타나고 있습니다. 하지만 그들은 하나님과 전혀 상관없는 자들입니다. 이런 자들이 심판을 받습니다. 그것은 말 탄 자의 입에서 나오는 검, 즉 복음으로 심판을 받는 것입니다. 복음의 말씀은 산을 옮길 것입니다. 그리고 타락한 인간의 심성에 불을 지펴 자신들의 죄를 자복하고 회개하면서 하나님의 아들께 무릎을 꿇게 할 것입니다.

사랑하는 성도 여러분!

우리는 어린 양의 혼인 잔치에 아들의 신부로 초청을 받은 자들입니다. 그런데 하나님의 큰 잔치 가운데 심판이 일어나는 것을 보면서 그 심판을 행하시는 분이 바로 주 예수 그리스도이심을 보고 있습니다. 예루살렘을 심판하시고 이방 나라들까지 심판하시는 분이 주님이십니다. 또한 1세기 당시뿐만 아니라 지금까지 모든 세상 역사를 주관하시고 다스린 분이 주님이십니다. 앞으로 다가오는 세대에도 주님은 늘 살아서 역사하시고 통치하시며 심판의 주로 언젠가는 반드시 재림하여 오실 것입니다.

복음의 검으로 세상을 통치하시고 다스리시는 주님의 통치 방식을 우리는 깨달았습니다. 그러므로 성도는 늘 복음을 들어야 합니다. 왜냐하면 오늘날도 주님은 자신의 입에서 나오는 복음으로 세상을 심판하실 뿐만 아니라 자신의 신부들에게도 계속 말씀하시기 때문입니다. 그래서 성도는 항상 복음을 듣고, 복음을 들고 살아가야 합니다. 이러한 복음에 대한 열정이 저와 여러분들에게 끊임없이 일어나길 바랍니다. 아멘.

영원한 왕이신 예수 그리스도
(계 20:1-6)

사도 요한은 계속해서 하나님께서 보여주신 것을 보고 있습니다. 오늘 말씀에서 천사는 무저갱의 열쇠와 큰 쇠사슬을 가지고 있습니다. 지금 사도 요한이 보고 있는 이 천사는 일개의 천사가 아닙니다. 왜냐하면 무저갱의 열쇠를 가진 분이기 때문입니다. 우리는 예수님께서 계시록 1:18절에서 사망과 음부의 열쇠를 가지고 있는 자신을 말씀하신 것을 알 수 있습니다. 지금 무저갱은 쉽게 말해 사탄을 추종하는 귀신들이 잡혀 있는 곳을 말합니다. 용과 귀신들을 잡아다가 무저갱에 붙잡아 넣으실 수 있는 분은 바로 예수 그리스도입니다. 일개의 천사가 이런 능력을 가질 수 없습니다. 그러므로 지금 요한은 예수 그리스도께서 음부의 권세를 이기시고 사탄의 능력을 파하시는 것을 보고 있는 것입니다. 사탄은 요한 당시 그리스도인들을 죽이는 일을 자행하였습니다. 사탄은 유대인들과 로마 제국의 힘을 이용하여 주 예수 그리스도를 믿는 사람들을 죽이고 있었습니다. 그런데 이 사탄과 그의 추종자들을 단번에 무저갱에 집어넣을 수 있는 분이 누구인지 안 것입니다. 그분이 바로 주 예수 그리스도이십니다.

주님은 만왕의 왕이요 만주의 주라고 하였습니다. 그렇다면 이 왕께서, 우주의 만물의 주께서 사탄의 능력을 파하지 못할까 염려할 필요가 없습니다. 오늘 우리들이 말씀을 통해 들을 수 있는 복음은 예수님께서 세상의 왕들과 나라와 민족들만 다스리시고 통치하시는 것이 아니라 영적인 세계와 영적 존재들까지도 주님의 통치 아래에 있다는 것을 보여주는 것입니다. 만왕의 왕, 만주의 주께서 사탄과 그의 추종자들을 무저갱에 집어넣고 결박하시며 쇠사슬로 그들을 묶어 다스리신다는 것입니다. 오늘날 대부분의 신학교에서 마지막 종말을 왜곡해 가르치고 있습니다. 그중에 하나가 오늘 나타나는, 천 년 동안 사탄을 결박시키고 천 년 동안 그리스도께서 왕 노릇 하는 왕국을 이루신다는 가르침입니다. 그런데 이 사건이 언제 일어나느냐 하면 앞으로 예수님께서 재림하셔서 천 년 동안 세상을 통치하신다고 하는 세대주의적 천년설을 가르치는 것입니다. 그러나 분명한 것은 오늘 보는 예수님의 통치는 앞으로 일어날 일이 아닙니다. 이미 사도 요한 당시에 이 통치가 일어났다는 것을 우리는 성경을 통해 쉽게 알 수 있습니다. 왜냐하면 예수님께서 세상에 오신 목적은 바로 사탄의 일을 멸망시키고 정복하시기 위한 것이기 때문입니다.

사람은 죄와 타락의 본성 가운데서 살아갑니다. 그러나 마귀가 그 뒤에서 함께 역사를 합니다. 사람이 죄를 짓는 것은 단순히 그 사람이 어리석어서가 아닙니다. 언제나 사탄이 죄를 통해 사람을 이용하고 있습니다. 그래서 성자 하나님이 성육신하신 이유는 사람이 죄에서 용서받고 구원받으며 동시에 마귀의 일을 멸하시기 위해 오신 것입니다. 우리는 하나님의 자녀 이전에 본질상 사탄의 자녀였습니다. 사탄은 지금도 육신의 모든 사람들을 통치하고 다스리고 있습니다. 세상 임금이 누구 입니까? 바로 사탄이 세상 임금입니다. 사탄은 지금도 그 세력을 잃지 않고 할 수만 있으면 모든 인간을 죄의 노예로 살아가도록 이끌고 있습니다. 그래서 하나님의 아들이 세상 가운데 오신 것은 마귀의 일을 멸하기 위함이라고 요한은 증언한 것입니다. 우리가 복음서에서 예수님께서 귀신을 쫓아내는 사건들이 자주 등장하는 것을 볼 수 있는데 그 가운데 주님의 말씀에 귀 기울일 필요가 있습니다. 주님은 귀신을 쫓아내실 때 먼저 강한 자를 쫓아내고 그 사람의 세간을 차지할 수 있다고 하셨습니다(마 12:29). 그 말씀처럼 예수님께서 자신의 백성들을 구원하시기 위해 사탄과 귀신을 결박해야 자신의 백성들을 구원하실 수 있다는 말씀을 하신 것입니다. 그래서 예수님은 세상에 오셔서 하나님의 일을 하시는 그 시작부터 사람들을 사로잡고 있었던 귀신들을 쫓아내신 것입니다. 다시 말해 예수님께서 공생애 기간 동안 귀신을 쫓아내고 사탄의 일을 멸하신 것입니다. 그러므로 예수님께서 용, 즉 옛 뱀, 마귀, 사탄을 잡아서 무저갱에 던져 넣고 잠근 것은 미래의 일이 아니라 이미 예수님께서 세상에 계실 때 일어난 일입니다. 그런데 이 일은 이미 에덴 동산에서 하나님께서 아담에게 말씀하신 것임을 우리는 알아야 합니다.

여자의 후손이 뱀의 머리를 상하게 할 것이라는 말씀입니다. 뱀에게 치명상을 입히고, 뱀을 죽이는 방법은 그 머리를 치는 것입니다. 꼬리와 몸통을 상하게 해서는 다시 살아나는 짐승이 바로 뱀입니다. 그래서 하나님은 여자의 후손, 즉 예수 그리스도가 뱀의 머리를 부수고 죽이는 일을 하시는 분임을 이미 구약에서 말씀하신 것입니다. 그래서 귀신은 예수님이 누구인지 알았습니다. 예수님은 하나님의 아들이라고 그들도 소리쳤습니다. 그리고 자신들을 그냥 두기를 원했습니다. 하지만 예수님은 귀신에게 사람에게서 당장 나오라고 명령하심으로 귀신들을 쫓아내신 것입니다. 오늘 말씀은 이미 예수님께서 지상에 계셨을 때 마귀를 멸하시고 승리하신 것을 요한에게 보여

주신 것입니다. 이제 마귀의 일이 어떻게 파괴되었는지 확신할 수 있습니다. 그런데 이 말씀이 아직도 이루어지지 않은 것처럼 말하는 사람들은 복음의 빛을 가리는 것밖에 안 됩니다.

우리가 요한계시록의 말씀을 들으면서 많은 것을 잊어버리고 거의 기억하지 못한다고 해도 제가 계속해서 반복한 말씀 가운데 이것은 기억하실 것입니다. 그것은 바로 예수님께서 유대교와 예루살렘 그리고 로마 제국을 심판하신다는 말씀이었습니다. 특별히 옛 언약 백성인 이스라엘을 심판하시는 것은 예수 그리스도를 믿는 그 믿음이 참된 구원이고 하나님의 뜻이라고 하는 것입니다. 그래서 하나님은 더 이상 구약의 그림자인 이스라엘과 예루살렘 성전을 통한 피의 제사를 허락하지 않기 위해 이 모든 것을 파괴시켰다고 설교하였습니다. 이 심판을 통해 예수님께서 새로운 영적 이스라엘 백성들을 모으십니다. 이 일을 위해서 짐승과 거짓 선지자들을 유황불 못에 던진 것입니다. 그리고 오늘 이 두 세력을 조종하는 사탄을 최종적으로 결박하고 있는 것입니다.

다시 말해 지금 사도 요한이 보고 있는 사탄의 결박은 주 예수 그리스도의 완전한 승리이며, 그리스도를 믿는 믿음의 성도들에게는 그야말로 최종적인 승리의 선언인 것입니다.

자! 보시기 바랍니다. 예수 그리스도를 믿는 그 신앙 때문에 수많은 조롱과 멸시와 죽음을 당했습니다. 그리고 자신들의 가족들을 잃고, 심지어 형제들에게도 인정을 받지 못한 처지가 되었습니다. 그런데 예수님께서 새 예루살렘을 이루시고, 구원의 길을 보여주시며, 세상의 관원들과 모든 나라를 통치하시는 만왕의 왕일 뿐만 아니라 인간을 죄악 가운데서 붙잡고 조종하는 어두운 영적 권세를 가진 사탄마저 결박시키시는 분이 바로 자신들이 믿고 있는 주 예수 그리스도라는 것을 확실하게 보여주고 있는 것입니다. 이 얼마나 위대한 신앙의 승리입니까? 주 예수 그리스도의 승리가 바로 성도의 승리인 것입니다. 따라서 지금 요한 시대, 당시 고난과 죽음의 순간 속에서도 성도는 결코 주 예수 그리스도를 믿는 믿음을 부인할 수가 없는 것입니다. 오히려 더 분명하게 고백하고 주 예수 그리스도를 하나님의 아들로, 하나님으로 믿는 것입니다. 이러한 복음의 말씀을 아직도 이루어지지 않은 예언으로 여긴다면 그 당시 성도들은 어디에서 위로를 받으며 복음의 능력을 가지고 승리할 수 있겠습니까? 또한 사도 요한 이후 그 많은 성도들은 영적 권세자인 사탄을 어떻게 이기고 물리칠 수 있다고 여기겠습니까?

우리는 좀 더 사도들의 말씀을 찾을 필요가 있습니다. 바울 사도는 로마서 16장 20절에서 "평강의 하나님께서 속히 너희(즉 로마에 있는 교회 성도들)의 발 아래에서 사탄을 상하게 하시리라" 하는 말씀을 전하고 있습니다. 이 말씀은 바로 그리스도께서 사탄의 머리를 깨부수고, 마귀를 결박하여 성도들의 발 아래 두신다는 의미로 하는 말씀인 것입니다. 그러므로 세상 마지막 심판 때 일어날 일이 아닙니다. 그리고 천년 왕국을 만들어 단지 천 년 동안 왕 노릇하게 하는 것을 의미하지 않습니다. 사실 오늘 말씀에 천년 왕국이라는 말씀이 없습니다. 단지 천 년 동안 왕 노릇 한다는 것을 천년 왕국이라는 말로 만든 것입니다. 이러한 가르침 때문에 오늘날 현대 교회가 세대주의 종말론이라는 잘못된 종말 사상에 물들어 있는 것입니다.

그렇다면 사탄이 천 년 동안 무저갱에 잡혀 있다는 것은 무엇을 뜻하는 말씀입니까? 그리고 성도들은 그리스도와 함께 천 년 동안 왕노릇 한다는 이 말씀은 무엇을 의미하는 것입니까?

먼저 3절 말씀을 보면 사탄을 무저갱 가운데 처넣은 이유는 만국을 미혹하지 못하게 하기 위함이라고 합니다. 주님께서 세상 만왕의 왕이시고 만주의 주이십니다. 그런데 사탄이 그동안 세상 나라 가운데서 왕 노릇 하였습니다. 이미 구약의 이스라엘 민족을 미혹하여 거짓 종교인 유대교를 통해 하나님의 구원 사역을 훼방하려고 했습니다. 하나님의 아들을 십자가에 죽이고, 믿지 못하도록 성도와 교회를 핍박하였습니다. 자신들의 힘으로 되지 않자 로마라는 이방 나라의 권세를 사용하여 성도들을 핍박하였습니다. 하지만 하나님의 아들께서 사탄의 권세를 파하시고 성도들을 보좌에 앉히신 것입니다. 하나님의 복음, 하나님의 아들의 피의 복음이 세상 모든 민족들 가운데 증거되게 하기 위해 사탄을 천 년 동안 무저갱에 처넣은 것입니다. 그렇다면 정말 천 년 동안 사탄을 잡아 놓은 것입니까? 오늘 우리가 살고 있는 시대는 이미 주님께서 사도 요한을 통해 말씀해 주신 때로부터 거의 2,000년이 지났습니다. 그러면 문자적으로 사탄은 이제 결박에서 풀어져 다시 활동하는 것입니까? 우리는 천 년이라는 이 시간을 문자적으로 받아들여서는 안 됩니다. 주님께서 사도 요한에게 천 년이라는 시간을 상징적으로 말씀해 주시는 것입니다. 예루살렘의 멸망 이후 이제 사탄의 권세는 예수 그리스도를 통해 완전히 무너지고 복음의 증거를 막을 수 없다는 것을 의미하는 것입니다. '천 년'은 '아주 많은, 풍성한, 충만한'이라는 의미를 가지는 상징을 나타내는 단어입니다. 다시 말해, 예수 그리스도께서 사탄을 완전히 정복하고 통치하신다는 의미인 것입니다. 하지만 사탄은 계속 활동하고 있습니다. 사도 요한 때나 지금이나 사탄은 계속 활동하면서 여전히 세상 나라의 임금입니다. 지금 예수님께서 천 년 동안 사탄을 무저갱 가운데 두셨다는 것은 사탄이 더 이상 주 예수 그리스도를 믿는 복음을 모든 세상 나라와 민족에게 증거하는 일을 막을 수 없다는 것입니다. 하지만 사탄은 계속 복음 증거를 훼방하고 성도들을 핍박할 것입니다. 그렇지만 이 복음은 땅 끝까지 계속 증거될 것입니다. 예루살렘과 유대와 사마리아와 땅 끝까지 주의 복음이 증거되게 하시기 위해 성령을 보내시고 천상에서 예수 그리스도가 계속 만왕의 왕으로 통치하시는 것을 보여주고 있습니다.

또한 예수님께서 사탄을 천 년 동안 무저갱에 집어넣은 것은 결국 하나님께서 택하신 백성들, 주 예수 그리스도를 믿고 구원받은 백성들의 수를 차고 넘치게 하시기 위함입니다. 우리는 좀 전에 천 년이라는 단어가 문자적으로 천 년을 말하는 것이 아니라 '아주 많은', 그리고 '충만한'을 의미하는 상징적인 메시지라는 것을 들었습니다. 그렇습니다. 하나님은 천 년 동안 하나님께서 택하신 백성들을 부르실 것입니다. 2,000년이 지났지만 여전히 하나님은 당신의 아들을 믿는 주의 자녀들을 계속 부르고 계신 것입니다. 계속해서 아주 많은 성도들이 하나님의 백성으로 주의 나라와 의를 구할 것입니다.

왜곡된 종말론을 가진 사람들은 하나님의 나라가 주님의 재림 때 이루어질 것이라고 말합니다. 이 말은 어떻게 보면 맞는 말이지만 사실 틀린 주장입니다. 왜냐하면 하나님의 나라는 이미 예수 그리스도의 통치로부터 시작되고 있기 때문입니다. 예수님께서 하나님의 보좌에 앉아 계십니다. 그리고 그곳에서 성령을 보내셔서 자신의 나라를 계속 통치하고 계신 것입니다. 성령주의자들은 예수님께서 더 이상 왕으로 통치하지 않는다고 가르칩니다. 이제는 성령께서 하나님의 나라를 통치한다고 그렇게 괴상한 주장을 합니다. 성경에도 없는 그런 가르침을 마치 진리인 것처럼 가르칩니다. 하지만 성령은 여전히 하나님의 아들의 영광을 위해 사역을 하는 분이십니다. 아들의 것을 가지고 일을 하시고 있는 분이 성령이십니다. 예수님께서 하늘 보좌에서 지상의 교회를 다스리시고 통치하십니다. 자신의 백성들을 통치하시는 것입니다. 그러므로 지상에 있는 성도들은 이미 주 예수 그리스도를 믿을 때부터 세상을 주님과 함께 다스리는 것입니다. 여기에 성령께서 함께하시는 방식으로 예수님의 주권이 나타나는 것입니다.

성도는 예수님께서 보내신 성령과 함께 지상에서 통치를 하고 있습니다. 그리스도인들의 통치는 복음과 연관된 것입니다. 이 복음이 증거되고, 확장되는 것을 통해 예수 그리스도의 나라가 계속 선포되고 땅 위에서 예수님의 통치가 이루어지는 것입니다. 물론 하늘에서도 예수님은 만왕의 왕이십니다.

예수님께서 제자들을 떠나기 전에 말씀하신 마지막 명령의 말씀을 기억해 보시기 바랍니다. 마태복음 28:18-20입니다. "하늘과 땅의 모든 권세를 내게 주셨으니 그러므로 너희는 가서 모든 민족을 제자로 삼아 아버지와 아들과 성령의 이름으로 세례를 베풀고 내가 너희에게 분부한 모든 것을 가르쳐 지키게 하라 볼지어다 내가 세상 끝날까지 너희와 항상 함께 있으리라".

예수님께서 천 년 동안 사탄을 결박하신 이유는 바로 모든 민족 가운데 주의 복음이 충만히 증거되게 하기 위함이며 아버지와 아들과 성령으로 구원받는 자신의 백성들을 부르시고 그들에게 주님의 말씀을 가르쳐 지키게 하기 위함인 것입니다. 주님의 나라는 확장될 것입니다. 결국 주의 복음 증거를 통해 세상 민족 가운데 주를 아는 지식이 충만해질 것입니다. 물이 바다를 덮은 같이 여호와를 아는 지식이 세상 가운데 가득할 것입니다. 그리스도께서 세상을 통치하시는 방식은 바로 자신의 백성들이 죄와 사망에서 구원을 받고 하나님의 말씀에 순종하는 것을 통해 나타납니다. 성도는 자신의 뜻대로 더 이상 살지 않고 하나님의 말씀에 순종합니다. 이렇게 변화된 모습으로 세상에서 빛과 소금으로 삽니다. 이것을 통해 세상의 어둠이 물러가고 그리스도의 빛이 비추게 됩니다. 이러한 통치 방식을 성도가 바르게 이해하면 세상에서 어떻게 삶을 살아야 하는지 알 수 있는 것입니다.

사랑하는 성도 여러분!

오늘 우리는 예수 그리스도께서 영적 권세자인 사탄을 결박시키는 이유를 말씀을 통해 들었습니다. 우리가 말씀을 바르게 이해하고 들어야 하는 이유가 바로 여기에 있습니다. 주님의 복음은 성도들의 삶 가운데 아주 현실적이고 실질적인 것입니다. 주님께서 재림 이전 천 년 동안, 재림 이후 천 년 동안 왕으로 계신다는 어리석은 가르침은 배격되어야 합니다. 주님은 이미 만왕의 왕으로 계십니다. 창조 이전부터 만왕의 왕이셨습니다. 요한계시록을 사사로이 해석하는 어리석은 일 때문에 많은 이단들이 나타나 사람들을 미혹하였습니다. 예수님은 문자적으로 천 년 동안 사탄을 결박하시고, 천 년 동안만 왕노릇 하시지 않습니다. 또한 성도들도 그리스도와 더불어 천년 동안

만 왕 노릇 하지 않습니다. 주님은 자신의 권세로 이미 사탄을 완전히 결박하셨습니다. 그리고 주님은 오고가는 모든 세대에 왕이십니다. 또한 모든 성도들은 주님과 함께 왕 노릇 하면서 모든 세상을 통치할 것입니다.

사실 계시록 20장은 다른 어떤 말씀들보다 확실한 승리의 복음을 성도들에게 주는 말씀입니다. 많은 중요한 진리의 말씀들이 이곳에 들어 있습니다. 다음에 이 복음의 진수를 계속 전하겠습니다. 다시 한 번 저와 여러분들은 오늘 우리 주 예수 그리스도께서 모든 나라와 권세와 영광이 우리 하나님 아버지께 있다는 것을 고백하길 바랍니다. 천 년이 아닌 영원히 주의 나라와 능력이 세세토록 있음을 경배하는 성도들이 되길 바랍니다. 아멘.

왕께서 결박한 사탄을 다시 불러내신다
(계 20:4-15)

우리는 예수님께서 말씀하신 대로 육체로 다시 재림하실 때 세상의 모든 역사가 마지막으로 심판을 받는다는 것을 믿고 있습니다. 예수님께서 다시 육체로 오셔서 심판의 왕으로 오신다는 것을 부인하는 것은 바른 기독교가 아닙니다. 사실 예수님께서 부활하시고 승천하시면서 하신, 자신이 제자들과 그리고 그리스도를 믿는 자녀들과 늘 함께하신다는 말씀을 통해 여전히 예수님께서 육체가 아닌 영적 방식으로 임재하여 계신다는 것을 성경은 말씀하여 주십니다. 오순절 성령 강림을 통해 예수님이 오셨다는 것을 성도들은 알았습니다. 또한 계시록을 통해서 예루살렘이 심판을 받고 육적 이스라엘이 멸망을 당하는 것을 보면서 예수님께서 심판주로 역사하셨다는 것을 초대교회 성도들은 깨달았습니다. 하지만 예수님께서 성육신하여 지상에 계셨던 그 모습으로 재림하지는 않으셨습니다. 왜냐하면 예수 그리스도의 육체적 재림은 이 세상 역사의 종결을 의미하는 것이므로 예수님의 재림은 아직 이루어지지 않은 것입니다. 그러나 우리 주변에는 자신들의 생각으로 성경을 사사로이 해석하는 사람들로 인해, 특히 계시록 19, 20장 이후의 말씀들을 가지고 예수님의 육체적 재림으로 가르치는 사람들이 상당히 많이 있다는 것을 알 수 있습니다. 그 이유는 예수님께서 재림하실 때 성도들이 부활한다는 것을 믿기 때문입니다.

오늘 우리들이 읽은 본문의 말씀(계 20:5)을 보면 성도들의 첫째 부활이 언급되어 있습니다. 우리가 이 말씀을 문자적으로 받아들인다면 예수님께서 재림하신 것으로 보아야 합니다. 왜냐하면 성도들이 지금 부활을 맞이하였기 때문입니다. 그러나 이 말씀은 예수님께서 재림하셔서 죽은 성도들이 육체적으로 부활하였다는 말씀이 아닙니다. 그러므로 첫째 부활이라는 이 말씀은 예수님의 재림과 연관되지 않습니다. 그러면 이 첫째 부활이라는 말은 무슨 의미로 말씀하신 것인지 궁금할 것입니다.

전후 문맥을 자세하게 살펴보면 예수님께서 자신과 함께 천 년 동안 왕 노릇 하는 자들의 특징을 말씀하시는 것을 알 수 있습니다. 하나님의 보좌에 앉아 예수 그리스도와 왕 노릇 하는 자들은 결국 예수 그리스도를 믿음으로 믿고 고난과 환난 가운데서 죽음을 당한 자들이었습니다. 또한 순교를 당하지 않았지만 살아서 우상을 숭배하지 않고 짐승이 요구하는 삶의 방식을 거부한 자들이 그리스도와 왕 노릇 한다는 것입니다. 이러한 것으로 볼 때 첫째 부활에 참여한 자들이란 결국 주 예수 그리스도를 믿는 자들, 중생한 자들을 의미하는 것입니다. 육체적 부활이 아니라 영적 부활인 것입니다. 죄와 사망가운데 살면서 하나님의 아들이 누구인지도 모르고, 그저 자기 조상들의 전통과 유전대로 살면서 쉽게 세상과 타협한 자들이 예수가 그리스도이시며 하나님의 아들이라고 믿고 예수님의 가르침에 순종하면서 사는 자들이 된 것입니다. 이것이 바로 첫째 부활입니다. 죄인의 회중 가운데 살면서 의인의 회중에 들어온 자들이 바로 첫째 부활을 맞이한 자들입니다. 저와 여러분들도 첫째 부활을 가진 자들입니다. 성령으로 말미암아 주 예수 그리스도를 믿고 거듭난 자들이 영적 부활,

생명으로 나온 자들인 것입니다. 아직 육체적 부활은 이루어지지 않았습니다. 그래서 사망을 언급할 때도 첫째 부활과 대조를 이루기 위해 사망을 둘째 사망이라고 하는 것입니다.

사망을 그저 사망이라고 하면 되지 왜 굳이 둘째 사망이라고 하였습니까? 첫째 사망은 영적 죽음인 것입니다. 하나님과 원수가 된 아담이 죽음을 당했습니다. 그러나 그는 930세에 죽었습니다. 비록 아담이 930년을 살았지만 그는 죄를 짓는 순간 영적으로 죽은 것입니다. 그리고 육체는 930년 후에 죽었습니다. 지금 둘째 사망이란 것은 완전한 죽음을 의미하는 것입니다. 첫째 사망은 하나님의 아들을 믿지 않는 모든 자들에게 임하는 것입니다. 이 첫째 사망에서 구원받은 자들이 첫째 부활 가운데 임한 것입니다. 영적 사망에서 영적 부활로 나온 것입니다. 예수를 자신들의 주로 믿는 그 믿음으로 거듭나서 영적 부활 가운데 나온 것입니다. 그러므로 이 첫째 부활 가운데 나온 자들이 복이 있고 거룩하다고 말씀하고 있습니다. 예수 그리스도를 자신의 구주, 하나님으로 믿는 자들은 둘째 사망이 다스리는 권세가 없다는 것을 통해 이 첫째 부활이 무엇을 의미하는지 확실해진 것입니다.

둘째 사망이란 영원한 심판 가운데 죽음을 의미합니다. 우리는 예수님께서 친히 하신 말씀을 통해 첫째 부활과 둘째 부활에 대하여 아주 쉽게 배울 수 있습니다. 예수님은 요한복음 5장에서 "내가 진실로 진실로 너희에게 이르노니 내 말을 듣고 또 나를 보내신 이를 믿는 자는 영생을 얻었고 심판에 이르지 아니하나니 사망에서 생명으로 옮겼느니라 진실로 진실로 너희에게 이르노니 죽은 자들이 하나님의 아들의 음성을 들을 때가 오나니 곧 이때라 듣는 자는 살아나 리라(요 5:24-25)". 이 말씀이 바로 첫째 부활입니다. 주님의 말씀을 들을 때 구원받는 자들, 지금 이 때라고 하면서 첫째 부활을 말씀하십니다. 영적으로 죽은 자들이 하나님의 아들의 말을 들을 때 살아나는 것입니다. 이것이 바로 영적 부활입니다. 하지만 이것으로 끝마치시지 않고 두 번째 부활에 대하여 말씀하십니다. 요한복음 5:28-29입니다. "이를 놀랍게 여기지 말라 무덤 속에 있는 자가 다 그의 음성을 들을 때가 오나니 선한 일을 행한 자는 생명의 부활로, 악한 일을 행한 자는 심판의 부활로 나오리라". 두 번째 부활인 육체의 부활을 말씀하신 것입니다. 우리가 시행하는 세례의 의미 속에는 죽음에 대한 내용도 있지만 죽고 다시 사는 부활의 의미도 있다는 것을 알 수 있습니다. 따라서 성도는 첫째 부활 가운데 살아가는 사람들입니다.

분명한 것은, 누구든지 주 예수 그리스도를 자신의 구주로 믿는 자들은 이 영원한 사망, 둘째 사망 가운데 떨어지지 않는다고 하나님께서 약속하여 주셨다는 것입니다. 그러므로 예수 그리스도를 믿음으로 믿는 첫째 부활에 있는 자들은 예수 그리스도의 제사장이 되어 천 년 동안 그리스도와 더불어 왕 노릇 하는 것입니다(6절).

여기에서 우리는 천 년 동안 그리스도께서 왕으로 통치하신다는 이 말씀의 의미를 다시 한번 확인해야 합니다. 계시록 20장 초반에서 언급한 대로 천 년이라는 이 단어는 기간을 의미하는 것이 아니라 예수 그리스도의 왕적 통치의 상징을 의미한다는 것을 말씀했습니다. '천 년'이라는 이 단어는 아주 많은, 그리고 완벽하게 충만함의 의미를 가진 수입니다. 다시 말해 예수 그리스도께서 천 년 동안 왕으로 통치하신다는 것은 예수 그리스도께서 복음으로 자신의 백성들을 부르시고 세상을 통치하시는 그 기간 동안 구원 사역을 아주 풍성하게 하심으로 사탄이 방해하지 못하고 복음이 이방 땅 끝까지 증거될 것이라는 사실입니다. 이것을 위해 예수님께서 사탄을 천 년 동안 결박하신 것입니다. 그러므로 이 천 년이라는 단어는 예수 그리스도의 복음 사역의 완성을 위한 상징적인 기간을 의미하는 것입니다. 이 기간 동안 예수 그리스도께서 완전히 자신의 백성들을 모으시고 부르실 것입니다. 따라서 우리는 이 기간이 단지 천 년이라는 것을 받아들이지 않습니다. 왜냐하면 이미 천 년이라는 기간은 지났기 때문입니다. 그러나 예수 그리스도의 통치는, 왕적 권세는 천 년이라는 상징적인 시간 안에 계속 지금도 이루어지고 있습니다. 언제 이 기간이 끝날지 아는 사람이 없습니다. 그렇다면 예수 그리스도와 왕 노릇 하는 그리스도인들은 살았든지, 죽었든지 예수 그리스도를 통해 왕으로 세상을 통치하는 것입니다. 지금 우리들도 예수 그리스도와 함께 여전히 왕적 통치를 하고 있는 것입니다. 세상 만국을 왕으로 다스리시는 분은 예수 그리스도이십니다. 그러나 예수 그리스도께서 말씀하시는 하나님의 나라는 세상을 의미하지 않습니다. 하나님의 나라는 바로 교회입니다. 예수님은 자신의 백성들이 교회를 통해 하나님 나라를 다스린다고 하신 것입니다. 하나님의 백성들은 이제 예수 그리스도와 함께 하나님의 나라를 통치할 것이며 이 교회는 세상의 나라와 사람들을 불러 모을 것입니다. 이것이 바로 왕으로 통치한다는 의미인 것입니다.

그러므로 성도는 충분히 이 말씀을 통해 세상 속에서 하나님의 백성으로, 하나님 나라, 즉 교회를 통해 그리스도의 통치 주권을 나타내어야만 하는 것입니다. 하나님께서 사람을 창조하시고 그들에게 명령하신 것이 무엇입니까? 창조 경륜을 통해 하나님께서 요구하신 것은 바로 피조물인 인간들이 하나님의 영광을 위해 삶을 사는 것이었습니다. 이제 새 언약 백성들에게 이것을 요구하시기 위해 예수 그리스도와 왕으로 통치하게 하시는 권세를 주신 것입니다. 예수 믿고 구원받고 천국에 가면 되는 것으로 기독교 신앙을 간단하게 여겨서는 안 됩니다. 예수 그리스도를 통해 구원받은 성도가 이제 하나님의 나라 백성으로 어떻게 세상 속에서 살아야 합니까? 하나님의 창조 목적과 구원 목적을 바르게 이해하고 이웃에게 그 모습을 드러내야 하는 것입니다. 예수 그리스도께서 자신의 백성들에게 이러한 복음의 빛을 드러내는 합당한 삶을 살게 하시기 위해 왕으로 계신 것입니다. 하지만 7절 말씀에, 예수 그리스도의 통치 기간인 천 년이 차면 사탄이 그 결박에서 풀려난다고 합니다. 사탄이 예수 그리스도의 통치 기간 이후 풀려난다는 것 때문에 우리는 불안해 할 필요가 없습니다. 왜냐하면 하나님께서 이 사탄을 천 년 동안 결박하셨기 때문입니다. 결박하실 뿐만 아니라 풀어놓으시는 분이 바로 하나님이십니다. 그렇다면 사탄이 풀려나는 것은 분명 하나님께서 사탄을 통해 하나님 일을 하시기 위함입니다. 사탄이 결박당한 것은 만국을 미혹하지 못하게 하기 위함인데 앞으로 풀려나면 사탄이 하는 일은 만국을 미혹하는 것이 분명할 것입니다.

8절에서부터 사탄은 사방으로부터 이방인들, 불신자들을 모아 그리스도와 교회를 대적할 것입니다. 사탄이 모아들인 백성들을 곡과 마곡이라고 성경은 말씀하고 있는데 이 표현은 이미 구약 에스겔 선지자가 예언한 내용입니다. 곡은 마곡을 다스리는 왕입니다. 이 나라가 주변 이방들과 연합하여 이스라엘을 대적하기 위해 전쟁을 벌인 역사적 사건이었습니다. 계시록 20장에 나오는 이 말씀이 언급된 것은 바로 예수 그리스도와 그의 백성들과 싸움을 하기 위해 사탄이 잠시 풀려나서 세상의 사람들을 미혹하는 일이 일어날 것이라는 말씀입니다. 그러므로 이 말씀은 이제 예수 그리스도께서 마지막 심판의 주로 재림하시기 전에 일어날 일입니다. 주님께서 마지막 심판의 주로 재림하실 때 각 나라와 민족 가운데서 교회를 대적하는 싸움이 일어날 것이고 그 때 많은 사람들이 배교의 길을 갈 것을 말씀하시는 것입니다. 사실 사탄은 세상의 불신자들과 싸우지 않습니다. 사탄은 하나님의 아들을 믿는 사람들을 넘어뜨리기 위해 유혹하고 미혹하는 것입니다. 우리 주변에 많은 이단들이 있습니다. 신천지, 여호와의 증인, 안상홍 하나님의 교회 등등, 이런 이단들이 하는 일이 무엇입니까? 가장 먼저 기존 교회를 다니고 예수 그리스도를 믿는 성도들을 미혹하는 것입니다. 이런 일들이 마지막 심판 때에 아주 극렬하게 일어날 것입니다. 예수 그리스도께서 천 년 동안 왕으로 통치하는 기간이 막을 내리고 심판주로 오실 때, 그 때 사탄은 분명 성도들을 미혹할 것입니다. 그런데 사탄이 무엇을 가지고 미혹하겠습니까? 그것은 다름 아닌 예수 그리스도의 피의 복음을 부인하게 하는 것입니다. 예수 그리스도를 믿는 믿음을 부인하고 다른 복음을 따라가게 할 것입니다. 지금 사도 요한 당시 1세기 그리스도인들에게 사탄이 자행하고 있었던 미혹의 방식이 바로 예수 그리스도를 믿는 그 믿음에서 돌이키게 하는 것이었습니다. 더 나은 종교가 유대교라고 그렇게 주장하고, 자신들에게는 여전히 예루살렘의 성전이 있고, 대제사장이 있고, 피의 제사가 있다는 것을 통해 성도들을 유혹하였던 것입니다. 더구나 그리스도를 버리고 돌아오면 일상생활에서 어려움이 없는 삶을 살 수 있도록 좋은 직장도 주고 원하는 물건도 쉽게 구할 수 있을 것이라고 유혹하였던 것입니다. 마지막 심판의 때에 여전히 주님은 믿음을 볼 것입니다. 주님께서 당신의 제자들에게 마지막 심판 때에 믿음을 볼 것이라고 하신 그 말씀이 그 때나 앞으로 사탄이 결박에서 풀려나 성도들을 미혹할 때 믿음을 가장 중요하게 여기실 것이 분명한 것입니다.

어떻게 보면 이러한 사탄의 강한 유혹은 이미 시작되었을지도 모릅니다. 예수 그리스도께서 천 년 동안 왕으로 통치하시는 그 기간이 언제까지인지는 정확하게 알 수 없습니다. 하지만 우리가 살아가는 이 시대가 어쩌면 그 통치의 기간의 끝일 수도 있다는 생각을 하는 것은 그렇게 잘못된 것이 아닙니다. 왜냐하면 언제나 교회와 성도는 깨어 있어야 하기 때문입니다. 이미 세상은 교회를 향해 배타적이라고 경멸하고 있습니다. 다른 종교에도 구원이 있다고 하면서 예수 그리스도의 피의 십자가를 무력하게 만들고 있습니다. 삼위일체 교리도 이제는 신학교에서 중요하게 가르치지 않습니다. 예수 그리스도를 믿고 구원받는 이 신앙이 잘못되었다고 가르칩니다. 이제는 인간의 행위가 더해져야 참된 구원이 이루어진다고 주장합니다. 하나님의 법이 무시당하고 인간의 생각과 주장이 교회를 다스리고, 신앙의 원리가 아닌 힘의 원리로 교회가 운영되고 있는 실정입니다. 이제 교회도 돈이면 다 할 수 있다는 배금주의 사상에 이미 물들어 조직화되어 있습니다. 언제까지 예수 그리스도의 피의 십자가를 붙잡고 살아가야 하는지? 오히려 비난하고 있습니다. 교회도 이제는 스마트하고 세련되게, 세상의 한 조직처럼 그렇게 서로 사랑하고 협동하자고 하는 소리에 무너지고 있는 것입니다. 하나님의 창조 경륜을 무시하는 동성애자들이 목사 안수를 받고 교회 강단에서 말씀을 전하고 있습니다. 작금의 시대를 살아가고 있는 우리들은 충분히 이러한 일들을 통해 사탄이 하나님의 아들을 믿는 그 믿음을 대적하고 있는 것을 봅니다. 그래서 우리는 우리가 사는 시대가 혹시 사탄의 결박이 풀려난 시대인 것처럼 여길 수 있습니다. 하지만 우리는 아직 미래를 살아보지 못하고 있습니다. 하루하루 새로운 날이 우리에게 주어지면 그 날을 성실하고 진실되게 살 뿐입니다. 어쩌면 앞으로 우리들에게, 또는 우리 후손들이 살아가는 시대 속에서 여전히 사탄의 이러한 유혹과 미혹은 더 강하게 일어날 것입니다. 그러므로 언제 주님께서 재림하시는지는 알 수 없습니다. 그리고 언제 예수 그리스도의 천 년 왕적 통치가 끝나는지 알 수 없습니다. 그러므로 우리는 늘 깨어 있어야 합니다.

분명한 것은 사탄이 잠시 놓임을 받는다고 해도 사탄의 종국은 결국 영원한 사망 가운데 처할 것입니다. 마귀는 결국 유황불에 던져지고 말 것입니다. 그곳에는 이미 사망의 심판을 받은 거짓 선지자들과 짐승이 있습니다. 그리스도의 교회와 성도들을 괴롭혔던 유대주의자들과 이방의 권세자들이 영원한 죽음을 당한 그곳으로 사탄도 던져질 것입니다. 그러므로 성도들은 두려워 할 필요가 없습니다. 잠시 사탄이 풀려나 활개를 쳐도 그 끝은 영원한 사망 가운데 처하는 것입니다.

사랑하는 성도 여러분!
모든 인류는 자신들의 이름이 기록된 책이 있습니다. 하지만 예수 그리스도를 믿는 자녀들은 이미 그 이름이 생명책에 기록되었습니다. 죽은 자들, 그리스도를 믿지 않은 자들은 자신들이 행한 대로 심판을 받을 것입니다. 그러나 성도들은 생명책에 자신들의 이름이 기록되어 있어 보존을 받고 영원한 생명 가운데 거할 것입니다. 마지막 하나님의 보좌에서 내려지는 심판은 사망과 음부도 그 끝을 당하는 날입니다. 더 이상 사망이 왕 노릇 하지 못하고 사라지게 됩니다. 예수 그리스도께서 재림하셔서 모든 것을 다 심판하십니다. 그런데 생명책에 기록되어 있지 않은 자들은 영원한 불 못에 던져집니다. 우리의 이름이 어디에 기록되어 있습니까? 저와 여러분들의 이름은 어디에 있습니까? 생명책에 있습니까? 아니면 다른 책에 있습니까?

사도 바울은 빌립보서 4:3에서 복음에 함께 힘쓰던 동역자들의 이름이 생명책에 기록되어 있다고 증언하고 있습니다. 누구든지 주 예수 그리스도를 믿으면 그 이름이 생명책에 기록됩니다. 저와 여러분들의 이름이 이미 하나님께서 기록하신 생명책에 있다는 것을 믿어야 합니다. 왜냐하면 그 책에는 오직 어린 양의 피로 구원받은 자들이 녹명되었기 때문입니다. 우리는 계시록 20장의 말씀을 통해 하나님께서 자신의 백성들을 얼마나 사랑하시는지를 아주 분명하게 알 수 있습니다. 1세기 성도들뿐만 아니라 그 후의 모든 시대 속에서 하나님의 아들을 믿는 자들을 기억하시고 부르시고 앞으로 어떤 미래가 펼쳐진다고 할지라도 여전히 동일한 방식으로 하나님의 백성들을 구원하실 것입니다. 하나님은 여전히 자신의 아들의 피를 믿는 사람들을 구원하십니다. 예수 그리스도의 피가 생명이고 구원입니다. 이것을 믿으면 구원을 받고 영생을 받습니다. 이것을 확증하기 위해 하나님께서 옛 성전, 예루살렘 성전을 불로 다 태워 버리신 것입니다. 더 이상 구약의 제사와 동물의 피의 제사로 사람이 구원받을 수 없다는 것을 가르쳐 주십니다. 이제 우리에게는 오직 예수 그리스도이고, 오직 믿음이며, 오직 성경입니다. 종교개혁 500주년을 기념하는 올해, 저와 여러분들의 삶에 하나님의 영광이 나타나기를 바랍니다. 아멘.

새 하늘과 새 땅은 영적 이스라엘과 교회이다

(계 21:1-8)

초대교회 교부인 아타나시우스와 일부 교부들이 요한계시록에 대하여 언급하기를, 구약성경을 바르게 이해하고 있다면 계시록은 쉬운 성경이라고 말하였습니다. 정말로 그렇다는 것을 우리가 지금까지 계시록의 말씀을 들으면서 인정할 수 있었습니다. 사람들은 마치 자신들이 아는 것이 진리인 줄로 당연하게 여기고 있습니다. 우리가 진리를 확증하는 기준은 오직 성경에서 말씀하는 것만 진리로 받아들이는 것입니다. 대부분의 많은 사람들은 요한계시록의 말씀을 제대로 배운 적이 없으면서도 아주 잘 아는 것처럼 말하고 있습니다. 우리는 천년 왕국이라는 예수 그리스도의 지상 통치가 없다는 것을 교부들이 이미 증언하였고 교회가 받아들이지 않았다는 것을 역사적으로 이제 배워 알았습니다. 이전에는 천년 왕국이 정말 지상에서 일어나는 것인 줄 알았습니다. 왜 우리는 성경에도 없는 가르침을 이처럼 쉽게 믿고 있는 것입니까?

오늘 우리가 또 쉽게, 아주 쉽게 단 한 번도 의심하지 않고 받아들인 새 하늘과 새 땅에 대한 말씀을 듣지 않을 수가 없습니다.

우리는 새 하늘과 새 땅이라는 이 말씀을 들을 때면 단적으로 새로운 하늘과 새로운 땅에 대해 항상 천국을 생각합니다. 지금 성도들이 살아가는 지상은 완전한 곳이 아니기 때문에 예수 그리스도께서 재림하시면 새로운 장소에서 성도들이 살 것이라는 소망 때문입니다. 물론 우리는 새롭게 재창조된 곳에서 영원히 하나님을 찬양하며 경배하면서 살 것입니다. 하지만 오늘 사도 요한이 보고 있는 새 하늘과 새 땅에 대한 언급은 여전히 지상에서 살고 있는 성도들에게 주 예수 그리스도를 믿는 믿음이 얼마나 위대한 신앙인지를 상징적 단어를 사용하면서 단적으로 말씀하고 있다는 것을 우리는 알아야 합니다.

문자적으로 새 하늘과 새 땅이라고 하면 대부분의 사람들이 생각하는 새로운 장소가 될 것입니다. 하지만 여기에 사용된 "새로운"이라는 말의 헬라어 원어는 질적으로 새롭게 되었다는 의미를 가진 말입니다. 역사의 시간이 마지막으로 종결되고 새로운 시간으로 시작되는 하늘과 땅이 아니라 질적으로 새로운 하늘과 새로운 땅이 된 것입니다. 이것을 아주 잘 설명해주는 구약의 선지자가 있습니다. 바로 이사야 선지자입니다. 이사야는 메시아가 통치하는 나라를 새 하늘과 새 땅으로 묘사했습니다.

"보라 내가 새 하늘과 새 땅을 창조하나니 이전 것은 기억되거나 마음에 생각나지 아니할 것이라 너희는 내가 창조하는 것으로 말미암아 영원히 기뻐하며 즐거워할지니라 보라 내가 예루살렘을 즐거운 성으로 창조하며 그 백성을 기쁨으로 삼고 내가 예루살렘을 즐거워하며 나의 백성을 기뻐하리니 우는 소리와 부르짖는 소리가 그 가운데에서 다시는 들리지 아니할 것이며 거기는 날 수가 많지 못하여 죽는 어린이와 수한이 차지 못한 노인이 다시는 없을 것이라 곧 백 세에 죽는 자를 젊은이라 하겠고 백 세가 못 되어 죽는 자는 저주 받은 자이리라 그들이 가옥을 건축하고 그 안에 살겠고 포도나무를 심고 열매를 먹을 것이며... 이리와 어린 양이 함께 먹을 것이며 사자가 소처럼 짚을 먹을 것이며 뱀은 흙을 양식으로 삼을 것이니 나의 성산에서는 해함도 없겠고 상함도 없으리라 여호와께서 말씀하시니라(사 65:17-25)".

    이사야 선지자의 이 말씀은 영원한 천국을 표현한 말씀이 아닙니다. 새로운 예루살렘의 통치를 의미한 것입니다. 선지자의 말씀 가운데 여전히 사람들은 죽음을 맞이합니다. 사람들은 집을 짓고 농사를 지으면서 살 것입니다. 그리고 자식을 낳습니다. 이러한 이사야 선지자의 증언은 구원의 축복을 의미하고 있습니다. 하나님께서 이스라엘 백성들에게 신명기 28장에 축복을 말씀하신 그 내용입니다. 그러므로 사도 요한이 새 하늘과 새 땅을 말할 때 그 의미는 가장 먼저 구원의 축복을 상징적으로 말하고 있는 것입니다.
    구약의 참 선지자들은 메시아가 오셔서 통치하시는 나라에 대한 묘사를 자주 이스라엘 백성들에게 전했습니다. 여호와 하나님이 오셔서 새 하늘과 새 땅을 지어 이스라엘 자손들과 함께 있을 것이라고 말씀하였습니다(사 66:22). 그렇다면 새 하늘과 새 땅은 상징적으로 하나님께서 새로운 자기 백성들과 함께하신다는 의미인 것입니다. 그러면 지금 사도 요한이 보고 있는 새 하늘과 새 땅, 그리고 처음 하늘과 처음 땅이 없어졌다는 의미는 아주 분명하게 하나님의 복음과 심판을 통해 이루어지는 예수 그리스도의 통치의 시작을 의미하는 것입니다. 여기에 처음 하늘과 처음 땅이란 바로 옛 언약 백성들인 이스라엘 자손들입니다. 이들은 이제 지상에서 사라지고 없어질 것입니다. 왜냐하면 그들은 하나님의 아들을 죽였고, 복음을 거부하였기 때문입니다. 하늘은 언제나 하나님께서 계시는 곳을 상징하였습니다. 하나님께서 이스라엘 백성들을 보시고, 그들의 기도를 들으시고, 그들과 함께 하는 곳이었습니다. 그런데 이제는 처음 하늘이 없어졌습니다. 더 이상 하나님께서 육적 이스라엘 백성들과 함께 하시지 않는다는 것입니다. 기도를 해도 하늘에서 듣지 않을 것이며, 제사를 드려도 하늘에서 받지 않을 것입니다. 그래서 처음 하늘이라고 하는 것입니다.

처음 땅은 당연히 이스라엘 민족을 의미합니다. 이들은 이제 지상에서도 없어질 것입니다. 또한 바다도 없어졌다는 것은 이방 나라를 의미하는 로마 제국도 사라질 것이라는 예언적 심판의 말씀입니다. 따라서 주님께서 사도 요한에게 보여주고 있는 새 하늘과 새 땅은 이제 새로운 영적 이스라엘 백성들과 함께하시는 예수 그리스도의 왕적 통치를 의미하는 것입니다. 이제 새 하늘과 새 땅은 지상에 존재하는 어떤 특별한 장소가 아닙니다. 하나님께서 새롭게 창조하신다는 것은 교회를 의미합니다. 교회를 세우시고, 교회를 통해 자신의 백성들을 불러 모으실 것입니다. 새 하늘과 새 땅에 살아가는 백성들은 오직 하나님의 아들이신 예수 그리스도를 믿는 자들이 될 것입니다. 새 하늘과 새 땅은 미래의 일어날 일이면서도 아주 실질적인 현재에 해당되는 일입니다. 믿음 때문에 고난당하는 성도들에게, 새 하늘과 새 땅을 창조하시고 그들과 함께하시는 하나님이 바로 주 예수 그리스도이심을 1세기 성도들에게 말씀해주고 있습니다. 이것을 분명하고도 확실하게 보여주시기 위해 하늘에서 새 예루살렘이 하나님께로부터 내려오고 있다는 것을 계속 말씀하시는 것입니다.

새 하늘과 새 땅에 대한 말씀을 좀 더 구약 성경에서 찾을 필요가 있습니다. 우리는 새 하늘과 새 땅이 앞으로 일어날 어떤 새로운 형태의 세계라는 생각에서 벗어나지 못하고 있습니다 예레미야 선지자는 하나님의 언약을 파괴하고 우상을 숭배하는 이스라엘 백성들을 향해 하나님의 심판이 임할 것이라고 말했습니다. 그러나 하나님은 여전히 이스라엘과 맺은 그 언약을 신실하게 지키기 위해 다시 그들을 세우시고 함께하실 것이라고 말씀해줍니다. 이러한 새로운 이스라엘을 이루시기 위해 말씀하신 그 내용이 오늘 우리가 읽은 말씀에 나타나고 있습니다. 계시록 6장에서 이미 육적 이스라엘은 심판을 받아 해는 검게 되고 달은 온통 피같이 되며 하늘의 별들이 덜 익은 무화과의 열매처럼 떨어지고 하늘은 두루마리가 말리는 것같이 떠나갈 것이라고 하였습니다. 하늘 그 자체도 종잇장처럼 말려 떠나간다고 합니다. 또한 계시록 8장에서는 하늘과 땅이 심판을 받아 황폐하게 되었다고 말씀하고 있습니다. 그리고 계시록 16장에는 대접에서 쏟아지는 재앙으로 하늘과 땅이 파괴되고 사라질 것이라고 합니다.

여기에서 우리는 이미 하늘과 땅, 즉 이스라엘을 위해 처음부터 그들에게 주신 하늘과 땅이 어떤 의미를 가지고 있었는지 알 수 있습니다. 출애굽 당시 하나님께서 모세를 통해 이스라엘을 불러 새로운 땅으로 인도하였습니다. 구약의 바다였던 애굽은 파괴되고 멸망을 당하였습니다. 그리고 하나님께서 이스라엘 백성들과 함께 항상 임재해 계신다는 상징물로 성막을 모세에게 보여주어 그대로 짓게 하였습니다. 모세가 지은 성막은 하늘의 모형이었습니다. 결국 이 하늘의 모형이 솔로몬을 통해 성전으로 지어졌고, 결국 예루살렘 성전은 하늘의 상징이었습니다. 이러한 모든 것을 이스라엘 백성들에게 주었습니다. 그런데 이스라엘은 하나님의 언약을 버렸습니다. 그것은 언약의 실체이신 예수 그리스도를 버린 것입니다. 하나님의 아들을 십자가에 죽이고, 교회와 성도들을 잔멸시키기 위해 바다로 비유되는 로마 제국과 영적 간음을 하였습니다. 결국 하나님께서 처음 하늘과 처음 땅으로 삼으신 이스라엘과 예루살렘을 파괴시키고 사라지게 하신 것입니다. 그것이 바로 A.D. 70년에 일어난 전쟁과 학살로 그 끝을 맺은 것입니다. 다시 말해서 구약의 이스라엘은 이제 완전히 지상에서 사라지게 된 것입니다.

그러나 하나님께서는 이미 자신의 아들이신 예수 그리스도를 통해 구원하시는 백성들을 남겨 두셨습니다. 그들이 바로 성도들입니다. 이들이 모여 예배하는 곳이 교회이고 새 이스라엘 백성들인 것입니다. 새로운 이스라엘 백성들에게 새 하늘과 새 땅을 주십니다. 그래서 하늘에서 새 예루살렘성이 신랑을 위해 단정한 것처럼 내려오고 있습니다. 바로 교회를 상징합니다. 아들의 피로 사신 하나님의 교회가 이제 새 하늘이 되었습니다. 새 예루살렘 성이 지상에서 세워질 것입니다. 그러나 이 새 예루살렘은 어떤 한 지역에 국한되지 않습니다. 이제 이 새 예루살렘은 모든 세상 땅 끝까지 세워질 것입니다. 하나님께서 자신의 백성들과 계속 함께하실 것입니다. 바로 교회를 통해서입니다.

3절 이하의 말씀은 하나님께서 구약의 이스라엘 백성들과 언약을 맺을 때 사용하신 아주 분명한 말씀입니다. 하나님은 이제 땅에 있는 이스라엘을 버리시고 아들의 피를 믿는 성도들과 새로운 언약을 맺으셨다는 것을 선포하고 있습니다. 하나님께서 이제 누구와 함께하십니까? 오직 예수 그리스도를 믿는 자들과만 함께하십니다. 하나님의 참된 백성은 오직 예수 그리스도를 자신의 구주로 믿는 자들입니다. 우리는 여기에서 잠시 하나님의 사랑과 은혜와 위로가 1세기 당시 그리스도인들에게 엄청난 용기를 주는 말씀이라는 것을 다시 한 번 또 믿어야 합니다. 누가 하나님의 백성인가? 고난당하여 순교로 죽어가고 있는 자신이 과연 하나님의 백성인가? 예수를 믿는 것이 정말 구원을 주시는 길인가? 이러한 질문을 갖지 않은 자들이 없었을 것입니다. 사도 바울도 복음을 전하는 것 때문에, 수많은 고난과 역경 때문에 살아야 한다는 소망도 끊어졌다고 한 적이 있습니다. 하지만 하나님께서 사도 요한에게 가장 확실한 증표를 이제 곧 보여 주실 것입니다. 조금만 인내하면 이스라엘이 심판을 받고 예루살렘이 불에 타 버리고 로마의 통치자들도 죽어 나갈 것입니다. 왜냐하면 하나님께서 교회를 새 예루살렘으로 삼으셨기 때문입니다. 그리고 성도들을 자신의 참된 백성으로 삼으셨기 때문에 심판을 행하실 것입니다.

우리가 이러한 시각으로 베드로후서 3:10-14을 다시 한번 읽어 보면 그 말씀이 얼마나 잘 해석해주는 말씀인지 알 수 있습니다. 베드로도 새 하늘과 새 땅을 바라본다고 하였습니다. 고난 속에서도 믿음을 가지고 하나님께서 자신들을 위해 심판하시는 그 날을 간절히 사모하라고 합니다. 그 날에 하늘이 불에 타서 풀어지고 물질이 뜨거운 불에 녹아지지만 성도들은 새 하늘과 새 땅을 바라본다고 하였습니다.

하지만 대부분의 사람들은 이 말씀을 읽으면서 이 세상의 종말을 의미하는 것으로 받아들입니다. 저 또한 그렇게 알고 있었습니다. 우리가 얼마나 어리석은지 그 시대를 이해하지 못하면 이렇게 하나님의 말씀을 우리 마음대로 읽고 그것이 맞는 것으로 착각하는 것입니다. 베드로 사도가 말하는 이 말씀의 배경은 그 시대에 하나님의 말씀을 믿지 않는 유대인들에게 하나님의 심판이 있을 것을 말하는 부분입니다. 주님의 강림하심에 대하여 믿지 않는 자들에게 베드로는 구약의 노아 홍수의 심판을 통해 물로 죽임을 당한 것처럼 예수 그리스도를 믿지 않는 자들인 유대인들에게 하늘에서 내려지는 불로 심판을 받을 것이라고 경고한 것입니다.

그러므로 모든 사도들은 이미 하나님의 심판의 말씀이 이스라엘과 유대인들과 그리고 로마 제국에 내려질 것을 모두 믿고 있었습니다. 또한 성도들도 그 날을 사모하고 있었던 것입니다.

참된 신앙과 믿음이란 이렇게 하나님의 말씀을 믿는 것입니다. 하나님의 말씀을 믿는 자들에게 하나님께서 복을 주십니다. 지상에서 예수를 믿는 그 신앙 때문에 고난과 역경을 당하지만 하나님은 그들의 눈에서 눈물을 닦아 주실 것입니다. 이 약속의 말씀은 이미 모든 성도들이 누리고 살아가고 있습니다. 예수 그리스도를 자신의 구주로 믿는 자녀들은 첫째 부활의 신앙 가운데 살고 있기 때문입니다. 우리는 예수를 믿음으로 영원한 생명을 받았습니다. 비록 죽음이 우리에게 남아 있지만 죽어도 살겠고, 살아서 믿는 자는 영원히 죽지 않을 것입니다. 성도에게 가장 위대한 축복은 바로 하나님이 자신들과 함께하시는 것입니다. 하나님은 자신의 아들을 믿는 그 믿음 때문에 고난당하는 자녀들을 축복해 주십니다. 비록 고난이 없다고 해도 주 예수 그리스도를 믿는 자들을 사랑하십니다. 분명한 것은 이제 새로운 이스라엘은 예수 그리스도를 믿는 백성들이며 새 예루살렘도 교회라는 것을 잊어서는 안 됩니다. 우리의 생각 속에 "새 하늘과 새 땅"은 지금 우리들이 교회를 이루고 살아가는 곳이라는 것을 기억해야 합니다. 물론 완전한 새 하늘과 새 땅을 소망하면서 말입니다. 새 하늘과 새 땅인 새로운 이스라엘과 교회는 비록 여전히 지상에서 불완전하지만 하나님께서 자신의 백성들과 함께하시니 그곳이 바로 새 하늘과 새 땅이 된 것입니다. 이것을 위해 예수 그리스도께서 부활하여 하늘로 승천하신 것이고, 성령께서 지상에 오신 것입니다.

예수 그리스도께서 육적 이스라엘을 심판하시고 새로운 영적 이스라엘을 세우시면서 만물을 새롭게 하셨습니다. 이제 모든 것을 다 이루셨다고 하십니다. 다시 한번 십자가에서 죽음을 당하실 때 말씀하신 그 말씀대로 모든 하나님의 일을 다 이루신 것입니다. 이제는 알파와 오메가이신 예수 그리스도를 믿으면 영원한 생명을 받습니다. 믿음은 값없는 것입니다. 하지만 이 믿음이 얼마나 귀한 것인지 알아야 합니다. 이 귀한 믿음, 주 예수 그리스도를 믿는 믿음을 우리는 선물로 받았습니다. 자신의 십자가 죽음을 통해 구원의 길을 확정하시고 다 이루신 예수님께서 이제는 자신 때문에 고난당하고 죽음당하는 성도들을 위해 옛 이스라엘을 심판하시고 예루살렘을 파괴시켜 오직 예수 믿는 믿음으로 구원을 받는다는 것을 또 다시 이루어 주신 것입니다. 이기는 자는 바로 예수를 자신의 구주로 믿는 자입니다. 신천지의 L씨가 자신이 이긴 자라고 하며 이 말씀을 가지고 사람들을 미혹하고 있습니다. 하지만 이긴 자는 당대의 그리스도인들이며 저와 여러분 우리 모두입니다.

사랑하는 성도 여러분!
우리는 성경의 말씀을 통해 무엇을 믿고 확신하고 의지합니까? 하나님께서 말씀으로 온 우주 만물을 창조하시고 그분의 아들을 통해 자신의 백성들을 부르시고 함께하신다는 이 약속의 말씀을 너무 하찮은 것으로 받아들여서는 안 됩니다. 하나님께서 자신의 백성들을 위해 어떤 일을 하셨는지 우리 앞에 세상 역사가 펼쳐 보여지고 있습니다. 십자가의 죽음과 부활, 이스라엘의 심판과 멸망, 로마 제국의 파멸 등 이러한 역사적 신앙을 우리에게 보여주신 것은 다름 아닌 하나님의 심판은 반드시 언젠가는 이 모든 세상 가운데 일어난다는 것입니다. 성도는 늘 예수 그리스도의 재림을 사모하며 소망해야 합니다. 주님께서 다시 강림하실 것을 믿고 두려움과 떨림으로 우리에게 이루어 주신 구원을 이루며 살아야 합니다. 아멘.

하늘에서 내려온 예루살렘은 교회다

(계 21:9-27)

유대 역사가 요세푸스의 증언에 따르면 네로 황제의 뒤를 이어 A.D. 132년 하드리아누스 황제가 예루살렘 성전을 건축하라는 명령을 내리자 유대인들은 A.D. 70년에 파괴된 예루살렘 성전을 다시 건축하기 위해 어마어마한 성전 건축 자금을 모았다고 합니다. 그런데 하드리아누스가 자신이 신의 아들이라며 황제 숭배를 명령하면서 예루살렘에 주피터 신상을 만들라고 하자 유대인들은 분노하여 성전 건축을 위해 모은 그 자금을 다시 로마군과 전쟁을 하는 데 사용하였다고 합니다. 이 때 유대군을 이끈 사람이 바르코크바입니다. 바르코크바가 제2차 유대전쟁을 일으켰습니다. 결국 바르코크바는 로마 군대를 물리치고 예루살렘 성을 탈환하였습니다. 이 사건으로 유대인들은 바르코크바가 그들이 기다려온 메시아가 아닌가 의심하였고 당시 최고의 랍비인 아키바가 바르코크바를 메시아로 인정하자 모든 유대인들이 바르코크바를 메시아로 믿게 되었습니다. 그런데 여기에 나사렛파 사람들은 이 바르코크바를 메시아로 믿을 수 없었습니다. 왜냐하면 나사렛파 사람들은 예수님을 메시아로 이미 믿고 있었기 때문입니다. 유대인들은 나사렛파를 이단으로 여기고 있었지만 자신의 조국을 위해 로마 군대와 싸우는 나사렛파 사람들을 같은 백성으로 여기고 있었습니다. 하지만 나사렛파 사람들은 결국 바르코크바를 떠났습니다. 하드리아누스 황제는 더 이상 이 일을 용납할 수 없어 모든 로마 군인들을 동원하여 예루살렘을 완전히 초토화시키기 위해 유대 민족을 향해 군대를 보내게 됩니다. 이 로마 군대가 유대 땅에 들어가면서 90여 개 이상의 모든 동네와 마을을 전부 쓸어 버렸는데, 이때 어린아이와 노인들도 다 죽었습니다. 그리고 더 이상 유대 민족을 인정하지 않기 위해 팔레스타인이라는 명칭을 사용하여 유대가 아닌 팔레스타인이 된 것입니다. 우리가 알고 있는 팔레스타인은 구약의 블레셋 민족을 의미하는 것입니다. 그러므로 지상에서는 유대 민족과 유대인들이 사라지고 그들이 거주하였던 땅도 없어졌으며, 예루살렘도 불에 완전히 타버리고 그 모습은 더 이상 찾아 볼 수가 없게 되었습니다.

우리는 유대 역사가 요세푸스의 책을 통해 아주 귀한 것을 확신할 수 있습니다. 지상에는 더 이상 예루살렘 성이 존재하지 않는다는 것입니다. 누가 이 일을 하신 것입니까? 다름 아닌 전능하신 하나님께서 자신의 아들을 통해 구원을 주시는 완전한 사역을 증거하시기 위해 지상의 예루살렘 성이 더 이상 남아 있을 필요가 없게 하신 것입니다. 지금 우리가 읽은 본문의 말씀에서 사도 요한이 보고 있는 새 예루살렘 성은 하늘에서 내려오고 있는 완전한 하나님의 성이라는 사실입니다. 지상에 있었던 예루살렘 성이 아니라 하늘에서 내려오는 거룩한 성 예루살렘을 보고 있습니다. 시간상으로는 아직 지상에 있는 예루살렘 성은 파괴되지 않았지만 곧 있으면 위의 역사가의 진술처럼 그렇게 끝이 나고 사라질 것입니다. 그런데 하나님께서 사도 요한에게 이처럼 하늘에서 내려오는 예루살렘 성을 보여주시는 이유가 어디에 있겠습니까?

지난번에 말씀드렸던 것처럼 하나님께서 육적 이스라엘을 통해 이방을 구원하시는 것이 아니라 영적 이스라엘 백성들, 즉 교회를 통해 모든 민족에게 복음을 증거하게 하시고 그곳에서 자신의 백성들을 구원하시기 위해 새 하늘과 새 땅을 창조하신 것입니다. 그러므로 처음 하늘과 처음 땅이었던 이스라엘은 완전히 사라지고 그 존재도 없어지게 하신 것입니다. 이제는 새 하늘과 새 땅인 하나님의 교회와 성도들이 새로운 나라의 백성들이 된 것입니다. 마지막 일곱 대접을 가지고 나온 천사가 사도 요한에게 어린 양의 신부를 보여주겠다고 하신 이 말씀에서 우리는 교회를 통한 하나님의 새 창조 역사를 볼 수 있습니다.

어린 양의 신부가 누구입니까? 이 질문에 머뭇거리는 사람이 없을 것입니다. 그것은 분명 예수 그리스도를 믿는 자녀들이며 그들이 모인 교회를 신부라고 우리는 믿습니다. 계시록 21장 10절 이하부터 나오는 상징적인 말씀은 다른 것이 아니라 어린 양의 신부인 교회를 상징적으로 가르쳐 주는 말씀입니다. 문자주의자들은 12,000 스타디온이라는 숫자에 상당한 관심을 가지고 이렇게 저렇게 해석을 합니다. 하지만 이것은 지성소의 정육면체를 의미하는 상징적인 단어입니다. 뿐만 아니라 많은 보석들과 문들과 12지파와 12사도들이 다시 나오고 있습니다. 이 모든 것들은 새 예루살렘 성의 구조와 재료들에 대하여 상징적으로 말씀하고 있는 것입니다.

다시 한번 새 예루살렘 성의 모양을 말씀대로 정리하면 이렇습니다. 크고 높은 성벽이 있는데, 성 안으로 들어갈 수 있는 열두 개의 문이 있습니다. 그리고 이 문에는 열두 천사가 있는데, 각 성문에 한 천사가 지키고 있습니다. 그리고 열두 성문에는 이스라엘 자손, 열두 지파의 이름이 기록되어 있습니다. 그리고 사도 요한은 열두 개의 문이 동서남북에 각각 세 개씩 구성되어 있다고 말합니다. 그러니까 나중에 자세히 보게 되겠지만, 예루살렘 성은 정사각형인데, 문이 동쪽에 세 개, 서쪽에 세 개, 남쪽에 세 개, 북쪽에 세 개 등 이렇게 모두 12개의 문이 있는 것입니다. 그리고 마지막으로 사도 요한은 그 성에 모두 12개의 기초석이 있는데, 그 위에 어린 양의 12 사도의 이름이 기록되어 있는 것을 보았습니다. 지금 말씀대로 언급된 새 예루살렘 성을 우리는 어느 정도 그림으로 생각할 수 있습니다. 하지만 이 새 예루살렘 성은 실제 땅에 있었던 그런 예루살렘 성처럼 사람이 만들 수 있는 성이 아닙니다. 지금 새 예루살렘 성은 진짜 성이 아니라 어린 양의 신부 곧 교회를 상징하고 있습니다. 여기에서 중요한 것은 이 성에 12개의 문이 있고, 동시에 12개의 기초석이 있다는 것입니다. 이것이 무엇을 의미하는 것입니까? 12개의 문은 이스라엘의 열두 지파를, 12개의 기초석은 12사도의 이름입니다. 즉 신구약의 모든 하나님의 백성들을 의미하는 것입니다.

우리가 여기에서 반드시 알아야 하는 신앙적 교리가 있습니다. 그것은 하나님께서 자신의 언약을 계속해서 이어가고 계시다는 사실입니다. 구약에 아브라함과 모세와 그리고 다윗과 솔로몬뿐만 아니라 참 선지자들을 통해 말씀하신 하나님께서 그 언약을 결국 신약 교회의 성도들에게까지 동일하게 이어가게 하시고 있다는 사실입니다. 우리는 여기에서 예수 그리스도의 십자가 사역이 얼마나 위대한지를 분명히 고백해야 합니다. 예수 그리스도의 십자가가 그 중심에 서 있기 때문에 구약과 신약의 말씀이 서로 다른 말씀이 아니라 동일한 하나님의 말씀으로 이어지고 있는 것입니다. 구약 백성들은 믿음으로 구원을 받으며, 신약의 백성들도 믿음으로 구원을 받습니다. 구약은 그 빛이 희미하지만 여전히 하나님의 말씀을 믿는 그 믿음으로, 신약 백성들은 아주 분명한 빛이신 예수 그리스도를 보고 믿음으로 구원을 받는 것입니다. 비록 지상에는 더 이상 예루살렘 성이 존재하지 않을 것이지만 하늘에서 내려오고 있는 새 예루살렘은 영원히 존재할 것입니다. 왜냐하면 하나님의 어린 양의 신부이기 때문입니다. 이 거룩한 신부에 대하여 신랑 되시는 예수 그리스도께서 얼마나 사랑하시고 그 신부를 아름답게 치장하여 주시는지 우리는 말씀을 통해 보는 것입니다.

신랑의 신부가 되는 교회에 대하여 사도들이 한결같이 증언한 말씀이 동일하다는 것을 우리는 알 수 있습니다. 예수님께서 베드로에게 참된 신앙의 고백 위에 교회를 세우시겠다고 하신 그 말씀과 지금 12사도의 기초가 서로 연관되고 있습니다. 교회는 선지자들과 사도들의 터 위에 세워집니다. 새 예루살렘 성의 기초석은 바로 사도들입니다. 다시 말해서, 신약의 교회는 사도들의 터 위에 건설되었습니다. 그러면, 사도들이 놓은 터는 무엇입니까? 그것은 한 마디로 예수 그리스도이십니다. 사도들은 예수 그리스도라는 기초를 놓고, 그 위에 교회를 세운 것입니다. 사도들은 예수 그리스도에 대하여, 그리고 성부와 성자와 성령에 대하여 터를 놓았습니다. 예수 그리스도와 모든 사역에 대한 가르침을 놓은 것입니다. 오늘날 모든 하나님의 백성들이 삼위일체 하나님과 예수 그리스도에 대한 사역과 믿음을 고백할 수 있는 것은 사도들이 이러한 터 위에 교회를 세웠기 때문입니다. 사실 사도들이 교회를 세운 것이 아니라 주님께서 세우셨지만 결국 사도들을 통해 교회를 세운 것입니다. 하지만 사도들이 세운 터는 새로운 것이 아니었습니다. 이미 구약의 선지자들도 터를 놓았습니다. 이미 구약에 선포된 하나님의 터가 사도들에 의해 놓이게 된 것입니다. 선지자들은 그림자를 보여주었지만 사도들은 실체를 선포한 것입니다. 그러므로 구약과 신약은 예수 그리스도 안에서 이어지고 있는 것입니다. 사도 요한이 보고 있는 이 예루살렘 성이 바로 이것입니다. 새로운 영적 이스라엘인 교회를 보고 있는 것입니다.

그렇다면 영적 이스라엘인 교회의 모양과 그 의미는 무엇입니까? 15절 이하를 보면 천사가 측량하는 도구인 금 갈대를 가지고 성곽을 측량하고 있습니다. 네모반듯한 성을 측량합니다. 길이와 너비와 높이를 측량하는데 그 모양이 완전 정사각형입니다. 모든 길이와 너비와 높이가 똑같습니다. 이것은 다름 아닌 성전에 있었던 지성소의 모습입니다. 하나님께서 모세에게 만들라고 하신 지성소의 길이와 너비와 높이가 똑같은 그 모양입니다. 지금 사도 요한에게 보여주고 있는 새 예루살렘 성, 즉 교회가 이제 하나님께서 임재하시는 거소라는 사실입니다. 하나님께서 구약 이스라엘 백성들에게 임재하실 때 지성소 안에 임재하셨습니다. 그런데 이제는 교회라고 하는 곳에 하나님의 임재가 있다는 사실입니다.

여기에서 다시 한번 주 예수 그리스도를 믿는 신앙 때문에 고난당하는 그리스도인들이 참된 위로와 기쁨과 구원의 확신을 가질 수 있는 것입니다. 나사렛 이단이라는 것 때문에 같은 동족인 유대인들로부터 핍박과 죽음에 이르게 되는 순교를 당하고 있었지만 결국 하나님은 자신들과 함께하고 계셨다는 이 사실이 성도들에게는 가장 위대한 복음이고 진리였습니다. 이것을 계속해서 확인해주시며, 계속해서 증거하여 주시는 것입니다. 우리는 예수 그리스도를 믿는 이 믿음이 얼마나 위대한지 사실 잘 알지 못합니다. 그리고 얼마나 귀한 것인지 말입니다. 우리 조상들이 처음에 주님을 믿을 때 국가적으로, 그리고 가족과 이웃들에게 얼마나 손가락질을 당하면서 믿었습니까? 그들에게 주 예수 그리스도를 믿는 그 믿음은 자신들의 생명보다 더 소중한 것이었습니다. 하지만 오늘날과 같이 이렇게 편안하고 갈 수만 있으면 마음대로 가는 곳이 되어 버린 교회당 안에서 주 예수 그리스도를 믿는 이 믿음에 대한 위대한 신앙의 진수를 알 수 있는 성도들이 과연 얼마나 되겠습니까?

사도 요한이 보고 있는 새 예루살렘 성은 길이, 너비, 높이가 각각 12,000 스다디온으로 측량되고 있습니다. 이것은 오늘날 수치로 하면 정사각형 동서남북으로 2,220km가 됩니다. 사실 이 수치만으로도 엄청난 것입니다. 서울에서 부산까지가 대략 430km입니다. 사실 엄청난 것입니다. 새로운 예루살렘 성이 이렇게 크다고 할 수 있습니다. 사실 말이 성이지 한반도보다 2배 이상 더 큰 성입니다. 성이라고 할 수 없고 나라라고 해야 맞을 것입니다. 그러나 우리는 이 수치를 문자의 의미가 아닌 상징의 의미로 해석해야 합니다. 왜냐하면 사도 요한이 보고 있는 예루살렘 성은 실제 성이 아니라 어린 양의 신부 곧 교회를 상징하기 때문입니다. 성경에서 12는 언제나 하나님의 백성들을 가리키는 숫자이고, 1,000은 완전하고 충만하다는 것을 상징합니다. 그래서 예루살렘 도성의 장, 광, 고가 각각 12,000이라는 말은 하나님의 백성, 즉 신약의 교회가 완전하고 충만하다는 것을 보여주는 것입니다. 다시 말해서, 하나님께서 자신의 아들의 피를 통해 구원하시는 백성들의 수는 헤아릴 수 없이 많고 그 나라는 어느 한 곳이 아닌 세계만방을 의미하는 것입니다. 예수님께서 말씀하신대로 자신의 양들을 다 찾아 낼 것입니다. 하나도 잃어버리지 않고 다 구원하신다는 의미가 바로 이 숫자의 의미인 것입니다. 자신의 백성들을 모두 부르실 것입니다. 그리고 그리스도의 몸 된 교회를 이룰 것입니다.

또한 새 예루살렘 성곽을 144규빗이라고 하는데(두께를 의미함) 이것도 문자적으로 말하고 있는 것이 아니라 상징적인 것입니다. 즉 반석 위에 세워진 교회는 구원을 잃어버리지 않을 것입니다. 사도들이 놓은 터 위에 세운 교회이기 때문에 주 예수 그리스도를 믿는 자녀들이 받는 구원이 확실하고 분명하다는 것입니다. 성도들의 구원이 안전하고 확실한 것입니다. 주 예수 그리스도를 믿는 자들이 반드시 구원을 받는다는 사실입니다. 이것을 상징적으로 말해주는 것입니다.

이제 사도 요한이 보고 있는 거룩한 성 예루살렘은 한마디로 보석들로 장식되었습니다. 그 성곽은 벽옥으로 쌓았고, 그 성곽의 기초석도 12가지 보석으로 놓았고, 또 그 성은 맑은 유리 같은 정금으로 지어졌는데, 그 성의 길도 맑은 유리 같은 정금으로 되었고, 그 성문은 진주로 만들어졌습니다. 이 말씀을 가지고 많은 사람들은 성도가 하나님의 나라에 들어가서 영원히 사는 곳으로 생각합니다. 하지만 지금 사도 요한이 보고 있는 이 새 예루살렘 성은 교회이기 때문에 영원한 하나님의 나라 천국을 말씀하시는 것이 아닙니다. 이렇게 잘못 해석하는 것은 7년 대 환난 이후 예수님께서 재림하시고 성도들이 휴거를 하면 여기에 언급된 금보석으로 이루어진 곳에서 산다고 믿기 때문입니다. 지금까지 하나님께서 사도 요한에게 말씀하여 주시는 것은 옛 언약 백성들, 즉 유대인들은 심판을 당할 것이고, 예루살렘은 불타고 사라질 것이며 하나님의 아들의 피를 믿는 성도와 교회는 구원을 받을 것이라는 말씀이었습니다. 그런데 갑자기 새 예루살렘이 하늘에서 내려와서 그곳에 들어가는 자들은 금보석으로 만들어진 곳에서 살 것이라는 식으로 아주 쉽게, 자신들의 입맛에 맞게 해석한 것입니다. 한국교회 안에 이러한 잘못된 종말론에 대한 가르침 때문에, 비록 천국을 소망하고 살아가는 것은 좋은 것이지만 지금 이 땅에서 성도가 하나님의 백성으로 어떻게 살아야 하는지에 대한 바른 가르침은 없었던 것입니다. 지금 사도 요한이 보고 있는 금보석으로 만들어진 새 예루살렘 성은 어린 양의 신부인 교회의 아름다움을 묘사해 주는 것입니다. 다시 말해 어린 양의 신부인 교회가 어떤 모습으로 세상 가운데 나타나야 하는지를 말씀해 주는 것입니다.

하나님은 구약에서부터 성막과 성전을 각종 보석을 가지고 만들라고 하셨습니다. 이렇게 하신 것은 다름 아닌 하나님의 영광을 나타나게 하기 위함이었습니다. 새 예루살렘 성도 성 전체가 맑은 벽옥이고, 성 전체가 유리 같이 맑은 정금입니다. 교회는 어린 양의 신부입니다. 신랑의 모습을 나타내 보이는 신부입니다. 하나님의 영광이 교회를 통해 나타나야 하는 것입니다. 신부를 통해 신랑의 아름다움이 나타나야 한다는 말씀입니다. 신부의 아름다움은 신랑의 영광입니다. 자신의 아내가 거지같이 옷을 입고, 냄새나고 흐트러진 머리를 하고 있다면 남편인 여러분들은 좋겠습니까? 아내가 남편을 사랑한다면 자신을 아름답게 꾸밀 것입니다. 하지만 어린 양의 신부들은 어린 양으로부터 아름다움을 받습니다. 신부가 스스로 아름다워지는 것이 아니라 신랑이 신부를 아름답게 만들어 줍니다. 성도가 예수 그리스도와 교제를 나누고, 신랑의 음성을 듣기를 기뻐하면 그 교회가 아름답게 되는 것입니다. 지금 수많은 보석들이 새 예루살렘 성을 꾸미고 있는 것은 바로 이것을 상징하는 것입니다. 이제 교회는 하나님의 아들로 인해 아름답고 빛을 발할 것입니다.

초대교회 교회의 교부인 아타나시우스는 성부께서 동일한 중보자로 창조와 구속 사역을 하셨다고 말해줍니다. 즉 예수 그리스도께서 창조의 사역을 하셨고, 구원 사역을 하셨다는 것입니다. 지금 이 말이 새 예루살렘 성의 아름다운 보석을 통해 예수님께서 구약의 동산을 치장하신 그 아름다운 보석을 자신의 신부인 교회에 치장하여 주시고 있는 것을 볼 수 있습니다. 그래서 사도 요한이 성 안에서 성전을 보지 못하고 하나님 곧 전능하신 이와 및 어린 양이 그 성전이라는 것을 말하고 있습니다. 하지만 여전히 지상에는 불신 이방세계가 존재합니다. 그래서 이 말씀은 미래의 예수님의 재림을 의미하지 않습니다. 그것은 교회를 통해 하나님의 영광의 빛을 드러내게 하시는 교회의 사명을 의미하는 것입니다. 교회는 하나님으로 인해 빛나고 있고, 빛을 발합니다. 따라서 교회는 어린 양의 피로 값 주고 산 자들만 모입니다. 그들의 이름이 어린 양의 생명책에 기록되어 그들만 교회의 지체들이 됩니다. 이제 더 이상 새 예루살렘은 땅에 속한 유대인의 도시가 아닙니다. 오히려 이것은 모든 사람을 위해 예비 된 하늘에 속한 성입니다. 선지자들은 열방들이 그들의 영광을 가지고 그 거룩한 성으로 들어가게 될 것을 예언하였습니다. 이 성의 문은 절대로 닫히지 않을 것입니다. 옛 성 예루살렘은 안식일에 반드시 닫았습니다. 하지만 이사야 선지자는 60:11에서 더 이상 예루살렘 성문이 닫히지 않을 것이라고 말해줍니다. 새 예루살렘 성이 하늘에서 내려오고 있는 것은 이제 이 성은 세상 모든 곳에 임한다는 것을 말해 주는 것입니다. 더 이상 유대 땅이 아닌 이방세계에 하나님의 성 즉 교회가 임한다는 것입니다. 이제 복음 선포가 이방 지역에서 이루어질 것입니다. 그러면 새 예루살렘 성이 그곳에 임할 것입니다.

사랑하는 성도 여러분!

우리는 사도 요한이 보고 있는 새 하늘과 새 땅, 그리고 새 예루살렘 성이 무엇인지 아주 정확하게 보고 있습니다. 그것은 다름 아닌 하나님의 아들의 피를 믿는 자들이며 교회입니다. 어린 양의 신부인 교회를 신랑이신 아들이 영화롭게 할 것입니다. 이 영광스러운 교회가 얼마나 위대한지를 우리는 알아야 합니다. 비록 지상의 교회는 여전히 죄와 싸웁니다. 하지만 어린 양의 피로 그 죄는 물러갈 것입니다. 그러므로 지상의 교회에서 늘 선포되고 가르쳐야 하는 것은 어린 양의 피와 그의 사역입니다. 아직은 완전히 주님께서 보여주신 이 교회의 영광이 지상의 교회를 통해 나타나지 않고 있지만 주님께서 다시 오시는 그날에는 신부의 아름다움이 충만할 것입니다. 지상의 교회는 신랑의 피를 통해 거룩해져 갑니다. 이 진리를 알고 아들의 음성을 듣기를 즐겨 하며 순종하는 자들이 되길 바랍니다. 아멘.

생명수와 생명나무
(계 22:1-5)

　이제 우리는 요한계시록의 마지막 부분에 이르렀습니다. 우리가 22장을 따로 읽는다면 누구나 다 본문의 말씀을 천국에 대한 말씀으로 쉽게 받아들일 것입니다. 하지만 분명한 것은 지금 사도 요한은 천사가 보여주는 환상을 통해 새 예루살렘 성을 보고 있다는 것입니다. 설교를 듣는 여러분들이 잊어서는 안 될 것이 있는데 이미 사도 요한은 계시록 21장 9절에서 새 예루살렘 성이 무엇인지를 아주 분명하게 증언해 주고 있습니다. 계시록 22장은 계시록 21장의 연속선상에 있습니다.

　다시 말해 하나님의 어린 양의 아내를 천사가 요한에게 보여주고 있는 것인데 이 하나님의 어린 양의 아내, 즉 예수 그리스도의 교회에 대하여 사도 요한이 지금 계시록 22장에서도 보고 있는 것입니다. 하나님의 어린 양의 신부인 교회의 모습과 그 속성이 어떠한지를 천사는 말해 주었습니다. 그리고 오늘 어린 양의 신부인 그 교회가 가진 축복이 무엇인지를 또한 우리들에게 분명하게 말씀해 주고 있습니다. 사실 많은 교회의 사역자들이 본문의 말씀을 가지고 너무 쉽게 천국에 대한 말씀으로 받아들여 전하고 있습니다. 천국은 생명수의 강이 흘러 그 주변에 심겨진 나무에서 열두 가지 열매를 맺고 그것을 천국에 있는 성도들이 달마다 새로운 과일을 먹을 것이라는 말씀을 들을 수 있습니다. 과연 이 말씀이 문자적으로 기록된 그런 말씀인지 우리는 다시 한번 고민하지 않을 수 없습니다. 좀 전에도 말씀드렸지만 지금 사도 요한은 하나님의 어린 양의 아내인 새 예루살렘 즉 교회에 대하여 보고 있습니다. 우리는 계시록 22장 15절에서 여전히 예수 그리스도를 믿지 않는 자들이 결국 성 밖에 있을 것이라고 하시는 예수님의 말씀을 통해 천사가 사도 요한에게 보여주고 있는 환상이 결국 새 예루살렘과 그 안에 거하는 성도들이 누리는 축복을 말씀하시는 것임을 알 수 있습니다.

하지만 우리가 분명하게 믿어야 하는 것은 과거 옛 이스라엘 가운데 있었던 예루살렘은 심판을 받아 사라지고 새 예루살렘 성인 교회를 말씀하는 것이므로 이것이 전부라고 여겨서는 안 됩니다. 하나님은 구약의 말씀과 역사를 통해 신약에서 이루시는 약속의 축복을 말씀하셨습니다. 그렇다면 오늘 새 예루살렘 성인 교회를 통해 하나님께서 동일한 방식으로 약속하시는 것은 영원한 생명과 복이라는 사실입니다. 옛 예루살렘을 통해 새 예루살렘 성을 계시하셨듯이 새 예루살렘 성 가운데 거하는 성도들은 완성된 천상의 완전한 예루살렘 성을 소망해야 할 것입니다. 사도 요한이 환상 가운데 보고 있는 이 새 예루살렘 성을 문자적으로 이해하는 것은 오히려 하나님의 말씀을 왜곡되게 할 수 있습니다.

오늘 본문의 말씀을 함께 읽는 성도라면 아주 중요한 말씀을 찾을 수가 있습니다. 그것이 무엇입니까? 바로 "생명나무"입니다. 이 생명나무가 창세기 2장에 언급되었다가 성경 마지막 계시록 2장과 22장에 다시 등장하는 것을 알 수 있습니다. 하나님께서 아담과 하와를 만드시고 그들을 에덴동산에 두실 때 동산 중앙에 이 생명나무가 있었습니다. 하지만 아담의 타락으로 인해 하나님은 이 생명나무의 열매를 아담과 하와가 먹으면 영생할까 하여 그들을 에덴동산에서 쫓아내셨습니다. 그런데 이 생명나무가 오늘 말씀에서 다시 등장하고 있습니다. 인간의 불순종으로 인해 영생을 누릴 수 있는 이 생명나무의 열매를 먹지 못하게 하신 하나님께서 생명나무의 열매를 먹을 수 있도록 하신 것입니다. 본문 1절의 말씀은 에덴동산의 모습을 연상시켜 줍니다. 에덴동산은 샘이 솟아나는 물의 근원이었습니다. 그리고 이 물은 흘러서 네 개의 강을 이루고 만물의 근원을 이루었다고 말씀하시는 것을 볼 수 있습니다. 구약의 선지자 에스겔은 성전에서 흘러나오는 물을 통해 이방인들에게까지 복음이 증거되어 구원을 받을 것이라는 환상을 보았습니다. 하지만 사도 요한은 아주 구체적으로 에덴에서 흘러나온 물을 통해 어떻게 세상의 구원이 선포되는지를 아주 정확하게 본 것입니다.

사도 요한은 이 생명수의 물이 하나님과 어린 양의 보좌에서부터 나오고 있다고 합니다. 길가 가운데 좌우에 심겨진 생명나무가 이 생명수의 물을 통해 열두 가지 열매를 맺고 달마다 열매를 맺으며 그 잎사귀들은 만국을 치료하기 위해 달려 있다고 말해 줍니다. 구약에서 아담과 하와가 쫓겨난 에덴 동산이 회복되고 있는 것을 사도 요한이 보고 있는 것입니다. 우리는 여기에서 첫 번째 아담이 죄로 인해 빼앗긴 에덴 동산의 축복을 두 번째 아담이신 예수 그리스도를 통해 다시 되찾고 있는 것을 알 수 있습니다. 다시 되찾는 것으로 끝나는 것이 아니라 더 충만한 모습으로 회복되고 있다는 것을 알 수 있습니다. 그래서 사도 바울은 아담이 잃어버린 것보다 "더 넘쳤다(롬 5:15)"

고 기록하고 있습니다.

요한계시록을 이해하기 위해 우리는 교부 아타나시우스의 말을 중요하게 여겨야 합니다. 항상 들었던 말이지만 다시 한번, 구약의 말씀을 알면 계시록은 너무 쉬운 하나님의 말씀이라고 한 이 말을 기억해야 할 것입니다. 따라서 생명수 강이 흘러나오는 이 모습을 올바로 알기 위해 우리는 다시 구약으로 가야 합니다. 에스겔 선지자가 본 환상을 통해 먼저 생명수 강이 무엇인지 살펴보면(겔 47:1-12) 에스겔은 사람이 능히 건너가지 못할 강에 대하여 봅니다. 그런데 이 강이 어디에서부터 시작 되냐면 하나님의 성소에서 시작되었다고 합니다. 다시 말해 하나님의 성소는 하나님이 거하시는 장소입니다. 에스겔이 본 그 환상에서 생명수의 물이 나오는 곳은 하나님의 성소였습니다. 오늘 사도 요한이 보고 있는 환상에서 생명수가 나오는 곳은 하나님과 어린 양의 보좌라는 것을 보았습니다. 결국 천사는 사도 요한에게 이제 생명수가 나오는 곳은 구약시대의 성전이 아니라 예수 그리스도를 믿는 성도들이 모인 교회, 즉 신약의 성전인 예수 그리스도이며 그분의 몸인 교회를 통해 생명수가 나온다는 것을 말해 주는 것입니다.

이제 하나님은 더 이상 구약의 성소인 예루살렘 성전에 거하시지 않습니다. 왜냐하면 하나님의 어린 양의 신부가 하나님의 성전이기 때문입니다. 하나님은 신약의 교회에 당신의 장막을 치셨습니다. 생명수의 물은 교회를 통해 주어집니다. 이것이 가능하게 된 것은 하나님의 아들이 교회의 머리이시기 때문입니다. 이제 교회가 하나님과 예수 그리스도가 거하시는 거소가 되었습니다. 따라서 생명수의 강은 이제 신약의 교회에 장막을 치고 계신 하나님과 예수 그리스도를 통해 나오는 것입니다.

그렇다면 하나님과 어린 양으로부터 나오는 이 생명수는 무엇입니까? 에스겔 선지자는 이 생명수의 강을 통해 바다가 소생되는 것을 보았습니다. 우리가 계시록을 통해서 바다가 상징하는 것이 무엇인지 알았습니다. 즉 이방 세계를 의미합니다. 에스겔의 환상을 통해 보면 이 생명수의 강이 바다로 흘러가서 바다가 소생됩니다. 사도 요한이 보고 있는 이 환상과 연관시켜 보면 하나님과 어린 양으로부터 나온 이 생명수가 이제는 이방 나라들을 치료하고 회복시킬 것입니다. 다시 말하면 주 예수 그리스도를 믿는 그 복음을 통해 이방 사람들이 구원을 받을 것이라는 말씀입니다. 사도 요한은 자신이 기록한 복음서에서 이방 사람들을 구원하는 이 생명수에 대하여 자세하게 기록하고 있습니다. 요한복음 7장을 보면 예수님께서 초막절 명절 끝에 이렇게 말씀하시는 것을 봅니다. "누구든지 목마르거든 내게로 와서 마시라 나를 믿는 자는 성경에 이름과 같이 그 배에서 생수의 강이 흘러나오리라(요 7:38)". 우리는 생수의 강이라는 말씀에서 에스겔 선지자가 본 환상과 사도 요한이 본 환상의 생명수가 동일한 것임을 알 수 있습니다. 그것은 바로 '성령'이십니다. 예수님은 자신에게서 나오는 생수의 강이 바로 '성령'이라는 것을 가르쳐 주셨습니다. 그렇다면 하나님과 어린 양의 보좌로부터 나오는 생명수는 우리가 생각하는 물이 아니라 바로 성령인 것입니다.

하늘에서 내려오는 새 예루살렘 성에서 수정 같이 맑은 생명수의 강이 나오고 있습니다. 하나님과 어린 양으로부터 나오고 있습니다. 과거 우리 믿음의 조상들이 그렇게 삼위일체 하나님에 대하여 이단들과 싸울 때 바른 신학을 정립하였던 그 가르침이 확실한 진리였다는 것을 우리는 말씀을 통해 아주 분명하게 보고 있는 것입니다. 성령께서 아버지와 아들로부터 나온다는 이 가르침이 진리입니다. 지금 생명수의 강, 즉 성령이 하나님과 어린 양이신 예수 그리스도를 통해서 나오고 있습니다. 이것을 교리적으로 말하지 않아도 성경의 말씀을 통해 누구나 쉽게 알 수 있습니다.

예수님께서 부활 승천하실 때 제자들에게 말씀하신 다른 보혜사께서 오실 것을 말씀하신 대로 오순절에 오신 성령께서 한 지역에 국한되지 않고 세상 만국에 하나님과 어린 양의 이름을 증거하신 그 약속의 말씀이 진리임이 다시 한번 확인되고 있는 것입니다. 처음 제자들을 포함하여 모인 120명의 성도들에게 임한 성령께서 유대 교회에만 임한 것이 아니라 사마리아와 땅 끝까지, 즉 이방 모든 나라들에게까지 주의 복음이 성령으로 충만하게 전해진 것입니다. 사도 요한이 본 환상에서 이 생명수가 2,000년이 지난 지금 지상의 모든 나라와 민족 가운데 세워진 당신의 교회를 통해 계속 흐르고 있는 것입니다. 오늘 우리 교회에도 이 생명수 강이 흐르고 있다는 것을 우리는 믿어야 합니다.

누구든지 예수 그리스도를 자신의 구주로 믿는 주의 백성들과 그들이 모인 교회 안에 여전히 이 생명수 강이 흐르고 있습니다.

이 생명수가 흐르는 강 좌우에 생명나무가 심겨져 있습니다. 처음에 말씀드렸던 것처럼 생명나무의 열매는 영생을 주는 열매입니다. 창세기에 나오는 에덴동산에 심겨진 생명나무가 바로 영생을 주는 나무였습니다. 그런데 사도 요한은 그 생명나무에서 열두 과일이 맺어지는 것을 보았습니다. 그리고 그 나무는 매달 열매를 맺습니다. 우리는 천국에 가서 이 나무의 열매를 먹는다고 생각하면 안 됩니다. 왜냐하면 이 생명나무의 열매는 지금 예수 그리스도를 믿는 자들이 먹는 것이기 때문입니다. 사도 요한이 보고 있는 환상은 천국에 대한 환상이 아닙니다. 그것은 어린 양의 신부인 새 예루살렘 성에 흐르고 있는 생명수 강에 심겨진 나무이기 때문입니다. 그러므로 이 생명나무가 무엇이냐고 묻는다면 우리는 아주 분명하게 예수 그리스도를 상징하는 것으로 말해야 합니다. 누구든지 예수 그리스도를 믿는 자는 영생의 복을 누립니다. 이것이 구원입니다. 죄에서 용서를 받고 하나님의 백성이 되고 나아가 영원한 생명을 누리는 이 복이 바로 구원입니다.

어떤 분들은 생명나무에 열두 가지 열매가 맺히는 것에 호기심을 많이 가집니다. 그래서 생명나무의 열매들이 무엇인지 궁금해 합니다. 하지만 이런 호기심은 아무런 유익이 없습니다. 분명하게 말씀하여 주십니다. 생명나무의 열매는 영생이라고 말입니다. 그러므로 12라는 숫자는 완전한 구원을 의미하는 의미입니다. 예수 그리스도를 믿음으로 완전한 구원을 받는 것이며, 그 구원이 충만하다는 의미입니다. 또한 이 생명나무의 열매도 미래에 다가오는 천국에 있는 것이 아니라 어린 양의 신부인 새 예루살렘 성, 즉 교회 안에 있는 것입니다.

사도 요한 당시 예수 그리스도를 자신의 구주로 고백하는 성도들이 모인 교회 안에 이 생명나무의 열매가 맺힌다는 것입니다. 예수님은 자신의 교회들에게, 지상의 일곱 교회들에게 이 편지를 써서 보내라고 하십니다. 그러므로 지상의 일곱 교회 안에 이 생명수가 흐르고 있으며, 생명나무에서 열두 가지 열매를 맺는다는 것입니다. 뿐만 아니라 그 나무 잎사귀들은 만국을 치료하는 것이라고 말씀하여 주시고 있습니다. 누구든지 주 예수 그리스도를 믿는 자들은 열매를 맺습니다. 주님 안에 접붙임을 당한 자들은 열매를 맺을 것입니다. 예수님께서 자신을 참 포도나무라고 하셨습니다. 무릇 주님에게 붙어 있는 자는 열매를 맺을 것이라고 하셨습니다. 누구든지 예수 그리스도 안에 있으면 열매를 맺을 것이라고 하셨습니다. 예수님은 사도 요한에게 고난당하는 성도들이 계속 주 예수 그리스도를 믿는 믿음으로 승리하기를 바라고 계신 것입니다. 이기는 자가 바로 믿음을 가진 자이기 때문입니다. 비록 환난과 순교의 제물이 되는 순간에도 여전히 믿음을 배반하지 말 것을 요구하시는 것입니다. 왜냐하면 성도는 이미 예수 그리스도를 믿는 순간부터 영생의 열매를 맺고 있기 때문입니다.

오늘의 말씀이 천국에 대한 말씀이 아니라는 것을 우리는 다음의 말씀을 통해 분명하게 알 수 있습니다. "그 나무 잎사귀들은 만국을 치료하기 위하여 있더라"는 말씀 속에서 찾을 수가 있습니다. 만국은, 요한계시록에서 바다로 상징되는 이방인들, 즉 불신 세계를 말하는 것입니다. 만약 본문의 말씀이 천국에 대한 말씀이라면 천국에서 계속 이방인들에게 그리고 불신자들에게 복음이 증거된다는 것인데 이것은 성경의 가르침과 상반된 것입니다. 성도들이 마지막 영원한 천국에 가면 더 이상 복음이 증거 되는 일은 일어나지 않습니다. 왜냐하면 그날은 예수님께서 세상을 완전히 심판하시는 심판주로 모든 역사를 다 마치시고 새로운 하나님의 나라를 완전히 이루시기 때문입니다. 더 이상 복음을 듣고 구원받는 그러한 기회는 없습니다. 그런데 지금 이방 나라들이 치료를 받는다는 것입니다. 이 말씀을 통해 사도 요한이 보고 있는 환상이 천국이 아니라는 것을 우리는 쉽게 알 수 있습니다. 그러면 생명나무에 있는 잎사귀들이 만국을 치료한다는 이 의미는 무엇입니까? 우리는 구약의 시편에서 그 잎사귀들이 누구인지 알 수 있습니다. 그것은 다름 아닌 복 있는 자들입니다. 하나님을 믿고 그 아들 예수 그리스도를 믿는 자들이 바로 복 있는 자들입니다. 이들은 하나님의 복을 통해 풍성한 열매를 맺을 것이고 그 잎사귀가 마르지 않는 자들입니다. 이들이 누구입니까? 바로 예수 그리스도를 자신의 구주, 하나님으로 믿는 자들입니다. 이들이 이방에게 주의 복음을 증거할 것입니다.

자신이 구원을 받고 영생을 누리는 열매를 소유하고 있는데 잠잠하게 있을 사람이 없습니다. 반드시 자신들의 입술과 삶을 통해 주 예수 그리스도를 증거합니다. 불신자들에게 전도하라고 하지 않아도 주의 복음을 전하며 사는 자들이 성도입니다. 그러므로 만국이 치료를 받는다는 이 말씀은 주 예수 그리스도의 복음이 계속 이방 나라에서 증거될 것이라는 의미입니다. 이 복이 어디에 있습니까? 바로 지상의 교회에 있는 것입니다. 이 축복이 주 예수 그리스도를 믿는 자들이 모인 교회 안에 있다는 것을 우리는 고백해야 합니다.

사도 요한이 보고 있는 어린 양의 신부인 이 새 예루살렘 성에는 더 이상 저주가 없다고 선언하고 있습니다. 저주는 하나님께서 에덴 동산에서 아담과 하와에게 선포한 죽음입니다. 더 이상 어떤 저주도 이제는 없습니다. 누구든지 주 예수 안에 있는 자는 정죄함이 없다고 바울은 말하여 줍니다. 죄의 사함을 받고 하나님의 자녀가 되는 이 놀라운 축복이 주님의 교회 안에 있습니다. 예수 그리스도 안에 이러한 축복이 있습니다. 그러므로 더 이상 거룩한 성인 교회 안에는 우리 죄에 대한 하나님의 저주가 없습니다. 죄에 대한 하나님의 저주가 없다는 말씀은 구원파에서 가르치는 죄 사함의 비밀 같은 그런 것이 아닙니다. 더 이상 죄에 대해 회개하지 않아도 된다는 것이 아니라 아담의 죄로 인한 영원한 죽음에서 구원을 받았다는 것입니다. 뿐만 아니라 누구든지 주 예수 그리스도를 믿고 자신의 죄를 회개하는 자는 용서를 받는 복을 계속 누리는 것입니다. 그 중심에 예수 그리스도의 십자가의 보혈이 있습니다. 생명나무가 되시며 영원한 영생의 열매를 맺게 하시는 예수님께서 계속 복을 내려 주실 것입니다. 또한 이 성 안에, 즉 교회 안에 하나님과 어린 양의 보좌가 있다고 합니다. 이 말씀은 이제 교회가 하나님의 임재의 처소이며 하나님이 거하시는 장막이 된 것입니다. 하나님께서 당신의 교회를 통해 세상을 통치하실 것입니다. 그러므로 지금 우리는 하나님의 종들로서 하나님을 섬기고 있는 것입니다. 사도 요한뿐만 아니라 사도 요한 이후 모든 주의 백성들은 주님의 종들로 하나님을 섬겨야 합니다. 이제 신약교회의 성도들이 하나님의 종들입니다. 물론 교회 안에 여러 가지 직분들이 있지만 그 신분은 곧 하나님을 섬기는 종들인 것입니다. 높고 낮은 자가 구별되지 않습니다. 모든 성도들은 동일하게 하나님의 말씀 앞에서 살아가야 합니다. 목사와 장로와 집사들과 그리고 주 안에 있는 모든 자들이 다 하나님의 종들입니다. 그러므로 누구든지 하나님의 말씀을 부인하며 자신의 뜻대로 사는 자가 없는 것입니다. 하나님께서 자신의 보좌를 교회 가운데 두셨다는 이 말씀은 상당히 엄위하신 말씀입니다. 누구든지 하나님의 교회에서 주인 노릇 할 수 없는 것입니다. 교회 안에 있는 모든 자들이 하나님 앞에서 두렵고 떨림으로 말씀에 순종해야 하는 것입니다.

그리고 "하나님의 얼굴을 본다"는 말씀 때문에 본문의 말씀이 천국에 대한 것이라고 여기는 분들이 있습니다. 하지만 우리가 완전한 천국에서도 하나님의 얼굴을 볼 수 없다는 것을 바로 알아야 합니다. 왜냐하면 하나님은 영이시기 때문입니다. 그래서 어떤 인간도 하나님을 볼 수 없습니다. 아담과 하와가 죄를 짓기 전에 에덴동산에서조차 하나님을 볼 수 없었습니다. 하나님과 동행하였다는 것은 단지 그들에게 하나님께서 말씀하여 주셨다는 의미인 것입니다. 그렇다면 사도 요한이 "하나님의 얼굴을 본다"고 한 말씀의 의미는 무엇입니까? 그것은 바로 하나님의 이름이 종들의 이마에 있다는 말씀과 연관해서 해석해야 합니다. 구약에서 하나님의 이름이 대제사장들의 이마에 있었습니다. 대제사장은 성막에서 하나님을 섬겼던 자들입니다. 대제사장들은 자신이 쓰고 있는 모자 앞부분에 하나님의 이름을 기록하였습니다. 그것은 바로 대제사장이 하나님 앞에서 서 있다는 것입니다. 대제사장의 이마에 쓰여진 하나님의 이름을 보는 자들은 결국 하나님 앞에 서 있다는 것을 늘 인식하는 것입니다.

　　사랑하는 성도 여러분!

　　예수님께서 사도 요한에게 지상의 일곱 교회들에게 편지하면서 믿음으로 이기는 자들에게 하나님의 이름을 그 위에 기록하라고 하셨습니다. 뿐만 아니라 예수 그리스도를 믿는 자들은 누구든지 제사장들로 삼았다는 말씀을 하셨습니다. 계시록 5장을 보면 제사장으로 삼으실 뿐만 아니라 성도들이 땅에서 왕 노릇 하리라고 말씀하여 주시고 있습니다. 이제 이러한 교회 안에 다시는 밤이 없을 것이라고 말씀하여 주십니다. 만약 이 말씀을 통해 깜깜한 밤이라고 생각하는 분들이 있다면 그것이 얼마나 문자주의적으로 잘못 읽고 있는 것인지 말해주고 싶습니다. 교회 안에 하나님과 어린 양의 보좌가 있다는 말씀에서 우리는 교회가 더 이상 세상처럼 죄악의 모습 가운데 존재하지 않는다는 것을 밤이라는 말씀으로 가르쳐 주고 있는 것입니다. 이제 어린 양의 신부인 교회는 세상 같은 모임이 아닙니다. 하나님의 말씀과 어린 양의 피로 거듭난 믿음의 사람들이 어떻게 교회를 이루고 세상 속에서 살아가야 하는지를 가르쳐 주는 것입니다. 하나님과 어린 양의 영광이 교회를 통해 계속 비추고 있기 때문에 교회에 밤이 없습니다. 죄악의 일로 어두워지지 않는다는 것입니다.

그런데 현대 교회는 이러한 하나님의 말씀처럼 과연 어둠이 없는 곳입니까? 교회가 어둠 가운데 있었던 중세 시대를 보면 하나님과 어린 양의 통치를 거부하였던 그 모습으로 인해 교회가 어두운 밤 가운데 존재하였던 적이 있었습니다. 이러한 모습을 통해 우리는 오늘날 어린 양의 신부인 이 교회 안에서 어떻게 살아야 하는지를 아주 분명하게 배울 수 있습니다. 물론 지상의 교회는 완전하지 않습니다. 하지만 여전히 이 교회를 다스리시고 통치하시는 분은 바로 우리 하나님과 예수 그리스도이십니다. 또한 교회를 영광스럽게 풍성하게 만드시는 분이 바로 성령이십니다. 그러므로 주 예수 그리스도의 피로 산 하나님의 백성들은 거룩한 삶을 향해 날마다 나가야 합니다. 세상에 대해 왕 노릇 한다는 말씀 속에 이러한 의미가 들어 있습니다. 이것이 바로 성도들이 누리는 축복입니다. 분명 지상의 교회는 완전하지 않지만 그러나 반드시 예수 그리스도를 통해 영생을 누리게 됩니다. 그리고 성도들은 축복의 삶을 살 것입니다. 세상에 대하여 왕 노릇을 할 것입니다. 우리는 지금 우리 주 예수 그리스도의 재림을 소망하며 살고 있습니다. 그 때 우리는 세세토록 왕 노릇 할 것이 분명합니다. 하지만 지금도 우리가 세상에 대하여 왕 노릇 한다는 이 사실을 잊지 말아야 합니다. 오히려 세상을 하나님의 말씀으로 담대히 이기시기를 바랍니다. 그리고 우리 주 예수 그리스도를 믿는 이 믿음을 세상 가운데 가장 위대한 구원으로 선포해야 할 것입니다. 아멘.

주 예수여 속히 오시옵소서
(계 22:6-21)

　요한계시록은 과연 아직 이루어지지 않은 예수 그리스도의 예언의 말씀입니까? 만약 예수님께서 자신의 종들과 당시 교회들에게 이 예언의 계시를 말씀하시면서 2,000년이 지난 지금까지 아무것도 성취되지 않고 아직도 여전히 더 기다려야 하는 말씀이었다면 1세기 당시 성도들과는 아무런 상관없는 말씀일 것입니다. 분명한 것은 사도 요한 당시 예수님께서 자신의 종들에게 반드시 속히 이루어질 역사의 통치에 대한 계시를 말씀하셨다는 것입니다. 그러므로 이 계시의 말씀은 과거 1세기에 살았던 예수 그리스도를 믿는 성도들과 교회들에게 주신 말씀입니다. 어떤 분은 이렇게 반문할 것입니다. 그러면, 지난 과거에 이러한 일들이 다 이루어졌다면 왜 아직 예수님은 재림하지 않는 것인가? 우리는 지금도 예수님의 재림을 소망합니다. 아직 주님은 재림하지 않으셨습니다. 하지만 예수님의 계시의 말씀들이 이미 과거에 다 이루어진 말씀이라면 우리는 더 확실한 소망과 구원의 확신을 가지고 살아갈 수 있습니다. 만약 예수님의 계시가 속히 자신의 교회와 백성들을 위해 옛 이스라엘과 예루살렘 성전과 당시 로마 제국의 집권자들이 심판을 당할 것을 보여 주심으로 약속의 성취를 이루었다면 이제는 예수님의 육체적 재림이 확실하게 남아 있다는 것이 아니고 무엇이겠습니까?

요한계시록은 오늘날 우리들에게 바로 이러한 예수님의 신실하심을 보여주는 약속입니다. 그러므로 요한계시록은 우리들과 아주 깊은 관계가 있는 말씀입니다. 여전히 성도들은 예수님의 재림을 기다리며 살아가야 합니다. 하늘을 소망하며 2,000년 전 과거에 자신의 교회와 성도들을 위해 이스라엘을 심판하신 그 일들처럼 우리 주 예수 그리스도께서 이제는 모든 세상을 완전히 심판하시고 반드시 오실 것을 소망해야 합니다. 어떤 분들은 예수님의 이러한 계시가 과거에 이루어졌다고 하면 알레르기 반응을 보이는 분들이 있습니다. 그렇다면 사도들의 서신서들은 과거 당시 교회와 성도들에게 보낸 것이 아니고 무엇입니까? 구약의 말씀들은 신약의 말씀들보다 더 과거에 일어났던 일들입니다. 성도가 이미 과거에 일어났던 성경의 말씀을 가지고 하나님께서 우리들에게 오늘 말씀하신다는 그 신앙이 성립되는 것은 우리가 믿는 삼위일체 한 분 하나님께서 살아계셔서 과거나 현재, 그리고 미래에도 우주만물을 통치하신다는 것을 믿기 때문입니다. 우리는 현재의 시간에서 과거의 역사를 보고 있습니다. 그 역사를 주관하신 분이 하나님이라는 것을 믿습니다. 그리고 그분은 오늘 이 시대에도 모든 것을 주관하십니다. 요한계시록을 해석하는 사람들이 놓치고 있는 것이 바로 이 부분입니다. 다른 모든 성경은 다 오늘의 시점에서 보면 과거의 현장에서 일어난 일들이지만 요한계시록만은 아직도 아니라고 하는 것입니다. 그러한 견해를 가진다면 요한계시록은 해석하는 사람들마다 다 다르게 가르쳐질 것이 분명합니다. 오늘날 우리가 보고 있는 혼돈이 바로 여기에서 시작된 것입니다. 또한 요한계시록이 아직도 이루어지지 않은 말씀이라고 하는 이유를 계시록이 예수님의 육체적 재림을 계시하고 있기 때문이라고 믿고 있습니다.

그러나 우리가 지금까지 말씀을 통해서 분명하게 알 수 있는 것은, 예수님의 육체적 재림은 나타나지 않았지만 예수님께서 자신의 교회와 백성들을 보호하시고 지켜주시기 위해 속히 임하셨다는 것입니다. 예수님께서 천상에 계시기 때문에 아무것도 하지 않는다고 여기면 안 됩니다. 예수님은 천상에서도 만왕의 왕으로 모든 우주만물을 통치하십니다. 세상의 주권자들을 일으키시고 폐하시는 분이 우리 주님이십니다. 그런데 예수님께서 인간의 눈에 보이게 나타나지 않았다고 해서 우리는 예수님의 임재를 부인하지 않습니다. 이처럼 요한계시록은 1세기 당시 교회와 성도들에게 그들의 눈으로 볼 수 있도록 예수님께서 오신 것은 아니지만 천상에서 자신의 교회와 백성들을 위해 친히 말씀하신 것입니다. 신천지 이단 L씨는 요한계시록에서 예수님의 재림은 영적 재림이라고 거짓으로 가르칩니다. 예수님의 재림의 방식을 올바로 이해하지 못하기 때문에 이렇게 거짓으로 가르칩니다. 그러나 예수님께서 재림하신다고 하신 그 말씀은 반드시 육체적 재림입니다. 그 당시의 성도들은 예수님의 재림을 소망하고 살았습니다. 우리가 잘 알고 있는 데살로니가 전서에서 성도들이 예수님의 재림을 얼마나 소망하고 있었는지 알 수 있습니다. 따라서 환난과 핍박의 삶 가운데 성도들은 더더욱 예수님의 재림을 소망하였습니다. 하지만 예수님은 육체의 모습으로 재림하지 않았습니다. 다만 예수님께서 하나님의 보좌 우편에서 세상을 통치하시고 다스리시는 만왕의 왕이라는 것을 보여주셨습니다. 이것을 통해 우리가 말할 수 있는 것은 예수님께서 승천하신 이후 모든 그리스도인들은 예수님의 재림을 기다린다는 사실입니다. 비록 1세기 당시 예수님께서 심판을 통해 성도들에게 위로와 구원의 확신을 주셨지만 그 시대뿐만 아니라 지금까지 모든 성도들은 예수님의 재림을 기다리고 있는 것입니다. 왜냐하면 우리 주님 자신이 그렇게 말씀하셨기 때문입니다. 우리는 지금 요한계시록의 사건들을 성취하신 예수님의 통치와 예수님께서 다시 재림하신다는 그 가운데 살고 있습니다. 그러므로 우리의 신앙은 흔들릴 수가 없습니다. 당시 유대 그리스도인들처럼 주 예수 그리스도를 믿는 믿음에 의심을 가지면 안 됩니다. 과거의 역사를 통해 주 예수 그리스도께서 얼마나 신실하신 분이라는 것을 이미 보았기 때문입니다. 이제 우리의 신앙은 환난과 죽음을 두려워해서는 안 됩니다. 우리가 가진 신앙은 승리의 신앙입니다.

이미 우리 주님께서 이것을 보여 주셨습니다. 오늘날까지도 계속 시한부 종말론이 자주 등장하면서 성도들에게 두려움을 주고 있는데 결국 그것은 계시록을 자의적으로 해석하고 성도들을 미혹하는 사탄의 역사인 것입니다. 이러한 것을 우리 주님께서 충분히 알고 계셨습니다. 그래서 오늘 본문의 말씀에서 주님은 계시록의 말씀을 더하거나 빼는 자들에게 저주의 심판과 구원에 참여하지 못하게 하신다고 엄히 말씀하시고 있는 것입니다.

하지만 이 예언의 말씀을 지키는 자는 복이 있습니다. 누가 이 예언의 말씀을 지키는 것입니까? 바로 성도들입니다. 저는 개인적으로 두루마리에 기록된 예언의 말씀을 지킨다고 할 때 무엇을 지킨다는 것인지? 다시 한번 묻지 않을 수 없었습니다. 우리가 알고 있는 두루마리의 예언의 말씀에서 성도들이 지켜야 하는 것이 무엇입니까? 우리는 두루마리 예언에서 거의 모든 내용들이 심판에 대한 내용들이란 것을 들었습니다. 인과 나팔과 대접의 심판들을 통해 하나님께서 옛 언약 백성들과 세상의 주권자들을 심판하신다는 것을 들었는데 그렇다면 성도들은 무엇을 지켜야 한다는 것입니까? 그것은 다름 아닌 바로 주 예수 그리스도를 믿는 믿음을 지키는 것입니다. 그들이 바로 복이 있는 자라는 것입니다. 계속해서 주님은 이 계시록의 말씀을 통해 자신을 믿는 성도들이 틀리지 않았다는 것을 가르쳐 주십니다. 유대인들의 회유와 핍박 속에서도 주 예수 그리스도를 믿는 그 믿음이 진리라는 것을 말씀하신 것입니다. 그러므로 환난과 핍박 속에서도 끝까지 믿음으로 이기라고 하신 것입니다. 주 예수 그리스도를 믿는 자가 이기는 자입니다.

예수님은 이 계시록의 말씀을 인봉하지 말라고 하십니다. 왜냐하면 이후 모든 시대의 교회와 성도들이 이 말씀을 통해 주 예수 그리스도를 믿는 믿음을 가장 귀한 것으로 여기게 하시기 위함입니다. 다니엘서를 보면 하나님께서 다니엘에게 보여주신 환상들을 계시하시면서 인봉하라고 하셨습니다. 왜냐하면 다니엘에게 보여주신 예언의 말씀은 먼 미래의 일들이기 때문이었습니다. 하지만 지금 예수님은 요한에게 자신의 예언을 인봉하지 말라고 하시는 것입니다. 그 일이 속히 일어날 일이기 때문입니다. 속히 일어날 일을 감추는 자가 있다면 어리석은 자가 아니겠습니까? 예수님께서 자신의 종들과 성도들에게 속히 일어날 일들을 말씀하시면서 그것을 인봉하라고 하시면 말도 안 되는 것입니다. 아주 빠른 시일 내에 일어날 일이기 때문에 자신의 예언을 인봉하지 말고 누구든지 듣고 회개하라고 하시는 것입니다. 또한 인봉하지 말라고 하시는 것은 이 예언의 말씀을 교회 내에서 읽고 가르치고 지키게 하라고 하시는 것입니다. 그래서 처음부터 예수님은 이 예언의 말씀을 읽고 듣고 행하는 자가 복이 있다고 하신 것입니다(계 1:3). 따라서 오늘날에도 이 계시록의 말씀을 교회들이 계속 가르쳐야 합니다. 어떤 분들은 요한계시록이 어렵다고 자신의 목회사역 동안 설교를 하지 않는 분들도 있습니다. 이처럼 풍성한 하나님의 복음의 말씀을 가르치지 않는다면 그 피해는 바로 성도들에게 가는 것입니다. 이단들이 마구잡이로 계시록의 말씀을 가지고 어지럽게 하지만 오히려 이럴 때 이 계시록의 말씀을 올바로 해석하고 성도들에게 가르친다면 어떤 이단이 나타난다고 해도 미혹되지 않을 것입니다. 신천지 L씨는 예수님께서 사도 요한에게 말씀하신 것을 가지고 자신에게 말씀하여 주셨다고 가르칩니다. 그런데 이것을 믿는 자들이 있습니다. 이미 교회를 다녔던 사람들이 이 거짓 가르침을 믿고 있으니 참으로 개탄하지 않을 수 없습니다. 어떻게 계시록 22:18절의 "내가"라고 하는 사람이 L씨입니까? 우리는 너무나 쉽게 이 사람이 바로 사도 요한이라는 것을 알 수 있습니다. 그럼에도 불구하고 이단들은 이처럼 사람들을 미혹하여 구원의 길에서 벗어나게 하고 있습니다. 이처럼 이단들이 쉽게 계시록의 말씀을 자신들에게 적용시키는 것은 바로 이 예언의 말씀이 과거에 성취되지 않았다는 가르침 때문입니다. 아직 이루어지지 않았다면서 자신들에게 적용시키는 것입니다. 하지만 예수님은 "속히 오리라"라고 (이 말씀을 세 번이나 강조하고 있습니다) 계속 말씀하시는 것을 볼 수 있습니다. 그렇다면 왜 예수님께서 속히 오신다는 것입니까?

그것은 속히 될 일을 이루기 위함입니다. 여기에서 "속히"라는 말은 아주 "짧은 시일 내, 즉시, 그리고 아주 빨리"라는 의미입니다. 곧 있으면 반드시 내가 속히 오겠다고 하신 말씀입니다. 만약 이 약속의 말씀이 2,000년이 지난 지금까지 이루어지지 않았다면, 이것을 단지 예수님의 육체적 재림으로만 믿는다면 예수님께서 "속히" 오시겠다는 이 약속의 말씀은 거짓말이 되는 것입니다. 그래서 어떤 분들은 종종 하나님은 천 년이 하루 같고 하루가 천 년 같다고 하신 말씀을 인용하여 "속히"라는 이 말씀은 하나님 편에서 약속하신 시간적 개념이라고 합니다. 그러면 예수님은 사도 요한과 그리고 당시 그리스도인들과 교회들에게는 "속히" 오시겠다는 말씀을 하실 필요가 없습니다. 그리고 그들에게 만약 주님께서 그런 의미로 말씀하셨다면 무슨 위로와 기쁨과 구원의 확신을 주시는 말씀이 되겠습니까? 이러한 잘못된 해석은 요한계시록을 계속 세대주의 관점과 문자적인 의미에서 읽고 해석하려는 경향 때문입니다.

예수님께서 자신의 종들에게 "속히" 오겠다고 하시는 이유는 예수 그리스도를 믿지 않고 하나님의 아들을 십자가에서 죽인 그 죄가 얼마나 큰지 보여주기 위함입니다. 또한 유대인들에게 그들이 가진 신앙이 하나님을 참되게 믿는 것이 아닌 인간의 전통과 유전을 따라 하나님을 섬기는 거짓 신앙이라는 것을 보여주기 위함이었습니다. 더 이상 유대인들이 하나님의 백성이 아니라는 사실입니다. 이제 누가 참된 하나님의 백성입니까? 그것은 바로 하나님의 아들을 믿는 성도들이 하나님의 참된 백성들이고 영적 아브라함의 후손들이라는 것입니다. 또한 예수 그리스도의 말씀을 지키다가 순교한 그리스도인들의 기도를 신원하여 주시러 속히 오신 것입니다. 유대인들과 로마 제국의 핍박아래에서 죽임을 당한 그들의 신앙이 거짓이 아니었음을 증명해주신 것입니다. 그리고 이제는 세상 끝까지, 이방인들에게도 주 예수 그리스도를 믿고 구원을 받는다는 것을 보여주시기 위해 지상에서 드려지는 동물의 피의 제사를 폐하시기 위해 제사장들과 성전과 유대인들의 땅을 다 멸하시고 황폐하게 하신 것입니다. 예수님의 제자들, 즉 사도들이 교회에서 전한 복음이 진리였다는 것을 증명하기 위해 속히 오신 것입니다. 이제는 누구든지 예수 그리스도를 자신의 구주로 믿는 자들은 하나님의 백성으로 삼기 위해 속히 오신다고 하신 것입니다. 그리고 소아시아에 있는 일곱 교회뿐만 아니라 지상에 그리스도의 교회가 충만히 세워지기를 위해 속히 오신 것입니다.

하지만 우리는 여전히 예수님께서 속히 오신다고 할 때 이 말씀을 예수님의 육체적 재림으로만 생각하고 있습니다. 물론 속히 오신다는 것이 단지 과거의 역사만도 아닙니다. 주님은 세상을 완전히 새롭게 하시기 위해 재림하실 것입니다. 하지만 지금 사도 요한에게 속히 오신다고 하시는 것은 온 우주 만물의 회복을 위한 재림이 아니라는 것을 우리는 인정해야 합니다. 그렇다면 "속히 오리라" 하신 이 말씀은 오늘 우리들에게 무엇을 전해주는 것입니까?

그것은 지금 예수님께서 당시 그리스도인들에게 말씀하신 그 모든 말씀들이 우리들에게도 그대로 적용된다는 사실입니다. 하나님의 아들을 믿는 자들에게는 영원한 생명나무의 과실을 먹게 하여 주실 것입니다. 그리고 성령의 생수를 통해 영생을 누리게 하여 주실 것입니다. 하지만 고난 가운데 있다는 것 때문에 자신의 신앙을 버리고, 믿음을 부인하는 자들은 이러한 하나님의 축복을 기대해서는 안 된다는 것을 우리들에게도 말씀하여 주시고 계신 것입니다. 그래서 11절부터 15절까지는 핍박과 환난의 시기에 자신들의 신앙을 버리고 배도한 자들과 계속 하나님의 아들을 믿는 자들을 핍박하는 자들에게 어떤 심판이 내려질 것인가를 말씀하시면서 반대로 끝까지 믿음을 지킨 자들, 즉 주 예수 그리스도를 믿는 그 믿음이 참되므로 자신들의 옷을 빠는 자들(주님의 말씀대로 거룩하게 살려고 최선을 다하는 자들, 이들은 주님에 대한 믿음이 있기 때문에 순종하는 삶을 사는 것입니다)이 어떤 상을 받을 것인지 말씀하여 주시는 것입니다. 믿음은 순종을 일으킵니다. 주 예수 그리스도를 자신의 구주로 믿는 자들은 세상과 짝하지 않고 자신의 믿음을 버리고 쉽게 타협하지 않습니다. 참된 믿음은 주 예수 그리스도를 믿을 뿐만 아니라 주님의 모든 말씀에 순종합니다. 우리는 믿음으로 구원받는다는 이것을 단지 믿으면 된다고 하는 식으로 여깁니다. 그래서 구원이 믿음으로만이냐? 아니면 믿음과 행위로 되는 것이냐? 하고 논쟁합니다. 분명한 것은 우리의 구원은 믿음으로만 됩니다. 믿음에 행위를 더하는 것은 성경에서 이미 거짓 복음이라고 가르치고 있습니다. 그러나 이 믿음이 무엇인지를 알아야 합니다. 우리의 믿음은 구원파 식의 믿음이 아닙니다. 우리가 믿는 주 예수 그리스도에 대한 믿음은 주님께서 말씀하시고 가르치신 모든 것을 믿는 것입니다. 그러므로 참된 믿음을 가진 성도는 거룩한 삶을 향한 순종으로 살아갑니다. 이것을 우리는 주 예수 그리스도를 내가 믿는다고 할 때 고백하는 신앙의 믿음입니다. 그래서 주님은 사도 요한에게 마치 하나님이 모세에게 언약의 말씀으로 이스라엘 백성들에게 명령하신 것처럼 축복과 저주의 말씀을 하나도 빼지 말고 다 이스라엘 자손들에게 선포하라는 것처럼 이 언약의 말씀을 더하거나 빼는 자들에게 (17-19절) 저주의 심판을, 하지만 순종하는 자들에게는 축복의 말씀을 선포하고 있습니다.

축복과 저주의 말씀이 동일하게 함께 들어 있다는 것을 알 수 있습니다. 이 말씀은 오늘날 우리들에게도 여전히 유효합니다. 왜냐하면 하나님은 살아서 역사하시기 때문입니다. 알파와 오메가요 처음과 마지막이요 시작과 마침이신 분이 우리 주 예수 그리스도이십니다. 그러므로 주님은 이미 속히 오셨고, 지금 오시고 있으며 앞으로 완전히 오실 것입니다. 이것을 믿는 자들이 되길 바랍니다.

사랑하는 성도 여러분!

예수님께서 "속히 오신다" 하신 것은 단지 심판만을 위해 오시는 것이 아니었습니다. 불순종하는 자들에게, 즉 예수 그리스도를 믿지 않는 자들에게는 심판이 임할 것이지만 믿는 자들에게는 축복을 주시기 위해 오시는 것입니다. 그러므로 여전히 우리는 주님께서 이 시대에도 속히 오시길 바라야 합니다. 이 세상은 불의합니다. 악인들은 하나님께 대항하는 일들을 계속하고 있습니다. 이제는 교회라는 곳에서도 하나님을 대적하고 있습니다. 주님의 예언의 말씀을 더하거나 빼는 자들에게 어떤 심판이 임하는지를 알면 성경의 모든 말씀을 더하거나 빼는 자들에게 반드시 심판이 임할 것입니다. 다시 한번, 이 예언의 말씀을 더하거나 빼지 말라는 의미는, 이 말씀은 여전히 하나님께서 자신의 교회에게 말씀하신다는 것입니다. 그래서 이 말씀대로 믿고 순종하고 이 말씀을 왜곡되게 가르치면 안 된다는 것입니다. 인간의 생각과 지혜를 버리고 오직 하나님의 말씀으로 두려움과 경외의 자세로 말씀 앞에 서서 살아가야 합니다.

교회는 날마다 주 예수 그리스도께서 오실 것을 대답해야 합니다. 주님께서 오시면 자신의 모든 것이 다 드러납니다. 결국 이러한 신앙의 요구는 성도 자신이 어떻게 하나님 앞에서 하루하루를 살아가야 하는지를 깨닫게 하는 것입니다. 그러므로 우리는 주 예수 그리스도께서 오시기를 바라야 합니다. 아멘, 주 예수여 오시옵소서! 주님께서 모든 세상의 역사를 다 이루시고 마지막 심판의 주로 오시기를 바라는 모든 자들에게 주 예수 그리스도의 은혜가 있을 것입니다. 아멘.